VOM FREIHEITSKAMPF
DES ROTEN MANNES

Miloslav Stingl

MILOSLAV STINGL

VOM FREIHEITS-KAMPF
DES ROTEN MANNES

Brandenburgisches
Verlagshaus

Originaltitel: «Indiańi na valečné stezce», Verlag Naše voisko, Prag 1969;
«Indiańsky oheň», Verlag Prace Prag, 1977
Aus dem Tschechischen von Gustav Just und Ruth Kassube
Fachliche Beratung: Ulrich van der Heyden und Lieselotte Kramer-Kaske

ISBN 3-327-00972-4

3., erweiterte und bearbeitete Auflage, 1990
© der Übersetzung beim Brandenburgischen Verlagshaus, Berlin
1. und 2. Auflage Militärverlag der DDR (VEB), Berlin 1975 und 1979
© der tschechischen Originalausgaben:
Dr. Miloslav Stingl Praha 1969; Miloslav Stingl 1978
Lizenz-Nr. 5
Printed in the German Democratic Republic
Druck: Druckhaus Schöneweide, Berlin – 34381-9
Lichtsatz und buchbinderische Weiterverarbeitung:
INTERDRUCK Graphischer Großbetrieb Leipzig III/18/97
Lektor: Irmtraud Carl
Zeichnungen: Petr Pačes
Gesamtgestaltung: Wolfgang Ritter
LSV: 7232
Bestellnummer: 747 356 9

Wo sind heute die Pequot,
wo die Narrangasett, wo die Pokanoket,
wo die Mohikaner?
Wo sind heute viele andere Stämme
des indianischen Volkes?
Sie verschwanden wie Schnee in der Sommersonne.
Sollen nun auch wir kampflos den Gräbern
unserer Vorfahren, unseren Heimen,
unserem ganzen Land entsagen?
Dem Land, das der Große Geist
nur für uns schuf?
Ich weiß, ihr werdet
mit mir zusammen rufen:
Nein, niemals, niemals…

Häuptling Tecumseh

Zwei nordamerikanische Indianertotems

AUF DEN SPUREN DES FREIHEITS-KAMPFES NORD-AMERIKANISCHER INDIANER

Nicht nur
über Geronimo

Es war mitten im Herzen der Vereinigten Staaten von Amerika. Im fernen Oklahoma. Im Fort Sill. Ich ging über den kleinen Friedhof, auf dem die Angehörigen eines der tapfersten Indianerstämme von Nordamerika, der Apachen, begraben sind. Ich beugte mich über die schlichten Grabsteine. Auf einem nur ein einziger Name: Geronimo. Geronimo! Der kühnste und standhafteste Kämpfer dieses Stammes.

Was wissen die Menschen heute von jenen Hunderten und Tausenden unromantischer unpathetischer Helden der Indianerkriege, den Aufständen und Rebellionen? Was wissen wir über all jene, die in dem großen weiten Nordamerika in den Kampf zogen, um ihr Volk und ihr Land zu verteidigen?

Es stimmt, Indianer leben in Nordamerika bis heute. Aber das sind bereits andere Indianer. Sie haben sich innerhalb weniger Generationen verändert, so, wie sich ihr Kontinent in relativ kurzer Zeit verändert hat. Ich habe gerade sie – in Kanada und in den Vereinigten Staaten – bei einer großen ethnografischen Reise rings um die Welt aufgesucht. Aber ich habe nicht nur versucht, das Leben der Indianer von heute zu erforschen; ich habe so wie hier in Oklahoma in Fort Sill die bekannten Gräber aufgesucht und mich bemüht, vergessene Grabstätten der indianischen Helden aufzuspüren. Ich verfolgte die Spuren der berühmtesten Kämpfer der nordamerikanischen Indianer, ich besuchte Museen, arbeitete in Archiven, besichtigte die Schlachtfelder und die halbzerfallenen kleinen Forts. Ich wollte die Wahrheit über die Geschichte derer erkunden, die den nordamerikanischen Indianern den Ruhm von tapferen Kämpfern eingebracht haben. Meine Reise begann ich dort, wo die Entdeckung und die Eroberung von Nordamerika begannen und wo damals auch die ersten kriegerischen Auseinandersetzungen zwischen Indianern und europäischen Eindringlingen entbrannten – an der Ostküste Amerikas, am Atlantik.

Die ersten Europäer hatten den Nordteil der Neuen Welt nur gesehen. Sie klopften nur an seine Tür. Und nachdem sie irgendwo gelandet waren, segelten sie bald wieder in ihre Heimat zurück.

Inzwischen wurden in dem anderen Teil Amerikas, den wir heute Lateinamerika nennen, besonders von den Spaniern riesige Ländereien erobert und Kolonien gegründet; sie vermehrten den Reichtum der europäischen Mächte, die sie den Indianern Süd- und Mittelamerika entrissen hatten, ins Unermeßliche. Reich wurde vor allem Spanien. Und Britannien, das seinen zu jener Zeit gefährlichsten Gegner und Konkurrenten argwöhnisch beobachtete, begriff sehr wohl, wo die Quelle des Reichtums entsprang.

Walter Raleigh, britischer Weltreisender und Seefahrer, Günstling der Königin Elisabeth, schilderte vor dem Hof beredt den Reichtum und die Reize von Nordamerika. Elisabeth erteilte dann Walter Raleigh die Erlaubnis, Ansiedlungen in Nordamerika aufzubauen.

Raleigh gab diese Erlaubnis jedoch an seinen Stiefbruder Gilbert weiter, und dieser versuchte 1583 im Gebiet des heutigen Newfoundland die erste britische Ansiedlung auf dem amerikanischen Kontinent zu gründen. Da sich Gilbert aber nicht weiter um die Siedler kümmerte und sie vom Hunger bedroht wurden, empörten sie sich gegen ihn. Gilbert bestrafte die Rebellen, indem er ihnen die Ohren abschneiden ließ. Er mußte die Siedlung aufgeben. Bei der Rückfahrt zerschellte sein Schiff, und mit ihm fand die Mehrzahl seiner Gefährten in der stürmischen See den Tod.

Durch den Mißerfolg dieses ersten Versuchs wurde Raleigh jedoch nicht entmutigt. Zwei Jahre später erhielt er von der Königin das Recht für die Kolonisierung der südlicheren Teile der Küste von Nordamerika. Bald darauf sandte er erneut zwei Schiffe zu den Ufern der Neuen Welt. Die Schiffskapitäne Barlow und Amidas entdeckten die Bucht Pamlico und warfen vor der Insel Roanoke Anker. Dort lebte der Stamm der Secotanen, und ihr Häuptling Winginam (Der Zufriedene) begrüßte die Gäste freundschaftlich. Nach kurzem Aufenthalt bei diesen gastfreundlichen Indianern kehrte die gesamte Expedition nach London zurück, und es wurden auch zwei Indianer von Roanoke mitgenommen.

Die beiden Kapitäne schilderten der Königin die Verhältnisse auf ihrer amerikanischen Insel in den rosigsten Farben. Elisabeth war so begeistert, daß schon nach wenigen Monaten erneut einige Schiffe nach Westen abfuhren, und auf dem einen davon fuhren 180 Auswanderer, die sich in der Neuen Welt niederlassen wollten. Frauen und Kinder darunter. Das Reiseziel war wieder die Insel Roanoke. Von nun an segelten immer mehr britische Auswanderer nach Roanoke.

Aber die Versuche, im Land der Secotanen seßhaft zu werden, scheiterten. Als nach Beendigung des spanisch-britischen Krieges zum erstenmal wieder britische Schiffe an der Küste von Roanoke ankerten, fanden die Matrosen auf der ganzen Insel keinen einzigen Briten mehr vor. Wie sich die Ansiedler verhielten und was auf dieser Insel vor der Küste des indianischen Landes geschehen ist, wissen wir nicht genau. Heute jedoch noch erzählen die sogenannten Croatan-Indianer, die ursprünglich auf der benachbarten Insel beheimatet waren, daß zu ihren Vorfahren auch die ersten britischen Siedler auf Roanoke gehörten. Offenbar fanden auf der einsamen Insel Croatan die letzten Ansiedler der Kolonie Roanoke Zuflucht.

Kehren wir jedoch wieder nach Britannien zurück. Walter Raleigh hatte sich weiter bemüht, das Interesse des Königshauses auf die Eroberung der Ostküste von Nordamerika zu lenken, aber er verlor bald seinen Einfluß, als 1603 Königin Elisabeth I. starb. Der neue Herrscher, Jakob I., war Raleigh nicht sonderlich gewogen. Als dann später Raleigh von seinen Feinden beschuldigt wurde, er habe eine Verschwörung gegen den König angezettelt, wurde Raleigh in den Tower geworfen. Dort wartete er viele Jahre auf seine Hinrichtung.

Nach einigen Jahren entsann sich der König des Tower-Häftlings, ließ ihn frei und schickte ihn an der Spitze einer großen Expedition nach Südamerika – nach Guayana –, er sollte dort nach Gold suchen. Da aber die Expedition keinen Erfolg hatte, mußte Raleigh sofort nach der Rückkehr die Admiralsuniform wieder ablegen und kam erneut in den Tower. Der König erinnerte sich später an den alten Schuldspruch, und so wurde Raleigh fünfzehn Jahre nach der Urteilsverkündung wegen der angeblichen Verschwörung enthauptet.

König Jakob interessierte sich dessenungeachtet auch weiterhin für die reichen Ländereien jenseits des Ozeans. Deshalb beauftragte er zwei Handelsgesellschaften – die von London und die von Plymouth –, Nordamerika zu erobern und für Britannien auszubeuten. Jakob I. sprach der Londoner Gesellschaft das Gebiet zwischen dem 34. und dem 38. Breitengrad und der von Plymouth das Gebiet zwischen dem 41. und dem 45. Breitengrad zu. Zwischen den Interessengebieten der beiden Handelsgesellschaften wurde Niemandsland gelassen, das später Rivalen Britanniens in Besitz nahmen.

Die neuen Auswanderer, geworben und ausgerüstet von der Handelsgesellschaft von Plymouth, fuhren zum Gebiet des heutigen Virginia, das im Süden an den Staat North Carolina grenzt.

Das Flaggschiff des Kapitäns Newport führte auch eine Lederkapsel mit der Namensliste derer mit, die an der Spitze der neuen Kolonie stehen sollten. Als am 26. April 1607 die neuen Ansiedler Land erblickten – Cape Henry –, öffnete der Kapitän die versiegelte Kapsel und las langsam die Namen vor, darunter auch den von Kapitän John Smith.

Dieses Buch berichtet nur von Indianern. Und die Schicksale der Eroberer des nordamerikanischen Kontinents, die von der entgegengesetzten Seite des großen Meeres kamen, beschäftigen uns nur als die Schicksale der Gegenspieler der wahren Helden dieses Buches – der Indianer. Eine Ausnahme sei jedoch gestattet: Die Dramatik der Lebensgeschichte des Kapitäns Smith, der als einer der ersten Europäer tief ins Indianergebiet Nordamerikas eindrang, ist mit dem Leben der bekannten Eroberer von Mexiko, Panama oder des Inkareichs zu vergleichen.

Smith bemühte sich hingegen, kein Indianerreich zu zerstören. Er glaubte an Frieden und Verständigung zwischen der indianischen und der weißen Bevölkerung. Kapitän Smith war einer der wenigen, die versuchten, ihren romantischen Traum von einem Zusammenleben der Eroberer mit den Ureinwohnern zu verwirklichen.

Die Romanze zwischen der indianischen Häuptlingstochter und dem britischen Kapitän

John Smith stammte aus einer biederen englischen Handwerkerfamilie. Er gilt als einer der verwegensten britischen Abenteurer in jener Zeit, der sich durch ein Husarenstück im ungarisch-türkischen Krieg den Adelstitel erworben haben soll.

In einem der zahlreichen Gefechte des Feldzuges geriet er in türkische Gefangenschaft. Er wurde an einen Pascha, der in Konstantinopel prächtige Paläste besaß, verkauft. Die Lieblingsfrau des Paschas gewann Wohlgefallen an dem Gefangenen, und sie erwirkte durch ihre Bitten, daß Smith nicht wie ein gewöhnlicher Sklave im Palast zu arbeiten brauchte.

Später nahm der Pascha Smith mit nach Bachtschissarai auf der Krim. Hier mußte Smith aber genauso hart arbeiten wie die anderen Gefangenen. Einmal, als er Getreide drosch, blieb er zufällig allein mit dem Pascha auf dem Hof. Er erschlug den Pascha mit einigen Flegelhieben, zog sich dessen Kleider an und floh auf einem Pferd aus Bachtschissarai. Er gelangte auf russisches Gebiet. Von dort kehrte er dann einige Jahre später nach England zurück, gerade noch rechtzeitig, um seine Dienste der Plymouther Handelsgesellschaft anbieten zu können, die Männer für die Besiedlung Nordamerikas durch Britannien warb. Smith war einer der Gründer von Jamestown, der ersten ständigen Niederlassung in Nordamerika.

Dieses Gebiet, das später zur Keimzelle für viele weitere britische Siedlungen wurde, gehörte zu jener Zeit noch zum Territorium der sogenannten Powhatan-Konföderation, die vierundzwanzig, die Algonkin-Sprache sprechende Indianerstämme Virginias gebildet hatten. An der Spitze der mächtigen Konföderation stand als oberster Häuptling Powhatan.

Die Ansiedler von Jamestown kannten vom Gebiet der Powhatan-Konföderation und von dem indianischen Weltteil überhaupt nur ihre Siedlung und deren nächste Umgebung und von den Indianern nur die Bewohner der benachbarten Dörfer, die ihnen als Tauschobjekte Lebensmittel in die Stadt brachten. Deshalb wollte Kapitän Smith einen Streifzug ins Landesinnere unternehmen, gewissermaßen die erste große Erkundung ins Innere Nordamerikas. Natürlich beeinflußte sein Vorhaben noch ein anderes Motiv: Spanien gewann aus seinen amerikanischen Besitzungen tonnenweise Silber und Gold. Daher hatte die Handelsgesellschaft von Plymouth die Ansiedler aufgefordert, im Landesinnern ebenfalls Gold zu suchen.

Im Dezember 1607 bestieg Smith ein Boot und fuhr mit zwölf Mann Besatzung und zwei indianischen Führern den Fluß Chickahominy stromaufwärts. Nach einigen Tagen Fahrt ließen sie die virginischen Sümpfe hinter sich. Der Fluß, dessen Bett sich allmählich verengte, führte sie in ein mit dichten Wäldern bewachsenes Gebiet. Smith trennte sich von dem größten Teil seiner Mannschaft und setzte die Fahrt auf einem kleineren Boot mit zwei der besten Ruderer aus Jamestown und den beiden indianischen Führern fort.

Die Männer waren fest entschlossen, unter keinen Umständen ihr Boot zu verlassen und Land zu betreten, das sie nicht kannten. Aber der Hunger zwang sie bald, diesen Entschluß aufzugeben, zum Ufer zu rudern und zu jagen. Da sich der Fluß zwischen dichten und scheinbar unbewohnten Wäldern hindurchwand, ahnte Smith nicht, daß schon seit geraumer Zeit Späher der Pamunkey, die weiter stromaufwärts siedelten, das kleine Boot verfolgten.

Die Pamunkey waren zwar Mitglieder der Powhatan-Konföderation – ihr Häuptling war sogar ein leiblicher Bruder des obersten Häuptlings und sein erster Stellvertreter –, aber die Ansichten der beiden Brüder über das Verhalten der Indianer gegenüber den Eindringlingen unterschieden sich grundsätzlich. Der Häuptling der Pamunkey, Opechancanough, lehnte die freundschaftliche Duldsamkeit seines Bruders ab, die dieser den Bewohnern der britischen Ansiedlung entgegenbrachte, und versuchte, die Eroberer mit den vereinten Kräften aller vierundzwanzig in der Konföderation zusammengeschlossenen Stämme wieder aus dem Lande zu vertreiben. Dabei schreckten ihn die den Indianern unbekannten Feuerwaffen der Gegner nicht ab.

Die ganze Konföderation hätte den Kampf gegen die Ansiedler von Jamestown nur auf die Aufforderung und unter der Führung des obersten Häuptlings Powhatan eröffnen können; auf dem Gebiet ihres eigenen Stammes jedoch konnten sich die Pamunkey – nach den ungeschriebenen Gesetzen des Indianerbundes – allein gegen die Europäer wehren. Und sobald Smith das Gebiet der Pamunkey betrat, wurden er und seine Begleiter angegriffen. Smith leistete sehr lange Widerstand, wobei er einen Trick anwandte, den er in den Türkenkriegen gelernt hatte. Er fesselte rasch einen seiner indianischen Begleiter an seinen Körper und wollte, sich mit seinem Schwert der Feinde erwehrend, zu seinem Boot auf dem Fluß zurückweichen. Aber dem Indianer, den Smith als Schild benutzte, gelang es, ihm die Beine wegzuschlagen, und so wurde der britische Adlige doch gefangengenommen.

Die Gefangennahme des ersten Europäers war nicht nur für die Pamunkey, sondern auch für die Nachbarstämme eine Sensation. Auf Opechancanoughs Anweisung wurde Smith von einer Indianersiedlung zur anderen geschleppt und dort buchstäblich zur Schau gestellt. Smith bemühte sich, bei seinen Bewachern Respekt zu erwirken – mit seinem Kompaß, mit der Pistole und eisernem Gerät. Die indianischen Medizinmänner wiederum beobachteten tagelang dieses sonderbare Geschöpf mit dem Kettenhemd, das für sie den Anschein eines übernatürlichen Wesens hatte. Sie wollten herausfinden, ob er gut oder böse war, und sie legten

Symbole der Indianer Virginias, die ihre Herkunft bezeichnen und aussagen, welchem Häuptling sie unterstehen. Die Zeichen wurden auf der linken Seite des Rückens angebracht. Mit «Ana» bezeichneten sich die Bewohner der Insel Roanoke, die zur Gruppe eines Häuptlings namens Vingina gehören

rechts oben:
Die Witwen der auf dem Kriegspfad gefallenen indianischen Krieger versammeln sich nicht nur vor dem Häuptling ihrer Gruppe, um ihren Schmerz auszudrücken, sondern fordern auch den Häuptling auf, das Kriegsbeil auszugraben und ihre gefallenen Männer zu rächen. Auf der Zeichnung rechts: Kolonialsoldaten

Indianische Krieger belagern
und beschießen die befestigte Siedlung
eines feindlichen Stammes

Die Prärie-Indianer, die Pferde
ursprünglich nicht kannten, beherrschten
die Reitkunst bald vollendet,
nachdem sie solche Tiere erbeutet hatten

Indianerhäuptlinge aus Virginia. Ihren Kopf schmückte immer eine einzige Vogelfeder. In den Händen ihre wichtigste Waffe – Pfeil und Bogen

Die Europäer wurden in das Land der Indianer auch durch das Interesse am Gold geführt. Die in den Appalachen lebenden Indianer waschen Gold in den Flüssen

dem Gefangenen ausgesuchte Leckerbissen vor, die – wie Smith später sagte – für zwanzig Mann gereicht hätten. Und so bekam Smith Angst, daß ihn die Indianer vielleicht mästen wollten, um ihn dann verspeisen zu können.

Schließlich brachten die Pamunkey des Häuptlings Opechancanough den Gefangenen zum Hauptsitz der Konföderation, nach Werowocamoco. Und dort wurde er dem Oberhäuptling vorgeführt. Powhatan saß auf einem erhöhten Platz; rings um ihn standen die Mitglieder des Rates der Konföderation. Auf einem Ehrenplatz zu Füßen Powhatans kniete ein Mädchen im Festgewand. Sie war die Lieblingstochter des Obersten Häuptlings der Konföderation, und ihr Platz gehörte eigentlich nach den traditionellen Sitten dem ältesten Sohn des Häuptlings.

Vor Powhatans Sitz brannte ein großes Feuer, um das sich die Krieger einiger Stämme in Reihen zur Beratung geschart hatten. Als er sich erhob, fragte er Smith, warum er in das Land der Indianer gekommen sei. Smith verteidigte sich, indem er sich auf die Spanier herausredete, die angeblich vor den Küsten kreuzten und die Briten verfolgten. Er habe vor ihnen fliehen und sich im Lande der Indianer verbergen müssen – es wäre sein einziges Ziel gewesen, Zuflucht zu finden.

Aber der Oberhäuptling glaubte ihm nicht, sondern war sichtlich erzürnt, da er die wahren Absichten von Smith ahnte. Vorbei war es mit der freundschaftlichen Duldsamkeit gegenüber den Eindringlingen. Powhatan hatte kein Erbarmen mit dem Gefangenen und forderte den Rat des Bundes auf, sogleich zu entscheiden, was mit ihm geschehen solle. Die Mehrzahl der Ratsmitglieder, an ihrer Spitze Opechancanough, forderte für Smith den sofortigen Tod.

Nach diesem Entscheid verkündete Powhatan das Todesurteil. Nach der Urteilsverkündung wurde auch zugleich beschlossen, auf welche Art die Hinrichtung vollzogen werden sollte. Gerade als sie vollstreckt werden sollte, stürzte Pocahontas, die Tochter des obersten Häuptlings, zu dem Pfahl und rief: «Dann erschlagt auch mich!»

Powhatan begnadigte auf Wunsch seiner Tochter den Gefangenen und entließ ihn nach einiger Zeit. Aber Pocahontas durfte Smith nicht mehr sehen. Bald darauf gestattete Powhatan Kapitän Smith, sich in Begleitung von zwölf Indianern zurück nach Jamestown zu begeben – offenbar auch deshalb, um einer weiteren Begegnung zwischen Smith und seiner Tochter vorzubeugen.

Jamestown, wohin Smith nun nach langer Gefangenschaft zurückkehrte, hatte in der Zwischenzeit zu verfallen begonnen; die Einwohner lebten überhaupt nur von den Lebensmitteln, die Indianer aus den Nachbardörfern brachten. Weder Arbeit noch Gesetz kannten die Ansiedler mehr: Sie lebten praktisch auf Kosten der Indianer. Und so verließ Smith, der die schamlose Ausbeutung der indianischen Nachbarn nicht billigte, die Siedlung erneut und unternahm weite Fahrten auf den unbekannten Flüssen. Auf dem Potomac gelangte er dabei fast bis an die Stelle, wo heute die Hauptstadt der Vereinigten Staaten, Washington, liegt.

Nach längerer oder kürzerer Abwesenheit kehrte er immer wieder nach Jamestown zurück, ohne sich dort lange aufzuhalten. Bei einer Explosion des Pulvermagazins der Stadt wurde er schwer verletzt und mußte deshalb vorzeitig nach England zurückkehren.

Jamestown, dessen Geschicke John Smith eine kurze Zeitlang mit geleitet hatte, wurde wieder seinem Schicksal überlassen, und der Zerfall der Ansiedlung ging unaufhaltsam weiter. Außerdem brach die Pest aus. Als die Epidemie abgeklungen war, stellten die Überlebenden fest, daß von den annähernd 500 Siedlern, die hier gelebt hatten, als Smith den Ort verlassen hatte, nur noch etwa 100 Menschen am Leben geblieben waren. Die Indianer betraten nicht mehr die Stadt, die – wie sie glaubten – in der Gewalt des «Schwarzen Todes» war, und hörten auf, Lebensmittel zu bringen. Daher waren die Bewohner von Jamestown – jeder landwirtschaftlichen Arbeit längst entwöhnt – bald dem Hungertode preisgegeben. Die letzten Bewohner aber dachten nicht einmal im Angesicht des Untergangs der Stadt daran, zu Spaten und Pflug zu greifen.

In der Handelsgesellschaft von Plymouth erfuhr man erst nach einiger Zeit von dem katastrophalen Verfall der ersten großen Ansiedlung Britanniens in Nordamerika. Ein Schiff wurde ausgesandt, das einen neu ernannten Bürgermeister des Ortes, Lebensmittel, Waffen und einige Siedlungswillige an Bord hatte. Der Schoner kenterte jedoch in einem Sturm unweit der Bermudas, und die Briten, die Jamestown retten sollten, starben selbst vor Hunger auf einer zu den Bermudas gehörenden unbewohnten Insel.

Den Indianern bot sich die Gelegenheit, der zerrütteten Stadt den Todesstoß zu versetzen. Die meisten Häuptlinge der vierundzwanzig verbündeten Indianerstämme wollten kämpfen. Aber Pocahontas beschwor ihren Vater, nicht den Befehl zum Kampf zu geben. Und so entsprach Powhatan auch jetzt, da die Eroberung von Jamestown und die Vertreibung der Europäer vermutlich eine Frage von einigen Tagen gewesen wäre, der Bitte seiner Tochter und sagte nicht: «Kampf!» sondern: «Friede und Versöhnung!»

Unbegreiflich verhielten sich die Siedler von Jamestown. Eingeschlossen von einer vielfachen indianischen Übermacht, ausgehundert und geschwächt, stellten sie lediglich Überlegungen an, wie sie die Indianer erneut zwingen könnten, sie zu ernähren. Der Matrose Argall, ein brutaler Abenteurer, ging mit seinem Schiff unweit des Hauptsitzes der indianischen Konföderation vor Anker und konnte die Häuptlingstochter Pocahontas durch eine List an Bord locken. Pocahontas vertraute offenbar auch den Landsleuten von Smith. Argall jedoch fesselte sie und verschleppte sie nach Jamestown. Dann erklärte er Powhatan, daß er dessen Lieblingstochter nur im Austausch gegen eine bedeutende Menge Mais herausgeben würde. Powhatan lehnte dieses unverschämte Ansinnen jedoch ab. Aber auch jetzt griff er noch nicht zu den Waffen.

Und am Ende führte die Verschleppung der Häuptlingstochter Pocahontas erstaunlicherweise doch zur Versöhnung der Indianer mit den Europäern. Als sich Pocahontas im Gefängnis von Jamestown befand, verliebte sich einer der Ansiedler von Jamestown in sie. Smith befand sich jenseits des Ozeans. Keiner wußte, ob er je zurückkehrte! Und so gab die Indianerin den Werbungen John Rolfes nach und wurde – nachdem sie ihrem Glauben abgeschworen und bei der Taufe den Namen Rebekka erhalten hatte – die Frau des jungen Briten. Powhatan lehnte die Heirat seiner Tochter nicht ab, sondern schickte sogar einen seiner Brüder an der Spitze der Delegation der indianischen Konföderation zur Hochzeit nach Jamestown! Dem Bürgermeister der Ansiedlung schenkte der Häuptling bei dieser Gelegenheit seinen Ledermantel und seine Mokassins, die bis heute im Museum von Oxford ausgestellt sind.

Und was wurde aus Kapitän Smith? Er befuhr inzwischen andere Meere und kreuzte vor fremden Küsten – einmal als Fischer, dann als Pirat. Nach Amerika jedoch kehrte er niemals mehr zurück. Und doch sollte er der Häutlingstochter noch einmal begegnen ...

Pocahontas besuchte – als Frau Rebekka Rolfe – mit ihrem Mann im Jahre 1616 die britischen Inseln. Ganz London empfing sie, die Tochter eines mächtigen indianischen Herrschers, mit großer Begeisterung. Aus dieser Zeit stammt auch das Porträt Pocahontas', das heute in der Nationalen Kunstgalerie in Washington zu sehen ist. Die indianische Häuptlingstochter wurde auch am Königshof empfangen. Und hier sah sie Smith wieder. Pocahontas erkrankte in London an Tuberkulose und erlag, einundzwanzigjährig, dieser Krankheit sehr bald. Sie wurde auf einem Londoner Friedhof bestattet. Smith starb einige Jahre später, auch ohne alt geworden zu sein.

Die schöne Pocahontas beeinflußte jedoch selbst nach ihrem Tode das Schicksal der ersten britischen Kolonie in Nordamerika. König Jakob fürchtete, daß sich ihr Sohn Thomas Rolfe zum erblichen Herrscher der britischen Ansiedlung ausrufen könnte, zu einem von ihm unabhängigen «König von Amerika». In seinem Bemühen, derartigen unerwünschten Mesalliancen zwischen Indianern und Briten in Zukunft vorzubeugen, die seiner Meinung nach seine Interessen unmittelbar bedrohten, entschloß sich Jakob I., nach Jamestown, das sich inzwischen wieder aufwärts entwickelt hatte, unverzüglich eine größere Anzahl Mädchen zu senden, damit sich dort die wenigen so gut wie ohne Frauen lebenden Ansiedler ihre Ehepartner nicht unter den Indianerinnen suchten. Kaum hatten die 90 Mädchen den Schoner verlassen, wurden sie sogleich in die Kirche geführt, damit sich die ledigen Männer bei der Festmesse ein Mädchen nach ihrer Wahl aussuchen konnten. Die Kirche war zum Bersten voll wie nie zuvor. Schon am Tage darauf wurden die ersten Paare getraut. Um die Kosten der Überfahrt zurückzuerhalten, war der Preis für jedes Mädchen genau festgelegt worden: 120 Pfund Virginiatabak, der inzwischen das Hauptprodukt der ersten britischen Kolonie in Nordamerika geworden war.

Im selben Jahr starb Powhatan, der Oberhäuptling der verbündeten Algonkin-Stämme. Die Herrschaft übernahm der Bruder des Verstorbenen, Häuptling Opechancanough, der Anführer der Pamunkey und entschlossenste Gegner eines weiteren Vordringens der fremden Ansiedler in indianisches Land. Einige Zeit nach der Übernahme der Häuptlingswürde rief Opechancanough die Oberhäupter aller verbündeten Stämme am Feuer zur Beratung zusammen. Die dort getroffene Entscheidung lautete eindeutig: Kampf gegen die Eindringlinge, solange es noch nicht zu spät ist! Die Verhältnisse hatten sich inzwischen nicht zugunsten der Indianer verändert: Vor zehn Jahren, zur Zeit des «Schwarzen Todes» und der Hungersnot, hatten in Jamestown nicht mehr als hundert geschwächte und demoralisierte Europäer gelebt. In den folgenden zehn Jahren aber waren rings um Jamestown einige Dutzend kleiner britischer Ansiedlungen mit einer zahlreichen, besser bewaffneten und auch arbeitsameren Einwohnerschaft entstanden. Gerade wegen dieser Tatsache entschloß sich Opechancanough, den Kampf aufzunehmen.

Am 1. April 1622 wurden von den 81 kleinen Siedlungen 73 zerstört. Gleich beim ersten Ansturm der verbündeten Indianerstämme wurden fast 350 Siedler getötet. So entbrannte am 1. April 1622 in Nordamerika der erste Indianerkrieg.

Der Skalp des Sasacus

Dieser Krieg zerstörte vier Fünftel aller britischen Ansiedlungen im Gebiet des heutigen Virginia. Jamestown und einige weitere Siedlungen widerstanden jedoch dem Ansturm der indianischen Kämpfer. Der erste Indianerkrieg in Nordamerika endete schließlich mit einer Art Waffenstillstand.

Im Jahre 1644 nahm jedoch der entschiedenste Gegner der britischen Siedler – der Oberhäuptling Opechancanough – an der Spitze der verbündeten Stämme erneut den Kampf auf. Das war der Beginn eines Kampfes, der fast ein halbes Jahrhundert lang gegen die Eindringlinge geführt wurde. Opechancanough führte die Indianer in die Schlacht und vertrat auch ihre Sache am Ratsfeuer. Seinen letzten Kampf befehligte er als Greis von hundert Jahren, obwohl er nicht mehr laufen konnte. Sein «Befehlsstand» war eine Art Sänfte, von der aus er die Kampfhandlungen leitete.

Obwohl die Indianer ihre Angriffe auf die erste europäische Kolonie im Osten von Nordamerika ständig wiederholten, wuchs im Mutterland das Interesse an der Besiedlung des neuen Erdteils ständig. Die Aufmerksamkeit konzentrierte sich jetzt auf den nördlichen Teil der Ostküste des Subkontinents. John Smith hatte für die neue Ansiedlung in diesem Gebiet den Namen New England vorgeschlagen.

Zur Küste von New England war 1614 ein Landsmann von Smith mit einem Schiff gesegelt – der Abenteurer Thomas Hunt –, der aber nur «lebende Rothäute» jagen wollte, um sie dann im spanischen Malaga in die Sklaverei zu verkaufen.

Sechs Jahre nach der Abreise von Hunts Sklavenjagdschiff unternahmen die Briten einen großangelegten Versuch, im nördlichen Teil eine neue ständige Ansiedlung zu gründen. Die ersten Besiedler dieses Landes werden in der Geschichte von Nordamerika gewöhnlich als Pilgrims – die Pilger – bezeichnet. Diese Puritaner, die aus religiösen Gründen ihr Vaterland verlassen mußten, gingen nach einer langen Seereise auf dem Schiff «Mayflower» im Dezember 1620 im Gebiet des heutigen Staates Massachusetts an Land. Hier gründeten sie die erste Ortschaft der zweiten britischen Kolonie in Nordamerika, der sie den Namen Plymouth gaben. Obwohl die ersten Bewohner von Plymouth vorerst nicht auf Indianer stießen, ging es ihnen anfangs in der Neuen Welt sehr schlecht: Im Laufe der ersten drei Monate starb fast die Hälfte aller Bewohner.

Gerade zu jener Zeit, als der Hunger in der neuen Stadt ein bedrohliches Ausmaß angenommen hatte, kam aus dem Gebiet des heutigen Connecticut ein Indianer nach Plymouth, der Häuptling der Mohikaner mit Namen Samoset. Er bot den Ansiedlern die Freundschaft und Hilfe seines Stammes an. Von ihm erst erfuhren die Ansiedler, warum sie in der Umgebung von Plymouth nicht auf indianischen Widerstand gestoßen waren: Vor ihrer Ankunft waren die hier lebenden Indianer nämlich von einer Pestepidemie heimgesucht worden, die alle zwischen der Küste und dem Fluß Kennebec siedelnden Stämme ausgerottet hatte.

Darüber hinaus bot Samoset, der mit den Neuankömmlingen in Frieden leben wollte, den Bewohnern von Plymouth an, die unfreundliche Küstenregion zu verlassen und sich weiter westlich, im fruchtbaren Tal des Flusses Connecticut, anzusiedeln. Die Mohikaner, bedrängt durch zahlreiche Angriffe des benachbarten Stammes der Pequot glaubten nämlich, daß britische Ansiedlungen an der Grenze ihres Stammesgebiets den besten Schutz gegen die mächtigen Nachbarn bieten würden. Im Jahre 1632 verließ tatsächlich die Mehrzahl der Ansiedler das Küstengebiet und gründete im Tal des Connecticut eine neue Kolonie.

Die Pequot, an der Spitze des Häuptling Sasacus, sahen sich plötzlich einem neuen Feind gegenüber. Sasacus, dem man nachsagte, daß er sachlicher und weitblickender als Samoset und die anderen Häuptlinge der Mohikaner war, begriff sofort, welche Gefahr die neuen Ansiedler nicht nur für die Pequot, sondern auch für alle hier lebenden Indianer überhaupt bedeuteten. Deshalb begrub er die alte Feindschaft gegen die Mohikaner und wandte sich mit einer Botschaft, in der er ein Freundschaftsbündnis vorschlug, an die beiden benachbarten Stämme – die Narrangasett und die Mohikaner. In dieser Botschaft legte er auch den Platz fest, an dem sich alle Kämpfer treffen sollten: den Gipfel eines Berges unweit der heutigen Stadt Stoughton.

Die Mohikaner aber waren nur ein kleiner Stamm und erinnerten sich zu gut der Drangsalierungen durch die mächtigeren Pequot. Sie lehnten daher den Vorschlag des Häuptlings Sasacus ab. Die Narrangasett berieten über die Botschaft am Stammesfeuer. Die Mehrzahl der Männer dieses Stammes beschloß den gemeinsamen Kampf mit den Pequot gegen die Siedlungen am Connecticut.

Und da rettete die nichtsahnenden Briten in Jamestown und Plymouth unerwartet ein anderer Brite. Zu den Narrangasett hatte sich vor Jahren ein Geistlicher, Roger Williams, geflüchtet, da er in Jamestown zum Tode verurteilt worden war. Als der Stammeshäuptling Miantonomo ihm wohlwollend Unterschlupf gewährte, wurde der Priester auch bald in den Stamm aufgenommen. Aber jetzt, nach Jahren, als sich die Narrangasett mit den Pequot zum Kampf gegen die Ansiedler vorbereiteten, gegen dieselben, die einst den Pfarrer Williams töten wollten, schloß sich der Priester seinen indianischen Freunden nicht an. Er versuchte sogar den Häuptling zu überzeugen, daß es aussichtslos sei, gegen die Eroberer des indianischen Landes kämpfen zu wollen, solange Miantonomo im Namen der Narrangasett ablehnte, am Feldzug gegen die fremden Siedlungen teilzunehmen. Williams floh eines Nachts aus dem Indianerlager, als er annahm, daß seine Bemühungen erfolglos blieben, und verriet ohne Rücksicht auf die Gefahr, die ihm ja immer noch von seinen eigenen Landsleuten drohte, den Plan der Indianer an die britischen Ansiedler im Connecticut-Tal.

Die Siedler beschlossen, die Pequot, die sich auf dem von Sasacus bestimmten Platz versammeln würden, in einem Überraschungsangriff zu vernichten. Die Briten forderten auch die Mohikaner auf, mit gegen die Pequot zu ziehen. Und die Mohikaner nahmen die Aufforderung an. Williams führte die bewaffneten Siedler bis an den Fuß des Berges, auf dem die Pequot inzwischen vergebens auf ihre Verbündeten, die Narrangasett, gewartet hatten. Die Mohikaner fürchteten aber die Pequot so sehr, daß sie sich nicht an dem Angriff beteiligten, sondern nur den Fuß des Berges besetzten. Dort erschlugen sie später die fliehenden Pequot.

Der Angriff der Ansiedler begann genau um Mitternacht. Die Pequot schliefen in einem befestigten Lager auf dem Gipfel des Berges in siebzig Zelten. Der Angriff kam für sie völlig überraschend. Die Befestigung und die Wigwams standen bald in hellen Flammen. Wer von den Indianern nicht im Feuer umkam, fiel am Fuße des Berges den Tomahawks der Mohikaner zum Opfer. Binnen einer Stunde wurde das gesamte Lager des Häuptlings Sasacus – siebenhundert Pequot, Männer, Frauen und Kinder – vernichtet. Keinem Pequot gelang es, vom Kampfplatz zu entkommen. Und doch war Sasacus, nach dem die Siedler am meisten suchten, nicht unter den Toten. Zur Zeit des nächtlichen Überfalls hatte sich der Häuptling nämlich in einem anderen Teil des Stammesgebiets der Pequot – in Groton – aufgehalten.

Die Siedler machten sich unverzüglich nach Groton auf. Sie wollten Sasacus um jeden Preis in die Hände bekommen, weil sie überzeugt waren, daß ihre Siedlungen nach diesem Massaker keine Ruhe finden würden, solange der oberste Häuptling der Pequot am Leben wäre.

Die Pequot, die mit Sasacus in Groton lagerten, zündeten beim Herannahen der Siedler ihr Lager an und wichen bis zum Fluß Hudson zurück. Die Briten aber zogen durch das Land der Pequot, brannten die fast verlassenen Dörfer nieder, erschlugen Frauen und Kinder, die zurückgeblieben waren, und suchten dabei unablässig Sasacus.

Der Häuptling zog sich schließlich mit seinen letzten Getreuen in die Sümpfe zurück. Hier wurde er von Spähern der Mohikaner entdeckt. Die Siedler vernichteten dort den Rest der Pequot. Sasacus jedoch konnte fliehen. Er verließ das Gebiet seines Stammes und suchte bei den Mohawks Zuflucht.

Bald darauf rief er erneut zum Kampf auf. Da sein Stamm bereits von den Weißen ausgerottet worden war, versuchte er die Mohawks zum Kampf gegen die Eindringlinge zu bewegen. Der Stamm fühlte sich aber noch nicht von den Ansiedlern am Connecticut unmittelbar bedroht, und diese Indianer zogen einen kurzen Frieden dem Krieg vor, zu dem ihnen Sasacus unablässig riet. Aber damit nicht genug: Um nicht die Stimme des unversöhnlichen Kämpfers für die Befreiung des Landes weiter anhören zu müssen, erschlugen sie den letzten Pequot – ihren Gast, den Häuptling Sasacus.

Seinen Skalp schickten die Mohawks als Geschenk nach Connecticut, wo er zur letzten Erinnerung an diesen einst so mächtigen Indianerstamm ausgestellt wurde.

Das Zeichen der Klapperschlange

Mit der Niederlage der Pequot endeten zugleich auch die ersten Bestrebungen, die nordamerikanischen Indianerstämme im Kampf gegen die europäischen Eroberer zusammenzuschließen. Die britischen Siedler im Norden Nordamerikas lebten, nach der Vernichtung der Pequot, vierzig Jahre lang unbehelligt von den eigentlichen Herren des Landes. Die Ansiedlungen wuchsen und erstarkten in dieser Zeit beträchtlich; es entstanden Dutzende neuer Ansiedlungen, und ganz New England zählte bereit 60 000 Einwohner.

Diese brauchten immer mehr Boden zur landwirtschaftlichen Nutzung und neue Wälder, um das Holz für den Bau ihrer Häuser und ihrer Handelsschiffe schlagen zu können. Und so bewegte sich die koloniale Expansion unaufhaltsam auf einen neuen Zusammenstoß zwischen den Siedlern und den Indianern hin. Am meisten bedroht waren jene Stämme, die das Gebiet zwischen den bereits von den Engländern besiedelten Territorien bewohnten. Ein Blick in den Atlas zeigt uns, daß es sich ungefähr um das Gebiet des heutigen amerikanischen Bundesstaates Rhode Island und Teile des angrenzenden Gebiets des heutigen Staates Massachusetts handelte. Von den Indianerstämmen dieses Gebiets waren zahlenmäßig die Wampanoag (wörtlich «Leute aus dem Osten») die stärksten, deren ehemaliger Häuptling die Pilger so freundschaftlich empfangen hatte. Jetzt – ein halbes Jahrhundert nach der Ankunft der Pilger – stand als Häuptling Metacom an der Spitze des großen Stammes der Wampanoag.

In der Geschichte dieses Indianerstammes spielten verschiedene Stammesangehörige, die aus diesem oder jenem Grunde den Europäern gewogen waren, eine bedeutende Rolle. Massasoit, der Vater von Metacom, war einst von einem Indianer von der Nützlichkeit der Freundschaft mit den Ansiedlern überzeugt worden. Dieser hieß Squanto, er war einer von jenen vierundzwanzig Indianern, die an der Küste des bis zu dieser Zeit von Europäern noch völlig unberührten Gebiets der Wampanoag 1614 von den Sklavenjägern des Thomas Hunt gefangengenommen worden waren. Die Wege des verschleppten Indianers Squanto endeten aber nicht in Spanien, denn er wurde bald darauf nach England weiterverkauft. Nach einigen Jahren, gerade zu der Zeit, da die ersten Pilger nach New England kamen, kehrte auch Squanto nach Amerika zurück. In Amerika war ein Indianer, der die Heimat der Europäer mit eigenen Augen gesehen hatte und sogar die englische Sprache erlernt hatte, für seine Stammesgenossen ein fast so bestaunenswertes Geschöpf, wie er es in London für die Einwohner gewesen war. Die Erfahrungen des «Weltmannes» Squanto hatten großen Einfluß auf den ehemaligen obersten Häuptling der Wampanoag ausgeübt, der ihn zu seinem ersten Ratgeber machte. Nach der Einwanderung der Pilger diente Squanto als Hauptverbindungsmann zwischen den Siedlern und dem Häuptling der Wampanoag.

Nach dem Tod von Massasoit und Squanto wurde Metacom der neue Häuptling der Wampanoag. Er wußte aus eigener Erfahrung, daß Squantos Rat, sich den Eroberern zu unterwerfen, weder den Wampanoag noch den übrigen Indianerstämmen von New England jenen Fortschritt beschert hätte, den Squanto erhofft hatte. Im Gegenteil!

Und so begann Metacom, der Sohn des Massasoit, genauso wie vor vierzig Jahren Sasacus, der Häuptling der Pequot, im geheimen eine gemeinsame militärische Aktion aller Indianerstämme von New England vorzubereiten, die die europäischen Kolonien in ihrem Siedlungsgebiet beseitigen sollte. Die Europäer waren nämlich seit jener Zeit, da die Pequot unter der Führung von Sasacus gekämpft hatten, immer weiter vorgedrungen und hatten bereits wesentlich mehr Land des indianischen Territoriums in ihren Besitz gebracht als jemals zuvor. Deshalb war es nötig, mehr Bundesgenossen zu gewinnen – außer den Wampanoag des Häuptlings Metacom deren nächste Verwandte, die Sakonnet, deren Häuptling zu jener Zeit Awashonks war – eine Frau –, und die Mohikaner, die Nipmuck und wieder die Narrangasett.

Diesen Stämmen überbrachten Vertraute von Metacom Pfeile, die in Klapperschlangenhaut gehüllt waren. Und Klapperschlangenhaut war für diese Indianer das Symbol des Kampfes.

Die Vertreter der Stämme wickelten an den Beratungsfeuern die Klapperschlangenhäute auf. Aber die einzigen, die der Aufforderung zum Kampf eindeutig zustimmten, waren durch ein Zusammentreffen verschiedener Umstände ausgerechnet die Narrangasett, die noch vor einem halben Jahrhundert von dem redegewandten Priester Williams überzeugt worden waren, sich nicht am Aufstand des Sasacus zu beteiligen.

Der Häuptling Metacom hatte, ebenso wie sein Vater Massasoit, einen Ratgeber – Sassamon –, der auch die europäischen Städte gesehen und sogar an einer Universität studiert hatte; er war getauft worden und später in seine Heimat zurückgekehrt. Als Sassamon von Metacoms Absichten erfuhr, verließ er augenblicklich den Hauptsitz der Wampanoag – gelegen auf einer schmalen Halbinsel – und verriet dem Gouverneur von Plymouth, Winslow, alle Einzelheiten der geplanten Aktion.

Dadurch stand wie seinerzeit am Beginn der Bemühungen des Sasacus auch dieses Mal Verrat. Aber die Wampanoag entdeckten den Verrat, und sie verfuhren mit Sassamon nach Gebühr. Danach begannen die Kampfhandlungen. Die Aufständischen griffen, zunächst ohne Unterstützung anderer Indianerstämme, im Mai 1675 die Siedlung Swanzey an.

Auch wenn die Kämpfe früher begannen, als es Metacom geplant hatte, war er jedoch bestrebt, seinen ursprünglichen Plan zu verwirklichen. Er wollte mit seinen Kriegern schrittweise eine Ansiedlung nach der anderen angreifen, von denen es damals bereits neunundachtzig gab. Aus dem Kampf gegen die zum Teil befestigten Ortschaften gingen sie zweiundfünfzigmal als Sieger hervor; zwölf größere Städte wurden restlos zerstört.

Nach dem erfolgreichen Unternehmen gegen die Siedlungen im Gebiet von Massachusetts wandte sich Metacom mit seinen Männern gegen die zweite Kolonie in Connecticut.

Die Indianer waren auch hier siegreich. Dieser bis dahin erfolgreiche Feldzug endete jedoch mit dem vergeblichen Versuch, Hatfield, die bedeutendste Stadt im Tal des Connecticut, zu erobern, da für die Indianer lange Märsche und auch die Belagerung eines besiedelten Punktes ungewohnte militärische Aktionen waren.

Die Einwohner von Hatfield, durch Palisaden geschützt, verteidigten sich verbissen. Und obwohl Metacom seine Kämpfer pausenlos gegen die hölzernen Schanzen der Stadt schickte, konnte Hatfield doch nicht genommen werden, die Indianer hatten vielmehr einige Dutzend Gefallene.

Metacom änderte daher seine Pläne; er zog seine Männer von Connecticut ab und führte sie zurück ins Land der Wampanoag. Da stellten sich ihnen die Mohikaner in den Weg und verwickelten sie in opferreiche Kämpfe.

Inzwischen formierten die Siedler von Plymouth und anderen Ortschaften in Metacoms Abwesenheit die größte bewaffnete Abteilung, die von Briten bis zu jener Zeit in Amerika gebildet worden war. Das waren mehr als tausend Mann. Ihnen stellten sich die Narrangasett entgegen, an deren Spitze ein entschlossener

Gegner der Europäer stand – der Häuptling Canonchet. Die Narrangasett waren die wichtigsten und zuverlässigsten Verbündeten von Metacom.

Dieser Stamm, der nicht an Metacoms Feldzug zum Connecticut teilgenommen hatte, wartete inzwischen auf Metacom auf einer Insel, die, inmitten eines Sumpfes gelegen, gut ausgebaut worden war. Die für jeden Fremden undruchdringlichen Sümpfe verbürgten ihren Bewohnern größte Sicherheit. Aber wieder war Verrat im Spiel. Die Briten, die in das Land der Narrangasett vorrückten, konnten einen der Männer von Canonchet überwältigen. Sie drohten dem Gefangenen den sofortigen Tod an, wenn er sie nicht durch die «Großen Sümpfe» führte. Und der Gefangene erkaufte sich sein Leben, indem er die Pfade durch die ausgedehnten Sümpfe verriet und die Insel somit dem Feinde auslieferte.

In der Nacht zum 19. Dezember 1675 fielen Einheiten des Siedlerheeres von drei Seiten völlig überraschend in das Lager der Narrangasett ein, die hier auf Metacom warteten. Die Befestigungen wurden zerstört, die meisten Narrangasett im Kampf niedergemacht, aber auch einige Dutzend Briten mußten ihr Leben lassen. Jene Indianer, denen die Flucht gelungen war, schlossen sich der Hauptgruppe von Metacoms Heer an. Metacom führte sie sieben Monate kreuz und quer durch das nordöstliche Nordamerika. Dann aber kehrte seine Streitmacht bereits völlig erschöpft in die Hauptsiedlung der Wampanoag zurück. Damit beging Metacom seinen größten Fehler in diesem Kampf, denn die Siedlung erstreckte sich auf einer vom Feind leicht abzuriegelnden schmalen Halbinsel: Metacom hatte sich mit allen seinen Kriegern in die Falle begeben.

In dieser Situation blieb den Indianern nur die Kapitulation oder der Tod. Metacom wählte den Kampf, wenn dieser auch hoffnungslos war. Einer seiner Berater schlug ihm zwar vor, sich doch lieber zu ergeben, aber der Häuptling tötete den Feigling auf der Stelle. Dadurch beschleunigte Metacom den Untergang seiner Streitmacht, denn jener Indianer hatte einen Bruder, der zu denjenigen Kriegern gehörte, denen die direkte Verantwortung für das Leben ihres Häuptlings oblag. Dieser stahl sich nachts aus den Unterkünften der Indianer und begab sich ins Lager der weißen Feinde. Er bot sich an, noch in derselben Nacht ein Siedlerkommando so zu führen, daß die Indianer aus dem Hinterhalt niedergemacht werden konnten.

Und nun – und das war typisch für diese Kämpfe, in denen die Wampanoag so oft von anderen Indianerstämmen verraten worden waren – bildeten das Gros dieses «Siedlerkommandos» Indianer, die auf die Seite der Briten übergetreten waren.

Der Verräter Alderman, der den Tod seines Bruders durch den Tod von Metacoms Stamm rächen wollte, lauerte nach dem Kampf seinem Feind Metacom an einem Pfad auf. Und er hatte sich nicht geirrt: Der flüchtende Metacom lief direkt in die Mündung des Gewehrs, mit dem die Feinde den Verräter bewaffnet hatten.

Alderman schoß. Eine Kugel drang dem Häuptling der Wampanoag ins Herz.

Der Leichnam des tapferen Häuptlings wurde geviertelt, und außerdem wurde das Haupt abgetrennt, das die Siedler in Plymouth auf einen Pfahl aufspießten und zwanzig Jahre lang zur Schau stellten.

Die rechte Hand Metacoms erhielt der als Belohnung, der ihn verraten hatte. Der Indianer führte die Hand stets mit sich, suchte die Schenken in den neuenglischen Siedlungen auf und zeigte die Hand des toten «Indianerkönigs» für eine halbe Kanne westindischen Rums.

Der Krieg der Götter

Mit dem Namen Pueblo bezeichnen wir eine der Hauptgruppen der indianischen Ureinwohner von Nordamerika, die denselben formationsgeschichtlichen Entwicklungsstand aufwiesen, auf ähnliche Art und Weise ihre Nahrung gewannen und deren Siedlungen dieselben baulichen Eigenarten aufwiesen.

Ihre Siedlungen errichteten die Pueblo vor allem in den heutigen Bundesstaaten New Mexico und Arizona auf flachen Hügeln, den sogenannten Mesas. Die Häuser waren aus Sandstein und ungebrannten Ziegeln gebaut, sie wurden untereinander verbunden, so daß jede Siedlung, die ebenfalls als Pueblo bezeichnet wird, aussah wie eine Art Sandburg.

Die Mitglieder jedes einzelnen Pueblo-Stammes hatten ein sehr ausgeprägtes Gefühl der Stammeszugehörigkeit. Sie traten aber in der Regel nicht gemeinsam auf, sondern fast immer war ein einzelner Pueblo-Stamm selbständig. Und wenn auch, wie in der Mehrzahl der Indianergruppen Nordamerikas, bei den Pueblo ebenfalls zwei Häuptlinge gewählt wurden – die einen übten ihre Funktion in Friedenszeiten aus, während die Kriegshäuptlinge den Stamm zur Zeit eines bewaffneten Konflikts führten –, so hatten doch in den einzelnen Pueblo die lokalen Priester, die Zauberer oder Medizinmänner, den größten Einfluß. Nirgends im Norden des indianischen Amerika spielten nämlich religiöse Zeremonien eine solche Rolle wie gerade bei den Pueblo-Indianern.

Die indianischen Medizinmänner sahen sich, als die Spanier in diese Gebiete vordrangen, konfrontiert mit einer Ausbeutung, die ausschließlich von Priestern einer europäischen Religion gelenkt wurde – an erster Stelle von Angehörigen des Franziskanerordens. Dort, wo im Verkehr mit den Indianern die katholischen Priester das erste Wort hatten, führten sie den Hauptstoß gegen das Heidentum der Indianer. Es nimmt deshalb nicht wunder, daß gerade die Medizinmänner zu Hauptgegnern der neuen fremden Religion und der neuen, fremden Ordnung wurden.

Einer von ihnen, der Medizinmann und Priester der Tewe, Pope, brachte jedoch die Größe auf, in diesem Konflikt, der lange im Verborgenen geschwelt hatte, den eingeschränkten Standpunkt des Medizinmannes zu überwinden. Er bereitete einen Aufstand vor, den er nicht nur als Kampf gegen die fremden Götter auffaßte, sondern vor allem als Kampf gegen das ausbeuterische System, in das die Kolonisten die Pueblo gezwängt hatten.

Pope begann insgeheim mit den Vorbereitungen des Kampfes. Durch den Aufstand sollten alle Pueblo befreit werden. Die Kampfaktionen wurden nicht wie ansonsten bei den nordamerikanischen Indianern üblich auf Versammlungen am Ratsfeuer, an denen zumindest der erwachsene männliche Teil des Stammes teilnahm, vorbereitet, sondern in den Kult- und Beratungsräumen der Pueblo, die Kivas genannt wurden. Der Medizinmann Pope predigte den Pueblo-Indianern in den fast unterirdischen rund oder viereckig angelegten Kivas, daß er zum Aufstand nicht aus eigenem Antrieb rüste, sondern nur den Willen der indianischen Götter erfülle, die über die Verbrechen der Spanier und deren Priester empört seien. Sein Aufruf zum Befreiungskrieg war religiös motiviert.

Popes Familie war von der europäischen Kolonisation so schwer betroffen wie die meisten Pueblo-Indianerfamilien zu jener Zeit. Einer seiner Brüder war in die Sklaverei verkauft worden, außerdem hatten die Franziskaner Pope das Recht abgesprochen, «heidnische Gottesdienste» abhalten zu dürfen. Da Pope dieser Aufforderung nicht nachkam, wurde er gefangengenommen und in die Provinzhauptstadt verschleppt, wo er vor dem Palast des Gouverneurs öffentlich ausgepeitscht wurde. Nach seiner Entlassung wurde Pope jedoch bald erneut verhaftet. Aber weder Verfolgung noch Strafen konnten den Medizinmann von seinem sorgfältig vorbereiteten und genau durchdachten Plan abbringen, die Spanier, samt ihren Priestern, aus Arizona und New Mexico zu vertreiben und den indianischen Völkern die Rückkehr zu der alten Lebensweise und der Religion aus der Zeit vor Beginn der Eroberungen zu ermöglichen. Und so suchte er ein Pueblo nach dem anderen auf und organisierte auf geheimen Versammlungen in den Kivas den Aufstand gegen die Kolonisatoren.

Mehr als jeder andere Führer eines Aufstands gegen die Eindringlinge war er darauf bedacht, daß die Kampfvorbereitungen völlig geheim blieben. Den Teilnehmern der Beratungen wurde strengstes Stillschweigen auferlegt. Weil Pope glaubte, daß Frauen kein Geheimnis hüten könnten, durfte keine Indianerin vom Aufstand erfahren. Darüber hinaus überprüfte er auch die Zuverlässigkeit seiner nächsten Mitverschworenen. Als er zum Beispiel feststellte, daß sein eigener Vetter die Spanier unterstützte, bezeichnete er ihn als Spion der Franziskaner. Daraufhin steinigten die Indianer diesen Verräter.

Pope war auch bemüht, die Pueblos vor Ausbruch des Aufstands von allen indianischen Vertrauensleuten der Franziskaner zu säubern. Aber allen seinen Bemühungen zum Trotz erfuhren die Franziskaner und der spanische Gouverneur dennoch von dem Plan – zwar nicht alle Einzelheiten, aber sie entnahmen den Berichten ihrer Spitzel so viel, daß sich etwas gegen die Spanier zusammenbraute und daß die Medizinmänner der einzelnen Pueblo-Stämme diese Bewegung anführten und organisierten.

Die Franziskaner beschlossen deshalb, den Indianern zuvorzukommen. Sie verhafteten alle Medizinmänner der Pueblos und ließen jeden zehnten «Heiden, Ketzer und Rebellen», wie sie sie bezeichneten, aufhängen. Pope war auch unter den Verhafteten; er war aber glücklicherweise kein «Zehnter». Man warf ihn mit den anderen ins Gefängnis von Santa Fe.

Die Indianer, in deren Leben religiöse Riten und Sitten eine äußerst wichtige Rolle spielten, befürchteten jedoch, daß sie vor den bösen Geistern nicht weiter geschützt seien, wenn ihre Medizinmänner nicht bei ihnen waren. Daher begannen die Pueblo-Stämme allein – ohne ihre eingekerkerten Führer – zum Kampf zu rüsten. Die erste Aktion sollte selbstverständlich die Befreiung der Gefangenen aus der Kartause von Santa Fe sein.

Auch diesmal gelangten wieder aus allen Pueblos alarmierende Berichte in die Residenz des Gouverneurs, wonach die Indianer einen Schlag gegen Santa Fe planten, falls ihre Medizinmänner nicht freigelassen würden. Der Gouverneur konnte sich leicht ausrechnen, daß seine Truppen der zahlenmäßigen Überlegenheit der verbündeten Pueblo nicht gewachsen waren. Unverzüglich ließ er daher, ohne auf die Vorhaltungen der Franziskaner zu achten, die indianischen Gefangenen frei. Pope kehrte sofort in sein Pueblo Taos zurück.

Dieser erste, kampflos errungene Sieg stärkte das Selbstvertrauen der Indianer. Pope, der wohlbehalten und gesund aus dem Kerker zurückgekehrt war, wurde überall mit den größten Ehren empfangen. Die Pueblo-Indianer glaubten, daß dieser Medizinmann von Taos, der dem Zorn der Spanier und ihrer Priester getrotzt und die Mauern des Kerkers überwunden hatte, der lebendig und gesund in sein Kiva zurückgekehrt war, nun auch die Pueblo-Stämme befreien werde. Dabei würden ihm die indianischen Götter beistehen. Nach der Rückkehr aus dem Gefängnis hatte Pope sogleich Dutzende von Pueblo besucht und überall zum Kampf aufgerufen. Dann war er nach Taos heimgekehrt und hatte Taos zum Hauptquartier für die Vorbereitungen des Aufstands bestimmt. In dem Kiva seines Dorfes traf er einige Monate hindurch Tag für Tag mit Männern aller Pueblo-Stämme zusammen.

Im Sommer 1680 gingen die Vorbereitungen zum «heiligen Krieg» ihrem Ende entgegen. Pope lud daher alle Häuptlinge, viele Kämpfer aus dem eigenen Pueblo und aus den Pueblos der unmittelbaren Nachbarschaft in sein Kiva. Vor den Augen seiner Zuhörer ließ der Medizinmann drei «Götter» erscheinen, die, mit Kriegsfarben bemalt, zu brennen begannen. Aus allen Körperteilen schlugen Flammen. Die «Götter» erklärten, daß sie durch dieses heilige Feuer den Indianern helfen wollten, die Fremden aus ihrem Lande zu vertreiben. Der Medizinmann hatte offenbar alle Anwesenden hypnotisiert. Und zugleich ließ Pope durch den Mund der «Götter» den Beginn des Aufstands auf den 13. August 1680 festlegen.

Den Versammelten wurde für jeden Pueblo eine Schnur mitgegeben, in der

Knoten anzeichneten, wieviel Tage noch bis zum Ausbruch des Aufstands blieben. Die Franziskaner erfuhren jedoch wieder von den Vorbereitungen. Sie verständigten den Gouverneur, aber es war bereits zu spät, denn der Name des Medizinmanns Pope war inzwischen zum Symbol der Freiheit für die Indianer New Mexicos und sogar darüber hinaus geworden. Am festgesetzten Tag wurden die Spanier aus Taos verjagt; es erhoben sich sogar die Indianer in dem Pueblo Tesque, das in der unmittelbaren Nachbarschaft von Santa Fe lag. Sie erschlugen den Priester, einen Händler und alle in dem Pueblo lebenden Spanier.

Ebenso wie in Taos und Tesque wurden an demselben Tag die Spanier aus den Pueblos Picuris, Galisteo, Poquaque und vielen anderen vertrieben, oder sie fanden den Tod.

Der Aufstand war bis ins letzte vorbereitet, so daß die Indianer in zwei Tagen das gesamte ausgedehnte Gebiet von New Mexico und die angrenzenden Gebiete von Arizona und Colorado befreiten. In den entfernteren Siedlungen fanden die Spanier den Tod, aus den näher gelegenen bemühten sie sich, nach Santa Fe zu flüchten, der Hauptstand der Provinz, die gut befestigt war und von einer starken Anzahl Soldaten geschützt wurde.

Einen Tag nach dem Ausbruch des Aufstands, am 14. August, brachen die ersten Indianerabteilungen aus dem Pueblo Tesque nach Santa Fe auf. Spanische Reiterei ging zum Gegenangriff über. Da die Pueblo-Indianer weder über Feuerwaffen noch über Pferde verfügten, waren sie der gut ausgerüsteten und mit Kettenhemden und Eisenpanzern geschützten spanischen Kavallerie unterlegen. Viele indianische Krieger mußten ihren Wagemut mit dem Leben bezahlen. Der Medizinmann Pope gab jedoch nicht auf, sondern stieß in der folgenden Nacht selbst mit den Männern seines Pueblos bis Santa Fe vor und begann gemeinsam mit den Indianern aus Tesque die Belagerung der Stadt.

In seinem Plan hatte Pope festgelegt, daß die Indianer vor dem Sturmangriff auf Santa Fe die Wasserzufuhr für diese Stadt, die in einem ausgedörrten Landstrich lag, unterbrechen mußten. Den Pueblo gelang es auch tatsächlich, die Abteilung, die das große Wasserbecken bewachte, zu überwältigen. Danach zerstörten die Aufständischen die Zisterne.

In der Nacht zum 15. August 1680 drangen die Männer aus Popes Pueblo in die Stadt ein und gelangten bis zum Hauptpalast, der eigentlichen Festung Santa Fe, die von hohen Mauern umgeben war. Die übrige Stadt stand schon in Flammen.

Da die Spanier nicht abwarten wollten, bis sie gänzlich in die Hände der Indianer fielen, beschlossen sie, sich durch einen überraschenden Gegenangriff wenigstens für einige Stunden Entlastung zu schaffen. Dieser Ausfall gelang. Die Indianer wurden aus der Stadt gedrängt. Die Spanier nahmen bei dem Gegenangriff mehrere indianische Krieger gefangen, richteten sie in größter Eile hin und räumten dann ihre letzte Stadt im Lande der Pueblo-Indianer. Ohne längeren Aufenthalt flüchteten sie entlang dem Rio Grande nach Mexico.

Am 21. August wurde der endgültige Sieg errungen. Im Laufe von nur acht Tagen hatten die Pueblo ganz New Mexico befreit – ein Gebiet, zu dessen Eroberung die Spanier mehr als hundert Jahre gebraucht hatten. Die Indianer vernichteten alle katholischen Missionsstationen und töteten insgesamt etwa 2 350 europäische Einwanderer.

Jene Spanier, die den Aufstand überlebt hatten, waren dem Verhungern und Verdursten nahe. Wenigen von ihnen gelang es, bei El Paso die Grenzen von New Mexico zu verlassen. Im Lande der Pueblo blieb kein einziger Spanier zurück.

Bis zu dieser Zeit hatte noch kein Aufstand der Indianer so rasch und mit einem so klaren und für die Indianer so vorteilhaften Sieg geendet wie der Kampf unter Führung des Medizinmannes Pope.

Pope konnte nun daran denken, den zweiten Teil seines Plans zu verwirklichen. In der ersten Etappe des Befreiungskampfes sollte das indianische Land von den Spaniern gesäubert werden, in der zweiten Etappe wollte er die Indianer vor allem von der katholischen Religion befreien. In allen Pueblos fanden deshalb große rituelle Feiern statt, bei denen die Indianer, die von den Franziskanern getauft worden waren, mit dem Saft von Yuccafrüchten gewaschen wurden, um sie von der katholischen Taufe zu «reinigen».

Für Pope bedeuteten die katholische Religion und ihre Kirche Ketzerei. Daher wurden alle katholischen Kirchen niedergerissen, alle Reliquien vernichtet. Pope veranlaßte die Indianer auch, keine spanischen Namen mehr zu tragen. Er verbot unter Androhung der Todesstrafe die spanische Sprache zu gebrauchen, die verhaßte Sprache der Eroberer und katholischen Priester.

So wurden die Spuren der jüngsten Vergangenheit getilgt, in der die Spanier ihre Kolonialherrschaft errichtet und mit Hilfe der Mönche des Franziskaner-Ordens ausgebaut hatten. Die Pueblo-Indianer konnten sich tatsächlich völlig von den Spaniern befreien, auch von deren Religion, und sie kehrten zu ihren traditionellen religiösen Vorstellungen zurück, zu ihrer Sprache und zu den Sitten und Gebräuchen und den gesellschaftlichen Zuständen, die vor der spanischen Eroberung geherrscht hatten. In der Sphäre der materiellen Produktion übernahmen sie jedoch die neuen fortgeschrittenen Kenntnisse der Europäer.

Der Held des siegreichen Aufstands, der Medizinmann Pope, war mit diesem Ergebnis des Kampfes zufrieden. Er genoß über die Stammesgrenzen hinaus großes Ansehen und wurde von seinem Volk verehrt. Und Pope hielt bald die Ehrungen, die ihm seine Brüder erwiesen, für ihre Pflicht. Er begann, seinen Sieg persönlich auszunutzen, und verlangte, daß sich die Menschen vor ihm verneigten; er hatte Diener, trug prächtige Gewänder. Schließlich fuhr er, der verboten hatte, auch nur den geringsten spanischen Gegenstand zu gebrauchen, in der Kutsche des ehemaligen spanischen Gouverneurs durch sein Pueblo! Die schönsten Frauen erwählte er sich zu seinen Geliebten, und die, deren er überdrüssig wurde, überließ er seinen Günstlingen. Sein Name, der Symbol des Kampfes gewesen war, legte sich nun wie eine finstere Wolke vor die Sonne der Freiheit.

Es war deshalb kein Wunder, daß die Bewohner der Pueblos bald gegen Popes Herrschermanieren rebellierten. Sein eigener Stamm wählte einen neuen Häuptling, Tupatua, der die Geschicke der Tewe bis 1688 lenkte.

Im selben Jahr wurde der Medizinmann Pope von den Pueblo-Indianern jedoch erneut zu ihrem gemeinsamen obersten Häuptling gewählt. Die spärlichen und ungenauen Berichte, die wir aus jenen Jahren besitzen, da in ganz New Mexico und Arizona kein einziger Europäer lebte und der Gebrauch der spanischen Sprache und Schrift verboten war, geben keine Auskunft, warum die Pueblo-Indianer den Medizinmann Pope wiederholt zu ihrem obersten Häuptling wählten. Wahrscheinlich war Pope schon selbst aus seinem Machtrausch erwacht, und es war ihm bewußt geworden, daß die Freiheit seines Volkes das Wertvollste war.

Pontiac der Einiger

Durch den Aufstand unter der Führung des Medizinmannes Pope wurden die Spanier für lange Zeit aus jenem Teil des Gebiets in Nordamerika vertrieben, das damals für sie über Mexiko am leichtesten zugänglich war. In Florida lebten nur wenige Spanier, und im fernen Kalifornien, an der Küste des Stillen Ozeans, gab es nur eine verschwindend geringe Zahl von europäischen Siedlern. In Nordamerika existierten aber außer den britischen Ansiedlungen auch französische Kolonien – im Süden die Kolonie Louisiana und im Norden das ausgedehnte und auch bedeutendere Kanada.

Die Briten erweiterten ihre Besitzungen besonders im Osten von Nordamerika – an der Nordküste im Gebiet der heutigen Staaten Massachusetts und Connecticut und im Süden von Virginia. Die britischen Siedlungen im Nordosten waren durch den Sieg über Metacom vorläufig gesichert, die Grenzen von Virginia durch die Überwindung des Häuptlings Opechancanough.

Tiefer ins Innere Nordamerikas war die religiöse Gesellschaft der Quäker vorgedrungen; sie eroberten neues Siedlungsgebiet, das bald nach dem Gründer der Kolonie «Pennsylvania» genannt wurde. Die pennsylvanischen Quäker schlossen einige ehrlich gemeinte Verträge mit den dort ansässigen Indianern, um Frieden und Sicherheit zu haben. William Penn war auch der erste, der einen derartigen Vertrag anregte. 1682 wandte er sich mit einem Brief an den «Kaiser von Kanada», wie er den obersten Häuptling der Irokesen nannte, in dem er den Indianern den

In den von den Spaniern eroberten und dann zu Mexiko gehörenden Gebieten des Kontinents entbrannten die ersten Befreiungskämpfe der Indianer in den Pueblos, den bewundernswerten indianischen Städten, die oftmals aus nur einem einzigen riesigen, ineinander verschachtelten Haus bestanden. Später wurden sie zu Festungen der einheimischen Aufständischen

Der Medizinmann Pope ließ die «Indianergötter» den Freiheitskampf während ihrer kultischen Handlungen entfachen. Ebensolche Zeremonien finden auch heute noch in den Pueblos im Südwesten der USA statt

Nordamerikanische Indianer im Kriegsschmuck. Ein Krieger der Irokesen vor dem Angriff auf die Siedlung Deerfield im Staat Massachusetts im Jahr 1704 (Rekonstruktion: W. Langdon Kihns)

Ein mit dem Kriegsbeil bewaffneter Irokese (Zeichnung des Franzosen Grasset St. Sauveur im 18. Jahrhundert)

Die ersten Indianer, die bald friedlich, bald kriegerisch Berührung mit den Weißen hatten, waren die Ureinwohner des Nordostens, namentlich die Irokesen. Unter diesen Indianern hat ein Häuptling des Stammes der Seneca, den die Weißen «Cornplanter» (Maispflanzer) nannten, besonderen Ruhm erworben

Im Gebiet der Großen Seen wurde der Kampf der Indianer zuerst vom Häuptling Pontiac aufgenommen, der Dutzende von Stämmen einigte. Die Zeichnung zeigt das Leben der Chippeway, die auch wegen ihrer meisterhaft gebauten großen Boote in die Geschichte dieser Kriege an den Großen Seen eingingen

Tecumseh, der «Fliegende Stern», berühmter Häuptling der Shawnee und erster wirkliche Einiger des indianischen Volkes im Norden Amerikas, fiel 1813 in der Schlacht am Thames

Vorbereitungen für den Kampf. Die Tipis, aus denen ihre Dörfer bestanden, konnten von den Indianern schnell zusammengelegt und an einem strategisch günstigeren Ort wieder aufgebaut werden. Auf dem Bild ein Dorf der «Schwarzfüße» mit den charakteristischen pyramidenförmigen Tipis. Vorn die für den Händler vorbereiteten Felle

George Catlin hielt auf mehr als sechshundert Ölgemälden Indianer fest, hier ein Mädchen der Mandan

Die Indianerin Pocahontas, wie sie in ihrer «heimatlichen Umgebung» in Virginia aussah

Die Befreiungskämpfe der nordamerikanischen Indianer gipfelten in dem jahrelangen mutigen Kampf der Prärie-Indianer. Diese Kämpfer wurden von den Künstlern öfter gemalt als die Angehörigen jeder anderen Indianergruppe. Porträt eines Angehörigen der «Krähen-Indianer» (Ölgemälde von George Catlin)

Auf Tecumsehs Kriege folgten die Kämpfe der vom Häuptling «Schwarzer Falke» geführten Sauks und Fox, die den denkwürdigen Sieg in der Schlacht auf der Hundeprärie errangen. Einer der Krieger des «Schwarzen Falken», er trägt die für diese Stämme charakteristische, an einen antiken Helm erinnernde Frisur. Er hat in der Schlacht vier Skalpe erbeutet

Bei der Jagd auf die Bisons beweist der Prärie-Indianer nicht nur Tüchtigkeit in der Jagd, sondern trainiert und überprüft auch seine kriegerischen Fähigkeiten

Die Landschaft der indianischen Kämpfe – die Ebenen und Gebirge Nordamerikas

Zerteilung eines erbeuteten Bisons (Aquarell von Alfred Miller)

Indianerkrieger und Bison (Öl)

Die Bisonjagd wurde von den Prärie-Kämpfern zu den Zeiten betrieben, wenn sie sich nicht auf dem Kriegspfad befanden. Am besten fing Alfred Miller diese Komponente der indianischen Kultur in seinen Aquarellen ein. Auf dem Bild Vorbereitungen zum Angriff auf einen Bison

Gewöhnlich gingen die Prärie-Indianer zu Fuß. Junge Indianermutter, die eine Furt durchwatet (Aquarell von Miller)

Pehriska-Rupa, Kämpfer der Mönnitarri in der Kleidung, die auch beim sogenannten «Hundetanz» getragen wird

Bisonschädel schmückten auch die Unterkünfte der Prärie-Indianer. Unterkünfte des Mandan-Stammes

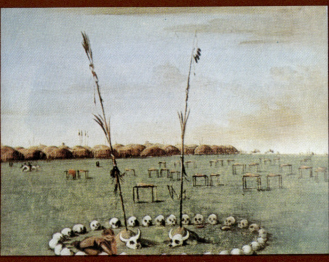

In einem Kreis geordnete Schädel indianischer Kämpfer in einer Präriesiedlung. In der Mitte Bisonschädel

Indianische Jäger beim Erlegen eines Bisons. (Zeitgenössisches Ölbild)

Prärie-Krieger, Angehörige der «Bisongesellschaft». Stamm der Mandan

Indianische Reiter fangen Mustangs (halbwilde Pferde) mit dem Lasso

Das zweite für die Prärie-Indianer charakteristische Lebewesen: das Pferd. Im Reiten waren die Prärie-Indianer einfach nicht zu übertreffen

Ein Präriekämpfer zähmt einen Mustang. Ölgemälde von George Catlin

Der Stammesverband, der in den Indianerkriegen in Nordamerika vermutlich die höchste Bewunderung verdiente, waren die Sioux. Auf dem Aquarell: ein Siouxkrieger

Die berühmteste Schlacht der Sioux über das von Custer geführte 7. Kavallerieregiment. Die Kämpfer sammeln sich in einem Dorf vor der Schlacht (Ölgemälde von W. Langdon Kihn)

Geistertanzhemd

Krieger der Cheyenne

In den Kämpfen im Westen Nordamerikas spielte Fort Laramie eine Schlüsselrolle. Zeitgenössische Darstellung von Alfred Miller

Die Schlacht am Little Big Horn wurde auch von einem der Indianer selbst im Bild festgehalten, vom Krieger «Rotes Pferd». Seine Zeichnung stellt Sioux- und Cheyenne-Kämpfer auf Büffelhaut dar (1881)

«Siegesschrei» – so verkündeten die Prärie-Indianer ihren Sieg über einen Büffel

Die Pawnee bereiten den Angriff auf eine Kolonne amerikanischer Planwagen vor (Aquarell von Miller)

Plan der Quäker für die wirtschaftliche Entwicklung Pennsylvanias erläuterte. Seiner Meinung nach war das ein Plan, aus dem auch die eingeborenen Einwohner Nutzen ziehen konnten. Die Irokesen-Liga trat darin den Quäkern ein umfangreiches Gebiet ab, zugleich aber verdrängten diese mächtigen Indianer aus ihren eigenen Jagdgründen andere Indianerstämme. Daher brachte diese «friedliche Kolonisation» für die Indianer am Ende genauso unheilvolle Folgen.

Kolonialgebiete wurden zu dieser Zeit auch von den Franzosen an der Küste des Atlantiks, die von den Indianern nur dünn besiedelt war, und am Sankt-Lorenz-Strom erobert. Westlich von den französischen und den britischen Ansiedlungen lebten die Indianer beinahe wie früher. Noch gehörte ihnen fast ganz Nordamerika, und mit den Europäern kamen sie nur an den Grenzen der britischen und der französischen Kolonien in Berührung.

In das den Indianern verbliebene Land drangen zuerst Reisende vor, vor allem Missionare. Dann kamen Händler, die von den Ureinwohnern Pelzwaren einhandelten, um sie dann nach Europa weiterzuverkaufen. Dieser Kettenhandel war recht ausgedehnt und hatte für die Indianer verhältnismäßig große Bedeutung. So wurden allein in den Jahren 1739 bis 1759 – das heißt also in zwei Jahrzehnten – 1 250 000 Pelze in der damaligen Stadt Charlestown verkauft.

Jenseits der westlichen Grenzen der britischen und der französischen Kolonien entstanden gleichzeitig britische und französische Handelsstationen, auf denen die Indianer Pelze gegen Waffen, Branntwein, Stoffe, Beile und auch gegen Skalpiermesser tauschten. Die Händler galten als Vertreter ihrer Länder bei den einzelnen Indianerstämmen. Bereits Mitte des 18. Jahrhunderts gründeten die Europäer auch in dem strategisch wichtigen Gebiet zwischen den Großen Seen einige Forts.

Eine Schlüsselrolle spielte hier das geräumige, gut befestigte Fort Detroit, das die Franzosen an dem gleichnamigen Fluß errichtet hatten. Die an den Seen wohnenden Indianerstämme verteidigten sich anfangs gegen die Eroberer. 1747 zum Beispiel erschlugen die Huronen des Häuptlings Orontony einige französische Kaufleute aus Detroit. Aber dennoch versuchten die Franzosen von Detroit, mit den Indianern in Frieden zu leben – mit den Ottawa, den Ojibwa (Chippeway) und den Pottawatomi, sämtlich Angehörige der Algonkin-Sprachgruppe. Diese drei Indianergruppen waren ursprünglich in einem einzigen Stamm vereinigt, der zur Zeit der Entdeckung Amerikas durch Kolumbus nördlich der Großen Seen wohnte. Die Ottawa lebten mit den Franzosen in Eintracht, da die Eroberer die Einkünfte des Stammes vergrößern halfen. Die Ottawa kauften bei entfernter wohnenden Stämmen Felle auf und verkauften diese mit einem beträchtlichen Gewinn an die Franzosen in Detroit weiter.

Die französischen Händler bemühten sich demagogisch, die Vorstellung zu erwecken, als seien die Untertanen des französischen Königs und die Angehörigen des Stammes der Ottawa gleichberechtigt. Unermüdlich versicherten sie die Indianer des Schutzes, den der «Große Vater», der König von Frankreich, allen seinen Verbündeten gewähre, sollten diese in Bedrängnis geraten. Die gleiche Unterstützung eines anderen «Großen Vaters», des Königs von Britannien, wiederum versprachen die Briten.

Und inzwischen führten diese beiden «Großen Väter» fast ein Dreivierteljahrhundert gegeneinander Krieg – mit Kriegserklärung und auch ohne. Der vorletzte britisch-französische Krieg endete 1748, und der nächste – der letzte – begann bereits acht Jahre später. Auf der Seite Englands standen Preußen und Hannover, auf der Seite Frankreichs Österreich, Polen, Rußland, Sachsen und Schweden. In Nordamerika kämpften viele Indianer auf der Seite der Briten, und auf der Seite der Franzosen kämpfen ebenfalls Indianer. Zum Beispiel sandte gleich im ersten Jahr des neuen Krieges der Kommandant der Festung Detroit den französischen Truppen dreihundert indianische Krieger zu Hilfe. In den Dokumenten aus jener Zeit können wir auch zum erstenmal den Namen eines Indianers als einen Verbündeten der Franzosen lesen – den Namen des Häuptlings der Ottawa, Pontiaque (englisch Pontiac).

In den schweren französisch-britischen Kämpfen um Kanada errangen die Briten den Sieg. Sie eroberten Ortschaften in den ursprünglich französischen Kolonialgebieten in Kanada. Im September 1760 kapitulierte der französische Gouverneur.

Noch verblieben jenseits der Grenzen der französischen Kolonien einige Handelsstationen in den Händen der Franzosen, und die wichtigste unter ihnen war immer noch Detroit. Hierher – zu den Großen Seen – waren die britischen Soldaten noch nicht vorgedrungen. Die großen und die kleinen Forts im indianischen Gebiet konnten nur von einem besonders erfahrenen Mann erobert werden.

Der britische Eroberer von Kanada, General Amherst, wählte für den Marsch in das Land der indianischen Freunde der geschlagenen Franzosen den Ranger Rogers aus, der sich in Kämpfen gegen die Indianer wiederholt «ausgezeichnet» hatte. Rogers schrieb später ein Buch über die Ereignisse in jenen Tagen. Er teilt mit, daß er vier Tage nach der Eroberung von Montreal mit zweihundert Soldaten die Stadt verließ und eine Flottille von fünfzehn großen Booten in Richtung Süden führte. Als er in die Nähe von Detroit gelangte und dort das Ufer betrat, war er bereits auf dem Territorium der Indianerstämme. Rogers nennt als indianischen «Kaiser» dieses Gebiets Pontiac. Damals hatte es Pontiac bereits verstanden, alle zwischen dem Huronsee, dem Eriesee und dem Michigansee lebenden Indianerstämme in einer Allianz zusammenzuschließen. Auch gelang es ihm, die Ottawa mit ihren Brüdern, den Ojibwa und den Pottawatomi, wieder zu vereinigen. Im Namen dieser «Indianischen Union» trat Pontiac den Soldaten Rogers' in den Weg und fragte, was die Briten in diesem Lande suchten.

Rogers begann ein ausgeklügeltes Spiel. Er versicherte Pontiac, auch er komme als Freund der Indianer, und erklärte, auch die Briten beabsichtigten, in Zukunft mit den Indianern Handel zu treiben. Dabei stellte er in Aussicht, daß sie die Pelze um viel höhere Preise ankaufen würden als die Franzosen. Damit aber die Briten den Indianern die Waren liefern könnten, die ihnen früher die Franzosen verkauft

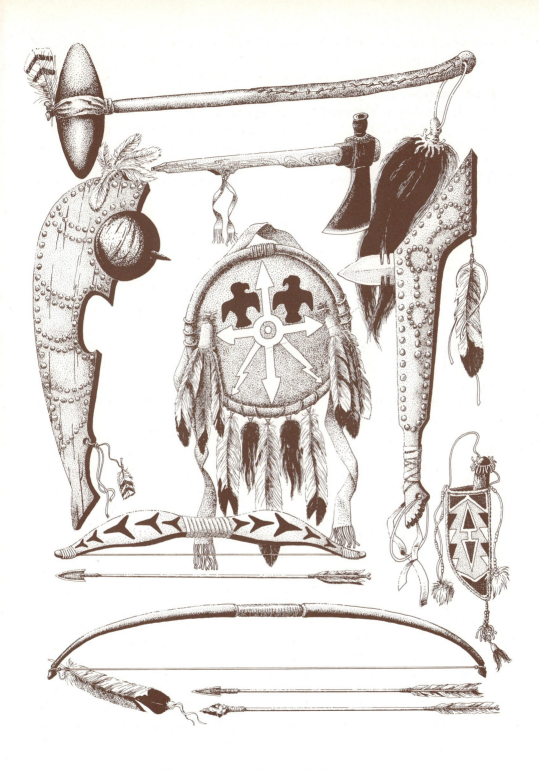

Waffen der nordamerikanischen Indianerkrieger:
Tomahawks, Schilde aus Bisonhaut, ein Messer
mit verzierter Scheide, Pfeile, Bogen

hätten, müßten sie die Festung Detroit den Franzosen abnehmen. Zum Beweis der Glaubwürdigkeit seiner geschilderten Absichten schenkte Rogers dem Häuptling Pontiac mehrere Wampums, Gürtel, mit denen einige Indianerstämme unter anderem gegenseitig ihre Wünsche übermitteln konnten. Pontiac wies die Wampums zwar nicht zurück, aber er bezahlte sie auch nicht. Er äußerte seine Bereitschaft, mit den Briten Handel zu treiben, und ließ die Soldaten nach Detroit ziehen. Rogers' Männer überwältigten die französische Besatzung im Kampf.

Rote Wampuns

Pontiac, der Häuptling, der später britischen Generalen die Stirn bot, hatte im Laufe der Zeit in den Augen seiner Feinde große Schuld auf sich geladen: Es gelang unter seiner Führung nämlich zum erstenmal, in Nordamerika Dutzende der verschiedensten früher untereinander verfeindeten Stämme zu einen, und außerdem nötigte er sogar seinen Feinden wegen seiner außerordentlich geschickten Kriegskunst Respekt ab. Pontiac arbeitete einen genauen strategischen und taktischen Plan des Aufstands aus und vermochte es als erster indianischer Häuptling in Nordamerika, die Belagerung von Festungen zu organisieren.

Aber davon später. Vorläufig war noch Friede, und Pontiac und Rogers trennten sich im guten. Pontiac kehrte in sein Ottawa-Dorf unweit von Detroit zurück. Jedoch die französischen Kolonisten bemühten sich, insgeheim den Krieg gegen die Briten wiederzubeleben.

Sie warben bei den ehemaligen indianischen Bundesgenossen um Hilfe. Die früher mit den Franzosen verbündeten indianischen Stämme – zum Beispiel die Delaware – nahmen die französischen Emissäre freundlich auf. Besonders Pontiac hörte sich alle Berichte über einen beabsichtigten Aufstand mit großem Interesse an. Er wurde dabei nicht von dem Bestreben geleitet, die französischen Kolonien in Nordamerika wiederherstellen zu helfen; er befürchtete vielmehr, daß die britischen Kolonien allzu mächtig werden könnten. Bis dahin hatten die Briten und die Franzosen um die Vormachtstellung in Nordamerika gekämpft, auch die Spanier, die Holländer und sogar die Schweden spielten eine gewisse Rolle, bis dahin standen den Indianern uneinheitliche europäische Kolonialherren gegenüber, und ihre eroberten Gebiete lagen voneinander getrennt. Damals waren die Eroberer des Ostens von Nordamerika nicht über die Grenzen der heutigen Staaten West Virginia, Pennsylvania, New York und Connecticut hinausgedrungen.

Nun aber begann sich vor den Augen Pontiacs eine durchgehende britische Grenze vom Sankt-Lorenz-Strom im Norden bis nach Georgia im Süden abzuzeichnen. Und vor dieser Grenze zog sich bereits wie auf einem Schachbrett eine Reihe vorgeschobener Forts hin, ein Vorfeld, das den Schutzschild für die dahinter wachsenden Siedlungen darstellte und zugleich eine immer tiefer ins Herz des indianischen Erdteils gerichtete Speerspitze bildete.

Die erste Gelegenheit, einen großen Befreiungskampf gegen die Kolonien zu eröffnen, nahm Pontiac jedoch nicht wahr. Schon 1771 kamen die Häuptlinge Kyashuta und Tahaiadoris, Abgesandte eines der Mitgliedstämme der Irokesen-Liga – der Seneca – zu den Ottawa und übergaben Pontiac ein rotes Kriegswampum. Damit forderten sie die Ottawa und alle mit ihnen verbündeten Stämme auf, sich gegen die Briten zu erheben und sie aus Amerika zu vertreiben.

Dieser Aufforderung, die ihm die Vertreter der mächtigsten Indianergruppierung östlich des Mississippi überbrachten, folgte Pontiac nicht. Er hielt sich vorläufig noch an den ungeschriebenen Vertrag, den er vor kurzem in Detroit mit Rogers vereinbart hatte.

Deshalb schickte er die Abgesandten der Seneca zurück.

Aber schon im Laufe eines Jahres änderte Pontiac seine Meinung. Die Quäker hatten einst den Indianern versprochen, niemals die Berge zu überschreiten. Jetzt aber begannen die Einwanderer das Tal des Ohio zu besiedeln, und vom Ohio war es bis zum Land der Ottawa und ihrer Verbündeten – den heutigen Staaten Michigan und Illinois – nicht mehr weit. Jetzt zweifelte Pontiac nicht mehr. Daher begann er nun selbst, zum Kampf zu rüsten.

Wie zuvor Metacom und Pope besuchte er Dutzende von Stämmen und überzeugte sie an den Beratungsfeuern, wie notwendig die Einheit der Indianer sei und daß nur der gemeinsame Widerstand gegen das Vordringen der Eindringlinge die Existenz sämtlicher Stämme sichern könne. Bei der Mehrzahl der Stämme hatte Pontiac Erfolg, aber nicht bei dem Irokesen-Bund, der Allianz der zahlreichsten und mächtigsten Stämme in jener Region. Die irokesischen Seneca, die Pontiac tief gekränkt hatte, indem er ihre roten Wampums zurückgewiesen hatte, schlossen sich vorläufig den Ottawa nicht an; deshalb standen auch die übrigen Irokesen-Stämme abseits. Pontiac machte jene Häuptlinge, die er für seine gegen die britischen Kolonien in Nordamerika gerichtete indianische «Kriegsliga» gewonnen hatte, mit den Hauptzügen seines Planes für den Kampf vertraut. Dieser Plan berücksichtigte vor allem die Tatsache, daß die eigentlichen britischen Kolonien, die noch nicht zu tief ins Innere reichten, von jener Reihe vorgeschobener Forts geschützt wurden. Die vereinigte indianische Streitmacht sollte in der ersten Etappe des Kampfes alle diese vorgeschobenen Forts erobern und damit das Vorfeld der Kolonien säubern, in der zweiten Etappe sollten die Indianer stetig nach Osten vorrücken und die Ansiedler so lange vor sich hertreiben, bis sie in den Fluten des Atlantiks ertrinken würden.

Das war ein kühner und verwegener Plan. Von der vorgeschobenen Festung Fort Edward Augustus, die im heutigen Wisconsin erbaut worden war, waren es bis zum Meer einige tausend Kilometer. Dieses beinahe unermeßliche Gebiet bewohnten

Medizinmann Pope.
Während der Kulthandlungen,
bei denen ein ritueller Tanz mit lebenden
Schlangen eine sehr große Rolle spielte,
rief er die Pueblo-Indianer zum Kampf auf

Im Hintergrund der Zeichnung: Popes Pueblo
Taos. Im Vordergrund: die örtlichen Totems,
Katchina genannt

Dutzende von Stämmen, von denen viele noch untereinander verfeindet waren. Zwischen ihnen bestand keine schnelle Verbindung.

Pontiacs Strategie setzte allerdings voraus, daß alle Indianerstämme die Aufgabe erfüllten, die ihnen der Führer des geplanten Aufstands gestellt hatte: Am festgesetzten Tage sollten Dutzende von den einzelnen Stämmen gebildete Kriegerabteilungen gleichzeitig gegen die verschiedenen Forts losschlagen und sie erobern. Pontiac, der die militärische Kraft der Kolonien kannte und kein überflüssiges Blutvergießen wollte, forderte seine Bundesgenossen auf, überall, wo es möglich war, die Besatzungen vor die Wälle der Forts zu locken und sie dort zu überwältigen, oder unter einem Vorwand in das Innere der Forts einzudringen und von dort einen Überraschungsangriff zu führen.

Den einzelnen Indianerstämmen wurden bestimmte Forts zugewiesen. Detroit, das infolge seiner Lage zwischen den drei Großen Seen die wichtigste Rolle unter den britischen Forts spielte, übernahm Pontiac selbst für seinen Stamm und die Krieger der mit den Ottawa verwandten Pottawatomi und der Ojibwa.

Die Vorbereitungen zu diesem ersten wirklich viele Indianerstämme umfassenden Kampf verliefen günstig. Im Vorfrühling 1763 hielt Pontiac sie für abgeschlossen. Voller Hoffnung erwartete er nunmehr die Unterstützung der Franzosen. Auf deren Seite hatten sich in diesem Konflikt auch die Spanier gestellt. Pontiac nahm an, daß sein Generalangriff gegen die britischen Kolonien von den Spaniern und den Franzosen aus dem bis jetzt noch französischen Louisiana und dem spanischen Florida unterstützt werden würde.

Er versuchte also, die französischen Verbündeten in Louisiana durch Berichte über die Größe und Kraft seines Heeres zu ermutigen. Zugleich aber wollte er auch seinen indianischen Kriegern Mut einflößen. Und er fand einen unschätzbaren Gehilfen: Bei den Delawaren gab es gerade zu dieser Zeit einen Medizinmann, dessen Namen wir nicht mehr kennen, der so wie seinerzeit bei den Pueblo-Indianern der Medizinmann Pope die Rückkehr zur alten Ordnung beschwor. Er forderte, daß die Stämme aller Erfindungen der Eroberer entsagten und so lebten, wie sie gelebt hatten, bevor die Europäer in ihr Land eingedrungen waren. Auch er behauptete, er spreche nicht nur «mit seinem Munde», und verkündete, daß die Beseitigung der britischen Kolonialherrschaft der «Herr des Lebens» selbst wünsche, der indianische Schöpfer. Er, der Priester, habe sich lange vergeblich bemüht, den «Herrn des Lebens» zu besuchen. Einmal habe ihm dann jedoch geträumt, daß er sich von der Erde erhebe und daß er sieben Tage gewandert sei, bis er endlich vor dem «Herrn des Lebens» gestanden habe. Nachdem der Medizinmann wieder «auf die Erde zurückgekehrt war», übermittelte er den Delawaren, was ihm der «Herr des Lebens» auferlegt hatte. Und das göttliche Gebot flog von Mund zu Mund bis zu Pontiac.

Als Pontiac für den 27. April jenes Jahres eine abschließende Beratung am Fluß Ecorse einberief, brauchte er den versammelten Kriegern nur die Worte des Priesters zu wiederholen: «Ich habe den Himmel und die Erde geschaffen, die Bäume und die Seen, die Flüsse und die Menschen und alles, was ihr auf der Erde sehet und besitzet. Und diese Erde, die ihr bewohnt, habe ich für euch geschaffen, nicht aber für andere ... Ich bin jenen nicht gewogen ... Sie kennen mich nicht, sie sind meine Feinde und die Feinde eurer Brüder ... Kämpfet also nicht mehr gegeneinander ... Aber jaget diese in rotes Tuch gekleideten Hunde aus dem Lande, denn sie gieren nach nichts anderem, als euch zu schädigen. Und wenn ihr etwas braucht, dann fordert das von mir und von euren Brüdern ... Ich sage euch also: Jaget sie zurück in die Länder, die ich für sie geschaffen habe. Mögen sie dorthin zurückkehren, woher sie gekommen sind.»

Zugleich habe jedoch der indianische «Schöpfer» dem Medizinmann mitgeteilt, daß für ihn nur die Briten Feinde seien. Die Franzosen hingegen würden mit seinen Kindern – den Indianern – gut umgehen. Un deshalb seien auch sie Kinder des «Herrn des Lebens».

Pontiac erzählte den Traum des Medizinmannes fast die ganze Nacht hindurch auf dieser letzten Kriegsberatung. Die Krieger und Häuptlinge lauschten, ihre Herzen wurden entflammt. Und gegen Morgen, als Pontiac seine Rede beendet hatte, gab es unter den Kriegern der Wyandot, der Pottawatomi, der Ottawa und der Ojibwa keinen, der nicht die Gebote des «Herrn des Lebens» erfüllen und die Briten im roten Kleid aus dem Lande treiben wollte, «das er für die Indianer geschaffen hatte und nur für sie».

Den Plan für den Angriff kennen wir bereits. Es bleibt also mitzuteilen, inwieweit die einzelnen indianischen Stämme ihre Aufgaben erfüllen konnten, die Pontiac ihnen zugeteilt hatte. Die Huronen waren der erste Stamm, der das ihnen zugewiesene Fort angriff und zerstörte. Das zweite Fort fiel am 25. Mai 1763, es wurde von den Kämpfern der Pottwatomi unter der Führung des Häuptlings Washee erobert. Das war jener Teil des Stammes, der nicht in der Nähe Detroits lagerte.

Während also die Pottawatomi Fort Saint Joseph in ihren Besitz brachten, eroberte der Stamm der Miami im Verlaufe von nur wenigen Stunden Fort Miami im heutigen Indiana.

In Indiana blieb dann nur noch ein einziges Fort in britischen Händen, nämlich Quiatenon am Wabash. Den Angriff führten die Männer dreier Stämme – die Kickapoo, die Mascouten und die Weave. Nach kurzer Belagerung – vier Tage nach dem Fall von Fort Miami – kapitulierten die Briten und retteten so ihr Leben.

Einen Tag nach der Kapitulation von Quiatenon entflammte der Kampf um eins der Forts, denen Pontiac in seinen Plänen die größte Bedeutung beigemessen hatte, um Michilimackinac, dessen ehemaliger Kommandant Rogers gewesen war. Jetzt war Kapitän Etherington der Kommandant. Er besaß noch keine Nachrichten über die Ereignisse von Detroit und Indiana. Als sich vor dem Fort Männer der Sauks und der Ojibwa versammelten, um hier im Ballspiel zu wetteifern, erlaubte Etherington fünfunddreißig Soldaten seiner Garnison, vor den Wällen dem spannenden Wettkampf zuzuschauen. Die Indianer spielten Rakett, immer ein ganzes Dorf gegen ein anderes oder die Männer eines Stammes gegen die eines anderen, oft hundert Spieler auf einmal. Das Ballspiel ergänzten Tänze, kultische Gesänge sowie Gebete der Medizinmänner. Dieses Massenspiel war gut geeignet, die Absichten der Spieler vom Stamme der Sauks und der Ojibwa zu verschleiern.

Im Eifer des Gefechts warf einer der Spieler scheinbar unbeabsichtigt den Ball über die Palisaden der Festung. Die übrigen Spieler liefen dem Ball hinterher durch das offene Tor des Forts, und ihre Frauen, die auch zugeschaut hatten, folgten ihnen. Als die Indianer aber erst einmal im Fort waren, vergaßen sie den verlorenen Ball. Die Frauen, die diesmal einen großen Teil der indianischen Kämpfer bildeten, holten aus den Tiefen ihrer Gewänder die dort versteckten Tomahawks und Keulen hervor, und der Kampf begann.

Zwanzig der fünfunddreißig britischen Zuschauer des Ballspiels fielen, unter ihnen auch der Stellvertreter des Kommandanten, bevor es den Soldaten gelang, die Indianer aus dem Hof der Festung zurückzudrängen. Die «Spieler» – jetzt unmaskierte Krieger der zwei Stämme Sauk und Ojibwa, geführt von dem Häuptling Minavana – begannen mit der Belagerung.

Nach einigen Tagen entschloß sich Etherington zur Kapitulation. Mit Ausnahme eines einzigen Mannes überlebten alle Engländer aus dem Fort Michilimakkinac die Gefangenschaft.

Nach dem Fall von Michilimackinac blieb den Briten im ganzen Westen nur noch ein einziges Fort – Fort Edward Augustus im heutigen Bundesstaat Wisconsin. Dieses Fort räumte der Kommandant, Leutnant Gorell, kampflos, weil er das Schicksal der anderen Besatzungen nicht teilen wollte und zudem Furcht vor dem bevorstehenden Angriff der mit Pontiac verbündeten Stämme der Menomini, Fox und Winnebag hatte, der am 21. Juni unternommen werden sollte.

Der erste Teil des Plans von Pontiac war ausgeführt, das Gebiet um die westlichen Seen war befreit, und die Indianer konnten jetzt nach Osten vorrücken und sich dem großen britischen Kolonialgebiet Ohio nähern. Diesen zweiten Teil des Befreiungskampfes eröffneten die Huronen mit einem Angriff auf Fort Sandusky am Südufer des Eriesees, das sie bald eroberten. Die Huronen sandten die Nachricht von ihrem Sieg nicht nur an Pontiac, sondern verständigten vor allem auch mit einem langen Wampum die Delawaren, den Stamm jenes Medizinmannes, dessen Vision Pontiac geholfen hatte, viele nordamerikanische Indianerstämme für den Befreiungskampf zu vereinigen.

Bei den Delawaren, die noch viel weiter im Osten siedelten, übernahm der Häuptling Wolf das Wampum der Huronen. Er trug dann das Feuer des Kampfes nach Pennsylvania. Den Delawaren schlossen sich weiter östlich lebende Indianer an, die Mingos. Die Männer beider Stämme drangen gemeinsam auf das Gebiet der britischen Kolonien vor, zuerst in das dichtbesiedelte Tal der Monogahela in Pennsylvania. Auf ihrem weiteren Marsch erreichten sie die Gegend, wo heute Pittsburgh liegt, und eroberten dabei das wichtige Fort Ligonier.

Während der Kämpfe im Stromgebiet der großen amerikanischen Flüsse, namentlich des Mississippi, spielten auch die Flußdampfer eine große Rolle

Indianische Ruderboote auf einem nordamerikanischen Fluß. Im Hintergrund ein Indianerdorf

Der Kampf der Indianer Nordamerikas
begann in den nördlichen und östlichen Gebieten.
Unter jenen zeichneten sich besonders
die Irokesen aus, die Indianer Neu Englands
und später auch die Sauk und Fox

Ma-Si-Ca, Indianer
aus dem Stamme der Sauk

Winterlager der Indianer vom Missouri   Indianische Frauen

Zwei Indianer aus dem Flußgebiet des Missouri

Die Indianerkriege spielten sich oftmals
in den Gebieten der großen amerikanischen
Ströme ab

Der siegreiche Feldzug der Delawaren und der Mingos bewog auch die noch abseits stehenden Stämme, die Shawnee und die irokesischen Seneca, am Feldzug teilzunehmen.

Die Seneca hatten sich als erste bemüht, die nordamerikanischen Indianer gegen die Briten zu vereinigen; ihr Wampum hatte Pontiac vor wenigen Jahren noch zurückgewiesen. Jetzt aber schlossen sie sich am 18. Juni 1763 dem Plan des Häuptlings Pontiac an.

Die mühsamen und langwierigen Anstrengungen Pontiacs und der verbündeten Stämme trugen Früchte, wie sie nicht einmal der oberste Häuptling erwartet hatte. Zum erstenmal in der Geschichte der nordamerikanischen Indianer war es gelungen, die zwischen dem Atlantischen Ozean und dem Mississippi siedelnden Indianer für ein gemeinsames Ziel zu vereinen. Die aufständischen Seneca begannen, die restlichen Forts in Pennsylvania zu zerstören. Zuerst griffen sie Venango an, dessen Besatzung mit Ausnahme des Kommandanten Gordon bis zum letzten Mann fiel.

Gordon nahmen die Seneca gefangen und erklärten ihm, warum die Indianer diesen Krieg führten. Er verstand die Sprache der Irokesen und mußte die Erklärung des Häuptlings ins Englische übersetzen und einige Male abschreiben. Auf diese Art erklärten die Seneca den Briten offiziell den Krieg. Sie befanden sich nun auch nach dem europäischen Kriegsrecht mit den britischen Kolonien im Kriegszustand. Drei Tage nach der Zerstörung von Venango begannen die Seneca mit dem Angriff auf das Fort Le Boeuf. Den wiederholten Angriffen der Indianer hielten die britischen Soldaten auf die Dauer nicht stand. Aus dem Fort konnten nur sieben Mann fliehen.

Die Seneca zogen weiter zum vorletzten britischen Fort unweit der Seen, Presqu'Isle. Dieses hervorragend befestigte Fort konnten jedoch die Seneca allein nicht erobern. Deshalb schickte ihnen Pontiac zweihundert Männer der Huronen und Ottawa von Detroit aus zu Hilfe. Seneca, Huronen und Ottawa bezogen auf zwei Hügeln nahe den Palisaden des Forts Stellung und schossen von dort mit Brandpfeilen auf die Dächer von Presqu'Isle und auf das Pulvermagazin. Die Belagerung dauerte einige Tage. Schließlich kapitulierte der Kommandant und übergab das Fort den Indianern. Die Gefangenen wurden unter die einzelnen Stämme aufgeteilt, die an der Belagerung der Festung teilgenommen hatten.

Nach dem Sieg bei Presqu'Isle operierten die einzelnen Abteilungen von Pontiacs Streitkräften wieder getrennt voneinander. Ein Teil der Huronen begann mit der Belagerung von Pitt, dem letzten britischen Fort in diesem Gebiet. Ein Teil der Seneca und die Shawnee, Delawaren und Mingos drangen tiefer ins Innere des britischen Kolonialgebiets vor.

Pontiacs Triumph war, so schien es, vollkommen. Im Verlaufe der ersten zwei Monate des Krieges hatten die Indianer Dutzende von Siegen erfochten. Und hinter jedem Sieg und jedem eroberten Fort stand der Name Pontiacs, des Einigers, wie die Übersetzung seines Namen lautet.

Die Belagerung von Detroit

Während die vereinigten Indianerstämme ein britisches Fort nach dem anderen eroberten, während überall zwischen dem Mississippi und dem Atlantik Pontiacs Verbündete den Plan des Einigers pünktlich und exakt ausführten, hatte es nur der Vater dieses Plans bisher noch nicht geschafft, seinen Teil der Aufgabe zu erfüllen.

Innerhalb von zwei Monaten waren auf Pontiacs Befehl alle Forts im Gebiet der Großen Seen, im Gebiet der heutigen Staaten Indiana und Ohio und auch schon in Pennsylvania gefallen. Nur Detroit konnte nicht genommen werden, die wichtigste Festung, deren Eroberung Pontiac den Männern der Ottawa und der mit den Ottawa verwandten Stämme anvertraut hatte.

Auch hier sollten die Indianer nach Pontiacs Plan das Fort durch einen Angriff von innen in die Hand bekommen. Es wurde von drei Bastionen geschützt, zur Ausrüstung gehörten sechspfündige Kanonen und schwere Mörser. Das ganze Fort war mit einem fünf Meter hohen Palisadenwall umgeben, der fast anderthalb Kilometer lang war. Vor den eigentlichen Schanzen wurde Detroit auf zwei Seiten von zwei kleinen Forts geschützt. Und vor Detroit, das an dem breiten gleichnamigen Fluß liegt, der den Eriesee mit dem See Saint Clair verbindet, lagen zwei Kriegsschiffe, die «Michigan» und das Kanonenboot «Huron», vor Anker.

Pontiacs «trojanisches Pferd» für die Festung sollte eine Gruppe von Tänzern sein, die den Offizieren «Tänze der Wilden» vorführen sollte, wie das früher üblich gewesen war. Aber der Kommandant des Forts Gladwyn erfuhr von Pontiacs Plan. Seine Geliebte war eine Indianerin, die er Catherine nannte. Sie wohnte in einem Pottawatomi-Dorf stromaufwärts. Sie hatte gleich nach jener letzten feierlichen Beratung am 27. April in ihrem Dorf erfahren, daß Pontiac Detroit zu erobern beabsichtigte, und auch, wie er es anstellen wollte. Sie teilte alles Gladwyn mit. Der Kommandant ließ sich nicht anmerken, daß er Pontiacs Pläne kannte. Als einige Tage nach dem 27. April ein Bote von Pontiac zu Gladwyn kam, um ihm den Wunsch des Häuptlings zu übermitteln, daß die Ottawa das Fort besuchen möchten, um hier den Tanz der «Kalumet» (Friedenspfeife) vorzuführen, stimmte er dem Besuch zu.

Am 7. Mai 1763 ruderten auf Dutzenden Kanus mehr als dreihundert Ottawa – Männer, Frauen und Kinder – über den Fluß an das Fort heran. Die Tänzer hatten ihre Waffen sorgfältig verborgen und warteten auf das verabredete Zeichen zum Angriff. Es lautete «Grüner Wampum». Pontiac brachte nämlich den Briten, wie es der Brauch war, einen reich verzierten Wampum als Geschenk mit. Oben war der Gürtel weiß, unten grün. Wenn der Häuptling den Wampum mit der grünen Seite nach oben kehrte, sollte der Angriff beginnen.

Gladwyn empfing die Indianer freundlich und schaute interessiert ihrem «Kalumet-Tanz» zu. Schließlich führte er seine Gäste sogar durch das ganze weiträumige Fort. Aber welche Überraschung bot sich diesen! Die Wachen waren überall verstärkt, alle Soldaten der Besatzung augenscheinlich in Alarmbereitschaft.

Jemand hatte die Briten gewarnt. Pontiac warf Gladwyn zwar unbegründetes Mißtrauen vor, aber der Kommandant entgegnete, daß sich seine Schutzmaßnahmen nicht gegen die Ottawa richteten, sondern gegen «Fremde», die sich Detroit angeblich von Norden näherten. Zugleich schenkte Gladwyn seinen Gästen ein Dutzend Decken, um dadurch «ihren Kummer über den Tod einiger Ottawa-Häuptlinge, die in der letzten Zeit umgekommen waren, zu lindern».

Damit endete der erste indianische Vorstoß ins Innere von Detroit.

Am nächsten Tag überquerte der Häuptling mit seinen Kriegern wieder den Fluß. Und wieder erwirkte er sich den Zugang zum Fort. Das Spiel wiederholte sich. Gladwyn ließ jedoch diesmal außer Pontiac nur die drei Ottawa-Häuptlinge Macatepilesis, Chavinon und Breton ein.

Pontiac hatte seinen ursprünglichen Plan noch nicht aufgegeben und erschien am Tage darauf zum drittenmal. Das war der 9. Mai, der «Bittsonntag». Der Priester von Detroit veranstaltete anläßlich dieses Feiertags eine Prozession. Wieder bot sich also den Indianern eine günstige Gelegenheit. Gladwyn erlaubte jedoch auch diesmal nur dem Häuptling Pontiac und dessen nächsten Gefährten, an der Prozession innerhalb des Forts teilzunehmen.

Dem Häuptling blieb also nichts anderes übrig, als sein «trojanisches Pferd» aufzugeben, das heißt von dem Plan abzusehen, Detroit von innen heraus zu erobern. Wie bereits gesagt wurde, war keine andere Kampfart den Indianern so fremd wie gerade die Belagerung. Und jetzt sollten sie das mächtigste, das größte Fort innerhalb der Grenzen der Kolonien belagern, ein Fort, das durch Palisaden und Schanzen geschützt und mit Kanonen und Mörsern bestückt war und dessen Besatzung zwei starke britische Regimenter bildeten!

Trotz all dieser erschwerenden Umstände entschloß sich Pontiac, die Belagerung von Detroit zu eröffnen! Zuerst überwältigten Pontiacs Männer alle Briten, die sich außerhalb der Tore aufhielten. Danach begannen die Indianer mit der Belagerung. Beide Seiten mußten dabei besonders auf die Versorgung achten, denn davon hing die Belagerung, aber auch die Verteidigung wesentlich ab.

Die Briten mußten Vorräte und militärische Verstärkung heranschaffen, und für die Indianer war es wichtig, beides zu unterbinden, aber außerdem die eigene Versorgung zu gewährleisten.

Inzwischen sah der Oberkommandierende der britischen Truppen in Amerika, General Amherst, die britische Kolonialmacht vom Aufstand der Indianer Pontiacs bedroht. Verloren waren die Festungen Presqu'Isle, Edward Augustus, Venango, Sandusky, Miami: Ein Fort nach dem anderen war gefallen. Amherst mußte jetzt auch alles tun, um seine Stellung zu retten.

Sein erster Befehl an die Soldaten Detroits lautete: «Falls ein Indianer dieses Pontiacs in unsere Hände fällt, ist er unverzüglich zu töten. Die Ausrottung dieser Wesen (der Indianer – d. Autor) ist die einzige Garantie für unsere zukünftige Sicherheit.» Zugleich schlug er als das seiner Meinung nach wirksamste Mittel der endgültigen Vernichtung der Gegner vor: «Unter den aufrührerischen Stämmen sind die Schwarzen Pocken zu verbreiten.»

Aber für wichtiger als diese unglaublichen Erklärungen und Befehle, wichtiger als die Schwarzen Pocken, wichtiger als die Belohnung von hundert Pfund Sterling, die Amherst für denjenigen aussetzte, der Pontiac erschlüge – diese Belohnung verdoppelte dann der Oberkommandierende im Laufe einer einzigen Woche –, für wichtiger als all das hielt Amherst die Notwendigkeit, der Belagerung in Detroit standzuhalten, und die britischen Soldaten mit Nachschub an Lebensmitteln und neuen Soldaten zu unterstützen.

Deshalb verkündete Amherst eine allgemeine Mobilmachung. Er ließ sämtliche Reserven nach Detroit schicken, sandte dem Fort alle Hilfe, bildete eine «Expedition» unter seinem persönlichen Adjutanten namens Daleyell, der sich auch Rogers anschloß.

Zwei Regimenter britischer Kolonialsoldaten marschierten zum Eriesee. Hier mußte sich der kampfbegierige Adjutant Amhersts überzeugen, daß seine Truppen diesmal nicht ungeschoren davonkommen würden. Auf ihrem Marsch kamen die Briten auch an den Ruinen von Presqu'Isle vorbei. Amhersts Adjutant führte trotzdem die Soldaten weiter, am Südufer des Eriesees entlang bis zu dessen westlichem Zipfel. Und dort stieß er auf eine neue Warnung: Fort Sandusky lag in Trümmern. Diese Festung war von den Huronen dem Erdboden gleichgemacht worden.

Die britischen Truppen fuhren auf Booten den Detroit aufwärts, bis vor das Fort. Da über dem Fluß Tag für Tag dichter Nebel hing, erspähten die Wachposten der Huronen die Flottille erst dicht vor dem Fort. Die Indianer schlugen zwar sogleich Alarm, versenkten einige Boote und verwundeten vierzehn britische Soldaten, aber die übrigen gelangten unversehrt in die Festung.

Nach einer kurzen Ruhepause wollte Dalyell einen Ausfall von Detroit aus unternehmen und durch einen Überraschungsangriff die Belagerer vernichten. Gladwyn warnte Dalyell, aber der ruhmsüchtige Dalyell blieb bei seinem Plan, so daß sich die beiden britischen Offiziere im Streit trennten.

In einer Julinacht setzten die Truppen von Dalyell aufs andere Ufer über. Auf dem Fluß wurden sie von den beiden Kriegsschiffen, die vor Detroit ankerten, gedeckt. Pontiacs Wachen beobachteten den Abzug. Sie verständigten den Häuptling, und dieser verlegte seine Abteilungen im Eiltempo zu dem Übergang über einen der Zuflüsse des Detroit, dem sogenannten Parents' Creek. Hier, nicht ganz zwei Meilen von der Festung entfernt, erwarteten die Indianer die britischen Truppen.

Der Mond schien hell. Als sich der Hauptteil der Soldaten auf der Brücke befand, gab Pontiac seinen Schützen den Feuerbefehl. Alle britischen Soldaten auf der Brücke kamen um, der Rest flüchtete zurück in die Festung. Aber da versperrten ihnen bereits die Indianer aus der Ojibwa-Abteilung den Weg. Dalyell blieb nichts anderes übrig, als den zurückweichenden Briten den Weg durch einen Angriff direkt gegen die indianischen Gewehre zu bahnen. Er sprang auf, befahl «Vorwärts zum Angriff!» und war der erste Tote.

An Stelle Dalyells übernahm Kapitän Gray das Kommando, aber auch er wurde schon nach einigen Minuten schwer verwundet. Den Rest der Soldaten konnte Rogers mit seinen Rangern decken, und so gelangten sie hinter die schützenden Palisaden. Die ersten Abteilungen Dalyells hatten das Fort um halb drei Uhr morgens verlassen. Als es acht Uhr wurde, waren auf dem Schlachtfeld, auf dem nach Dalyells Vorstellungen der Ruhm und die Macht Pontiacs enden sollten, Dalyell und mit ihm Dutzende seiner Männer gefallen. Diese Stelle ist heute auf den Karten von Michigan als «Bloody Run» – die «Blutige Flucht» – eingezeichnet.

Die Ranger und die Überlebenden der beiden Regimenter schlossen sich der Besatzung an und ordneten sich nach diesen Ereignissen dem Kommandanten Gladwyn unter.

Gladwyn spielte das Hinhaltespiel mit den Belagerern weiter. Und so wie draußen die Indianer auf einen neuen Ausfall der Briten warteten, wartete im Fort Gladwyn geduldig, bis die Indianer der Kampfpause überdrüssig wären. Obwohl seine Offiziere schon einige Male vorgeschlagen hatten, Detroit zu räumen, kapitulierte Gladwyn nicht. Er suchte die günstige Gelegenheit, da die Aufmerksamkeit der indianischen Belagerer für kurze Zeit nachließ.

Mehr als ein Monat verging nach Pontiacs Sieg am Parents' Creek, als dieser Augenblick kam. Pontiac führte – wie es schien – nachts seine Abteilungen weg vom Fort hinter den Fluß, um dort mit seinen Kämpfern die übliche Beratung abzuhalten. Gladwyn schickte sofort eines der beiden Kriegsschiffe zu der Versorgungsbasis am Niagara. Die «Huron» kam tatsächlich durch, erreichte den Niagara, nahm achtzig Fässer Lebensmittel an Bord, und sechzig Soldaten bestiegen das Schiff. Nach mehrtägiger Fahrt gelangte die «Huron» unversehrt wieder vor das Fort. Kurz darauf liefen beide Kriegsschiffe erneut zu der Versorgungsbasis am Niagara aus. Die «Michigan» wurde jedoch im Sturm auf dem Eriesee schwer beschädigt, und die «Huron» kehrte mit beträchtlicher Verspätung zurück. Die Lage des völlig abgeschnittenen Detroit verschlechterte sich zusehends.

Aber in Pontiacs Lager war man des Wartens allmählich überdrüssig. Zahlreiche Indianerstämme rüsteten bereits zur Herbstjagd, anderen fehlten die Waren, die sie früher mit den europäischen Händlern getauscht hatten, und wieder andere verloren allmählich die Hoffnung auf die Hilfe der französischen Verbündeten, mit denen Pontiac gerechnet hatte.

Mitte September schloß der Häuptling der Missisauga, einer Ojibwa-Gruppe, mit Gladwyn einen Separatfrieden. Später taten auch mehrere Pottawatomi-Gruppen diesen Schritt. Pontiac jedoch versuchte noch einmal, den Kampfgeist der Belagerer anzufachen. Für den 20. Oktober 1763 berief er eine große Kriegsberatung ein. Wieder mahnte er seine Kämpfer an den Traum des Priesters, wieder erläuterte er, welche Nachrichten er aus dem von Hunger und Durst bedrängten Detroit erhalten habe, und versicherte, daß die Franzosen ihre «indianischen Freunde und Verbündeten» nicht verraten könnten, denn sie hätten ja selbst durch ihre Abgesandten aufgefordert, diesen Krieg zu beginnen.

Als das Beratungsfeuer erloschen und der Häuptling allein geblieben war, war er glücklich. Er fühlte, daß er vielleicht schon am nächsten Tag Detroit erobern könnte. Und als nächstes würden die Indianer ihr Land ganz zurückgewinnen.

Einige Stunden nach Beendigung der Beratung erschien in Pontiacs Zelt ein Bote von den «südlichen» Franzosen. Er brachte einen Brief des Kommandeurs der französischen Streitkräfte. Der General schrieb: «Der Herr des Lebens hat dem Großen König von Frankreich und dem Großen König von Britannien geraten, einen unlösbaren Frieden miteinander zu schließen, und deshalb bitte ich alle (mit den Franzosen verbündeten) Häuptlinge und Krieger, das Kriegsbeil tief zu vergraben ... Ich weiß, welche Freude ihr haben werdet, wenn ihr seht, wie die Franzosen und die Briten aus derselben Pfeife rauchen, von demselben Teller essen und wie Brüder miteinander leben.»

Abschließend warnte der General jedoch den Verbündeten Pontiac: «Werdet ihr aber weiter gegen die Briten kämpfen, dann werdet ihr auch gegen uns kämpfen.»

Damit wurde Pontiacs Plan die Basis genommen. Nach drei Tagen verließen die Ojibwa, die treuesten Bundesgenossen, seine Streitmacht. Und ein Teil der Krieger seines eigenen Stammes wählte sogar einen neuen Häuptling, den versöhnlerischen Atawanga.

Die Belagerung Detroits wurde abgebrochen. Pontiac zog sich mit seinen Getreuen zum Mississippi zurück und siedelte mit ihnen im Land der Miami. An der Südgrenze des indianischen Landes und im Osten führten einzelne Indianerstämme den Kampf weiter. Obwohl Pontiac niemals in einer Schlacht besiegt werden konnte, schloß er nach längerer Zeit im Sommer 1766 im Fort Ontario offiziell Frieden mit den Briten. In die Ottawa-Dörfer am Detroit kehrte er jedoch nicht mehr zurück.

Er hielt sich später an verschiedenen Orten in Kentucky und im Gebiet des heutigen Illinois auf. Im Frühjahr 1769 besuchte Pontiac erneut seine ehemaligen Verbündeten in der ältesten französischen Ansiedlung unweit des Zusammenflusses von Mississippi und Missouri. Die französische Siedlung lag in der Nachbarschaft des nunmehr britischen Forts de Chartres. Der neue Kommandant wollte den angekündigten Besuch Pontiacs nutzen, den Häuptling hinterrücks ermorden zu lassen.

Er beriet sich mit den Peori, einem zahlenmäßig nicht sehr großen Stamm, dessen Hauptdorf in der Nähe des Forts lag, sich um Pontiac zu «kümmern». Den Mord sollte der Häuptling der Peori selbst ausführen. Dieser Häuptling trug den hinterlistigen Mord seinem Enkel auf, der auf eine passende Gelegenheit wartete.

Am 20. April 1764 besuchte Pontiac mit einem Freund vom Stamme der Peori einen britischen Laden in Cahokia. Als sie aus dem Laden traten, die Straße war menschenleer, zog der Enkel des Häuptlings den Tomahawk und erschlug Pontiac hinterrücks.

Dieser heimtückische Mord empörte die anderen Indianerstämme. Den Stamm der Peori vernichteten Pontiacs Bundesgenossen völlig. In ihrem Zorn verschonten sie auch den Tatort nicht. Genau ein Jahr nach dem Mord von Cahokia trat in den Laden, vor dessen Tür Pontiac ermordet worden war, sein Stellvertreter Minavana, der oberste Häuptling der Ojibwa, und erschlug die beiden dort anwesenden britischen Händler.

Der Indianer, der nicht kämpfen wollte

Bald nach Pontiacs Tod kam es in Nordamerika zu einer für das Leben der Indianer folgenschweren Veränderung: Dreizehn ehemals britische Kolonialgebiete errangen die Unabhängigkeit und bildeten einen gemeinsamen neuen Staat – die Vereinigten Staaten von Amerika.

Dieser Staatenbund trat von Anfang an den Indianern feindlicher gegenüber als es die britische Kolonialverwaltung je getan hatte. Zur offiziellen Politik der Republik wurde bald die Losung «Winning of the west», die Eroberung des Westens. Unter «Westen» verstand man das gesamte Gebiet westlich der Grenze der dreizehn vereinigten Staaten. Pontiac hatte es mit seinem Kampf gegen die Kolonialmacht nämlich erreicht, daß die britische Regierung offiziell erklärte, dieser (größte) Teil Nordamerikas sei ausschließlich Eigentum der Indianer! Die Vereinigten Staaten beschlossen jedoch, dieses «ausschließlich indianische» Gebiet seinen Eigentümern abzunehmen – wenn möglich, ohne Blutvergießen und Kampf. Aber dieser Vorsatz wurde nicht lange beibehalten. Es wurden zwar Hunderte und Tausende von «Kaufverträgen» geschlossen, damit die indianischen Stämme gegen einen «vertraglich geregelten Kaufpreis» ihr Land «freiwillig» verließen, indes ging damit schon bald die rücksichtslose Vertreibung und Vernichtung der indianischen Bevölkerung einher.

Sich gegen die «juristische Eroberung» der indianischen Gebiete Nordamerikas zu wehren mußten die Indianer erst lernen.

Bisher erfuhren wir nur von berühmten Kämpfern der indianischen Stämme.

Gab es aber unter den Indianern auch einen Mann, der es mit den Politikern und Juristen aufnehmen konnte?

Ein solcher Mann fand sich. Er hieß Tecumseh – in der Sprache der Shawnee heißt das «Fliegender Stern» – und war Häuptling seines Stammes, geboren 1768 in dem Dorf Old Piqua am Mad River.

Viele Teilnehmer am Krieg Pontiacs kämpften weiter. Auch Tecumsehs Stamm gehörte zu den Indianern, die den Kampf für die Befreiung von den weißen Eindringlingen fortsetzten. Als Tecumsehs Vater in einer der Schlachten fiel, adoptierte der Oberhäuptling Black Fish den Jungen. Das Leben in den Wigwams des Häuptlings wurde zur besten Schule für den zukünftigen Krieger.

Bald nach der Gründung der Vereinigten Staaten drangen erneut fremde Truppen auf das Gebiet der Shawnee vor. General St. Clair zog durch das Ohio-Tal gegen die Miami des Häuptlings Little Turtle. Und unter den Verteidigern des Landes am Ohio finden wir auch Tecumseh. Er nahm an der denkwürdigen Schlacht an den Quellen des Wabash teil, wo die Männer der Häuptlinge Little Turtle und Black Fish zum erstenmal Formationen der Vereinigten Staaten vernichtend schlugen. In dieser Schlacht fielen mehr als 600 Amerikaner.

Bald nach der Niederlage des Generals St. Clair am Wabash begann jene Periode, da die Amerikaner an Stelle von Soldaten Kaufleute in den Kampf um das indianische Land schickten. Und mit viel größerem Erfolg! Schon nach einigen Monaten hatten die Vereinigten Staaten 1795 in dem sogenannten Vertrag von Greensville den Indianern, vor allem den Shawnee, für 20 000 Dollar in Waren zwei Drittel des Gebiets von Ohio abgekauft. Die Waren, vor allem Decken, wurden unter die Stammesangehörigen verteilt. Tecumseh lehnte aber den ihm zustehenden Anteil mit den Worten ab: «Ich habe mein Land nicht verkauft.» Und die so dachten wie er, wiederholten seine Worte. Die Mehrheit seiner Stammesgenossen war mit dem Vertrag unzufrieden. Sie billigten Tecumsehs Haltung und wählten ihn zum neuen Häuptling. Tecumseh begegnete zu dieser Zeit durch eine zufällige Verknüpfung von Umständen einem europäischen Mädchen, durch das er die Eroberer besser verstehen und daher auch bekämpfen lernte. Sie war die Tochter eines der ersten Ansiedler in dem den Indianern abgehandelten Teil von Ohio und lebte in dem Städtchen Chillicothe, wo auch Tecumsehs Schwester wohnte. Die beiden Mädchen waren befreundet. Tecumseh gefiel das Mädchen. Rebekka Galloway machte den Shawnee-Häuptling mit «ihrer» Welt bekannt, verbesserte sein Englisch, unterwies ihn in Literatur und im Alten und Neuen Testament. Nach einigen Wochen bat der Häuptling ihren Vater um die Hand seiner Tochter. Die Galloways, die Tecumseh gern hatten, waren nicht gegen die Heirat, stellten aber als Bedingung, daß Tecumseh seine indianische Lebensweise aufgab und mit seiner Frau in deren Elternhaus als «zivilisierter Amerikaner» lebte. Tecumseh überlegte einige Tage. Er entschied sich dann aber doch gegen seine erste große Liebe.

Danach verließ Tecumseh Chillicothe und kehrte zu der Hauptgruppe seines

Skalptanz   Prärie-Indianer bei der Bisonjagd

Wa-Ku-Sas-Se, ein Angehöriger der Fox, aus den Kriegen von Black Hawk bekannt

Stammes zurück, der sich nach dem Vertrag von Greensville aus den angestammten Jagdgründen in Ohio zurückziehen mußte.

Als Tecumseh auf einer Beratung seines Stammes gegen diesen Vertrag aufgetreten war, hatte er betont, daß auch diese neue Grenze, die durch den Greensviller Vertrag geschaffen worden war, die Eroberer nicht für immer aufhalten werde, sondern daß sie eines Tages versuchen würden, auch diese Grenze des Shawnee-Landes zu überschreiten.

Schon nach zehn Jahren war das eingetreten, was Tecumseh vorausgesagt hatte: Westlich von Ohio war das Gebiet der indianischen Stämme bis dahin unabhängig gewesen. Deshalb nannten es die Amerikaner Indiana. Indiana Territory erhielt jedoch 1800 einen neuen amerikanischen Gouverneur, Harrison, der zur wichtigsten Aufgabe den Ankauf neuer indianischer Ländereien im Westen hatte.

In dieser Situation trat Tecumseh auf den Plan. Der kampflosen, politischen Liquidierung der Indianer stellte er eine eigene, ebenfalls politische Lösung entgegen: Er wollte eine Allianz aller Indianerstämme Nordamerikas schaffen, die aber nicht – wie bei Pontiac im 18. Jahrhundert – nur in Kriegszeiten existierte, sondern auch im Frieden fortbestand. In seinen Vorstellungen schwebte ihm eine Art «indianischer Staat» vor, in dem einheitliche Gesetze galten, in dem es eine eigene indianische Regierung und selbstverständlich auch eine einheitliche indianische Armee gab.

Diese politische Idee unterstützte auch sein Bruder Tenskwatawa (in der Shawnee-Sprache «Offene Tür»). Tenskwatawa war einmal schwer erkrankt, er hatte das Bewußtsein verloren, sein Atem war kaum noch zu spüren; es schien, daß Tecumsehs Bruder sterben würde. Nach Stunden erwachte jedoch der schon Totgeglaubte und begann zu sprechen. Und er sprach so, wie vor einem halben Jahrhundert der Medizinmann der Delawaren gesprochen hatte: Er habe im Traum den «Herrn des Lebens» besucht, und dieser habe gefordert, daß die Indianer allen Erfindungen der Weißen entsagten – insbesondere dem Feuerwasser – und daß sie zu ihrer ursprünglichen Lebensweise zurückkehrten. Außerdem habe der «Herr des Lebens» den Indianern geboten, sich zum Widerstand gegen jedes weitere Vordringen der Amerikaner zu vereinen, gegen die große Gefahr, die jetzt von den Amerikanern ausgehe – nicht mehr von Briten, Franzosen und Spaniern. Der «Herr des Lebens» habe diese allein zu den Feinden der Indianer erklärt.

Bald pilgerten die ersten Gläubigen zu dem neuen Propheten. Mit ihnen übersiedelte Tenkswatawa nach Greensville, wo er eine Art Heiligtum der Shawnee zu errichten begann und seine Ideen verbreitete.

Die Erfolge Tenskwataws, die zum Unterschied von Tecumsehs geheimen politischen Vorbereitungen den Amerikanern nicht verborgen blieben, riefen große Besorgnis bei dem Gouverneur hervor. Harrison verurteilte Tenskwatawa öffentlich. Außerdem forderte er ihn auf, der Prophet solle doch ein Wunder tun. «Wenn er einen solchen Zauber fertig bringt», sagte Harrison den Indianern, «dann erst werdet ihr erkennen, ob er wirklich von Gott gesandt ist. Und wenn es nicht gelingt, dann müßt ihr ihn töten!» Aber Harrisons hinterlistige Aufforderung brachte ihm keinen Erfolg, denn Tenskwatawa brachte ein solches Wunder zustande! Wir wissen heute nicht mehr, welche Kenntnisse Tenskwatawa in der Astronomie hatte. Zum Erstaunen seines Stammes sagte er auf Tag und Stunde genau den «Tod der Sonne» voraus – eine totale Sonnenfinsternis. Er versprach jedoch den Indianern, er werde den «Herrn des Lebens» bitten, dieser möge seinen Kindern die lebensspendende Sonne wiedergeben.

Die den Indianern und Amerikanern unglaubwürdig erscheinende Prophezeiung lockte Tausende in die Stadt des Propheten. Am 6.Juni 1806 um elf Uhr zweiunddreißig «starb» die Sonne tatsächlich. Durch die gespenstische Dämmerung schallte die Stimme des Propheten. Tenskwatawa bat den «Herrn des Lebens» um die Wiederkehr des verlorenen Himmelskörpers. Und nach einigen Minuten tauchte, den Berichten zufolge, auf dem Sommerhimmel wieder der sichelförmige Rand der Sonne auf, und bald strahlte sie in alter Pracht.

Seit jenem denkwürdigen Verschwinden und Wiederauftauchen der Sonne – eine totale Sonnenfinsternis wiederholt sich schließlich nur einmal in einigen Jahrhunderten für einen bestimmten Ort – kannten wohl alle Indianer Nordamerikas den Namen Tenskwatawas und die Ideen Tecumsehs. Sogar aus Kanada und aus dem spanischen Florida pilgerten Indianer zu dem Propheten.

Tecumseh suchte auch viele Stämme persönlich auf, um deren Häuptlinge für seinen Plan zu gewinnen. Der Gedanke einer Einigung aller nordamerikanischen Indianer war inzwischen schon Dutzenden selbst weit entfernt lebenden Stämmen vertraut. Auf den Beratungen, die Harrison von Zeit zu Zeit mit den benachbarten Indianerstämmen abhielt, erkannten auch die Amerikaner, wie weit die Idee von einer möglichst allumfassenden Einigung der nordamerikanischen Indianer verbreitet und die Herausbildung eines indianischen Selbstbewußtseins fortgeschritten war.

Auf einer dieser Beratungen, die in Vincennes stattfand, konnte Tecumseh bereits fordern, daß die Amerikaner künftig nicht mehr mit den Vertretern einzelner Indianerstämme verhandelten, sondern «grundsätzlich mit den Repräsentanten des gesamten indianischen Volkes».

Harrison, der gewöhnlich über die Indianer abfällig urteilte, berichtete zu dieser Zeit dem amerikanischen Kriegsministerium über Tecumseh wörtlich: «Wenn er (Tecumseh) nicht in unmittelbarer Nähe der Vereinigten Staaten lebte, würde er ein (indianisches) Reich schaffen, das sich mit Mexiko (dem Reich der Azteken) oder mit Peru (dem Reich der Inkas) messen könnte. Keine Schwierigkeiten können ihm Einhalt gebieten. Während der letzten vier Jahre ist er unaufhörlich in Bewegung gewesen. Heute kann man ihn am Wabash sehen und kurze Zeit später an den Ufern des Erie- oder Michigansees oder am Mississippi. Und wohin er auch kommt, überall gewinnt er Sympathien für seine Vorschläge ...»

Ja, Tecumseh besaß enorme Redegewandtheit und Suggestivkraft. Seine Aktivität war unwahrscheinlich. So besuchte er auf einer seiner Reisen zu den südlichen

Stämmen im Laufe von nur sechs Wochen das Gebiet der heutigen Staaten Tennessee, Mississippi, Alabama, Georgia und das damals noch spanische Florida.

Tecumseh bereiste sieben Jahre lang kreuz und quer den nordamerikanischen Kontinent, um die indianischen Bewohner für seine Ideen zu begeistern. Viele Häuptlinge, besonders die älteren, begegneten ihm anfangs mit Mißtrauen, andere lehnten seine Pläne von vornherein ab. Nach sieben Jahren hielt Tecumseh die Vorbereitungen für abgeschlossen.

Obwohl sich Tecumseh bemühte, besonders jene Stämme zu einigen, die nicht auf dem Territorium der Vereinigten Staaten lebten, hielten viele amerikanische Politiker seine Bestrebungen für äußerst bedrohlich. Deshalb beschlossen sie, Tecumseh mundtot zu machen. Die Hauptrolle wurde dabei Harrison zugedacht. Man teilte ihm einige neue starke Militäreinheiten zu, und es war offensichtlich, daß er einen Angriff auf die Indianer vorbereitete.

So mußte Tecumseh, der Indianer, der nicht kämpfen wollte, am Ende doch die Angehörigen seiner im Entstehen begriffenen Allianz zum Kampf aufrufen. Er reiste also wieder von Stamm zu Stamm, rief überall die Männer zu den Waffen und bestimmte als gemeinsamen Versammlungsplatz die neue «Prophetenstadt» Tippecanoe, die Tenskwatawa auf dem Stammesgebiet der Pottawatomi gegründet hatte. Auch der Name Tippecanoe stammt aus der Pottawatomi-Sprache. Er bedeutet wörtlich «Ort der Großen Reinigung».

In den «Ort der Großen Reinigung» kamen jetzt nicht nur die Anhänger des neuen Propheten, sondern auch Hunderte indianische Krieger. Tenskwatawa jedoch nahm seinen Bruder nicht ernst, er war überzeugt, daß es nur seine Kraft, die Macht des Propheten wäre, die aus Tippecanoe die Hauptstadt der indianischen Union machen würde.

Unterdessen marschierte die ganze Armee Harrisons zu der «heiligen Stadt» und schlug einige Meilen ostwärts davon ein befestigtes Lager auf. Tenskwatawa glaubte, nun sei der Zeitpunkt gekommen, an dem er die Indianer am besten von der Stärke seiner Zauberkraft überzeugen konnte. In diesem Augenblick wurde aus dem Medizinmann ein Verräter. Er führte Tecumsehs Kämpfer, die in Tippecanoe auf ihren Befehlshaber warteten, aus der Stadt heraus und versicherte, daß sein Zauber sie schützen würde. Er führte sie direkt vor die Mündungen der amerikanischen Gewehre.

Tecumsehs Kämpfer wurden bei Tippecanoe in einer Schlacht vernichtet, die nur ein Gemetzel war, deren Ergebnisse aber nicht mehr wiedergutgemacht werden konnten.

So wurde am 7. November 1811 bei Tippecanoe, von dem Indianerpropheten, entweder aus Ruhmsucht oder vielleicht aus Ungeduld, an einem einzigen Tage das Werk von Jahren zunichte gemacht.

Tecumseh blieb als einzige Möglichkeit, jene Krieger, die nicht an der Schlacht teilgenommen hatten, mit anderen Feinden der Vereinigten Staaten zu verbünden. Pontiac hatte sich seinerzeit auf dem Gebiet, das die Briten bewohnten, auf die

Franzosen gestützt. Tecumseh konnte sich nach der gleichen Regel nur an die Briten halten.

Zu dem geplanten Kampf kam es einige Monate nach der Tragödie bei Tippecanoe. In dem britisch-amerikanischen Krieg 1812 bis 1814 stellte sich Tecumseh mit seinen Getreuen auf die Seite der Briten. Somit kämpften die Indianer für fremde Interessen. Tecumseh führte den Briten an die viertausend bewaffnete Indianer zu. Er erhielt dafür den Rang und das Gehalt eines britischen Brigadegenerals. Tecumsehs Männer spielten in diesem Krieg eine sehr wichtige Rolle. Ihr Führer aber, der weder für das britische Reich noch für die Vereinigten Staaten kämpfen wollte, sondern allein und ausschließlich für die Indianer, fiel am 5. Oktober 1813 in der Schlacht am Thames. Mit seinem Tod erlosch auch die Idee einer Indianerunion.

Die Schlacht in der Hundeprärie

Einer der vielen Stämme, die sich der Allianz Tecumsehs angeschlossen hatten, waren die Sauk auf dem Gebiet des heutigen Staates Illinois. Sie standen auch dann treu zu Tecumseh, nachdem dessen Bruder Tenskwatawa die Pläne zunichte gemacht hatte und die indianischen Krieger gezwungen waren, sich den britischen Truppen anzuschließen. Die unbeugsamen Sauk, die die Ermordung des großen Häuptlings Pontiac an den Verrätern gerächt hatten, die mit Tecumseh gekämpft hatten und noch Jahrzehnte nach seinem Tode gegen die Amerikaner operierten, errangen mit Recht in der Geschichte des indianischen Befreiungskampfes in Nordamerika einen Ehrenplatz.

Einen ganz anderen «Ehrenplatz» erhielt Keokuk, ein Angehöriger der Sauk, dessen Büste im Kapitol in Washington aufgestellt ist. Welche Verdienste hatte er, daß er in die Galerie der großen Amerikaner aufgenommen wurde?

Keokuk wurde lange vor der Zeit Tecumsehs in Saukenuk, dem bedeutendsten Dorf der Sauk am Rock River in Nordillinois geboren.

Die Sauk, deren richtiger Name eigentlich Osakiwag («Menschen der gelben Erde») lautet, waren erst vor kurzem nach Illinois gezogen. Davor hatten sie in Kanada am Ostufer des Sankt-Lorenz-Stroms gesiedelt. Mit ihnen wohnten jetzt am Rock River ihre Weggefährten, die Imeshwakihug («Menschen der roten Erde»), vom Oberen See. Im 17. Jahrhundert waren die «Menschen der gelben Erde» und die «Menschen der roten Erde» wie die meisten anderen Stämme der Algonkin-

Lager der Piekann-Indianer
bei Fort Mc.Kenzie

Red Cloud,
Führer der Oglala

Häuptlinge der Mandan   Krieger der Blackfeet

Sprachgruppe von den Irokesen aus ihrer ursprünglichen Heimat vertrieben worden. Die Sauk und Imeshwakihug hatten sich gemeinsam im Gebiet des heutigen Illinois und in einigen Landstrichen von Wisconsin und Missouri niedergelassen. Beide Stämme hatten bis zum Ende des 18. Jahrhunderts, als Keokuk geboren wurde, keine direkte Berührung mit den kolonialen Eroberern. Die Amerikaner waren von den Kämpfen gegen die Shawnee in Ohio und Kentucky vollauf in Anspruch genommen, und so kannten die Sauk nur amerikanische Trapper und Pelzhändler.

Während also die Sauk bis jetzt mit den Amerikanern in Frieden lebten, führten sie ohne Unterbrechung Krieg gegen die Osage, einen am oberen Missouri siedelnden Stamm der siouanischen Sprachfamilie.

In diesen Kämpfen hatte sich in den letzten Jahrzehnten des 18. Jahrhunderts ein Krieger der Sauk namens Black Hawk («Schwarzer Falke») oftmals ausgezeichnet. Wegen seiner außerordentlichen Tapferkeit und seiner Begabung als Anführer wurde er zum obersten Häuptling aller Sauk gewählt. Und zur Zeit der Geburt von Keokuk führte Black Hawk auch den Oberbefehl über die Abteilungen des Stammes der Fox, die an den regelmäßigen Feldzügen der Sauk gegen die Osage teilnahmen. Die Osage vermochten den vereinten Angriffen der Sauk und der Fox auf die Dauer nicht standzuhalten und mußten deshalb einen Teil des umstrittenen Gebiets räumen und sich weiter nach Süden zurückziehen.

Aber zu der Zeit, als der Kriegshäuptling Black Hawk so bedeutende Erfolge in dem entscheidenden Feldzug gegen die Osage hatte, erwuchs seinem und den anderen Stämmen in jener Region unverhofft ein viel mächtigerer Gegner: Die Vereinigten Staaten beschlossen, ihrem Staatsgebiet jenes Gebiet einzuverleiben, welches zwischen den bisherigen Grenzen der Vereinigten Staaten im Osten, Kanada im Norden und dem Mississippi im Westen lag. Den Schlüssel zu diesem ausgedehnten Gebiet bildete die Handelsstation Saint Louis am Mississippi, die von den Spaniern besetzt war. Nach wenigen Jahren schon wurde die spanische Flagge jedoch von der Flagge der USA abgelöst. Nachdem die Vereinigten Staaten Saint Louis beherrschten, konnten sie daran denken, das bisher unabhängige indianische Territorium weiter zu beschneiden.

Die Sauk und die Fox bildeten zusammen die mächtigste Stammgruppe in Illinois. Harrison kam damals im Auftrag des amerikanischen Kriegsministeriums nach Saint Louis und wollte mit einer Abordnung der Sauk und der Fox über den Verkauf ihres Landes an die Vereinigten Staaten verhandeln. Als Vermittler und Dolmetscher zwischen den Vertretern der amerikanischen Regierung und der indianischen Delegation hatte er sich einen gewissen Isaak Galland gewählt, der das sogenannte Nordwestliche Gebiet kannte, die Sauk-Sprache beherrschte und, wie Harrison glaubte, «mit den Indianern umzugehen verstand». Er «verstand» es tatsächlich. Als die fünfköpfige Abordnung der Indianer, geführt von den Häuptling Quashquamea – der Kriegshäuptling der verbündeten Stämme, Black Hawk nahm an den Verhandlungen nicht teil –, nach Saint Louis kam, führte Galland sie in eine Gastwirtschaft und vertrank mit ihnen, wie er später in der vorgelegten Rechnung nachwies, ganze 200 Dollar. Der Whisky war nicht umsonst ausgeschenkt worden. Der betrunkene Quash'quamea setzte gemeinsam mit seinen Gefährten sein Totem unter ein Dokument, welches den Vereinigten Staaten das ganze riesige Gebiet nördlich des Flusses Illinois bis zum Mississippi überschrieb. Noch hatte kein amerikanischer Siedler dieses Land betreten, aber der Vertrag von Saint Louis beraubte die Sauk und die Fox jedes Rechts auf dieses Land. Harrison gestattete großmütig, daß bis zum Eintreffen der Ansiedler die «Menschen der gelben Erde» und die «Menschen der roten Erde» noch einige Jahre in ihrer Heimat bleiben durften.

Dieses Geschäft, das den Indianern das Eigentum über Land absprach, das heute das Territorium dreier amerikanischer Staaten bildet – Illinois, Wisconsin und ein Teil von Missouri – realisierte Harrison mit der lächerlichen Summe von 2234 Dollar und 40 Cent, zu denen allerdings noch jene 200 Dollar hinzugerechnet werden müssen, die Galland beim Vertragsabschluß in Whisky umgesetzt hatte. Bei diesem «Geschäft» ignorierten sowohl Galland und Harrison als auch andere damit befaßte Beamte der USA-Regierung bewußt die Tatsache, daß die Indianer kein Privateigentum an Grund und Boden kannten, also ein einzelner, auch kein Häuptling, oder auch eine Gruppe, das Recht hatten, Land zu verkaufen, das nach ihrem Verständnis allen Stammesangehörigen gehörte.

Black Hawks «Verhandlungsdelegation» erkannte selbstverständlich den Vertrag nicht an. Im Jahr darauf schickte er eine neue «Verhandlungsdelegation», nämlich einige hundert bewaffnete Männer, nach Saint Louis zu Wilkinson, dem damaligen Gouverneur dieses Gebiets. Wilkinson begriff die Demonstration der Stärke der Sauk-Krieger und versicherte einlenkend, daß die Amerikaner das indianische Gebiet nicht betreten würden.

Drei Jahre nach dem «Ehrenwort» Wilkinsons begannen amerikanische Siedler und Soldaten auf dem Gebiet der Sauk am Ufer des Mississippi, eine Festung zu bauen, Fort Madison. Black Hawk hatte einige Monate vorher eine Botschaft von Tecumseh empfangen, sich dessen Pläne zur Verteidigung aller Indianerstämme Nordamerikas angehört und im Namen der Sauk und der Fox begeistert versprochen, an diesem «letzten Krieg» teilzunehmen.

Aber bevor noch Tecumseh zum Zuge kam, hatte sein Bruder alles zunichte gemacht. Damit waren günstige Voraussetzungen geschaffen, daß die Amerikaner den entscheidenden Schlag gegen alle bisher unabhängigen Indianerstämme in Kentucky und Illinois führen konnten.

Sie luden einige Häuptlinge der beiden Stämme sowie die Häuptlinge anderer in Illinois ansässiger Stämme zu einem Besuch Washingtons ein, zu einer Beratung mit dem Präsidenten der Vereinigten Staaten. Black Hawk nahm die Einladung nicht an, er lehnte die amerikanischen Vorschläge entschieden ab, sich hinter den Mississippi zurückzuziehen.

Während des britisch-amerikanischen Krieges 1812–1814 stand Tecumseh bekanntlich auf der Seite der Briten und rief alle Indianer zum Kampf gegen die Amerikaner auf. Häuptling Black Hawk folgte auch dieser Aufforderung unverzüglich. Als nach Saukenuk auf dem Wasserweg britische Pelztierjäger kamen und den Sauk zwei Boote voll der verschiedensten Waren, einige Fäßchen Rum und eine britische Flagge brachten, nahmen sie zweihundert ausgewählte Krieger der Sauk und der Fox mit in die Grüne Bucht, wo der britische Hauptagent alle antiamerikanisch gesonnenen Indianer versammelte. An der Spitze der neuen Abteilung stand Black Hawk.

Von der Grünen Bucht zogen die Sauk und die Fox nach Nordosten und nahmen an den Kämpfen Tecumsehs in Indiana und Ohio teil. Black Hawk führte 1813 seine Krieger gegen die amerikanischen Festungen Fort Meigs und Fort Stephenson.

Inzwischen suchten während der Abwesenheit des obersten Kriegshäuptlings die Amerikaner in Saukenuk und in den übrigen von den «Menschen der gelben Erde» bewohnten Dörfern einen Sauk, dessen Wort bei seinen Landsleuten Gewicht hätte. Er sollte die Angehörigen seines Stammes, die nicht in den Krieg gezogen waren, davon überzeugen, daß es doch zweckmäßiger für sie wäre, wenn sie freiwillig ihr Land verließen und zum Westufer des Mississippi zögen. Und sie fanden einen solchen Mann: Keokuk, dessen Büste im Washingtoner Kapitol aufgestellt ist. Insgesamt verließen in Abwesenheit Black Hawks fast zweitausend Sauks ihr Stammesgebiet, die Hälfte des ganzen Stammes. Keokuk selbst ging allerdings nicht mit. Er blieb in Saukenuk, um jene Sauk zu beeinflussen, die den Hauptsitz des Stammes nicht verlassen wollten.

Black Hawk errang inzwischen am 21. Juli 1814 mit seinen Kriegern einen bedeutenden militärischen Erfolg. Er vernichtete eine amerikanische Abteilung, die vom Westen her tief in das Gebiet der Sauk vordringen und hier in der sogenannten Hundeprärie, wo sich die Sauk früher mit den französischen Pelzhändlern getroffen hatten, ein Fort errichten sollte, das das ganze Stammesgebiet der «Menschen der gelben Erde» beherrschte.

Der Sieg Black Hawks in der Hundeprärie bedrohte ernsthaft die amerikanischen Pläne. Andererseits glich er jedoch das Mißverhältnis der Kräfte aus, das durch den Abzug des Stammes hinter den Mississippi entstanden war. Die USA setzten gegen Black Hawk die reguläre Armee ein, die alle Sauk-Dörfer und soweit wie möglich auch die Fox-Dörfer am Rock River dem Erdboden gleichmachen sollte.

Im folgenden Jahr, 1815, verließ eine «Strafexpedition», geführt von Major Taylor, Saint Louis auf Schiffen. Die acht Kriegsschiffe drangen immer weiter nach Norden vor, bis zu der Stelle, wo der Rock River, an dem die Sauk-Dörfer lagen, in die trüben Wasser des Mississippi mündet. Die Nachricht von Taylors «Strafexpedition» erregte jedoch nicht nur den Zorn der Sauk und der Fox, die unter der Führung Black Hawks kämpften, sondern auch jener Stammesangehörigen, die unter dem Einfluß des versöhnlerischen Keokuk hinter den großen Fluß gezogen waren. Plötzlich strömten Black Hawk von allen Seiten Freiwillige zu: Sauk aus den Dörfern am Rock River, Sauk vom anderen Ufer des Mississippi, die Winnebago und sogar die weit entfernt wohnenden Sioux.

Darüber hinaus schickten die Briten, ermutigt durch den Sieg Black Hawks in der Hundeprärie, den Sauk erneut Hilfe – darunter sogar eine Kanone – gegen die amerikanischen Kriegsschiffe. Als die acht Schiffe des Majors Taylor an der Mündung des Rock River eintrafen, wurden sie nicht nur von Brandpfeilen der Indianer überschüttet, sondern auch mit Kugeln aus britischen Gewehren und mit Kanonenkugeln. Nach diesem Überraschungsangriff schafften es die Schiffsbesatzungen gerade noch, bei Einbruch der Nacht vor den bewaldeten Inseln vor Anker zu gehen, die unmittelbar an der Mündung des Rock River liegen. Hier schlugen die Amerikaner ein Lager auf und befestigten es. Sie warteten auf einen neuen Angriff der vereinigten Indianer.

Der Angriff begann im Morgengrauen und lichtete die Reihen von Taylors Soldaten beträchtlich. Die Kanone, die Black Hawk zur Verfügung hatte, versenkte die Hälfte von Taylors Flottille, und so blieb den Männern der «Strafexpedition» nichts anderes übrig, als eiligst aus dem Gebiet der aufständischen Sauk zu fliehen.

Für wen ein Denkmal?

Der Sieg Black Hawks in der Hundeprärie und besonders der Sieg am Rock River befreiten das Land der Sauk fast völlig von den Amerikanern, so daß es schien, als sei für den Stamm der Sauk und die befreundeten Fox die volle Souveränität errungen worden.

Da aber geschah etwas, was der «Schwarze Falke» nicht vermutet hatte. Die Briten, die noch vor der Schlacht auf den Inseln des Rock River den Sauk und den Fox so wirksame Hilfe geleistet hatten – aus Gründen, die Black Hawk selbstverständlich nicht kennen konnte –, schlossen noch 1815 mit den Amerikanern Frieden und teilten zugleich allen ihren indianischen Verbündeten mit, daß sich ihre Truppen demnächst vom Mississippi zurückziehen würden. Der Oberhäuptling der Sauk gab jedoch nicht auf. Er ließ dem britischen König, der seine indianischen Verbündeten ohne jede Erklärung verriet, übermitteln: «Ich habe gegen die Langen Messer gekämpft, und ich werde, wenn es sein muß, diesen Kampf allein fortsetzen, bis sie restlos unser Land verlassen haben. Früher, mein Vater, können die roten Kinder nicht glücklich sein.« (Die amerikanischen Soldaten wurden von den Indianern wegen ihrer aufgepflanzten Bajonette Lange Messer genannt.)

Black Hawk hielt Wort. Noch im Mai desselben Jahres griff er das amerikanische Fort Howard an. Im Juni wurden die britischen Truppen tatsächlich abgezogen, außerdem verließen den «Schwarzen Falken» auch einige Krieger aus anderen Stämmen, die mit den «Menschen der gelben Erde» in der Schlacht am Rock River gefochten hatten. Die Sauk mußten ihren Weg allein gehen. Und während jetzt ihre nicht mehr allzu großen Abteilungen kreuz und quer durch das ausgedehnte Gebiet des Stammes zogen, begann im Hauptsitz des Stammes Keokuk von neuem auf die Sauk und die Fox einzureden, daß doch der Kampf gegen die Amerikaner erfolglos sei. – Der Stamm hatte also jetzt wieder zwei Führer.

Keokuk und Black Hawk wurden gemeinsam zu Beginn des Jahres 1816 erneut nach Saint Louis zur Fortsetzung der «Gespräche» mit den Weißen von den Amerikanern eingeladen. Die Amerikaner besaßen eine günstige Ausgangsposition, und außerdem war ihnen der eine der beiden Unterhändler völlig ergeben. Bei dieser Verhandlung verpflichtete sich selbstverständlich Keokuk von neuem, die Bedingungen des ersten Vertrages einzuhalten, durch den die Indianer so schändlich betrogen worden waren. Black Hawk mußte dem Vertrag ebenfalls zustimmen.

Nach dem Abschluß des neuen Vertrages von Saint Louis gingen zehn Jahre ohne besondere Ereignisse ins Land. Die Amerikaner bemühten sich in dieser Zeit nach Kräften, die Autorität des «Friedenshäuptlings» Keokuk auf Kosten von Black Hawk zu festigen. Der Gouverneur von Saint Louis schickte deshalb den Sauk, die mit Keokuk zusammenarbeiteten, Geschenke. Zugleich gestatteten die amerikanischen Behörden den ersten Ansiedlern, die aus dem Staat Vermont kamen, im Lande der Sauk zu siedeln.

1825 beriefen die Amerikaner in der Hundeprärie eine neue Friedensversammlung ein, zu der sie die Vertreter aller indianischen Stämme aus dem Nordwesten des Landes einluden: Vertreter der Ojibwa, der im Norden lebenden Stämme der Sioux, der Fox und auch der Sauk. Black Hawk lehnte jedoch eine Teilnahme ab. Die Sauk wurden nur von Keokuk vertreten. Als die Amerikaner den einzelnen Stämmen einen neuen Vertrag aufzwangen, erklärte Black Hawk öffentlich, daß er mit den in der Hundeprärie geschlossenen Verträgen nichts zu tun habe und deshalb nicht an sie gebunden sei.

Dieser würdelose «Frieden» wurde sofort von Hunderten amerikanischer Siedler ausgenutzt. Sie setzten sich direkt in den Dörfern der Sauk fest und säten und ernteten auf den Feldern der Indianer, und der willfährige Keokuk half ihnen dabei.

So gelang es schließlich Keokuk 1829, als Black Hawk mit seinen ehemaligen Kriegern lange Zeit außerhalb des heimatlichen Saukenuk auf der üblichen Winterjagd war, auch die letzten Sauk aus den Dörfern am Rock River zu überreden, ihre Häuser und Felder den Amerikanern zu überlassen und dahin zu ziehen, wohin die Amerikaner sie schon lange zu schicken bemüht waren – hinter den Mississippi, an den Iowa.

Die Sauk gingen also in die Verbannung. Als Black Hawk mit seinen Männern im Frühjahr von der Jagd heimkehrte, fanden sie ihre Dörfer von weißen Amerikanern bewohnt. Sie besaßen kein Land mehr, hatten keine Häuser und Felder, ihnen gehörte nicht mehr der Fluß und das Holz im Wald, sie waren hier, in ihrer Heimat, Fremde. Auch in seiner eigenen Hütte fand Black Hawk neue Bewohner.

War damit das Ende von Black Hawk gekommen? Noch nicht, denn der alte Häuptling gab nicht auf. Er verließ zwar sein Land, begann aber sogleich die Rückkehr vorzubereiten. Seine Söhne schickte er zu den fernen Stämmen der Creek, der Cherokee, ja selbst zu den ehemaligen größten Feinden der Sauk, den Osage, und bat überall um Hilfe, um das Land der Sauk zu befreien. Alle beschieden die Aufforderung jedoch abschlägig. Nur im Norden fand die Botschaft Gehör: Die Pottawatomi und die Kickapoo schickten Unterstützung; die weitaus größte Verstärkung wurde Black Hawk vom Medizinmann der Winnebago White Cloud zugeführt, dessen Mutter zum Stamm der Sauk gehörte und der ein geschworener Feind der Amerikaner war.

Black Hawk verfügte nunmehr wieder über vierhundert Krieger. Etwa die Hälfte der Männer waren jene Sauk, die an der Seite des Häuptlings mehr als ein Vierteljahrhundert lang in den verschiedensten Feldzügen gegen die Amerikaner gekämpft hatten. Viele von ihnen waren inzwischen Greise geworden wie der Große Häuptling auch.

Gegen diese «alte Garde» der Sauk zogen nun die zahlenmäßig und in der Bewaffnung weit überlegenen amerikanischen Regimenter und Dutzende von Freiwilligen aus den Reihen der Siedler unter dem Kommando von General Gaines zu Felde. Zu einer Schlacht kam es jedoch nicht. Als die Amerikaner am 25. Juni 1831 Saukenuk in Brand schossen, zog sich Black Hawk hinter den Rock River zurück. Später ergab er sich der Übermacht der Amerikaner, und ein neuer Vertrag wurde abgeschlossen.

In der Kapitulation mußte der Häuptling einige Dutzend Forderungen der Amerikaner erfüllen. Black Hawk gab nicht nur seine Heimat auf, sondern auch das Gebiet, das man seinem Stamm noch vor sechs Jahren aufgezwungen hatte, da die Amerikaner den Landstrich für unbewohnbar und unbrauchbar hielten – das Gebiet am Iowa River. Black Hawk mußte als Oberhäuptling der Sauk zurücktreten, und Keokuk avancierte zum obersten Häuptling der «Menschen der gelben Erde».

Aber «Schwarzer Falke» gab sich dennoch nicht geschlagen. Er eröffnete im Jahr darauf erneut den Kampf. Sein ehemaliger Stellvertreter Neapope knüpfte in Kanada die unterbrochenen Kontakte zu den Briten, traf sich wieder mit White Cloud, und gemeinsam mit den Pottawatomi, den Ojibwa und den Ottawa scharte sich das neue kleine Heer um Black Hawk, um erneut gegen das heimatliche Saukenuk zu ziehen.

Wieder erwies Keokuk den Feinden der Indianer einen großen Dienst. Sobald er von den Vorbereitungen erfuhr, verständigte er die Amerikaner, damit sie den aufrührerischen Indianern zuvorkommen konnten. Sofort schickten sie gegen Black Hawk einige Regimenter. Die Indianer hatten zwar vorher schon hier und da kleine vorgeschobene Abteilungen der amerikanischen Armee oder Ansiedler attackiert, aber den Kräften, die jetzt gegen sie herangeführt wurden, konnten sie sich nicht stellen. Wieder verließen zahlreiche Krieger Black Hawk, und der Rest seiner Getreuen, die Sauk und die Winnebago unter der Führung von White Cloud, wurden am Wisconsin geschlagen.

Die Indianer, die die Schlacht überlebt hatten, wichen zum Mississippi zurück. Sie erreichten den Fluß, aber weil sie keine Boote besaßen, konnten sie ihn nicht überqueren. Geführt von Pfadfindern aus dem Stamm der Winnebago, die die Gegend kannten, zogen die letzten Sauk am Fluß entlang nach Norden, wo der Mississippi schmaler und die Strömung weniger reißend ist. Dort wollten sie ihn auf Flößen überqueren.

Sie fanden auch eine Stelle, die ihnen geeignet erschien. Mitten in dem breiten Fluß lagen hier verstreut einige kleine Inseln, an denen sie sich ausruhen und vorübergehend Deckung finden konnten. Sie bauten hier Flöße und legten mit ihnen vom Ufer ab. Als sie aber mitten auf dem Wasser waren, wurden sie plötzlich und unerwartet von dem amerikanischen Kanonenboot «Warrior» angegriffen.

Zwischen den Amerikanern auf der «Warrior», die mit modernen Sechspfündern ausgerüstet war, und den Indianern auf den Flößen, die sich nur mit Gewehren und Pfeil und Bogen zur Wehr setzen konnten, kam es zu einem «Gefecht». Die «Warrior» zerstörte ein Floß nach dem anderen und vernichtete die Besatzungen. Dann half jedoch dem Rest der Sauk für kurze Zeit ein Zufall: Auf der «Warrior» ging das Brennmaterial zu Ende, der Dampfdruck ließ nach, und bald hätte sich das Kanonenboot nicht mehr von der Stelle bewegen können. Deshalb mußte es unverzüglich den Kampfplatz verlassen, damit seine Mannschaft weiter stromabwärts, wo den Mississippi dichte Fichtenwälder säumten, Brennholz schlagen konnte.

Die überlebenden Krieger Black Hawks und ihre Frauen und Kinder bemühten sich weiter, auf den verbliebenen Flößen den breiten Fluß zu überqueren. Aber als sie ans Ufer stießen, trafen sie hier auf amerikanische Infanterie, die unter den Indianern ein entsetzliches Massaker anrichtete. Wem die Flucht gelang, der sprang zurück in den Fluß und versuchte, sich auf den Flößen, die noch heil geblieben waren, auf die Inseln im Fluß zu retten. Inzwischen aber hatte die «Warrior» ihre Holzvorräte aufgefüllt, und ihre Besatzung versenkte die letzten Flöße, erschlug mit Keulen und Knüppeln die Schwimmenden und überschüttete die, die schwimmend die Flußinseln erreicht hatten, mit dem Feuer der Geschütze.

Entkommen konnten nur die, die den Wall der Infanterie durchbrachen, nachdem sie zum Westufer geschwommen waren. Es waren kaum hundert Menschen, denen die Rettung gelang. Aber nachdem sie entkommen waren, fielen sie in die Hände der feindlichen Sioux. Von den Sauk und ihren Verbündeten blieb ein einziger Mann übrig, der fast siebzigjährige Häuptling Black Hawk.

Zuweilen kämpften die Indianer auch gegeneinander

Häuptling Meks-Ke-Su-Kas der Blackfeet

Trotz seines hohen Alters schaffte er es, sich mit seinem Tomahawk der Infanterie zu erwehren, und er entging auch den Skalpiermessern der Sioux. Obwohl er nun völlig allein war, boten die Amerikaner auch jetzt noch demjenigen, der ihn gefangennähme, zwanzig Pferde und einen Beutel Golddollar. Diese Belohnung verdiente sich schließlich der Kommandant des amerikanischen Forts in der Hundeprärie, wo Black Hawk in der großen Schlacht gesiegt hatte. Keokuk konnte sich inzwischen des Stellvertreters von Black Hawk, Neapope, bemächtigen und lieferte ihn den Amerikanern aus. Black Hawk war also fast der einzige Gefangene des langjährigen Kampfes, der in der Geschichte der nordamerikanischen Indianer gewöhnlich als «Black-Hawk-Krieg» bezeichnet wird.

Die Sieger beschlossen, den Gefangenen psychisch zu brechen, ihn, den sie früher so sehr gefürchtet hatten, dem sie jetzt aber wegen seiner Tapferkeit und Treue zum gegebenen Wort eine gewisse Bewunderung nicht versagen konnten. Daher kerkerten sie ihn nicht ein, sondern machten ihn im Gegenteil zu einem offiziellen Gast der Regierung und zeigten Black Hawk, einem Mann aus den Wäldern, wie ihn zuweilen die Zeitungen nannten, eine große, ihm bisher unbekannte Welt, in der es für ihn so viele erstaunliche und kaum faßbare Dinge gab. Und die «psychologische Waffe» erreichte, was weder die amerikanischen Soldaten noch die Geschütze der Kriegsschiffe erreicht hatten: Der «Schwarze Falke» gab den Kampf endgültig auf.

Keokuk, der den Stamm der Sauk verraten und für die Nachricht von dem geplanten letzten Streifzug des größten Häuptlings viel Geld bekommen hatte, begann, nachdem er seinen Stamm um den gesamten Grund und Boden im Heimatland der Sauk östlich vom Mississippi gebracht hatte, auch das Land zu verkaufen, das die Sauk westlich des Flusses in Iowa erhalten hatten. Das waren acht Millionen Hektar Land.

Von diesen Geschäften wurde der neue Häuptling der Sauk reich; der Stamm selbst büßte alles ein. Dem Indianer, der zu verkaufen verstand, «ihrem» Keokuk, dem ersten reichen Mann, den die Geschichte der nordamerikanischen Indianer nach der Entdeckung Amerikas kennt, errichteten die Amerikaner in Washington eine Büste im Kapitol. Black Hawk jedoch widmete niemand ein Denkmal. Seine Gebeine wurden vom Naturwissenschaftlichen Museum in Burlington als Ausstellungsobjekt erworben.

1885 brannte dieses Museum völlig aus. Von Black Hawk blieb nur sein Name, und uns wurden seine Taten überliefert. Sein Name ist Symbol für einen fast dreißig Jahre währenden Befreiungskampf, an den die Erinnerung unter den nordamerikanischen Indianern bis heute lebendig ist.

Die Sonne und der Tod Floridas

Nach dem Tode Black Hawks und der Niederlage der Sauk konnten die Amerikaner nun alle indianischen Stämme, die noch das Gebiet östlich des Mississippi bewohnten, hinter den Fluß «umsiedeln». Das gleiche Los war auch jenen Indianerstämmen bestimmt, die im südlichen Teil des damaligen Territoriums der Vereinigten Staaten siedelten. Eine Ausnahme dabei bilden die Seminolen, ein sehr interessanter, zahlenmäßig recht starker Stamm, den ich besucht habe. Ein Großteil der Seminolen lebt heute wieder in Florida.

Die Seminolen siedeln im wilden, sumpfreichen Inneren dieser nordamerikanischen Halbinsel. Zu der Zeit, als die Amerikaner begannen, alle südöstlichen Stämme hinter den Mississippi, nach Oklahoma, zu vertreiben, gehörte Florida noch den Spaniern. Die Vereinigten Staaten drangen weiter nach Süden vor, und so entbrannte gerade hier einer der längsten und bedeutendsten Kämpfe zwischen den Indianern des Südostens und den amerikanischen Truppen.

Der berühmteste Mann dieses langjährigen Ringens war einer der Häuptlinge der Seminolen – Osceola. Der Name bedeutet «Trinker schwarzen Wassers». Das heilige «Schwarze Wasser» bereiteten die Medizinmänner der Creek und Seminolen aus vielen Kräutern mit narkotischer Wirkung. Dieser Vorgang bildete den Hauptteil einer Reihe von Stammeszeremonien, darunter auch des wichtigsten Rituals aller die Creek-Sprachen benutzenden Stämme – des sogenannten Festes des grünen Maises.

Bis zu Beginn des 19. Jahrhunderts bewohnte der bedeutende, ursprünglich einheitliche Stamm der Creek, die bereits in der Zeit nach der Entdeckung Amerikas in eine Reihe selbständiger Gruppen und dann auch selbständiger Stämme zerfielen, das ausgedehnte Gebiet des Südostens der heutigen USA. Bei der Spaltung des Stammes spielte die unterschiedliche Einstellung der Creek-Indianer zu den Bemühungen der Amerikaner, die südöstlichen Indianer hinter den Mississippi zu drängen, eine wichtige Rolle. Der eine Teil der Creek, die «Roten Stöcke», begann den bewaffneten Kampf, der andere Teil, die «Weißen Stöcke», unterstützte sie nicht. Diese «weißen Creek» wurden daher auch als erste aus ihrer Heimat vertrieben und mußten obendrein mit ihrem Grund und Boden «Schadenersatz» für die gefallenen amerikanischen Soldaten leisten, die von ihren tapferen Brüdern, den «roten Creek», im Kampf getötet worden waren.

Ein dritter Teil des einheitlichen Stammes hatte schon früher die angestammte

Alligatorenjagd.
Stich des belgischen
Graveurs T. de Bry

Indianer überwinden
ein Wasserhindernis
(Florida)

Die im Südosten
gelegene Ortschaft Secota.
In der Umgebung bauen die Indianer
Mais und Tabak an

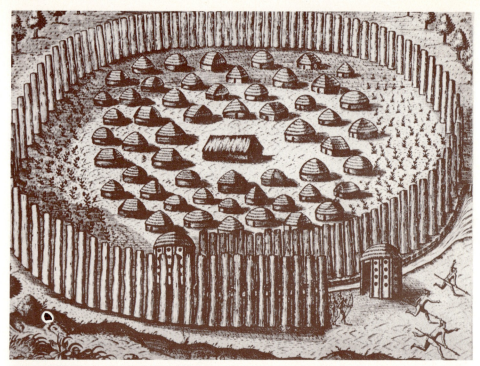

Ein von Palisaden umschlossenes
Indianerdorf. Im Vordergrund
mit Lanzen und Bogen bewaffnete Krieger

Indianer des Südostens bereiten
sich auf ein Fest vor

Häuptlinge und ausgezeichnete Krieger des Südostens Nordamerikas werden bestattet. Rings um das Grab werden die von dieser Gruppe in den Kämpfen benutzten Pfeile verteilt

Kriegserklärung der Indianer Floridas. Entlang der Wege steckten sie mit Büscheln von Menschenhaar umwundene Pfeile

Indianische Medizinmänner,
Priester der Indianerstadt Secota

Indianische Häuptlinge verurteilen
in Gegenwart eines weißen Adligen die
unaufmerksamen Wächter eines befestigten
Indianerdorfes zum Tode

Heimat verlassen, und zwar noch zu der Zeit, als in Louisiana, Georgia und Alabama Briten und Franzosen herrschten. Sie waren zur Halbinsel Florida gezogen, die damals noch den Spaniern gehörte. Das nordamerikanische Florida grenzte hier an die Peripherie des spanischen Kolonialreichs. Spanische Ansiedler gab es allerdings nur wenige, und so lebten diese Creek auf der Halbinsel ungestört wie früher in der alten Heimat. Später vermischten sie sich mit den ansässigen zahlenmäßig schwachen Indianergruppen und bildeten so auf Florida einen neuen Stamm, der sich Seminolen nannte (wörtlich «Die Abgespalteten»).

Osceola, der später so berühmte Häuptling der Seminolen, wurde aber nicht auf Florida geboren. Seine Stammesgruppe waren die Tallassee aus der Familie der Creek-Indianer. Nachdem die Franzosen und die Briten von den Truppen der Vereinigten Staaten abgelöst wurden, gehörten die Tallassee zu jener Gruppe der Creek-Stämme, die zum bewaffneten Kampf gegen die Vertreibung antraten. An den Aktionen der «Roten Stöcke» hat Osceola offenbar noch nicht teilgenommen; er war zu dieser Zeit noch zu jung.

Sein Dorf in Alabama wurde damals aus Rache für die Zerstörung eines amerikanischen Forts von einer «Strafexpedition» aus dem benachbarten Georgia niedergebrannt. Der kleine Tallassee-Stamm beschloß, Alabama zu verlassen. Die Indianer wollten jedoch nicht dahin gehen, wohin die USA-Regierung sie schickte – weit nach Westen hinter den breiten Mississippi, in die Verbannung –, sondern nur einige Meilen südwärts, zu ihren Verwandten, den Seminolen auf Florida, um mit ihnen gemeinsam zu siedeln.

Sie überschritten die Grenze und waren im spanischen Amerika. Sie suchten auf Florida Ruhe und Frieden und fanden beides, aber nur für kurze Zeit. Florida bot nämlich nicht nur den Indianern aus Alabama Zuflucht, sondern auch den schwarzen Sklaven aus dem benachbarten Georgia, die in Scharen aus der Hölle der Plantagen in den südöstlichen Sklavenhalterstaaten flohen und sich im Innern Floridas verbargen. Die wenigen Spanier kümmerten sich nicht um sie, und die örtlichen Indianer nahmen sie als Brüder auf. Das erregte den Zorn der Plantagenbesitzer in Georgia, denn sie verloren Arbeitskräfte, von denen sie meinten, sie seien ihr Privateigentum.

In das Feuer der Unzufriedenheit der Sklavenhalter gossen die Seminolen von Florida noch Öl, indem sie auf ihrer Halbinsel die geflüchteten Sklaven verbargen und ihnen – das erbitterte die Plantagenbesitzer besonders – auch ihre großen Boote zur Verfügung stellten, auf denen sie dann an der Westküste der Halbinsel entlang weiter nach Südosten in Gebiete fahren konnten, in denen die Sklaverei bereits aufgehoben war, zum Beispiel nach Mexiko.

Der Schutz und die Hilfe, die die Seminolen den geflohenen Sklaven gewährten, dienten nun als Vorwand für eine amerikanische Intervention. Obwohl Florida spanischer Besitz war, schickte die amerikanische Regierung 1817 ihre Truppen auf das Gebiet des anderen Staates, um die «Florida-Indianer zu bestrafen». Das Interventionsheer wurde von General Gaines kommandiert. Mit dem überraschenden Angriff auf eine indianische Siedlung (heute Fowltown) begann der sogenannte 1. Seminolen-Krieg.

Nach einiger Zeit übernahm General Jackson den Oberbefehl über die gegen die Seminolen eingesetzten Truppen. Er war später amerikanischer Präsident. Aber den Amerikanern ging es tatsächlich gar nicht so sehr um die wenigen Indianer, sondern vielmehr um Florida selbst. Nachdem noch nicht einmal zwei Jahre seit dem Beginn des 1. Seminolen-Krieges vergangen waren, trat Spanien die Halbinsel ab.

Es schien anfangs, als könnten sich auch hier, auf der Halbinsel, die Seminolen, Osceola und seine Tallassee nicht lange wehren und müßten am Ende doch nach Westen hinter den Mississippi ziehen, wohin alle Indianerstämme des nordamerikanischen Südostens vertrieben wurden.

Vorläufig aber mußte Jackson in Florida erst eine Basis für die amerikanische Herrschaft errichten. Den Seminolen wurde bis zu der Zeit, da sie durch einen neuen Vertrag in die Verbannung geschickt würden, 1823 durch den Vertrag von Camp Moultrie ein nicht allzu großer Bezirk im Innern der Halbinsel zugewiesen.

Bevor die Tallassee mit den anderen indianischen Stämmen Floridas tatsächlich hinter den Großen Fluß gingen, benutzten sie ihren Teil der armseligen 5000 Dollar, die die vereinigten Seminolen-Stämme für die Abtretung eines größeren Gebiets ihres Landes erhalten hatten, um sich noch enger mit den eigentlichen Seminolen, die in dieser Indianerreservation lebten, zu verbinden. Als gemeinsamen obersten Häuptling wählten nun die Seminolen und die mit ihnen verbündeten Stämme und Untergruppen in Florida den friedfertigen Micanopy. Osceola war damals noch sehr jung und noch nicht einmal Micem, der Friedenshäuptling eines Tallassee-Dorfes. Sein Stamm hatte ihm vorläufig nur die Würde eines Tustenugge anvertraut, des Häuptlings einer Siedlung für den Kriegsfall. Aber der Krieg mit den Amerikanern war durch den Vertrag von Camp Moultrie beendet; ein Tustenugge hatte in Friedenszeiten keine besonderen Rechte, vorläufig herrschte Frieden. In den ersten zehn Jahren nach Abschluß des Vertrages erfüllten beide Seiten ihre Verpflichtungen.

Während dieser Zeit wurden aber aus den anderen Gebieten des südöstlichen Nordamerikas alle Indianerstämme schrittweise vertrieben, die Choctaw, Cherokee, Chikasaw und alle Gruppen der Creek, bis zuletzt in diesem Teil der USA nur noch ein einziger Indianerstamm lebte: die Seminolen auf Florida.

Jetzt befahl General Jackson, der inzwischen Präsident der USA geworden war, den Vertrag zu brechen. Er wollte die Seminolen zwingen, denen er als Sieger des 1. Seminolen-Krieges einen Teil Floridas «zum ewigen Eigentum» überlassen hatte, die Halbinsel zu verlassen und wie alle anderen Stämme in die Verbannung zu gehen. Auch für diesen Fall hatten die Amerikaner einen Vertrag bereit, in dem sich die Indianer «erboten», ihr Land für einen bestimmten Preis für immer zu verlassen. Präsident Jackson gab den Militärs drei Jahre Zeit, um diese schändliche Aufgabe auszuführen.

Ein gewiefter Oberst berief an einem «Payne's Landing» genannten Ort eine Beratung mit den Indianern ein. Noch bevor die Seminolen überhaupt begriffen hatten, was man eigentlich von ihnen verlangte, drückte er, nachdem er die Häuptlinge freigiebig mit Whisky traktiert hatte, die Daumen einiger der wichtigsten Häuptlinge auf einen vorher schon angefertigten Kaufvertrag, und die Sache war erledigt.

Im Vertrag war festgelegt, wieviel Geld die Indianer für ihr Gebiet erhielten und wann die einzelnen Seminolen-Gruppen die Halbinsel zu verlassen hätten.

Als Mittelsmann, eine Art Abgeordneten der Seminolen, der das Land jenseits des Mississippi besuchen sollte, fand der Oberst einen gewissen Abraham, einen Schwarzen, dem die Seminolen einst Zuflucht gewährt hatten. Unter vier Augen versprach der Oberst Abraham 200 Dollar auf die Hand, wenn es ihm gelänge, den Indianern das unwirtliche Gebiet in Oklahoma in den rosigsten Farben zu schildern und so den Abzug der Seminolen aus Florida zu beschleunigen.

Abraham zog zum Mississippi, und nach seiner Rückkehr warb er beredt lange für den sofortigen Abzug aus Florida. Er erhielt auch die versprochenen Dollar. Aber als zu Beginn des nächsten Jahres der neue Gouverneur von Florida die Seminolen aufforderte, das Land zu verlassen, fand sich kein einziger Häuptling von Bedeutung, der willens war, mit seinen Stammesgenossen sein Dorf zu räumen. Der höchste amerikanische Beamte des Bundesstaates zeigte dem obersten Häuptling des Stammes, Micanopy, den Daumenabdruck, mit dem er den Vertrag bestätigt hatte.

Aber Micanopy wollte trotz seiner fast sprichwörtlichen Duldsamkeit und Verträglichkeit den von den Amerikanern mit Ausdauer wiederholten Aufforderungen nicht nachkommen.

Nachdem der Verwalter beim obersten Häuptling des Stammes nicht weitergekommen war, versuchte er mit kostspieligen Geschenken wenigstens einige der lokalen Häuptlinge zu bestechen, die sich dann auch tatsächlich verpflichteten, am 15. Januar 1835 ihre Indianer nach Tampa zu führen, um von dort gemeinsam den Weg ins Exil anzutreten.

Einige Tage nach diesem Geheimvertrag der Amerikaner mit den wenigen verräterischen Häuptlingen wurde das Dorf des gefügigsten von einer Abteilung indianischer Krieger angegriffen, die der Tustenugge Osceola anführte. Der Verräter wurde getötet.

Die Seminolen ergeben sich nicht

Der 2. Seminolen-Krieg begann anders als die Indianerkriege vor dieser Zeit. Während in den anderen Fällen die Indianer den Kampf in der Regel mit einem blitzartigen Schlag eröffnet hatten, verließen diesmal auf den Befehl von Osceola nach und nach die Bewohner diejenigen Siedlungen, die unter der Aufsicht der Amerikaner standen, und verbargen sich in den fast undurchdringlichen Sümpfen, die zur Hauptbasis von Osceolas Abteilungen wurden.

Die Indianer kamen nur dann in ihre Dörfer, wenn sie einen Überfall auf die amerikanischen Streifen durchführten, die durch Florida zogen, um die verschwundenen Seminolen zu suchen. Abgesehen von dem Überfall auf das Dorf des verräterischen Häuptlings begannen die Kämpfe des 2. Seminolen-Krieges mit dem Angriff auf einen amerikanischen Troß, der den Garnisonen auf Florida Lebensmittel und Munition bringen sollte. Diese Aktion hatte Osceola vorbereitet. Seine Männer überwältigten das Begleitkommando der Kolonne und holten aus den Fahrzeugen Salz, Zucker, Dörrfleisch und Munition.

Gerade in diesem Augenblick tauchte jedoch auf dem Kampfplatz völlig überraschend eine Abteilung regulärer amerikanischer Kavallerie auf. Sie griff die Seminolen an. Aber Osceola wehrte diesen Gegenangriff ab; seine Krieger töteten etwa zehn Reiter und schlugen die übrigen in die Flucht.

Diese Aktion stärkte das Selbstvertrauen der Indianer und ermöglichte es Osceola, umfangreichere Unternehmen vorzubereiten. Die Seminolen, vor allem Osceola persönlich, wollten besonders den amerikanischen General treffen, der bei der letzten Verhandlung wörtlich erklärt hatte, daß die Indianer gezwungen würden, «von hier wegzugehen, und wenn man sie in Ketten legen müßte».

Und so bereitete Osceola für den «Tag D», den 28. Dezember 1835, einige Aktionen vor, durch die er nicht nur den größten Teil der auf der Halbinsel stationierten amerikanischen Soldaten vernichten, sondern auch mit ihrem Oberbefehlshaber abrechnen wollte. Ein charakteristisches Merkmal seiner Taktik bestand darin, aus der Streitmacht der Seminolen kleine Abteilungen auszugliedern, denen er Schlüsselaufgaben anvertraute. Von der Erfüllung solcher Aufgaben hing auch der Erfolg der übrigen Aktionen ab. An der Spitze solcher Kommandos stand Osceola grundsätzlich selbst, während die übrigen umfangreicheren, dafür aber weniger gewichtigen Aktionen von anderen Seminolen-Häuptlingen geführt wurden.

Auch beim Angriff auf Fort King, das etwa 50 Kilometer von der Küste entfernt im nördlichen Teil von Florida lag, behielt sich Osceola den schwierigsten Teil der Aktion vor. Mit vier ausgesuchten Kriegern schlich er durch die Postenkette, die das amerikanische Hauptquartier auf Florida schützte. Den erbitterten Feind der Seminolen, den General, tötete er selbst. In der ausbrechenden Verwirrung gelang es allen fünf Indianern des kleinen Trupps, das Fort zu verlassen.

Genau nach Osceolas Plan überfielen die Seminolen an demselben Tage den Hauptteil der amerikanischen Kräfte, die den damals wichtigsten Hafen Floridas bewachten – Fort Brooks in der nahen Tampabucht. Die Soldaten waren aber durch die Nachrichten aus Fort King desorientiert und rückten aus, um dem Hauptquartier Hilfe zu bringen.

Die Seminolen, die von dem Häuptling Alligator geführt wurden, griffen das Gros der amerikanischen Garnison an. Osceola hatte vorher schon für den Kampf einen Palmenhain bestimmt, durch den der Weg nach Fort King führte. In den Kronen der Bäume hatten sich einige Seminolen-Schützen verborgen. Bereits die ersten Schüsse trafen eine Reihe amerikanischer Soldaten tödlich, darunter auch den Stellvertreter des Kommandeurs. Die Amerikaner bemühten sich in größter Eile, aus dicken Baumstämmen eine Art Schutzwehr zu errichten, um Deckung zu finden. Aber es war zu spät. Nur drei Soldaten – und auch sie hatten schwere Verwundungen – konnten vom Kampfplatz entkommen. Diese drei Überlebenden starben später an den erlittenen Verletzungen.

Die Seminolen hingegen hatten nur drei Tote zu beklagen.

Die Vernichtung der amerikanischen Truppen in Florida durch die Seminolen Osceolas war vor dem berühmten Sieg der mit den Dakota verbündeten Stämme in der Schlacht am Little Big Horn der bedeutendste Sieg der Indianer, die in dem nördlichen Teil des amerikanischen Kontinents lebten. Durch diesen Sieg gingen die Namen von Osceola und Alligator in die Geschichte des indianischen Freiheitskampfes ein.

Mit der Zerschlagung der Truppen und dem Tod des Gouverneurs von Florida war jedoch der 2. Seminolen-Krieg noch nicht beendet. Präsident Jackson, der früher als erster an der Spitze amerikanischer Truppen gegen die Indianer auf Florida gekämpft hatte, als die Halbinsel noch nicht Bestandteil der Vereinigten Staaten war, schickte erneut Regimenter gegen die Seminolen aus, diesmal unter dem Kommando von General Clinch.

Aber dieser neue Feldzug endete genau wie die bisherigen militärischen Unternehmen. Nachdem die Späher der Seminolen ihrem obersten Befehlshaber Osceola in sein befestigtes Hauptquartier in den Sümpfen die Nachricht gebracht hatten, daß ein neues amerikanisches Heer nahte, zog ihm Osceola an der Spitze von fünfhundert Seminolen entgegen. An einer Furt des wasserreichsten Flusses des westlichen Floridas, des Withlacoochee, erwartete er, im Gesträuch am Ufer verborgen, die Soldaten. Sobald die Mehrzahl ans andere Ufer gewatet war, traten die Seminolen aus ihrem Versteck hervor und griffen an. Die Soldaten wehrten sich zwar tapfer, aber am Ende mußte General Clinch den Rückzug befehlen. In der

Strömung des breiten Flusses ertranken weitere Soldaten. Jenseits des Flusses konnten Osceolas vereinte Seminolen nun für kurze Zeit in Freiheit weiterleben.

Die erste Etappe des 2. Seminolen-Krieges hatte mit der Niederlage der amerikanischen Truppen geendet, die zweite Etappe endete mit dem Rückzug der geschlagenen Armee des Generals Clinch. Präsident Jackson holte nun zum dritten Schlag aus. Er schickte wieder Truppen aus, die nunmehr von General Scott befehligt wurden. Diesmal wichen Osceolas Kämpfer einer direkten Begegnung aus und spielten statt dessen eine Art Versteckspiel: An verschiedenen Stellen tauchten kleine Gruppen von Seminolen auf, worauf Scott seine Soldaten in die Sümpfe schickte, um die Indianer zu töten. Aber die Indianer verschwanden genauso überraschend wieder in dem Irrgarten der wilden Sümpfe der Halbinsel, wie sie aufgetaucht waren.

Die lange ergebnislose Suche zwang General Scott, seine Truppen – die bisher stärksten gegen die Seminolen entsandten Kräfte – in drei selbständige Abteilungen zu teilen. Er stellte ihnen die Aufgabe, jeweils eine andere Gruppe der Seminolen aufzufinden. Eine Abteilung sollte Osceolas Gruppe zerschlagen, die andere die des Häuptlings Alligator, und die dritte jene Indianer, die von Little Frog befehligt wurden.

Eine solche Zersplitterung des Gegners war aber gerade Osceolas Ziel gewesen. Während also die drei amerikanischen Abteilungen getrennt durch die Sümpfe zogen, umging sie Osceola, verließ selbst die Sümpfe und eroberte am 20. April 1836 Fort Drane, das Hauptversorgungszentrum aller drei Abteilungen. Versorgt mit den Vorräten Scotts, führte Osceola dann einen Schlag gegen die damals wahrscheinlich größte Stadt auf Florida, gegen Saint Augustin, das direkt an der Küste des Atlantischen Ozeans lag.

Alle Pläne Scotts waren somit vereitelt. Seine drei Abteilungen suchten die Indianer in den Sümpfen, aber die Indianer waren inzwischen zum Küstengebiet der Halbinsel vorgedrungen und unterbrachen hier eine Versorgungslinie nach der anderen. Das war das Ende der dritten Etappe dieses Seminolen-Krieges. Auch der dritte amerikanische Gegenspieler des Seminolen-Häuptlings blieb also erfolglos, und so berief ihn am Ende Jackson aus Florida ab.

Die Amerikaner begriffen: Solange an der Spitze der Seminolen der Häuptling Osceola stand, dessen strategische und zugleich auch diplomatische Fähigkeiten selbst in den Vereinigten Staaten anerkannt wurden, konnten die Indianer Floridas nicht in die Verbannung gezwungen werden. Der neue – der vierte – amerikanische Gouverneur und Oberkommandierende der Truppen auf Florida, Jesup, beschloß deshalb, um jeden Preis zuerst den Führer der freien Seminolen zu beseitigen.

Die Ratgeber des eigentlichen Oberhäuptlings empfahlen Osceola ein besonderes taktisches Vorgehen. Zwar wurde Osceola jetzt bereits von dem ganzen Stamm der Seminolen und von allen ihren Bundesgenossen als oberster Häuptling der freien Indianer Floridas anerkannt, aber das nominelle Oberhaupt der Seminolen war nach wie vor Micanopy, der zur Zeit nur nicht sein Amt versah; Jesup sollte mit diesem Häuptling der Seminolen, dessen Macht durch Osceolas militärische Erfolge überschattet wurde, Verbindung aufnehmen. Er erbot sich Micanopy gegenüber, ihm behilflich zu sein, sich wieder an die Spitze des Stammes zu stellen, allerdings unter einer Bedingung: Micanopy sollte im Namen der Seminolen Waffenstillstand mit den Amerikanern schließen und seinen Stamm auffordern, später in die für ihn bestimmten Gebiete jenseits des Mississippi zu ziehen.

Micanopy war tatsächlich eifersüchtig auf die Erfolge des tapferen Osceola, dieses einst bedeutungslosen Tustenugge eines kleinen Dorfes in den Sümpfen, dieses einfachen Indianers, der wegen seiner persönlichen Tapferkeit und seiner Umsicht im Verlaufe weniger Jahre der anerkannte Kriegshäuptling aller verbündeten Seminolen geworden war.

Micanopy nahm Jesups Angebot an. Und so erklang nach langer Zeit in den Seminolen Dörfern der weitläufigen Halbinsel wieder die Stimme eines obersten Stammeshäuptlings, der zur Versöhnung aufrief. Micanopy hatte bis jetzt noch nicht alle Autorität verloren; und deshalb unterwarf sich fast die Hälfte aller Seminolen-Dörfer seinem Gebot zur Kapitulation in einem Kampf, in dem die Indianer bisher in allen wichtigen Schlachten gesiegt hatten!

Es dauerte zwar einige Zeit, bis die Indianer, die Micanopy gehorchten, aus den Dörfern in die Häfen kamen, wo die Amerikaner sie sammelten, um sie auf Schiffen abzutransportieren. So verringerte sich die Zahl der indianischen Krieger allmählich, demgegenüber nahm die Zahl der amerikanischen Truppen immer weiter zu. Jesup entsandte seine Agenten in die Dörfer der bisher noch nicht unterworfenen Indianer, um durch Geschenke und Versprechungen die verbliebenen Seminolen von den Vorteilen eines Friedensschlusses zu überzeugen.

Schließlich überredeten Jesups Agenten auch die Angehörigen der Abteilung von Osceola. Und da auch die freien Seminolen von der nun bereits Jahre dauernden Hetzjagd erschöpft waren, hißte Osceola schließlich selbst die weiße Flagge und forderte Jesup auf, ihm die Bedingungen für einen Waffenstillstand vorzuschlagen. Jesup teilte Osceola aber zuerst die Vorbedingungen mit, die die Indianer zu erfüllen hätten, bevor die Verhandlungen überhaupt eröffnet wurden: Die Seminolen müßten vor der ersten Zusammenkunft mit den Amerikanern alle Waffen abliefern!

Die Indianer waren mit diesen Vorbedingungen einverstanden. Und dementsprechend sahen die «Friedensverhandlungen» dann auch aus. Kaum hatten die Seminolen das letzte Gewehr aus der Hand gelegt, griff Jesup an der Spitze einiger hundert schwerbewaffneter Soldaten das Lager von Osceola an und «besiegte die Rothäute». Dann trieb er die bei den «Friedensverhandlungen» gefangenen Indianer in Fesseln unter der Aufsicht von zwei Kompanien in das Gefängnis von Fort Marion. – Um der Wahrheit Ehre zu geben, müssen wir sagen, daß bereits damals in den Vereinigten Staaten der verräterische «Sieg» Jesups verurteilt wurde.

Am strengsten von allen Gefangenen wurde natürlich Osceola bewacht. Aber während die Amerikaner den großen Heerführer bewachten, entflohen bereits in der vierten Nacht Osceolas Stellvertreter, der Häuptling Wild Cat, und eine Reihe weiterer Seminolen-Krieger, darunter die Mitglieder der Abteilung, die unter Osceolas persönlicher Führung gestanden hatte.

So begann der 3. Krieg der Seminolen auf Florida, der noch über Jahrzehnte fortgesetzt wurde, unter der Führung des Häuptlings Wild Cat.

Dieser 3. Seminolen-Krieg wurde eigentlich offiziell nie beendet. Die restlichen Seminolen setzten, getreu dem Vermächtnis von Osceola, den Kampf aus den unzugänglichen Sümpfen von Mittelflorida heraus fort. Auch wenn später auf beiden Seiten die militärischen Aktionen eingestellt wurden, blieben die Seminolen der einzige Indianerstamm, der niemals mit den Amerikanern Frieden schloß; so befinden sich die Nachkommen der Getreuen um Wild Cat formell bis heute im Kriegszustand mit den USA.

Der konsequente und entschlossene Widerstand, den Osceola die Seminolen gelehrt hatte, brachte jedoch den Seminolen auf Florida letztlich Erfolg: Die Nachfahren jener Seminolen, die früher den Ratschlägen des Häuptlings Micanopy nicht gefolgt waren, sind die einzigen Indianer des nordamerikanischen Südostens, die nicht gezwungen werden konnten, in die Verbannung zu gehen. Sie blieben in Florida.

Was aber geschah mit Osceola? Jesup ließ ihn später aus dem Gefängnis von Fort Marion in das Festungsgefängnis auf der Sullivan-Insel unweit von Charleston (South Carolina) bringen. Er war der berühmteste Gefangene der Sullivan-Insel. Obwohl die Amerikaner sich bemühten, ihn durch Zerstreuungen auf ihre Seite zu ziehen, konnte nichts Osceolas Trauer über die verlorene Freiheit vertreiben. Daher erbat sich der große Häuptling 1838 unter einem Vorwand von seinen Kerkermeistern seine festliche Kriegskleidung, die er in vielen Schlachten getragen hatte, knüpfte sich eine Schlinge um den Hals und schied freiwillig aus dem Leben. Er wurde an der Festungsmauer beigesetzt.

«Ich bin ein Sioux!»

Kolumbus entdeckte Amerika 1492. Die Besiedlung der westlichen Landesteile begann aber eigentlich erst im neunzehnten Jahrhundert. Die Siedler stießen vor zu den Bergen, die hier bis in die Wolken ragen, hörten von den Cañons, die wie von einem Messer in das Hochland von Arizona geschnitten sind, sie erfuhren von dem

Krieger der Pawnee greifen einen Planwagentreck an, der in ihr Gebiet eingedrungen ist (Zeitgenössisches Ölbild)

Prärie-Kämpfer «Hohe Lanze» aus dem Krähenstamm

Mann und Frau der Prärie-Indianer (Bild von A. Miller)

Die wichtigste persönliche Waffe der nordamerikanischen Krieger war stets der Tomahawk

Indianischer Reiter
mit erbeutetem Skalp

Prärie-Indianer mit Tomahawk.
Charakteristisch ist der reich
mit roter Farbe bemalte Körper
des Kämpfers,
auf die die Bezeichnung
«Roter Mann» zurückzuführen ist

Porträt des Indianers Ma-Wo-Ma, «Kleiner Häuptling», eines ausgezeichneten Heerführers. Er stand an der Spitze der etwa dreitausend Mann zählenden, kämpferischen Gruppe der sogenannten «Schlangen-Indianer», die westlich des Hauptkammes der Rocky Mountains lebten

Einige Gruppen der nordamerikanischen Indianer pflegen ihre Schädel auf besondere Weise abzuflachen. Besonders bei Knaben, den künftigen Kriegern, wird der Schädel in frühester Kindheit abgeflacht

Die Krieger des Südwestens trugen gern Türkisschmuck – Symbol des Wassers und des Himmels

Häuptling Shaika, Führer der nordwestlichen Tlingit. Äußeres Zeichen seiner Stellung – die hölzerne «Axt» in Form eines Wales

Bellacoolla, die junge Frau eines Stammes der Indianer des Nordwestens. Sie trägt einen Helm in Form eines Raben

Im westlichen Teil Nordamerikas lebten die Indianer auf einer relativ niedrigen Kulturstufe. Sie entzogen sich der Kolonisierung – ähnlich wie Ishi – oft durch Flucht in unzugängliche Gebiete. Zeitgenössische Abbildung von kalifornischen Mohaw-Indianern mit ihren Waffen

Nordwestlich, an der Pazifikküste der USA und Kanadas, siedelten jene Indianer, die durch ihre eigentümlichen Waffen berühmt wurden, zum Beispiel durch diesen «Totschläger»

Indianer des Nordwestens in ihren reich verzierten hölzernen Bauten. Im Hintergrund ein charakteristisches Totem

Die Indianer des Nordwestens bildeten oft die eigenen Totemtiere nach

Einer der letzten unbezwungenen Kämpfer im Westen Nordamerikas war Häuptling Josef, Führer des Stammes der «Durchbohrten Nasen»

Nordamerikanische Indianer der Gegenwart. Einer der letzten Zeugen der bewaffneten Kämpfe des «Roten Mannes»

Junger Indianer von heute aus Taos, dem Pueblo des Medizinmannes Pope

großen, schönen Küstenland am Pazifik, das sie Kalifornien nannten. Und sie erhielten auch Kenntnis von den weiten, mit dichtem, hohem Gras bewachsenen Flächen, den Prärien, auf denen dem Hörensagen nach große Tiere lebten, die Büffel, und wo auch Menschen wohnen sollten, die die Büffel jagten, die Prärie-Indianer.

Indianer! Man schreibt das neunzehnte Jahrhundert. Aber der Amerikaner europäischer Herkunft, der in der Hauptstadt der Vereinigten Staaten von Amerika, in Washington, lebt, der in New York wohnt oder auf den Ebenen von Georgia Getreide und Tabak erntet oder der in den Bergen von Vermont Bäume fällt, so wie jener, der in Massachusetts lebt oder den ersten Stahl in Pennsylvania schmelzt – dieser Amerikaner kennt die Indianer nur, wie sie ein Junge in Prag oder auch in Berlin kennt – von Bildern. Und manchmal nicht einmal das. Manchmal nur aus Erzählungen über wilde Ureinwohner, die einst das jetzt zivilisierte Land besiedelten. Die Amerikaner bezeichneten später das neunzehnte Jahrhundert als «Jahrhundert der Kultur». Darunter verstehen sie die enorme Entwicklung von Industrie und Landwirtschaft, das rasche Anwachsen der weißen Bevölkerung (vor allem durch Einwanderungen aus Europa), die rasche Entwicklung der Produktivkräfte. Es wurden in jener Zeit die Grundlagen gelegt, die es den USA gestatteten, als erstes Land der Welt das imperialistische Stadium des Kapitalismus zu erreichen. Damals wurden die Voraussetzungen dafür geschaffen, daß die Vereinigten Staaten heute der mächtigste Staat der westlichen Hemisphäre sind.

Was hat in einer solchen Welt der «Rote Mann» zu suchen! Von ihm erzählen nur noch die Dichter, Menschen wie Longfellow, die genauso den silbernen Mond besingen können, den sie wohl kaum aus der Nähe gesehen haben. Die Indianer leben weiter in dem sich stürmisch entwickelnden Staat zwischen dem Atlantik und dem Mississippi, zurückgedrängt in die Berge an den Grenzen von Tennessee, vertrieben in die Sümpfe im Innern von Florida, verdrängt in die Wälder unweit der Niagarafälle – zurückgedrängt und vertrieben, aber sie leben.

Jedoch – wir müssen es noch einmal wiederholen – Amerika bezeichnet das neunzehnte Jahrhundert als das der Kultur und Zivilisation, und es ist also höchste Zeit, das Bild der Vereinigten Staaten von den «Wilden» zu reinigen, die es trüben würden. So denken viele Amerikaner. Und derartige Überlegungen stellt auch der neue Präsident an, der 1829 die Regierung der USA übernimmt – Andrew Jackson, den die Indianer «Scharfes Messer» nennen.

Jackson empfiehlt in seiner ersten Rede vor dem amerikanischen Kongreß, die letzten noch im Osten der USA verbliebenen Indianer hinter den Mississippi zu vertreiben und diesen Fluß als unveränderliche Grenze der Vereinigten Staaten zu deklarieren. «Das Land hinter dem Fluß, die Berge und die Prärien, das soll dann dem Roten Mann bleiben. Das werden wir durch heilige, unzerstörbare Verträge garantieren.» Für ewige Zeiten, so formulieren es «Scharfes Messer» und seine Advokaten in den Verträgen – «solange in ihm Gras wachse ...»

Solange das Gras wachsen wird? – Ach, Mr. Jackson – das Gras auf der Prärie wächst bis heute. Wo aber sind Ihre Versprechungen, Mr. Jackson? Wo sind die «heiligen Verträge»? Vorerst schreiben wir aber noch das Jahr 1834. Und der «Große Rat» – so nennen die Indianer den Kongreß der Vereinigten Staaten – beschließt ein Gesetz mit dem wohlklingenden Namen «Gesetz über die Einrichtung des Verkehrs und des Handels mit den indianischen Stämmen und über die Erhaltung des Friedens an der indianischen Grenze». Nach diesem Gesetz verläuft die für die weißen Siedler unüberschreitbare Grenze des indianischen Landes entlang dem Mississippi.

Die Druckerschwärze auf dem Papier dieses Gesetzes ist jedoch noch nicht getrocknet, da wird bereits ein neues Gesetz eingebracht, das auch eine neue Grenze festlegt. Die alte Grenze hatten Pelztierjäger, Goldsucher und die verschiedensten Abenteurer nur zu bald überschritten. Die neue Grenze verläuft also entlang dem fünfundneunzigsten Längengrad von Galveston am Golf von Mexiko im Süden bis zum Lake of the Wood in Minnesota im Norden.

Und gerade in Minnesota beginnt unsere Geschichte. Denn hier, an der Grenzscheide zweier Welten, leben damals die am weitesten im Osten siedelnden Angehörigen eines großen indianischen Volkes, die von sich voller Stolz sagen: «Ich bin ein Sioux!» Und welches Gewicht hat dieser Name!

Sioux ist die Bezeichnung, die diese Indianer von ihren Nachbarn erhielten, den Ojibwa. Sie bedeutet sinngemäß «Feind». Eigentlich sind mit «Sioux» die Dakota gemeint. Die Dakota oder Lakota oder Nakota, wie ihre Selbstbezeichnung lautet, gehören gemeinsam mit anderen mehr oder weniger bekannten Stämmen zur siouanischen Sprachfamilie. Die Dakota selbst sind ein Stamm, der sich in sieben Stammesabteilungen gliedert. Das sind die aus vier Stammesgruppen bestehenden Santee (Wahpeton, Wahpekute, Sisseton, Mdewakanton) sowie die Yankton, Yanktonai und Teton. Die Teton wiederum bestehen aus den Untergruppen Oglala, Hunkpapa, Brulé, Minnekonjou, Sihasapa, Two Kettle und Sans Arcs. Es hat sich im allgemeinen Sprachgebrauch indes durchgesetzt, daß unter der Bezeichnung Sioux die Dakota verstanden werden.

Direkt an der Grenze zu den Vereinigten Staaten lebten vier Santee-Gruppen in Minnesota. Ihr Führer, der Häuptling Little Crow, und die übrigen Santee-Häuptlinge waren friedfertig. Sie nahmen das Eindringen der Ansiedler in ihr Land am Minnesota-Fluß hin und waren auch dann noch einverstanden, als die amerikanischen Behörden ihnen Wohnplätze im Austausch gegen regelmäßige jährliche Lieferungen von Geld und Bekleidung zuwiesen. In der Reservation der Santee gab es eine obere und eine untere Agentur. Hier lebten nicht nur die Verwalter der Reservation, sondern auch Händler, die für das Geld, das die Indianer von der Regierung der USA erhalten sollten, den Dakota Lebensmittel, Munition und Gewehre für die Jagd verkauften.

Die Santee des Häuptlings Little Crow vegetierten fortan in den Reservationen in ihrem heimatlichen Minnesota dahin. Und später, als die Amerikaner im Bürgerkrieg untereinander zu kämpfen begannen, erging es den eingepferchten Indianern noch übler: Geld und Vorräte aus Washington trafen immer unregelmäßiger ein. Die Santee waren unzufrieden. Sie wollten den unmenschlichen Verhältnissen in der Reservation entfliehen.

Aber Little Crow beruhigte seine Stammesgenossen wieder. War er doch ein Freund der weißen Männer. Er hatte sogar den «Großen Vater», den amerikanischen Präsidenten, in dessen Washingtoner Residenz besucht, hatte die Weißen in Frieden aufgenommen und wurde Mitglied der Episkopalischen Kirche. Der Häuptling war über sechzig Jahre, sein jugendlicher rebellischer Sinn war längst dahin.

Aber auch ein tiefer Kelch läuft manchmal über. Der Kelch der Geduld von Little Crow war 1862 voll.

Die Santee-Dakota hatten sich in der oberen Agentur am Yellow Medicin-Fluß versammelt, um die regelmäßige Jahreslieferung zu übernehmen – die Bezahlung für das verkaufte Minnesota. Sie brauchten jetzt das Geld mehr als sonst. Es war nämlich ein schlechtes Jahr, ihre Jäger waren mit leeren Händen aus den Wäldern zurückgekehrt. Und die winzigen indianischen Felder hatten nur eine schlechte Ernte gebracht. Aber jetzt, da die Santee endlich die wenigen Dollar bekommen sollten, für die sie sich bei den Händlern in der Reservation wenigstens das Notwendigste zum Leben kaufen konnten, war überhaupt kein Geld geschickt worden. Der Hunger der Dakota aber wurde von Tag zu Tag quälender. Sie baten daher den Verwalter der Reservation um Verpflegung auf Kredit und auch jene ansässigen Händler, deren Magazine in diesem Augenblick Proviant besaßen. Einer von ihnen, Myrick, antwortete aber für alle anderen: «Was geht es mich an, daß die Dakota Hungers sterben? Sollen sie Gras fressen, wenn sie nichts anderes haben.»

Den Indianern blieb kein Ausweg. Die Santee wollten bereits den Kriegspfad beschreiten, um sich im Kampf zu besorgen, was ihnen fehlte und worauf sie ein Recht hatten, aber Little Crow hielt sie abermals zurück.

Dann brach der Krieg, allen Bemühungen des Häuptlings zum Trotz, doch wegen des schrecklichen Hungers aus. Vier junge Krieger überschritten die Grenze der Reservation. Auf dem Hof einer einsamen Farm erblickten sie ein Huhn auf seinen Eiern. Einer von ihnen konnte seinen Hunger nicht mehr bezähmen. Obwohl er wußte, daß ein Diebstahl auf einem Gebiet, das den Dakota nicht mehr gehörte, viele Unannehmlichkeiten auslösen konnte, nahm er dem Huhn die Eier weg. Der Farmer beobachtete ihn dabei. Es kam zu einem Handgemenge, der Bauer wurde dabei erschlagen und mit ihm zwei weitere Siedler und ihre Ehefrauen.

Die jungen Krieger kehrten mit blutigen Tomahawks in die Reservation zurück. Sie suchten den Häuptling Little Crow auf und teilten ihm wahrheitsgemäß mit, was geschehen war. Und vor dem ganzen Stamm sagten sie: «Das ist der richtige Weg: die Farmer und die Soldaten schlagen, alle aus unserem Land verjagen.»

Little Crow aber wußte, daß in Minnesota bereits an die einhundertfünfzigtausend amerikanische Siedler lebten und daß die Ermordung einiger Farmer keine Abhilfe schaffen konnte. Die jungen Männer aber waren wie aufgescheuchte Wespen, und einer von ihnen bezichtigte während einer Beratung den Häuptling der Feigheit. Da geriet Little Crow in Zorn. «Ich ein Feigling? Wo ist Little Crow jemals vor dem Feind geflohen? Schaut euch sein Stirnband an! Wieviel Federn für Tapferkeit, für den Sieg über einen Feind! Schaut euch die Skalps an, die seine Behausung zieren! Nein, Little Crow ist kein Feigling!» – Diese Worte des Häuptlings hat sein jüngster Sohn überliefert.

Darauf schloß der Häuptling: «Gut, ihr Krieger, Little Crow wird euch also in den Kampf führen.»

Er wußte allerdings von vornherein, wie der Kampf enden würde. Aber das Maß seiner Geduld war auch schon erschöpft, und so befahl er den Angriff. Zuerst auf die unmenschlichen Händler und ihre vollen Magazine. Als erster wurde der Händler Myrick erschlagen. Und weil er den Santee zynisch empfohlen hatte, sie sollten Gras fressen, füllten jetzt ihm die indianischen Krieger vor dem Tode den Mund mit Gras. Dann wurden auch die übrigen Händler getötet.

Little Crow führte darauf seine Krieger weg von ihrem Lager in Richtung der amerikanischen Festung Fort Ridgely, die sie erobern wollten. Vorher jedoch überfielen die Santee eine kleinere militärische Einheit. Nur zwanzig Soldaten gelang es zu fliehen.

Die Santee von Little Crow, denen sich auch andere Dakota unter der Führung des Häuptlings Big Eagle anschlossen, griffen darauf Fort Ridgely an, den größten Stützpunkt der Amerikaner in Minnesota. Hätten sie diese Festung erobert, so vermuteten sie, wären sie wieder die Herren des ausgedehnten Landstriches. Ihr Vorhaben glückte jedoch nicht.

Die Vorahnung von Little Crow bewahrheitete sich: Die starke Befestigung des Forts, das Feuer der Kanonen und die zahlenmäßig starke Besatzung – das zusammen verwehrte am Ende den Dakota den Einzug in das Fort. Little Crow wurde im Kampf verwundet.

Die Santee-Dakota wandten sich nun gegen eine der damals größten Städte im dortigen Gebiet, New Ulm. Nach kurzem Kampf drangen sie in die Stadt ein, machten Gefangene und verschafften sich Lebensmittel, an denen sie solchen Mangel gelitten hatten.

Nach einigen Tagen begann sich jedoch das Blatt zu wenden. Obwohl sich die Amerikaner des Nordens im Bürgerkrieg mit den Sklavenhaltern des Südens befanden, hatten sie dennoch, den Hoffnungen der Santee zum Trotz, in Minnesota ein Regiment zurückgelassen, das jetzt aus der Hauptstadt dieses Staates, St. Paul, den Bewohnern von New Ulm und der Besatzung von Fort Ridgely zu Hilfe eilte.

Den Kommandeur des 6. Minnesota-Regiments, Oberst Sibley, kannten die Dakota gut. Im Zivilleben war er nämlich Vertreter der amerikanischen Pelzwarengesellschaft, in deren Namen er einst den Stamm von Little Crow um das Geld betrogen hatte, das diese Indianer für den Landverkauf bekommen hatten. Die Dollar, die ihnen bezahlt wurden, waren damals rasch durch Sibley in amerikanische Hände zurückgekehrt.

Den Oberst nannten die Santee in ihrer Sprache «Langer Händler». Und ebendieser «Lange Händler» wollte sie jetzt genauso durchtrieben auch um den letzten Rest ihres Landes in Minnesota bringen.

Gegen die Krieger der Santee ging der Oberst mit einem alten Händlertrick vor: Einige Indianer bezahlte er für Verrat, anderen garantierte er Vergebung, und er machte alle möglichen Versprechungen, damit die Krieger sich zurückzögen. So lockte der «Lange Händler» nach und nach siebenhundert Krieger aus den sich ansonsten tapfer haltenden Kriegerabteilungen der Santee. Als erste gingen diejenigen, die die Sante in diesen aussichtslosen Aufstand getrieben hatten – die vier jungen Männer mit den heißen Köpfen, die Eierdiebe.

Zu einem Gefecht kam es also überhaupt nicht. Ein letztes Mal rief Little Crow die Führer seiner geschwächten Streitmacht ans Beratungsfeuer. Dann verließen er und diejenigen, die ihm folgen wollten, das Land ihrer Väter und zogen nach Westen zu ihren bis jetzt noch freien Siouxbrüdern an den Teufelssee.

Zweitausend Santee wollten jedoch in Minnesota bleiben. Sie glaubten den Angeboten und unterwarfen sich dem «Langen Händler».

Sobald die Gutgläubigen aber erst die Waffen niedergelegt hatten brach Sibley seine Versprechungen. Als erstes ließ er die Mehrzahl der übriggebliebenen Krieger in Ketten legen. Darauf stellte er aus seinen Adjutanten ein Feldgericht zusammen, das die Santee bestrafen sollte. Und weil die Indianer nicht als Bürger der Vereinigten Staaten galten, gab ihnen der Kommandeur des 6. Minnesota-Regiments nicht einmal das Recht, sich vor Gericht zu verteidigen. Insgesamt verhandelte das Gericht des Oberst Sibley die «Fälle» von dreihundertneunzehn Indianern. Dreihundertdrei wurden zum Tode verurteilt.

Die Strafe mußte allerdings noch vom neuen Präsidenten der Vereinigten Staaten bestätigt werden. Das war damals Abraham Lincoln, der Kämpfer für die Rechte der Schwarzen, ein gerechter und ehrlicher Mann.

Trotz dieser Einstellung hob Lincoln aber nur neun Zehntel aller Urteile des Obersten auf. Die übrigen Santee wurden öffentlich gehängt. Und Sibley ließ auch einige überhaupt nicht abgeurteilte Dakota «irrtümlicherweise» hängen. Auf jeden Fall war es die größte Massenhinrichtung, zu der es in der Geschichte der Vereinigten Staaten jemals gekommen ist.

Die Indianer starben still. Ohne eine Spur von Angst, ohne ein Wort des Abschieds. Nur einer von ihnen diktierte einen Brief, der nach seinem Tode dem Häuptling seines Stammes übermittelt werden sollte. Er schloß mit den Worten: «Ich liebe meine Frau und meine Kinder. Sag ihnen, daß ein Krieger auf die Begegnung mit dem Tod gefaßt sein muß. Und ich stelle mich ihm als echter Dakota ...»

Der «Wilde Westen» wird erobert

Der tragische Tod Osceolas bildete den Abschluß der letzten Etappe des Verteidigungskampfes der nordamerikanischen Indianerstämme, die östlich des Mississippi siedelten. Auch wenn der Guerillakrieg der Seminolen eigentlich niemals endete, war die Mehrheit der Stammesangehörigen schon vorher gezwungen worden, Florida zu verlassen. Und genauso gewaltsam oder auf der Grundlage von Kaufverträgen waren alle übrigen Indianerstämme aus dem Osten und dem Südosten der heutigen USA vertrieben worden: die Choctaw, Chikasaw, die Creek und der mächtige und volkreiche Stamm der Cherokee.

Die Zwangsvertreibung dieser Indianerstämme in das Gebiet des heutigen Oklahoma erhielt von den Geschichtsschreibern der Vereinigten Staaten die bezeichnende Benennung «Zug der Tränen». Auf dem Wege in die Verbannung gingen damals einige tausend Indianer zugrunde. Besonders Frauen und Kinder waren den entsetzlichen Strapazen der langen Wanderung nicht gewachsen.

Auf die gleiche Art wurden auch die Indianer aus dem Nordosten der Vereinigten Staaten vertrieben, aus dem Gebiet östlich des Mississippi. Im Jahre 1838 starb auch der berühmte Häuptling Black Hawk, der tapfere Anführer der Sauk und Führer des letzten großen Verteidigungskrieges der Indianer in diesem Teil Nordamerika.

Die aggressive Politik der herrschenden Kreise der Bourgeoisie der USA richtete sich in den folgenden Jahren gegen jene Bewohner Nordamerikas, die bis etwa 1840 in einem noch relativ «unberührten» Gebiet lebten. Dieses riesige Gebiet, das die Amerikaner als «Wilden Westen» zu bezeichnen pflegten, wird im Osten von dem gewaltigen Mississippi begrenzt, im Westen von den Rocky Mountains. Hinter den Rocky Mountains liegen Kalifornien und das zu jener Zeit weniger bedeutsame Oregon, ein Gebiet, das wie die heutigen Bundesstaaten Arizona, New Mexico, Utah und Colorado damals noch zum südlichen Nachbarn der USA, zu Mexiko, gehörte.

Die letztgenannten Gebiete annektierten die Vereinigten Staaten in einem Eroberungskrieg gegen das unabhängige Mexiko, der 1846 begann und mit der Niederlage der mexikanischen Armee 1848 endete. So gelangten alle Indianerstämme, die auf diesem riesigen Territorium wohnten, formell unter die Gesetzgebung der Vereinigten Staaten.

Den größten Teil des umfangreichen Landes nehmen die nordamerikanischen

Prärien ein, die in der Mitte des 19. Jahrhunderts von den sogenannten Präriestämmen bewohnt waren. Die wichtigste Rolle im nördlichen und im mittleren Teil der Prärie spielten die zahlreichen Stämme der Sioux, die eng miteinander verwandt waren und verschiedene Dialekte derselben Sprachgruppe, eben der siouanischen, sprachen. Auch wenn der Name Sioux nicht korrekt ist, werden wir die Angehörigen dieser volkreichen Indianergruppe zur besseren Orientierung weiter so nennen.

Gerade durch das Gebiet der Sioux zog sich die erste Straße, eine der beiden Haupt-Trails, die bei der Erschließung des Westens benutzt wurden. Die Straße hieß Oregon Trail – Oregonpfad. Mit dem Oregon Trail ist der indianische Freiheitskampf im Westen der USA eng verbunden.

Der Oregon Trail begann wie der zweite dieser Hauptwege, der Santa Fe Trail, bei der Stadt Independence im heutigen Staat Missouri. Er führte den Platte River entlang zum Fort Laramie, umging das sogenannte Massacre Rock, eine Felsgruppe, deren Name an einen der späteren Siege der Sioux erinnert, die hier eine ganze Schwadron amerikanischer Kavallerie vernichteten, und erreichte dann durch das Tal des Snake River das Gebiet Idaho. Hier teilte er sich; der eine Arm führte weiter nach Oregon, der andere wandte sich nach Süden und führte unter Umgehung des Großen Salzsees nach Kalifornien. Auf dieser Straße fuhren die Eroberer auf großen, mit Planen bedeckten Wagen.

Bald wagten auch die ersten Postkutschen den Weg. Diese Fahrzeuge beförderten in der Regel nicht mehr als zehn Passagiere. Ein Fuhrmann auf dem Oregon Trail mußte nicht nur ein ausgezeichneter Kutscher sein, er mußte sich auch mit der Waffe zu wehren verstehen. Eine dieser über den Oregonpfad durch das Land der Sioux fahrenden Postkutschen ging sogar dank Buffalo Bill in die Geschichte ein. Sie wurde im Osten der Vereinigten Staaten für einen Auftraggeber in Kalifornien gebaut. Die Postkutsche wurde erst in ganz Amerika auf einem Schiff gefahren und gelangte auch tatsächlich zum Oregon Trail, wo sie einige Male von Desperados überfallen und einmal in eine tiefe Schlucht gestürzt wurde. Von dort holte sie dann viele Jahre später Buffalo Bill herauf. Er ließ sie reparieren und verwendete sie in seiner Wild West Show.

Vom Oregonpfad aus drangen die Amerikaner ins Land der Sioux vor. Die Schlüsselrolle bei der Eroberung des unbekannten Gebiets war Fort Laramie zugedacht, von dem aus der Angriff geführt werden sollte. Fort Laramie war ursprünglich als Zentrum für den Handel mit Pelzwaren gegründet worden und hatte eine strategisch günstige Lage. Es lag inmitten der Prärie am Zusammenfluß zweier Flüsse und an einer Stelle, an der sich die Wege von Norden nach Süden und von Westen nach Osten kreuzten.

Mehr als zehn Jahre lang wurde in Fort Laramie tatsächlich gehandelt. Die Amerikaner kauften von den Dakota, den Cheyenne, den Arapahoe und den Crow Pelze und lieferten dafür die Waren, die die Indianer brauchten. Als man glaubte, das Mißtrauen der Indianer gänzlich beseitigt zu haben, lud der Beauftragte des amerikanischen «Amtes für Indianerangelegenheiten» die Vertreter aller Indianerstämme, die auf den nördlichen Prärien lebten, nach Fort Laramie und bot ihnen eine feste Summe, die innerhalb von fünfundfünfzig Jahren abgezahlt werden sollte und wovon die Indianer jährlich einen festen Betrag erhielten, wenn sie den Amerikanern erlaubten, den Oregonpfad zu benutzen und wenn sie die weißen Passanten nicht angriffen. Die Sioux, die bisher keinen gemeinsamen Häuptling hatten, lehnten einen solchen Vertrag ab, weil sie keinen Vertreter hatten, der berechtigt gewesen wäre, im Namen aller Stämme der mittleren und der nördlichen Prärie zu verhandeln. Der Regierungsbeauftragte bestimmte am Ende einfach einen Häuptling der Brulé als Repräsentanten aller Präriestämme und schloß mit diesem die Übereinkunft.

Der Oregon Trail wurde bis 1854 ohne Störungen benutzt; in jenem Jahr aber brachen die Amerikaner den Vertrag. Der angebliche Diebstahl einer Kuh wurde vom stellvertretenden Kommandanten des Forts benutzt, um die Indianer anzugreifen. Der Leutnant rief alle in Laramie anwesenden Männer zusammen und zog mit ihnen in das nächste Indianerdorf. Dort wohnten ausgerechnet die Sioux vom Stamme der Brulé, die sehr genau den Vertrag eingehalten hatten. Die Amerikaner drangen in das Dorf ein und eröffneten das Feuer. Das erste Opfer des heimtückischen Überfalls war jener Häuptling, den die Amerikaner selbst zum Repräsentanten aller Sioux gemacht hatten.

Die Brulé, die die erste Welle des überraschenden Angriffs überlebt hatten, gingen bald zum Gegenangriff über. Nach mehrstündigem Gefecht hatten sie die gesamte amerikanische Abteilung völlig zerschlagen, nur ein Soldat konnte fliehen. Er erreichte verwundet Fort Laramie und konnte vor seinem Tod noch berichten, was geschehen war.

Red Cloud

Der Überfall auf das friedliche Brulé-Dorf löste bei allen Dakota-Stämmen Empörung aus. Anfangs griffen nur einzelne Stämme oder kleinere Gruppen in den Kampf ein. In den Kämpfen zeichnete sich der Häuptling Spotted Tail aus, der später sogar erreichte, daß die amerikanischen Bergbaugesellschaften zu einer Strafe in einer damals noch nie dagewesenen Höhe verurteilt wurden – zu 17 Millionen Dollar! Die Brulé erhielten natürlich das Geld nie.

An der Seite von Spotted Tail kämpfte ein sehr junger Oglala, der am White River aufgewachsen war und sich dann in den Kämpfen hervortat, der spätere Häuptling Crazy Horse.

Aber die Brulé waren überwunden, noch bevor sich die «sieben Ratsfeuer» der Dakota – so bezeichnete sich die lockere Allianz – für ein gemeinsames Handeln und gemeinsamen Kampf entscheiden konnten. Den ersten Versuch, alle Dakota-Krieger zu sammeln, unternahmen die Oglala, die vom Häuptling Red Cloud geführt wurden.

Es gab drei Gründe, die Red Cloud bewogen, den Kampf aufzunehmen: der Alkohol, die Eisenbahn und die Büffel. Der Vater von Red Cloud war nach dem Genuß einer großen Menge Whisky wahnsinnig geworden und danach gestorben. Das Feuerwasser, wie die Indianer den Alkohol nannten, war eine der Hauptwaffen der Amerikaner, die ihnen half, die Indianer zu betrügen, und es war zugleich das beste, billigste und verlockendste Zahlungsmittel der Pelzhändler.

Die Vorstellung, daß die Indianer vor der ersten Begegnung mit den Europäern alkoholische Getränke überhaupt nicht gekannt hätten, ist unrichtig. Die Azteken und einige andere Indianerstämme haben auch schon vor Kolumbus das Geheimnis der Erzeugung von alkoholischen Getränken beherrscht. Der Genuß von Alkohol war aber nur zu den religiösen Feierlichkeiten gestattet. Erst als die Europäer ins Land kamen, begannen die Indianer zu trinken. Deshalb wollte Red Cloud nicht nur alle Ansiedler vertreiben, sondern auch alle Händler, die den Indianern Whisky für Pelze gaben.

Vorläufig dachten jedoch die Amerikaner gar nicht daran, aus ihren weitreichenden Plänen das Land der Dakota zu streichen. Obwohl es durch die kriegerischen und ihre Tapferkeit häufig unter Beweis stellenden Indianer relativ gut geschützt wurde, beschloß die Regierung, quer durch das Land der Oglala eine Eisenbahnlinie zu bauen, die Fort Laramie mit den neu entdeckten Goldfundstätten in Montana verbinden sollte. Red Cloud befürchtete zu Recht, daß die Bahnlinie die Jagdgründe für jenes Wild trennen würde, das die Hauptquelle für Nahrung und Leder bildete, die Büffel, und daß dadurch am Ende diese Tiere aus dem ganzen Stammesgebiet vertrieben werden könnten. Die Sicherung der Hauptnahrungsquelle war einer der Hauptgründe für den Eintritt der Oglala in den Kampf.

Die erste kontinentale Eisenbahnlinie wurde 1869 vollendet. Auf den ersten abgeschlossenen Abschnitten der Union Pazific machten die Indianer buchstäblich Jagd auf die Lokomotiven. Sie überschütteten die Waggons mit einem Hagel von Pfeilen. Bald jedoch begriffen sie, daß sich die «rauchende Riesenschlange» nicht das geringste aus ihren Pfeilen machte. Und so lernten sie, mit wirksameren Mitteln gegen die Eisenbahn zu kämpfen. Gerade Red Cloud war es, der als erster eine Strategie des Kampfes gegen diesen Feind ausarbeitete. Das wirksamste Mittel war, die Züge zum Entgleisen zu bringen. An einigen Orten rissen die Oglala einige Dutzend Meter Gleise eines vollendeten Streckenabschnitts heraus, als die Arbeiter gerade mit dem Verlegen fertig waren, oder sie verbarrikadierten die Strecke mit schweren Baumstämmen und Felsbrocken.

Die Amerikaner hatten auf dem Gebiet der Oglala und ihrer Nachbarn, der Cheyenne, einige Forts errichtet, die wie Fort Laramie als Stützpunkt für das wei-

Areal der Festung Fort Union,
bei der die Assiniboin-Indianer
ihr Lager vorübergehend
aufgeschlagen
hatten

Baumgräber
der Assiniboin-Krieger

Der Indianer No-A-Pe, Angehöriger
des Stammes der Assiniboin.
Psi-De-Sa-Pa, ein Dakota-Indianer

Krieger der Assiniboin namens Pi-Ta-Ta-Pi-U,
bemerkenswert ist sein Schild

tere Vordringen in indianisches Land dienten. Die Oglala-Dakota brachten die Züge immer möglichst weit entfernt von diesen Forts zum Entgleisen, denn bevor überhaupt Hilfe eintreffen konnte, waren die Indianer schon längst wieder verschwunden.

Red Cloud suchte den Kampf nicht um jeden Preis. Er wollte zuerst den Gegner schwächen. Und dabei geschah es auch zum erstenmal in der Geschichte des indianischen Freiheitskampfes, daß es die Indianer schafften, die Ungeduld, ihre eigene größte Schwäche, zu überwinden. In der Vergangenheit hatten sie die Kämpfe meist deshalb verloren, weil ihnen die Belagerung eines Forts völlig fremd war. Red Cloud bereitete deshalb – wie vor ihm nur Pontiac – seine Kämpfer bewußt auf eine solche Kampfesweise vor; er wußte, daß sie unerläßlich sein würde, wenn die Sioux sich der einzelnen Forts bemächtigen wollten.

Red Cloud gewann eine wertvolle Hilfe durch einige hundert Cheyenne-Krieger. Diesen Zustrom hatte eine der grausamsten Ausschreitungen der Amerikaner in ihrem Vernichtungsfeldzug hervorgerufen. Am 29. Dezember 1864 überfiel ein Regiment amerikanischer Soldaten überraschend ein Dorf der Cheyenne, die immer noch den Vertrag mit den Amerikanern einhielten. Ohne jede Ursache töteten sie Hunderte von Männern, Frauen und Kindern und zogen dann zurück zum Fort Laramie.

Dieser unfaßbare Massenmord rief den gleichen Widerhall hervor wie seinerzeit der Überfall auf das Brulé-Dorf. Die Cheyenne nahmen den Kampf auf und schlossen sich den Kriegerabteilungen der Sioux an.

Die vereinte Streitmacht vernichtete eine Eisenbahnstation nach der anderen, zerstörte die bereits fertigen Abschnitte der Telegrafenleitung und wagte sogar einen Angriff auf die erste Stadt an der Grenze des Sioux-Landes, auf Julesburg. Sechstausend Indianer attackierten die Stadt zweimal, bevor sie sie einnehmen konnten.

Danach trennten sich die Sioux und die Cheyenne für einige Monate, um zur alljährlichen Büffeljagd in die Prärie zurückzukehren. Die Amerikaner nutzten diese Pause und entsandten 1865 einige Regimenter in die Grenzregion.

Aus Fort Laramie, dem Ausgangspunkt aller Eroberungszüge in den nördlichen Teilen des «Wilden Westens», rückte eine starke, gutbewaffnete Streitmacht aus, die von den indianischen Hauptfeinden der Sioux, Spurenlesern vom Stamme der Pawnee, geführt wurde. Die Soldaten hatten den Befehl, quer durch ganz Wyoming, in dem die Hauptjagdgründe der Oglala lagen, in den Nordwesten von Montana zu marschieren. Hierher, in das goldfündige Montana, sollte die Bahnlinie führen.

Die «Expedition» sollte für Fuhrwerke, Reiter und Fußgänger eine Straße bauen, die bereits vor Jahren markiert worden war. Zu den zwei Hauptwegen, dem Oregon Trail und dem Santa Fe Trail, kam nun der Bozeman Trail. Die Eisenbahnstrecke und der Bozeman Trail sollten die Forts sichern, die im nördlichen Wyoming die gleiche Aufgabe haben würden wie Fort Laramie.

Ein neues Fort, Phil Kearny, befand sich zwischen der Eisenbahn und der Straße. Am Ende der Eisenbahnstrecke und der Straße in Montana wurde Fort C. F. Smith errichtet.

Der Kommandeur der Expedition meldete voreilig, daß Straße und Eisenbahnlinie abgesichert seien. Die Sioux hatten inzwischen die Büffeljagd beendet. Nachdem die Oglala so wie in jedem Jahr ihren rituellen Sonnentanz beendet hatten, faßte Red Cloud den Plan, die beiden soeben erbauten Forts zu zerstören, damit die Sioux wieder ihr Land beherrschen konnten. Die strenge Ausbildung, Ausdauer im Kampf, die Kunst, ein feindliches Fort zu belagern, die Red Cloud die Sioux- und Cheyenne-Krieger gelehrt hatte, zahlten sich nun im Kampf aus. Red Cloud ließ zuerst Fort Phil Kearny angreifen. Die Besatzung schlug jedoch den ersten Angriff verhältnismäßig leicht ab.

Bald aber wendete sich das Blatt. Aus dem Fort ritt eine starke Kavallerieabteilung aus, die unmittelbar auf der Prärie vor den Toren die angreifenden Dakota zurückschlagen sollte. Aber Red Cloud führte seine Krieger rechtzeitig weg von den Palisaden und griff dann in einem ihm geeigneter erscheinenden Gebiet die Kavallerieabteilung an und vernichtete sie.

Darauf eröffneten die Sioux die Belagerung von Fort Phil Kearny, und sie isolierten die Besatzung völlig von der Außenwelt. Sobald die Soldaten versuchten, einen Fuß aus dem Fort zu setzen, wurden sie von den Pfeilen und Tomahawks der Indianer erwartet. Die Gefechte vor den Toren endeten allerdings nicht immer mit einem Sieg der Indianer. Bekannt ist zum Beispiel das sogenannte Wagon Box Fight, bei der die Besatzung von Fort Phil Kearny die Holzfäller durch einen Ring von Wagen auf der Fahrt zum Holzeinschlag schützte. Bei diesem Angriff fielen einige Oglala; die Indianer vermochten den Amerikanern nur Pferde und Maultiere abzujagen. Insgesamt gelang es den Indianern unter Red Cloud jedoch durch die Belagerung, die Besatzung zu lähmen und dadurch sowohl den Verkehr auf den Bozeman Trail als auch die Eisenbahnlinie zu unterbrechen.

Im Frühling des nächsten Jahres schickte Red Cloud einen Teil seiner Indianer auch gegen Fort C. F. Smith, mit dem das andere Ende der Eisenbahnlinie und der Straße gesichert wurde. Dieses Fort hielt den Angriffen der Sioux nicht stand.

Der Kampf unter der Führung des Häuptlings Red Cloud endete mit einem vollständigen Sieg. Der weitblickende Häuptling hatte jedoch ein höheres Ziel. Er wollte, daß sein Sieg und die Kapitulation des Gegners auch in den Bedingungen eines Friedensvertrages Ausdruck fänden.

Die Gegner entsprachen nach komplizierten Verhandlungen allen seinen Forderungen. Sie verpflichteten sich, alle drei Forts abzureißen, deren Bau sie so viel gekostet hatte, und außerdem wollten sie das ganze Gebiet am Powder River und am Big Horn im nördlichen und im mittleren Wyoming räumen und es den Sioux und Cheyenne als deren unberührbares Stammesterritorium überlassen. Als letztes verpflichteten sie sich, den Bozeman Trail nicht mehr zu benutzen.

So hatten Red Cloud und seine Krieger gesiegt. Den ehrenhaften Frieden, den der Häuptling errungen hatte, hielten seine Indianer getreulich ein, auch dann noch, als alle übrigen Dakota-Stämme erneut den Kampf aufnahmen und Sitting Bull alle Sioux zum gemeinsamen Kampf aufgerufen hatte.

Gold im Lande der Sioux

Der Sieg Red Clouds war durch den 1868 in Fort Laramie geschlossenen Vertrag besiegelt worden, besiegelt durch einen Friedensvertrag, dessen Bedingungen zum erstenmal in der Geschichte Nordamerikas den Amerikanern von den Indianern gestellt wurden. Eine der wichtigsten Verpflichtungen war, daß die Amerikaner niemals ihren Fuß in das ausgedehnte Gebiet nördlich von Fort Laramie setzten. Dort erhoben sich nämlich die «Schwarzen Berge», die geliebten und verehrten Berge der Sioux, die Black Hills.

Diese Berge hätten «Goldene Berge» heißen müssen. Aber die Siouxstämme interessierten sich gar nicht für das Gold.

Die amerikanischen Trapper, die auch nach dem Friedensvertrag des öfteren dieses für sie verbotene Gebiet betraten, ohne auf den Widerstand der dort lebenden Indianer zu stoßen, entdeckten Gold in den Black Hills. Die unzugänglichen Berge gehörten zwar laut dem erst fünf Jahre alten Vertrag ausschließlich den Indianern; wer aber würde schon auf einen Vertrag Rücksicht nehmen, da doch in den Bergen dem Hörensagen nach ganze Goldklumpen zu finden waren? Das goldfündige Montana war mit einem Schlage vergessen. Abenteurer, Veteranen des Bürgerkrieges – alle machten sich auf in die Schwarzen Berge.

Die Black Hills waren jedoch für die Sioux der heiligste Teil ihres Stammesgebietes, sie nannten sie Paha Sapa. Hier befand sich nämlich die «Höhle der Winde», aus der der Sage nach einst der legendäre Wakan Tanka, der «Herr des Lebens», die Büffel auf die Prärie geschickt hatte, damit sich seine Kinder, die Prärie-Indianer, ernähren können und Kleidung und Schuhwerk haben. Und nicht nur die Sioux, sondern auch alle anderen Präriestämme hielten die Black Hills für die Geburtsstätte der Büffel und für ihr gemeinsames, unantastbares Heiligtum. Und jetzt wollten sich dort die Amerikaner einschleichen und das Heiligtum schänden! Die Black Hills würden die Prärie-Indianer niemals verkaufen.

Die amerikanische Regierung schickte zur Erforschung der Black Hills eine militärische Expedition aus, die die vortrefflichste Abteilung darstellte, über die die Armee verfügte. Es sollte festgestellt werden, ob man den Berichten von Trappern

Krieger auf Pferden
(Zeichnung: Karl Bodmer)

Das Innere einer Hütte
der Mandan-Indianer

Bemalte Bisonhaut mit der Darstellung
indianischer Krieger
(Zeichnung: Karl Bodmer)

Opfersäulen der Mandan

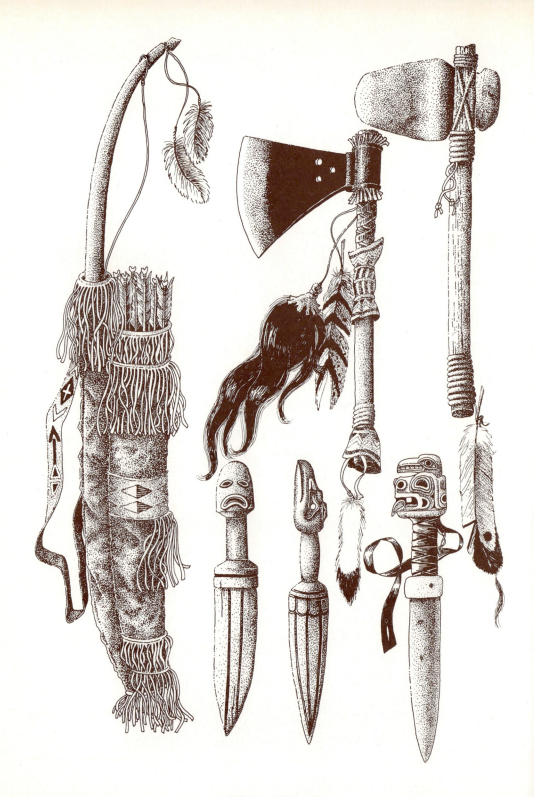

Waffen der Prärie-Indianer

Mit Pfeil und Bogen bewaffneter
Mandan-Indianer

Häuptling der
Mönnitarri-Indianer

Mönnitarri-Indianer Pe-Ris-Ka-Ru-Pa.
In der Hand hält er ein Kalumet,
die Friedenspfeife

Ma-To-To-Pa,
Häuptling der Mandan.

Ma-To-To-Pa, mit den Kennzeichen
seiner in den Kriegen
vollbrachten Taten geschmückt

über den riesigen Goldreichtum in den «Schwarzen Bergen» Glauben schenken konnte. Deshalb beteiligten sich an der Expedition auch Wissenschaftler, Geologen und Mineralogen, auch der Dekan der Bergakademie von New York. Mehr als tausend Reiter machten sich auf den Weg. Das Kommando führte General Custer, der der «Junge mit den goldenen Locken» genannt und als Held des Bürgerkrieges gefeiert wurde. Tatsächlich war Custer ein ruhmgieriger Karrierist, der ohne die geringste Rücksicht auf der Leiter des Erfolgs aufwärts stieg. Custer wurde zum Hauptgegenspieler der Indianer in dem großen Kampf zwischen den vereinten Sioux-Stämmen und den Amerikanern, den sein Zug zu den heiligen Bergen der Indianer geradezu provozierte.

Wer war eigentlich dieser Custer? – Mit siebzehn Jahren besuchte er die bedeutendste Offiziersschule der USA. Als er neunzehn war, begann der Bürgerkrieg, und als Leutnant ging er in den Kampf. Er nahm an den großen Schlachten des Bürgerkriegs als Adjutant des Kommandeurs der Kavallerie der Nordstaaten teil und verdiente sich seine ersten «Lorbeeren».

Nach dem Ende des Bürgerkrieges suchte der nach weiterem Ruhm dürstende Custer andere Möglichkeiten des Erfolgs. So bot er der Regierung Mexikos seine Dienste an, wurde aber abgewiesen. Bald aber ergab sich für Custer eine vielversprechende Gelegenheit im eigenen Land: Jenseits des Mississippi gehörte immer noch so viel Land den Indianern. Für Männer wie ihn sicher ein Kinderspiel, das Gebiet zu erobern, glaubte er. Vielleicht konnte er sogar den Einzug ins Weiße Haus erringen!

Als Custer mit seiner großen Abteilung und mit den Wissenschaftlern ausritt, war er im Kampf gegen die Indianer nicht mehr unerfahren. Schon mehrfach hatte er gegen Indianer gekämpft und sich dabei zweifelhaften Ruhm erworben. Waren doch seine «Gegner» oftmals Frauen und Kinder. Seinen größten «Sieg» errang er an dem kleinen Flüßchen Washita. Dort lagerte, gemäß einer mit den Amerikanern getroffenen Abmachung, eine Abteilung der Cheyenne unter dem Häuptling Black Kettle. Die Cheyenne hatten die heranreitende Kavallerie Custers freundschaftlich begrüßt. Kaum aber hatten sich die «Blauröcke» bis auf Schußweite dem Dorf genähert, überschütteten sie die Cheyennetipis mit einem Kugelregen.

Der Mehrheit der Indianer gelang es, zu fliehen und sich in den nahen Wäldern zu verbergen. Im Dorf waren aber mehr als tausend Pferde zurückgeblieben. Und das Pferd diente den Indianern bei der Büffeljagd. Custer handelte nach dem berüchtigten Leitsatz aller Feinde der Indianer: Leichter, als eine viertel Million Prärie-Indianer zu erschlagen ist es, sie von der Hauptquelle ihrer Ernährung zu trennen, von den Büffeln. Jeder der Feinde der Indianer hatte das auf andere Art getan. Buffalo Bill tötete mit seiner Truppe zehntausend Büffel mit Schnellfeuergewehren. Diese Methode erwies sich später im Krieg gegen die Präriestämme als die wirksamste. Custer ließ alle Pferde der Prärie-Indianer abschlachten, deren er hier habhaft werden konnte. Er befahl den Kavalleristen, alle Pferde einzufangen und sie am Rande des verlassenen Cheyenne-Dorfes einzupferchen. Dann schaute er zu, wie diese Pferde, eines nach dem anderen, vor seinen Augen getötet wurden. Diesen Sieg über tausend Cheyenne-Pferde beobachteten aber außer dem General auch die in den Wäldern verborgenen Indianer.

Die Massenabschlachtung der Pferde war der bislang größte «Sieg» Custers gegen die Indianer. Seine Gönner sorgten jedoch dafür, daß dieses Ereignis am Washita als einer der bedeutendsten Siege der amerikanischen Armee gefeiert wurde!

Und jetzt zog also Custer an der Spitze der über tausend Mann erneut durch das Land der Indianer. Die Augen, die ihn beobachtet hatten, als er die Pferde abschlachten ließ, verfolgten ihn jetzt mit großem Haß.

In den heiligen Schwarzen Bergen

Custers Expedition in die Schwarzen Berge dauerte nur wenige Tage. Er kehrte bald wieder an den Ausgangsort aller Aktionen der amerikanischen Truppen zurück, nach Fort Abraham Lincoln, das in der Nähe der Stadt Bismarck lag.

Custer schickte nach der Rückkehr von der Expedition Berichte über den ungeheuren Goldreichtum der Black Hills nach Washington, in denen er mehrmals wiederholte, daß dort riesige Mengen des begehrten Edelmetalls lagern und es deshalb angebracht sei, den Indianern dieses Gebiet wegzunehmen.

Die Black Hills und die umliegenden Gebiete, die heute zu den Bundesstaaten Wyoming, Montana sowie North und South Dakota gehören, wurden von verschiedenen Stämmen der siouanischen Sprachfamilie bewohnt. Nach dem Vertrag von Laramie war «es keinem Weißen oder den Weißen überhaupt erlaubt, sich dort niederzulassen oder es zu okkupieren», ein Gebiet also, das den noch in Freiheit lebenden Prärieindianern verbleiben sollte, «solange das Gras wächst». Durch diese eigenwillige Formulierung wurden den Indianern für immer die Herrschaft über das Gebiet nördlich des Flusses North Platte verbürgt. Das war das wichtigste Ereignis des Sieges von Häuptling Red Cloud gewesen.

Seit der Unterzeichnung des Vertrages von Laramie waren erst sechs Jahre vergangen, aber Custer nahm keinerlei Rücksicht auf dieses Abkommen mit den «Wilden». Und die Abenteurer, die seiner Armee folgten, schon gar nicht. In hellen Scharen strömten sie in die den Prärie-Indianern als heilig geltenden Berge.

Für die Goldsucher hatte der Vertrag von Laramie keine Gültigkeit. Bald gründeten sie sogar die erste Stadt in den Black Hills. Diesem Sammelpunkt von Raufbolden, Falschspielern und Dieben gaben sie den Namen dessen, der ihnen den

Weg zur Ausraubung der Berge geebnet hatte – Custer City. Die Indianer verschonten aber erstaunlicherweise bis dahin sowohl die Stadt als auch Custers Landsleute.

Die Goldgräber stellten den ersten vorgeschobenen Posten der amerikanischen Eroberer in dem Sioux-Gebiet dar. Nicht für lange blieben sie die einzigen, die Interesse an den goldfündigen Paha Sapa bekundeten. Custers Berichte und das Fachgutachten eines Geologen überzeugten die amerikanische Regierung, dieses Land den Sioux abzunehmen, obwohl sie sich erst sechs Jahre zuvor verpflichtet hatten, es den Indianern zu belassen. Die Regierung lud deshalb im Frühjahr 1875 den Sieger von Fort Laramie, den Häuptling Red Cloud, nach Washington ein. Der Häuptling lehnte jedoch jede Verhandlung über die heiligen Berge ab und kehrte sofort nach Hause zurück.

Die Amerikaner gaben ihre Pläne aber nicht auf. Im September desselben Jahres erschien eine offizielle Delegation bei den Indianern und forderte sie erneut auf, die Schwarzen Berge zu verkaufen. Zu den Verhandlungen mit dieser uneingeladenen Delegation versammelten sich schließlich etwa zwanzigtausend Angehörige der einzelnen Sioux-Stämme.

Die Autorität von Red Cloud trug wesentlich dazu bei, die Unterhändler vor dem Zorn der versammelten Indianer zu schützen. In der Absicht, die Verhandlungen erst abzubrechen, wenn sie schon in Gang gekommen waren, damit die Gäste die Sioux nicht beschuldigen könnten, sie hätten überhaupt nicht mit ihnen verhandeln wollen, wählte Red Cloud eine besondere Taktik: Er setzte sich mit der Delegation an einen Tisch, drückte die Bereitschaft der Sioux aus, die Black Hills abzutreten, natürlich für einen anständigen Preis, für sechshundert Millionen Dollar. Sechshundert Millionen! Die Niederländer hatten einst den Indianern das Gebiet von New York für vierundzwanzig Dollar abgekauft! Red Cloud forderte sechshundert Millionen und außerdem vollständige Bekleidung für sieben aufeinanderfolgende Generationen von Sioux. Was für eine Anmaßung der Indianer!

Die Amerikaner boten den Dakota genau ein Sechstel der geforderten Summe an. So endete die Verhandlung, wie Red Cloud es beabsichtigt hatte, mit einem völligen Mißerfolg.

Red Cloud hatte sich aber in einem wesentlichen Punkt geirrt. Er glaubte offenbar, daß der Vertrag von Laramie weiterhin gelten würde, auch wenn die neuen Verhandlungen scheiterten, daß also die Amerikaner ihre sechshundert Millionen behielten und die Indianer ihre heiligen Berge, also alles beim alten bliebe.

Die Goldgräber dachten jedoch gar nicht daran, die Schwarzen Berge zu verlassen. Im Gegenteil, Custer und sein Kavallerieregiment rückten erneut aus, um den Goldgräbern zu folgen. Die Amerikaner hatten nämlich beschlossen, das, was ihnen die Indianer nicht gegen Dollar verkaufen wollten, mit Hilfe ihrer Armee umsonst an sich zu reißen.

Die zuständigen Behörden für indianische Angelegenheiten befahlen den Sioux, das Gebiet zwischen den Schwarzen Bergen und dem Fluß Big Horn zu räumen.

Zugleich verpflichteten sie die Indianer am 3. Dezember 1875, bis zum Ende des nächsten Monats – es war ein strenger Winter – in die Reservationen umzusiedeln, die ihnen am oberen Missouri zugewiesen worden waren. Und weil es offensichtlich war, daß die Indianer nicht freiwillig das Land verlassen würden, bereiteten die Amerikaner einen neuen Feldzug gegen die Sioux-Stämme vor, wieder unter der Führung von Custer.

Für diesen Feldzug waren Truppen aus den gesamten USA vorgesehen. In Bismarck, der letzten amerikanischen Stadt an der Grenze zum Sioux-Gebiet, wurden die Truppen zusammengezogen. Den Befehl über diese Kräfte führten Offiziere, die Custer übergeordnet waren. Den Plan des größten Feldzugs gegen die Indianer in der bisherigen Geschichte von Nordamerika hatte der Oberbefehlshaber der amerikanischen Streitkräfte persönlich ausgearbeitet. Er setzte drei starke, gutbewaffnete militärische Gruppierungen gegen die Sioux ein. Die erste wurde von General Gibbon geführt. Sie sollte von Norden angreifen. Als Ausgangspunkt seiner beiden Gruppen wurden Fort Shaw und Fort Ellis in Montana bestimmt, sie sollten in südöstlicher Richtung längs des Yellowstone River vorrücken.

Von Süden her sollte Brigadegeneral Crook seine Truppen am North Plate River den Sioux entgegenführen. Und als dritter würde Custer den Hauptschlag in westlicher Richtung direkt ins Herz des Sioux-Landes ausführen. Insgesamt wurde nach diesem Plan eine riesige Falle für die Indianer gestellt, eine Einschließung vorbereitet, aus der kein Sioux entkommen sollte.

Crazy Horse

Die militärischen Vorbereitungen der gegen die Sioux aufgebotenen Truppen konnten den Indianern selbstverständlich nicht verborgen bleiben. Schon vorher hatte das Ultimatum, die Reservationen zu beziehen, bei allen Sioux-Stämmen Empörung ausgelöst.

Nicht alle waren jedoch entschlossen, den Kampf auf Leben und Tod aufzunehmen. Der Sieger des Jahres 1858, der Häuptling «Rote Wolke», rief seine Stammesbrüder auch jetzt zum Frieden auf. Er hatte bei seinem Aufenthalt in Washington die Welt der Amerikaner kennengelernt und glaubte nicht, daß die Indianer in einem entscheidenden Treffen gegen die Eroberer siegen könnten. Er unterwarf sich den Forderungen des Ultimatums.

Weit in der Mehrzahl waren jedoch diejenigen, die lieber den Kampf als den Rückzug wählten. Der Sohn der «Roten Wolke» beschuldigte seinen Vater der Feigheit, entriß ihm die Büchse, die man ihm bei seinem Washington-Besuch ge-

Bisontanz der Mandan
vor der Hütte ihres Medizinmannes

Sioux-Dakota-Indianer,
gezeichnet von Karl Bodmer

Siouxfrau
(19. Jahrhundert)

Der Führer der vereinigten Indianerabteilungen Sitting Bull. Im Hintergrund die Black Hills, um deren Besitz die Indianer lange kämpften

schenkt hatte, und schwor, daß er gerade mit dieser Waffe jeden Amerikaner töten werde, der es wagen sollte, das Land hinter den Pa Sapa zu betreten.

Die Amerikaner waren jedoch schon unterwegs. Als Vorausabteilung des 7. Kavallerieregiments brach aus dem Süden eine Reiterkolonne unter der Führung von Crooks Stellvertreter Reynolds auf, der seine Soldaten längs des Powder River führte. Hier entdeckten die indianischen Späher, die vor den Truppen ritten, bald ein ausgedehntes, einige tausend Tipis zählendes Indianerdorf. Es wurde von den Oglala des Häuptlings «Rasendes Pferd» bewohnt.

Reynolds gelang es, seine Einheit völlig unbemerkt an das Dorf heranzuführen. Er glaubte, beide Aufgaben erfüllen zu können, zuerst der indianischen Pferde habhaft zu werden, die unter der Obhut einiger Indianerjungen außerhalb des Dorfes weideten, und dann die Indianer im Dorf aus dem Hinterhalt zu überfallen und niederzumachen. Die Soldaten schlichen sich von mehreren Seiten an die weidenden Pferdeherden heran, nahmen die jungen Hirten gefangen, fesselten sie und bemächtigten sich der Pferde. Der jüngste der gefangenen Hirten sollte nach Reynolds' Plan die Soldaten schnurstracks zum Dorf des «Rasenden Pferdes» führen. Der Kommandeur befahl, ihm die Fesseln zu lösen. Kaum hatten ihm jedoch die Soldaten den Knebel aus dem Mund genommen, schrie der Junge, so laut er nur konnte. Und es war der traditionelle Warnruf der Sioux: «Achtung, der Feind naht!»

Der Mut dieses Jungen rettete die Bewohner des Dorfes. Noch bevor die amerikanischen Soldaten bis zum Dorf gelangt waren, hatten es die Oglala verlassen, und so besetzten am Ende die Soldaten nur die leeren Tipis. Sie begannen zu plündern und steckten einige Zelte an.

Da aber wendete sich bereits das Blatt. Der Häuptling «Rasendes Pferd» hatte die Sioux binnen kurzer Zeit gesammelt, und bald darauf näherten sich die Oglala von drei Seiten wieder ihrem besetzten Dorf. Das war eine eigenartige Situation: Die Indianer versuchten ihr eigenes Dorf zu erobern, und die Amerikaner verteidigten es. Nicht lange allerdings. Einige Dutzend Soldaten wurden von den Pfeilen der Indianer getroffen. Außerdem brachten die Tipis den Soldaten den Tod. In mehreren Behausungen hatten nämlich die Indianer Schießpulver gelagert. So explodierte ein Zelt nach dem anderen, und von dem Leder, mit dem die Zeltstangen bedeckt waren, sprangen die Flammen auf die Uniformen über.

Die Soldaten mußten die Flucht ergreifen, solange noch Zeit dazu war. Das war nicht schwer, denn die Indianer hatten ja schließlich keine Pferde mehr. Aber auch die holte sich Crazy Horse in der Nacht darauf zurück. Der Rest von Reynolds' Einheit floh etwa 10 Meilen am Powder River entlang, dann machten sie halt, um zu biwakieren. Die Oglala holten die Soldaten in einem nächtlichen Marsch ein und trieben alle ihre Pferde zurück ins Dorf.

Inzwischen ritt Crook mit frischen Kräften nach Süden Reynold's entgegen, und so bewahrte er Reynolds' Truppe vor einem neuen Angriff der Indianer. Gemeinsam flüchteten sie.

Der Sieg der Dakota unter der Führung von Crazy Horse hatte weitreichende Folgen. Die Südgruppe war geschlagen worden, bevor sie den Big Horn River überhaupt erreicht hatte, wo die den Sioux zugedachte Falle zuschnappen sollte.

Eine Reihe von Offizieren kam ins Militärgefängnis.

Der Sieg in dieser unerwarteten Schlacht stärkte das Selbstbewußtsein der Sioux und überzeugte sie, daß Red Cloud und alle diejenigen Stammesbrüder nicht recht gehabt hatten, die behaupteten, die Amerikaner seien unbesiegbar. Zugleich wuchs durch diesen Sieg die Autorität des Häuptlings Crazy Horse beträchtlich, und viele Sioux sahen in ihm den obersten Häuptling der verbündeten Dakota-Stämme.

Crazy Horse hätte tatsächlich zu Recht der oberste militärische Führer der Dakota werden können. Seit frühester Jugend – er war im Jahre 1844 geboren – hatte er an allen Feldzügen der Oglala teilgenommen, zuerst gegen die indianischen Feinde, den Stamm der Hidatsa, und hatte sich später in dem denkwürdigen Kampf von Red Cloud gegen den Bozeman Trail als Held ausgezeichnet. Er hatte sich in dem sogenannten Fetterman-Gefecht bewährt und bei den wiederholten Angriffen der Oglala auf Fort Kearny. Und jetzt, da sich viele Oglala von Red Cloud abwandten, gab es in dem ganzen Stamm nur einen, der den kaum dreißigjährigen Häuptling Crazy Horse an Kampferfahrungen, an militärischen Fähigkeiten und an Autorität als Befehlshaber übertraf, den die Dakota in dieser für ihre Geschichte so entscheidenden Zeit ebenso wie Crazy Horse liebten und achteten – Sitting Bull, dessen indianischer Name Tatanka Yotanka lautete.

Sitting Bull

Sitting Bull vereinigte die meisten Dakota-Stämme in dieser Schlüsselsituation in der Geschichte der Sioux. Er war ein geschickter Führer seines Volkes, ein großer Patriot und wurde auch geachtet als indianischer Prophet.

Sitting Bull wurde 1834 im Lager der Hunkpapa, eines Stammes der Sioux, geboren. Schon als Zehnjähriger war er bereits als Jäger von jungen Büffeln bekannt; mit 14 Jahren nahm er zum erstenmal an einem Feldzug seines Stammes gegen die Crow teil. Danach kämpfte er in mehr als zwanzig Gefechten. Als er erwachsen war, eignete er sich naturwissenschaftliche Kenntnisse an und wurde ein guter Medizinmann. Er lernte heilkräftige Arzneien zuzubereiten und konnte den großen Wakan Tanka anrufen, er zeichnete sich jedoch auch als Diplomat bei den verschiedenen Verhandlungen mit Delegierten der amerikanischen Regierung aus.

Jetzt aber waren die diplomatischen Verhandlungen vorbei, begonnen hatte die Zeit des Kampfes. Tatanka Yotanka hatte als Häuptling der Hunkpapa und als

Medizinmann seines Stammes das Recht, alle Sioux zum Sonnentanz einzuladen. Dieses Mal wollte Sitting Bull bei diesem Ritual die Verteidigung der indianischen Heimaterde vorbereiten.

Tausende Sioux kamen an dem festgesetzten Ort zusammen. Bald wuchs hier eine Umfriedung empor, in deren Mitte ein hoher, die Sonne symbolisierender Pfahl aufragte. In diesem «Heiligtum» sollten alle geheimen Teile der Zeremonien des Sonnentanzes stattfinden. Und hier sollten sich nach dem Willen Sitting Bulls die besten Krieger und die bedeutendsten Häuptlinge einer Marterprüfung unterziehen, die sie für den Kampf stählen würde.

Es war Krieg. Und so rief Sitting Bull, noch bevor innerhalb der hölzernen Einfriedung die Medizinmänner den eigentlichen Sonnentanz eröffneten, die Häuptlinge der versammelten Stämme und Stammesgruppen zu einer Beratung zusammen. Erneut erinnerte er sie daran, welche Berichte über die Untaten der Amerikaner von allen Seiten gekommen waren, erinnerte daran, daß die ersten amerikanischen Truppen die Grenzen des Sioux-Landes bereits überschritten hatten. Er verschwieg nicht, daß Red Cloud, einstmals ein anerkannter Häuptling der verbündeten Dakota in den Zeiten des Kampfes um den Bozeman Trail, jetzt Verrat geübt hatte, als er dem Befehl Folge geleistet hatte, das Land der Väter zu verlassen. Sitting Bull war überzeugt, daß sich die Dakota für den bevorstehenden Kampf einen obersten Häuptling wählen müßten. In die engere Wahl fielen seiner Meinung nach Häuptling Gall aus dem Stamm Sitting Bulls sowie die Häuptlinge American Horse, Lame Deer, Two Moons, Little Wolf und selbstverständlich Crazy Horse.

Aber da wurde Sitting Bull gerade vom Häuptling Crazy Horse unterbrochen: «Nicht ich, sondern du, Tatanka Yotanka, sollst uns gegen die Weißen führen!» Die übrigen Häuptlinge stimmten dem Vorschlag zu. Und so fiel die Wahl einmütig auf Sitting Bull als neuer Kriegshäuptling. Der Häuptling der Hunkpapa hatte gesiegt.

Nach der Wahlzeremonie betraten, begleitet von dem monotonen Rhythmus der Trommel eines Medizinmannes, die Häuptlinge der Dakota und der mit ihnen verbündeten Stämme das Heiligtum. Sitting Bull zog ein Messer und schnitt von der Brust des ersten Tänzers, des Häuptlings Rain-in-the-Face, einen schmalen Streifen Haut heraus. Rain-in-the-Face begann zu tanzen, das Blut rann aus der offenen Wunde. Dann schloß der Medizinmann die kleine Wunde mit einem bereit gehaltenen Holzspänchen. Zu dem ersten Tänzer gesellten sich sogleich ein zweiter und ein dritter, und bald hatten alle Tänzer eine Wunde, auch Sitting Bull, der sie sich selbst beigebracht hatte. Er schnitt sich nach der Überlieferung genau hundert Streifen Haut aus seinem Körper und schloß dann selbst die Wunden mit kleinen Hölzchen.

Danach verneigte er sich vor der Sonne und begann den Tanz um den mit einem Büffelschädel geschmückten Pfahl. Mit diesem Tanz bat er um Hilfe und um ein göttliches Zeichen, aus dem er erfahren könnte, wie dieser Schicksalskampf der Sioux enden würde. Er tanzte 48 Stunden lang ohne Pause. Dann verlor er das Bewußtsein und erwachte erst nach einigen Stunden. Als ihm einer seiner nächsten Gefährten, Black Moon, aufhalf, sagte er, was er geträumt hatte: «Ich, o meine Brüder, habe im Traum hundert weiße Reiter gesehen. Verräter begleiteten die Soldaten, indianische Späher. Es waren viele Weiße. Zahllose. Aber ich habe gesehen, meine Brüder, wie sie alle bis zum letzten Mann im Kampfe gegen uns zugrunde gingen ...»

Am 14. Juni 1876 sagte Sitting Bull den Anmarsch zahlloser amerikanischer Reiter voraus. Nach nur elf Tagen kamen tatsächlich, geführt von indianischen Spähern, Hunderte Kavalleristen von Custers Regiment in das Tal des Little Big Horn River. An ihrer Spitze ritt auf einem prächtigen Pferd «Gelbhaar», wie die Indianer den verhaßten Custer nannten.

Seit jenem 17. März, als die Truppe die Grenzstadt Bismarck verlassen hatte, war sie bis hierher vorgedrungen. Der General war zuerst mit seiner ganzen Reiterei längs des Missouri vorgerückt, dann hatte er sie zum Little Missouri geführt, wo sie erst am 29. Mai anlangten. Während der ganzen Zeit hatten sie keine Spur irgendeiner Indianergruppe gefunden. Am Little Missouri wurde Custer von einem Kurier des Generals Gibbon eingeholt, der ihn informierte, daß auch nördlich des Yellowstone River keine Sioux anzutreffen seien. Zugleich beorderte Gibbon Custer zu einer wichtigen Beratung an der Mündung des Rosebud in den Yellowstone River.

Custer erreichte den angegebenen Ort früher, als festgesetzt worden war; wieder hatten sie keine Spur von Indianern gefunden. Bevor Custer hier mit den anderen Kommandeuren zusammentraf, schickte er seinen Stellvertreter, Major Reno, mit sechs Schwadronen nach Süden, immer längs des Powder River. Sie sollten den Oberlauf des Flusses erkunden, die Berge übersteigen, ins Tal des Tongue River hinabreiten und dann rechtzeitig nach Norden zurückkehren.

Reno, geführt von dem Dakota-Mischling Boyer, drang noch weiter vor, als Custer ihm aufgetragen hatte. Er fand als erster zahlreiche Spuren einer großen Gruppe der Sioux-Kräfte, die wahrscheinlich irgendwo am Little Big Horn River lagerten, einem östlichen Nebenfluß des Big Horn.

Diese Entdeckung bewog Reno zu Schlüssen, die auch Custer richtig zu sein schienen. Custer fand auf der Beratung allgemeine Zustimmung für seinen Vorschlag, Reno zu folgen, der mit seinen Schwadronen südlich des Yellowstone wartete. Danach sollte Custer seine Kavallerie zum Little Big Horn River führen, in das Gebiet, wo nach Renos Berichten die Hauptkräfte der Dakota und ihrer Verbündeten konzentriert sein mußten.

Dieser Kriegsrat war aus vielen Gründen von Bedeutung. Er fand auf einem Schiff statt, das einige Dutzend Kanonen an Bord hatte, die auch gegen die Indianer eingesetzt werden sollten. Auf dieser Beratung trug General Terry seinen Plan zur Vernichtung der Dakota vor. Custers Kavallerie sollte längs des Flusses Rosebud nach Süden ziehen, sich dann nach Westen wenden, die Berge überschreiten und ins Tal des Little Big Horn River hinabsteigen. Die Nordgruppierung unter General Gibbon sollte auf demselben Wege, den sie gekommen war, zurückmarschieren und Stellungen am Zusammenfluß des Big Horn River und des Yellowstone River beziehen. Das Kriegsschiff sollte den Truppen folgen, soweit das nur möglich war. Die dritte militärische Formation, die von Süden aus vorstoßen sollte, konnte am Kampf nicht teilnehmen, da ihr Crazy Horse am Powder River bekanntlich eine empfindliche Niederlage beigebracht hatte. Die Hauptoperationen sollten bereits in einigen Tagen beginnen. Custer, ehrgeizig und ruhmgierig, wollte wie immer der erste sein, damit ihm niemand den Sieg über die Dakota, von dem er sich für seine persönliche Karriere so viel versprach, streitig machen konnte. Auf dem Schiff kam es zu einem Streit, als Custer zur Verstärkung vier Schwadronen von Gibbon erhalten sollte. Custer sah darin eine Unterschätzung seiner Truppe und verließ voller Zorn das Schiff. Als er das Boot bestieg, das ihn ans Ufer bringen sollte, beugte sich Gibbon über die Reling des Schiffes und rief ihm warnend nach: «Überstürzen Sie nichts, Custer, warten Sie lieber auf uns!»

Custer jedoch wartete nicht. Noch in der darauffolgenden Nacht erteilte er den Befehl, den Abmarsch vorzubereiten. Jeder Kavallerist erhielt vierundzwanzig Schuß für die Pistolen und hundert Schuß Gewehrmunition, für jedes Pferd zwölf Pfund Hafer, für jeden Reiter wurden fünfzehn Tagesrationen ausgegeben.

Die Vorbereitungen waren rasch beendet, und die Kavallerie Custers war schon am nächsten Morgen bereit, sich von den übrigen Verbänden zu trennen und zum Little Big Horn aufzubrechen. Nach einem Ritt von drei Tagen erreichte General Custer die unmittelbare Nähe des Little Big Horn. Hier entdeckten die indianischen Späher vom Stamme der Absorka und der Arikari ein Dakota-Dorf. Sie vermuteten, daß dort ein Teil der Krieger von Sitting Bull versammelt sei und eine Beratung abhalte.

Custer beschloß, das Dorf aus der Bewegung heraus anzugreifen. Er teilte aus diesem Grunde die Kavallerie in drei verschieden große Abteilungen. Die zahlenmäßig stärkste Gruppe wollte Custer selbst führen, die zweite, kleinere Gruppe sein Stellvertreter Reno, die schwächste Gruppe schließlich Hauptmann Benteen.

Custer entwarf dann den Angriffsplan: Reno sollte mit seiner Gruppe über den Little Big Horn übersetzen und auf der linken Seite des Flusses vorrücken. Custer würde das Gros der Truppen möglichst unbemerkt am rechten Ufer vorwärts führen und – wenn Reno von rechts angreifen würde – im entscheidenden Augenblick von der anderen Seite in den Kampf eintreten, so daß die zahlenmäßig stärkste Gruppe die Indianer in der Einschließung vernichten konnte.

Am 25. Juni 1876 überquerten alle drei Schwadronen Renos den Fluß, ohne auf Widerstand zu stoßen, und rückten stromaufwärts zum Ausgangspunkt des Angriffs auf das Indianerdorf vor. Weder Custer noch Reno, auch nicht die indianischen Späher zweifelten daran, daß die Dakota, gegen die jetzt die bisher stärksten Kräfte zu Felde zogen, zurückweichen oder sich verteidigen würden, solange es ihnen das Gelände erlaubte. Daher ritten Renos Soldaten zum festgesetzten Ort

Reno war im höchsten Grade überrascht, als plötzlich die Erde von Hunderten Pferdehufen dröhnte und ihnen indianische Reiterei entgegensprengte.

Die Indianer hatten gegen Reno einen Teil ihrer Krieger geschickt. Sie wurden von Häuptling Gall geführt. Die indianischen Späher, die Reno begleiteten, begriffen als erste, was auf den Überraschungsangriff folgen würde. Sie überließen die Soldaten ihrem Schicksal und ergriffen die Flucht. Reno jedoch verlor nicht den Kopf, er wich zum Fluß zurück und bezog dort mit allen drei Schwadronen Stellung. Die Dakota richteten ihre Attacke genau auf die Mitte von Renos Abteilung, und es bestand die Gefahr, daß die Kavallerie in zwei Teile gespalten wurde.

Darüber hinaus brachten die Sioux, obwohl nur jeder vierte Indianer ein Gewehr besaß und die übrigen mit Pfeil und Bogen oder mit dem Tomahawk kämpften, bereits im Verlauf der ersten zehn Minuten des Angriffs den gut ausgerüsteten amerikanischen Soldaten beträchtliche Verluste bei. Im Gegensatz dazu bildeten die Indianer, die auf ihren relativ kleinen Mustangs sehr wendig waren, für Renos Soldaten ein nur schwer zu treffendes Ziel.

Die Lage der Amerikaner verschlechterte sich von Minute zu Minute. In höchster Eile schickte Reno einige Melder zu Custer, der mit der Hauptgruppe des Regiments unmittelbar hinter den Hängen am anderen Ufer des Flusses sein sollte. Es kam jedoch kein einziger berittener Melder durch. Und so blieb Reno am Ende nichts anderes übrig, als das gleiche zu tun, was zuvor die indianischen Späher getan hatten – zu fliehen.

Häuptling Gall und seine Krieger hatten inzwischen das Ufer erreicht. Die Amerikaner flohen durch eine Furt ans andere Ufer, wo sich Custer befinden sollte. Landeinwärts behinderte ein meterhohes Steilufer, das die Pferde nicht erklimmen konnten, die amerikanische Kavallerie. Die Soldaten mußten deshalb absitzen, und noch bevor sie mit ihren Pferden diese natürliche Barriere überwunden hatten, waren dreißig Mann gefallen.

Auf dem hochgelegenen Ufer sammelten sich die restlichen Soldaten. Sie waren entkräftet, hatten fast keine Munition mehr und warteten nun auf den nächsten Angriff der Indianer, dem sie nicht mehr zu trotzen imstande gewesen wären. Aber sie hatten Glück: Als Gall und Crazy Horse sahen, daß ihnen diese Gegner vorerst nicht mehr schaden konnten, ordneten sie den Rückzug an.

Der größte Sieg der Sioux

Der Rest der Truppe verschanzte sich für die Nacht auf einem Hügel. Custer war nicht aufzufinden. Die Soldaten Renos erspähten in der Ferne die Abteilung des

Hauptmanns Benteen. Benteens Abteilung hatten sich die Feinde der Sioux, die Crow des Häuptlings Half Yellow Face angeschlossen, die sich von Renos Soldaten abgesetzt hatten, als sie erkannten, wie der Kampf gegen die Dakota ausgehen würde.

Bis zu dieser Zeit besaß Benteen, der im Abstand von einigen Kilometern den beiden Einheiten gefolgt war, keinerlei Berichte über Renos vernichtende Niederlage. Die Dakota und ihre verbündeten Crow führten Benteen zu Reno, aber Benteen hatte diesen gar nicht gesucht, sondern vielmehr Custer, von dem er vor einer Stunde eine kurze Meldung erhalten hatte.

Als Reno die heranreitenden Soldaten erblickte, verließ er seine improvisierte Stellung und rief verzweifelt: «Um Gottes willen, Hauptmann, helfen Sie mir! Ich habe die Hälfte meiner Männer verloren!»

Bentees zwei Schwadronen vereinigten sich mit den kläglichen Resten von Renos Einheit; sie teilten mit ihnen Munition, Lebensmittel und Trinkwasser und bauten beschleunigt Stellungen aus. Es war größte Eile geboten. Und bereits einige Stunden später schickte Sitting Bull seine Krieger erneut gegen die amerikanischen Truppen. Diesmal jedoch vermochten die Soldaten dem Angriff standzuhalten.

Die Dakota belagerten Benteens und Renos Stellung noch zwei Tage. Dann trafen die anderen Soldaten zur Verstärkung der dezimierten Abteilung ein. Sie suchten eigentlich nicht Major Reno, sondern die Hauptgruppe des 7. Kavallerieregiments, die Soldaten Custers.

Kaum war Reno in Sichtweite, rief ihm der Oberbefehlshaber Terry zu: «Um Gottes willen, wo ist Custer?» Reno konnte ihm keine Antwort geben.

Custers Kavallerie existierte zu dieser Stunde nicht mehr. Alle Soldaten von Custers Hauptgruppe waren in der Schlacht am Little Big Horn River bis zum letzten Mann gefallen. Am 25. Juni 1876 hatten die Indianer an diesem Fluß ihren zweifellos berühmtesten Sieg in der Geschichte ihres Freiheitskampfes errungen. Weil sich keiner der Amerikaner und ihrer indianischen Späher retten konnte, können wir heute nicht mehr genau rekonstruieren, wie die Schlacht im einzelnen verlaufen ist. Wir wissen nur, daß sich noch vor dem eigentlichen Kampf vier Cheyenne-Krieger verdient gemacht haben.

Custer rückte nämlich weit von den Ufern des Little Big Horn entfernt vor, deshalb verlor er auch so rasch die Verbindung zu Reno. Er wollte sich dem Dorf Sitting Bulls unbeobachtet nähern und dann die Dakota mit einem blitzartigen Schlag angreifen. Die vorsichtig vorrückenden Kavalleristen wurden aber von vier Cheyenne entdeckt, einer kleinen, berittenen Streife, deren Anführer Short Taild Horse war.

Als Short Taild Horse die amerikanischen Soldaten erblickte, durchschaute er sofort Custers Absicht. Deshalb zauderten die Cheyenne keine Sekunde. Sie beschlossen, die Kavallerie zum Schein anzugreifen und dadurch Alarm im Lager der Dakota auszulösen, welches durch die Anwesenheit von Angehörigen verschiedener anderer verbündeter Stämme eine in der bisherigen Geschichte kaum bekannte Größenordnung aufwies. Sie stellten sich also hinter einem kleinen Hügel bereit, preschten vor den Augen der heranreitenden Soldaten vorbei und verschwanden hinter dem gegenüberliegenden Hügel. Die amerikanischen Soldaten taten genau das, was Short Tailed Horse angenommen hatte: Custer gab Befehl zum Absitzen und zur Kampfaufstellung. Und so «verteidigten» sich die Amerikaner, während die Cheyenne immer wieder aus einem Versteck auftauchten und «angriffen».

Die Schüsse der amerikanischen Soldaten lösten erwartungsgemäß im Indianerlager Alarm aus. Sitting Bull entsandte augenblicklich alle Krieger gegen die Angreifer; er hatte inzwischen auch erfahren, daß Renos Abteilung, die seine Krieger vor einigen Stunden vernichtet hatten, nur ein Teil der gegen ihn aufgebotenen Truppen war und daß ihre Hauptgruppe von den Kavalleristen gebildet wurden, die unter direktem Befehl Custers standen.

An der Spitze der angreifenden verbündeten Krieger standen die Häuptlinge Gall und Crazy Horse, die sich ja schon so oft in den Kämpfen hervorgetan hatten. Insgesamt setzten die Dakota und ihre Verbündeten in der Schlacht gegen die amerikanische Kavallerie unter Custer etwa fünftausend Krieger ein. Sitting Bull selbst beteiligte sich nicht an den bald mit großer Heftigkeit einsetzenden Kämpfen, sondern er ging in die Berge, um dort «einen mächtigen Zauber zu erwirken», der den Indianern den Sieg bringen sollte.

Durch den tapferen Scheinangriff der vier Cheyenne-Krieger, die für eine gewisse Zeit Custers Vormarsch gestoppt hatten, war aber der Ausgang des Kampfes bereits entschieden. Gegen die Kavallerie stießen zwei indianische Gruppen rasch über den Fluß vor. Die Dakota-Krieger waren auf dem linken Ufer des Little Big Horn versammelt gewesen. Zuerst griff Crazy Horse von Norden die weißen Soldaten frontal an. Custer, der zu dieser Zeit schon nahe am Ufer des Little Big Horn Rivers war, konnte den Fluß nicht mehr überqueren. Der heftige Angriff zwang ihn, den Rückzug vom Fluß zu befehlen, weiter nach Süden, auf die Hänge am Little Big Horn.

Inzwischen griff von der Flanke her eine zweite Indianerabteilung unter der Führung des Häuptlings Gall die zurückweichende Kavallerie an, und das hatte Custer nicht erwartet. Dieser zweite Angriff spaltete seine Truppe in zwei Teile. Die Indianer bildeten zwei Einschließungsringe, ritten im Kreise um die eingeschlossenen Soldaten und töteten ihre Gegner durch Pfeilschüsse und Tomahawkhiebe.

In diesem Kampf zeichneten sich besonders die Cheyenne-Krieger aus, die Custer den Überfall am Washita nicht vergessen hatten, ebenso die Abschlachtung aller ihrer Pferde. Aus persönlicher Eitelkeit hatte Custer zu seinem Feldzug, an dessen Erfolg er nicht die geringsten Zweifel hegte, seine gesamte männliche Verwandtschaft mitgenommen, seine beiden Brüder, einen Schwager und einen Neffen. Die Cheyenne kannten alle Mitglieder der Familie Custer von Angesicht. So

Indianersiedlung
am Little Big Horn River

Eine jener Festungen,
die in den Kriegen der Indianer
eine große Rolle spielten

Letzte Ruhestätte
gefallener Dakota-Indianer

fand einer der Brüder den Tod von der Hand eines Cheyenne-Kriegers, den dieser Offizier einmal in einem Fort hatte auspeitschen lassen.

Auch Custer fiel, der Mann, der die Allianz der zusammengeschlossenen Prärieindianer allein hatte vernichten wollen.

Von wessen Hand Custer fiel, ist nicht bekannt. Alle Berichte über diese Schlacht stützen sich auf spätere Erzählungen indianischer Teilnehmer der Schlacht am Little Big Horn River. Die einzelnen Schilderungen unterscheiden sich beträchtlich. Viele Sioux gaben später an, daß Custer von White Bull, dem Minne-Conjou-Krieger getötet worden sei. Er habe Custer vom Pferd gestoßen, und als sich der verwundete Custer mit seinem Revolver zur Wehr setzen wollte, habe ihm White Bull blitzschnell diese letzte Waffe entrissen und dann selbst aus unmittelbarer Nähe auf ihn geschossen. So könnte man sich auch die Schüsse erklären, die nachweisbar aus nächster Nähe abgegeben wurden. Einige Amerikaner, die die gefallenen Kavalleristen bestatteten, waren sogar zu dem Schluß gekommen, der General habe, als er erkannte, daß die Schlacht verloren sei und er das Schlachtfeld nicht lebend verlassen werde, Selbstmord begangen. Allerdings konnte diese Hypothese niemals glaubhaft bestätigt werden, so daß man sie wohl ins Reich der späterhin um diese Schlacht in Massen entstandenen Legenden einstufen kann.

Nachdem auch Custer gefallen war, versuchte der Rest der Soldaten, in einem Gegenangriff den Ring zu durchbrechen und sich noch weiter vom Fluß zurückzuziehen. Doch auch das rettete sie nicht vor dem Untergang. Am längsten lebte, den Berichten nach der Schlacht zufolge, der Hauptmann Koogh. Die Indianer glaubten offenbar, daß dieser letzte lebende Feind ihren Pfeilen deshalb so lange getrotzt hatte, weil er durch einen heiligen Zauber geschützt wäre.

Nach der Schlacht führte Sitting Bull die nur geringe Verluste beklagenden Indianer weiter nach Süden, damit sie hier ihren großen Sieg feiern konnten.

Nach dieser Niederlage wurde der Feldzug gegen die Dakota vorerst abgebrochen. Die Indianer hatten im Süden zuerst Reynolds geschlagen, dann einige Tage später Renos Gruppe aufgerieben und schließlich die meisten Soldaten des 7. Kavallerieregiments vernichtet.

Terry ließ Custer und alle übrigen aufgefundenen Soldaten begraben; auch der Leichnam einer Frau, der indianischen Geliebten Custers, wurde gefunden. Sie hatte ihm als Agentin gedient. Übrig blieb in der Schlacht nur ein Pferd, um das die Einwohner der Grenzstadt Bismarck dann einen besonderen Kult trieben.

Das Ende Sitting Bulls

Nach dem Rückzug der Truppen unter General Terry marschierten indes bald darauf frische amerikanische Regimenter zum Little Big Horn. Aber an der Stelle der Schlacht waren die Indianer längst nicht mehr zu finden. Die Sioux hatten sich nach ihrem großen Sieg wieder getrennt, zuerst in zwei Gruppen, die eine unter der Führung von Crazy Horse, um jetzt im Hochsommer die Büffel auf der Prärie jagen zu können. Nachdem die Indianer ausreichend Fleischvorräte angelegt hatten, führte Sitting Bull die Hunkpapa und einige weitere Dakota-Gruppen nach Norden.

Der indianische Sieg am Little Big Horn hatte die Pläne der Amerikaner zur Eroberung des Fernen Westens erheblich durcheinandergebracht. Aber Sitting Bull hatte begriffen, daß die Amerikaner wiederkommen würden. Deshalb beschloß er, mit seinen Leuten nach Kanada zu ziehen, wo den Stämmen, wie er mit Recht annahm, keine derartige Gefahr drohte.

Um die sich rasch ausbreitende Begeisterung unter den Indianern zu verhindern, wurden soviel Soldaten wie nie zuvor in den Westen verlegt. Schließlich gelang es dem Nachfolger Custers, Miles, die Abteilung von Sitting Bull in der Prärie aufzuspüren. Es kam zu Verhandlungen. Als Sitting Bull die Forderung ablehnte, mit seinen Leuten in die Reservation zu gehen, begannen die Amerikaner den Angriff vorzubereiten.

Die Indianer setzten jedoch die Prärie in Brand und eilten, geschützt von den hohen Flammen, weiter nach Norden.

Dort verbrachten die Dakota einige Jahre in Ruhe und Frieden; das galt besonders für die bei Sitting Bull verbliebenen Hunkpapa.

Die Dakota, die in den Vereinigten Staaten geblieben waren, und einige Cheyenne-Gruppen mußten gegen die Amerikaner noch eine Reihe kleinerer Gefechte bestehen. In einem Gefecht kam auch der Führer der letzten kämpfenden Dakota-Gruppen um, der Häuptling der Minniconjoux Lame Deer. Zur selben Zeit wurde auch Crazy Horse heimtückisch ermordet, einer der berühmtesten Helden der Indianer-Kriege, der Sieger über Reynolds am Powder River, Teilnehmer des Gefechts gegen Reno und einer der Führer der Schlacht am Little Big Horn River.

Nach dem Tod der Häuptlinge Lame Deer und Crazy Horse beendeten die Dakota, die auf dem Territorium der Vereinigten Staaten geblieben waren, den Kampf. Sie gingen in die Reservation.

Aber auch Sitting Bull konnte nicht lange getrennt von seiner Heimat leben.

Obwohl er früher die Aufforderung des Präsidenten der USA zurückzukehren abgelehnt hatte, die ihm in Kanada von General Terry überbracht worden war, verließ er nach vier Jahren aus freien Stücken Kanada, überschritt gemeinsam mit seinen getreuen Kriegern die Grenze und meldete sich im Juni 1880 in Fort Budford. Er ließ dem Kommandanten des Forts die Waffe, mit der er sich in vielen Kämpfen geschlagen hatte, durch seinen kleinen Sohn Crow Foot übergeben. Dem Kommandanten von Fort Budford erklärte Sitting Bull: «Ich übergebe dir diese Waffe durch Vermittlung meines Sohnes, damit zwischen uns endlich die Kriege und die Feindschaft aufhören und er, mein junger Sohn, für immer und ewig auch der Bruder der weißen Männer sei.» Danach lieferten auch die anderen mit Sitting Bull in die Heimat zurückgekehrten Krieger ihre Gewehre ab. Von diesem Augenblick an waren die berühmtesten indianischen Kämpfer Nordamerikas Reservationsindianer.

Einige Tage später brachte sie ein Dampfer auf dem Yellowstone nach Fort Randall. Als dessen Kommandant erfuhr, welche Männer er zu erwarten habe, befahl er, aus dicken Pfählen eine drei Meter hohe Einfriedung zu errrichten. Dort schloß er die unbewaffneten «Gäste» ein und ließ sie durch alle kampffähigen Soldaten bewachen, die ihm zur Verfügung standen. Der Lebensweg Sitting Bulls endete in der Reservation Standing Rock. Hier verbrachte er mit einigen kurzen Unterbrechungen seine letzten Tage.

Den Häuptling verließ allerdings auch in der Reservation nicht die Sehnsucht nach Freiheit. Die Dakota hatten ihr Land verloren, und die meisten Waffen waren abgeliefert worden. Wie konnten sie ihre verlorene Welt wiedergewinnen, an die sie ständig dachten?

Da drang auch in ihre Reservation die Botschaft des Propheten Wowoka von einem indianischen Messias, der auf die Erde herabsteigen werde, alle Amerikaner vertreiben und den Indianern ihre Prärie wiedergeben werde, die Büffelherden und Pfeil und Bogen. Die Dakota hätten wieder frei sein können! Es war kein Wunder, daß die ehemaligen Krieger, siegreiche Kämpfer, die in der Reservation erniedrigt und geschlagen wurden, den Worten des Propheten glaubten. In allen Reservationen wurde insgeheim der Tanz der Geister abgehalten, den die neue Glaubensrichtung hervorgebracht hatte. In den einzelnen Indianersiedlungen traten bald Priester des Propheten auf, unter ihnen auch Sitting Bull, der ja nicht nur ein großer Feldherr, sondern auch ein bedeutender Medizinmann der Dakota gewesen war.

Die von der US-Regierung bezahlten weißen Verwalter der Reservationen unterdrückten den Tanz der Geister brutal. Der Verwalter der Reservation Standing Rock hatte erfahren, daß einer der Organisatoren des verbotenen Tanzes Häuptling Sitting Bull sei. Man hatte ihm gesagt, daß der Häuptling bei dem letzten Tanz der Geister die Friedenspfeife zerbrochen und gesagt habe: «Ich schmücke mich jetzt mit den Kriegsfarben und kehre erneut auf den Kriegspfad zurück.» Dem Verwalter bot sich dadurch eine einzigartige Gelegenheit, den Sieg Sitting Bulls über Custer ein für allemal zu rächen, abzurechnen auf amerikanische Weise. Er schickte einen Bericht nach Washington und bat zugleich um die Erlaubnis, «Sitting Bull unschädlich machen» zu dürfen. Am 12. Dezember 1890 erhielt er die Einwilligung zur Verhaftung des Häuptlings.

Verhaften sollten ihn Angehörige der Indianerpolizei. Über diese Einrichtung wurde bisher noch nicht gesprochen. Diese Polizei rekrutierte sich erst dann, nachdem in den Vereinigten Staaten, selbstverständlich mit Ausnahme des Gebiets der unnachgiebigen Apachen, Indianerreservationen gebildet worden waren. Die Verantwortung für die Indianer innerhalb der Reservation trug nicht mehr die Armee, sondern die Indianerpolizei, Verräter unter den Indianern selbst, die für einen hohen Sold und eine Uniform in Regierungsdienste traten.

In Standing Rock war der Kommandeur der Einheit der indianischen Polizei Leutnant Bull Head. Er sollte mit 42 Polizisten den berühmten Häuptling gefangennehmen. Obwohl Sitting Bull nur mit seinen Frauen und seinem Sohn Crow Foot zusammenlebte, hielt der Verwalter der Reservation nicht einmal diese Zahl von indianischen Polizisten für ausreichend. Deshalb forderte er vom Kommandeur der örtlichen Kavallerie Verstärkung an.

Eine Hundertschaft Reiter unter dem Kommando des Hauptmanns Fechet wurde geschickt, die als Reserve bereitstehen sollte.

Danach – es war am 15. Dezember 1890 – machten sich die indianischen Polizisten auf den Weg.

In die Hütte des großen Häuptlings traten Bull Head, sein Stellvertreter Cutting Head, Red Tomahawk und einige andere indianische Polizisten. Sie erklärten, daß Sitting Bull verhaftet sei.

Die Kunde von der Verhaftung des Häuptlings verbreitete sich blitzschnell im ganzen Dorf, von allen Seiten liefen Indianer herbei, um ihren Anführer zu beschützen.

Ein Mitglied des engeren Gefolges von Sitting Bull, Bear Hunter, schoß auf die Polizisten und traf ihren Anführer Bull Head tödlich. Darauf wurde Bear Hunter von dem Polizisten Lonely Man niedergeschossen. Ein anderer Freund Sitting Bulls erschoß Cutting Head. Der Polizist Red Tomahawk tötete Sitting Bull durch einen Schuß in den Nacken.

Im Laufe weniger Sekunden hatten der Kommandeur der Indianerpolizei, sein Stellvertreter und einige andere indianische Polizisten ihr Leben gelassen. Gefallen waren aber auch Dakota aus dem Gefolge Sitting Bulls. Die Polizisten erschossen auch Crow Foot, den Sohn des berühmten Häuptlings, der den Amerikaner das Gewehr des Vaters mit dem Gelöbnis der Freundschaft und dem Angebot der Brüderschaft überreicht hatte.

Sitting Bull, der maßgeblichen Anteil am Sieg in der Schlacht am Little Big Horn hatte, einer der größten Helden des indianischen Freiheitskampfes in Nordamerika, Medizinmann, Diplomat und Führer der Dakota, wurde auf die heimtückischste Art ermordet.

Crow Foot, Bear Hunter und die übrigen Toten der Sioux wurden von ihren

Verwandten an der Stelle begraben, wo sie gefallen waren. Den Leichnam Sitting Bulls nahmen die Polizisten jedoch mit zur Agentur der Reservation. Das Begräbnis des großen Häuptlings fand im geheimen statt.

Kein Indianer durfte daran teilnehmen. Der Verwalter von Standing Rock bestimmte für Sitting Bull drei Quadratmeter in der Erde des Friedhofs von Fort Yates. Ein Soldat zimmerte eine Kiste, in der der Häuptling, der mehr als zwei Meter maß, kaum Platz fand. Soldaten luden den behelfsmäßigen Sarg auf eine zweirädrige Karre und spannten ein Maultier davor.

Hinter dem Sarg gingen nur der Tischler und der Militärarzt. Diese zwei Männer übergaben dann der Erde den Leichnam des indianischen Häuptlings, dessen Name noch vor einigen Jahren als Symbol des Kampfes den Indianern den Weg gewiesen hatte und vor dem die amerikanischen Soldaten gezittert hatten.

Black Coyote

Der Tod Sitting Bulls schien auch der Tod der Sioux zu sein. Wer sollte sie jetzt führen, wer würde das Schicksal ihres Volkes lenken, nun, da Tatanka Yotanka und alle übrigen großen Häuptlinge tot waren?

Seit der Niederlage des Generals Custer und des 7. Kavallerieregiments am Little Big Horn River war noch nicht ein Vierteljahrhundert vergangen. Wie sehr hatte sich aber in dieser Zeit das Leben der Sioux verändert! Sie hatten in die Übersiedlung in die Reservation eingewilligt gegen das Versprechen regelmäßiger Lebensmittellieferungen und Geldzuwendungen. Dafür verbürgten sich sogar der «Große Vater» und auch der «Große Rat», und die Versprechungen wurden durch eine Reihe von Verträgen besiegelt.

Die Verträge wurden jedoch nicht mit Leben erfüllt, die versprochenen Lebensmittellieferungen sowie die vertraglich festgelegten «Entschädigungsgelder» blieben aus. Nicht nur in der Reservation Standing Rock starben viele Dakota den Hungertod. Und die durch Hunger und Verzweiflung ohnehin physisch und psychisch geschwächten Indianer wurden darüber hinaus von zahlreichen Epidemien heimgesucht, Krankheiten, die ihnen ebenfalls die Zivilisation gebracht hatte – Diphtherie, Grippe und vor allem die Pocken. Alles erinnerte an die Lage der Santee vor dem Aufstand des Häuptlings Little Crow in Minnesota.

Die Dakota waren ohne Führer, viele der ehemals gefürchteten Krieger des großen Stammes verließen die Reservation und begaben sich zu dem Sioux-Stamm der Minniconjoux, dessen Häuptling Big Foot ein friedliebender Mann war, der mit den amerikanischen Soldaten im guten auskommen wollte.

Big Foot überlegte, wohin er sich mit seiner nunmehr zahlenmäßig starken Gruppe wenden sollte, jetzt, da nach der Ermordung von Sitting Bull eine neue Serie von Verfolgungen der Sioux begonnen hatte. Big Foot entschloß sich, sein Volk direkt dorthin zu führen, wo die Behörden alle Sioux schon lange haben wollten – in die Reservation Pine Ridge. Dort lebte auch Red Cloud.

Big Foot erteilte seine Befehle, und die ganze verzweifelte und verarmte Gruppe machte sich also auf den Weg. Das war freilich ein äußerst beschwerlicher Marsch. Es war Dezember, in den amerikanischen Städten läuteten gerade die Weihnachtsglocken, hier im Gebiet der Sioux herrschte in diesem Jahr so eine grimmige Kälte, wie man sie noch nie erlebt hatte – Tag für Tag Frost und Schneestürme. Dabei litt Big Foot selber an einer schweren Lungenentzündung. Die Indianer-Kolonne des vom Tode bedrohten Häuptlings bildeten vor allem Frauen und Kinder, darunter viele Säuglinge.

Die Dakota zogen langsam durch die Winterlandschaft. Am 24. Dezember langten die erschöpften Indianer an einem Bach an. Sie waren damit schon ihrem Ziel, der Reservation, ganz nahe. Gerade hier stießen sie jedoch auf eine Abteilung des 7. Kavallerieregiments, das einst «Gelbhaar» befehligt hatte. Big Foot ordnete an, eine weiße Fahne aufzuziehen. Dann ließ er sich – sein Zustand verschlimmerte sich von Stunde zu Stunde – ins Feldlager der Kavalleristen tragen. Der Kommandeur der Reitertruppe, Oberst Forsyth, empfing Big Foot und befahl ihm, seine Sioux, die «von diesem Augenblick an Kriegsgefangene des Siebenten Kavallerieregiments» seien, noch näher an die Reservation heranzuführen, an den Wounded Knee Creek. Die Sioux stellten daraufhin ihre Tipis hier, am Ufer des zugefrorenen Flüßchens, auf und harrten der weiteren Dinge. Im Lager waren in diesem Augenblick an die hundert Männer und zweihundertfünfzig Frauen und Kinder.

Gegen Abend desselben Tages traf in Wounded Knee auch der Kommandeur des 7. Kavallerieregiments ein, das einst von den Dakota besiegt worden war. Er und seine Offiziere dürsteten nach Rache auf dem Schlachtfeld, obwohl die Dakota und ihr im Sterben liegender Häuptling Big Foot sich ihnen aus freien Stücken unterworfen hatten. Weithin sichtbar wehte über ihrem Lager die weiße Fahne.

Dennoch befahl Oberst Forsyth, die frierenden und hungernden Sioux von mehreren Kordons seiner Truppe einzuschließen, und Kanonen auf den Hängen oberhalb des Lagers der indianischen Gefangenen aufzustellen.

Am nächsten Morgen – die Indianer der USA werden dieses Datum nie vergessen, den 25. Dezember 1890 – begannen die Kavalleristen, ihre Gefangenen zu entwaffnen. Oberst Forsyth ordnete zuerst an, daß alle Dakota ihre Gewehre abzugeben hätten. Die Männer legten ihre Gewehre nieder. Dann mußten die Indianer ihre Messer abgeben, die Steinbeile, die letzten Tomahawks, kurzum alles, was den Soldaten gefährlich erschien. Und zum Schluß wurden Männer, Frauen und Kinder, einschließlich der Säuglinge, nackt ausgezogen und durchsucht, ob sie nicht auf bloßem Leibe unter der Kleidung eine Waffe verbargen.

Aber die Leibesvisitation brachte keinerlei Anlaß zum Angriff. Bis die Kavalleristen die Decke anhoben, in die sich ein Sioux mit dem Namen Black Coyo gehüllt hatte. Black Coyo war taub, und den Befehl zur Abgabe der Gewehre hatte er nicht verstanden. Und darum hörte er auch jetzt nichts, als ihn die Soldaten fragten, warum er seine Waffe nicht schon früher abgegeben hätte. Und als ihm die Kavalleristen das Gewehr entreißen wollten, hielt er es fest und wehrte sich. Das genügte Oberst Forsyth. Er hob die Hand. Die erste Kanone gab ins Lager der gefangenen Sioux einen Schuß ab. Dann schoß die zweite Kanone, die dritte. Binnen weniger Minuten waren die Männer, Frauen und Kinder hingemetzelt. Die Schüsse hallten bis in die Siedlungen der Reservation Pine Ridge.

Als unter der weißen Friedensfahne nur noch Tote und Verwundete lagen, befahl Oberst Forsyth den Abmarsch, denn ein Schneesturm nahte.

Am Ort des Massakers blieben nur einige Dutzend verwundete Indianer zurück. Erst am Abend kam aus Pine Ridge eine Sanitätsabteilung, die jedoch nur vier Männer und einige Frauen und Kinder in die Reservation brachte. Und weil für diese wenigen Verwundeten auch in der Reservation nicht genug Platz war, ließ man die Sterbenden auf offenen Wagen liegen, obwohl das ganze Land ohne Unterlaß vom Schneesturm gepeitscht wurde.

Die übrigen Verwundeten waren am Wounded Knee Creek geblieben. Nach drei Tagen, als sich der Schneesturm endlich legte, begaben sich Totengräber dorthin. Der furchtbare Frost hatte alle Toten in groteske Figuren verwandelt. Unter der weißen Friedensfahne, die hier immer noch wehte, lag in der Nähe von Big Foot auch Black Coyo. Weihnachten war zu Ende, das Fest der Liebe, der Ruhe und des Friedens.

Wie aber hieß jener Ort? Wounded Knee ...

Das Apachen-Fest

Das Grab Sitting Bulls war ein Symbol für das Ende der Freiheit der Prärie-Indianer. Die Präriestämme vegetierten hinter den unsichtbaren Gittern der Reservationen dahin, und ihre weiten, endlosen Prärien, einst voller Büffel, erfüllt vom Duft der Gräser – diese freie Prärie der Jäger und Sammler hatten die Indianer endgültig verloren.

Wo gab es also in Nordamerika noch Land, das den Indianern gehörte, wo weiter für die Freiheit gekämpft wurde? Im Osten, diesseits des Mississippi, lebten so gut wie keine Indianer mehr.

Und zwischen den Rocky Mountains und dem Mississippi, auf den weiten Prä-

Berühmte Indianerhäuptlinge

Osceola Tecumseh
Pontiac Black Hawk

Handelsposten der Hudson Bay Company

Familie der Blackfeet mit für die Prärie-Indianer typischen Travoi auf der Wanderung

Zwei Häuptlinge der Crow

Dakota beim Gebet

Bestattungsart der Sioux

Lager beim Bau der ersten
transkontinentalen
Eisenbahn

Nachtlager eines Trecks
auf dem Weg
durch die Prärie

Sitting Bull

Spotted Tail

Red Cloud

Berühmte
Dakota-Häuptlinge

Dakota-Krieger

Ein Offizier und ein Scout finden einen getöteten und skalpierten weißen Büffeljäger in der Nähe von Fort Dodge

linke Seite:

Massenhinrichtung von 38 Santee-Dakota in Minnesota am 26. 12. 1862

Darstellung eines Dakota-Angriffs auf ein Lager der US Army

Von der Eisenbahn aus wurden riesige Büffelherden ausgerottet

Im Jahre 1874 lagerten in Dodge City, Kansas, etwa 40 000 Büffelhäute

Oglala-Dakota vor dem Angriff

Eine Delegation der Dakota in Washington

Am 10. 5. 1869 vereinigten sich die «Central Pacific» und die «Union Pacific» in Promontary, Utah

Goldsucher in den Black Hills bei der Arbeit

linke Seite:

Friedensverhandlungen in einem Zelt 1868 in der Nähe von Fort Laramie

Eine Gruppe Dakota in der Nähe von Fort Laramie im Jahre 1868

Custers Lager
am French Creek
in den Black Hills,
in dessen Nähe 1874
Gold gefunden wurde

Die «Custer-Expedition»
1874 auf dem Marsch

George A. Custer
1873 am Yellowstone,
umgeben von seinen Scouts
und Hunden

Ein Treck wird angegriffen

Überfall am 26. 11. 1868 auf ein Cheyenne-Dorf am Washita

Geronimo mit einigen Leidensgefährten auf dem Weg in die Gefangenschaft nach Florida

Apachen-Häuptling Geronimo 1886

Die bei Wounded Knee ermordeten Indianer werden eingesammelt

Massengrab mit Leichen ermordeter Indianer nach dem Massaker am Wounded Knee 1890

Ein Regierungsagent verteilt in einer Reservation Lebensmittel an Dakota

Elend in einer Blackfeet-Reservation

rien? Dort lebten die Indianerstämme im Elend – in den umzäunten, verhaßten Reservationen.

Es blieb also nur das Halbwüstengebiet des sogenannten Südwestens, das aber bis Ende der vierziger Jahre formell zu Mexiko gehörte.

Die Europäer hatten in diesem Teil so gut wie nie festen Fuß gefaßt. Gerade hier in den Pueblos hatte einst der Medizinmann Pope den Aufstand vorbereitet und zum Erfolg geführt. Die Sonne des Sieges schien immer noch das Land zu überstrahlen und den Amerikanern von Expeditionen in die Pueblos von New Mexico auch noch in der ersten Hälfte des 19. Jahrhunderts abzuraten.

Im benachbarten Arizona gab es noch weniger Europäer. Arizona und der dazugehörige Teil des heutigen amerikanischen Bundesstaates New Mexico waren die Heimat von fünf freiheitsliebenden Apachen-Stämmen. Seit dem Ende des 17. Jahrhunderts hatten die Apachen ununterbrochen gegen die spanische Kolonialmacht und danach gegen das republikanische Mexiko gekämpft. Sie führten den Krieg aber nicht nur zur Verteidigung ihrer unmittelbaren Heimat, sondern unternahmen auch Streifzüge nach Süden, brannten spanische Anwesen nieder und raubten die Pferde, die für die Apachen genauso wertvoll waren wie für die Prärie-Indianer.

Der Kampf der Apachen dauerte etwa anderthalb Jahrhunderte. Die Spanier waren fast aus dem gesamten südwestlichen Gebiet von Nordamerika vertrieben worden. Dadurch wurde später indirekt den Vereinigten Staaten das Eindringen in diesen fast unbewohnten Landstrich und seine Okkupation möglich. Der ununterbrochene Krieg der Apachen hatte bedeutenden Landgewinn gebracht. Die Apachen hatten fast immer jenseits der Grenzen des eigenen Stammesgebiets gekämpft – zum Unterschied etwa von den Dakota, die auf eigenem Gebiet kämpften und denen schließlich am Ende immer ein ausreichendes Hinterland für ihre militärischen Operationen fehlte.

1822 jedoch wichen die Apachen zum erstenmal von ihrem bewährten Prinzip ab. In Arizona fanden Pelztierjäger, die die Apachen nicht für Feinde hielten und die sie deshalb ungehindert ihr Gebiet betreten ließen, Kupfererz an einem Ort, der später Santa Rita genannt wurde. Die Rechte für die Errichtung von Kupfergruben im Lande der Apachen erwarb ein reicher Kaufmann aus dem benachbarten Chihuahua, Don Francisco Manuel Algua. Er war sich dessen bewußt, daß er allein auf Grund dieser Verfügung der Regierung kein Gramm Kupfer würde schürfen dürfen, wenn er sich nicht zugleich die Zustimmung derer erkaufte, die in diesem Lande tatsächlich herrschten – der Apachen von New Mexico und Arizona und ihres obersten Häuptlings.

Algua bot daher dem Häuptling und seinem Stamm, den Mimbreno, ein Geschäft an: Branntwein, Stoffe, Pferde und sogar Waffen für das Recht, in Santa Rita Kupfer zu schürfen, und für den freien Durchzug von Maultierkarawanen nach Chihuahua. Die Mimbreno gingen das Geschäft ein. Mit denselben Waffen, mit denen Algua für die Ruhe seiner Schächte bezahlte, griff ein anderer Teil des

Stammes, geführt von Black Knife, dem die Nachbarschaft der Kupfergruben nicht behagte, andere spanische Haziendas an.

Fünfzehn Jahre dauerte dieser sonderbare Zustand an. Die Apachen ließen den Geschäftsmann aus Chihuahua in Ruhe, der das Kupfer direkt im Herzen ihres Landes schürfte, und zugleich griffen sie Monat für Monat die Haziendas und Ranches südlich von Chihuahua an.

Daher beschloß die Mehrheit der Grundbesitzer in der Regierung von Chihuahua ein Gesetz gegen die Angriffe und verabschiedete den Plan eines Ausrottungsfeldzuges gegen die Apachen.

Das unmenschliche Gesetz aus dem Jahre 1837 bot für jeden Apachen-Skalp hundert Dollar, für einen Frauenskalp die Hälfte und einen Kinderskalp ein Viertel!

Hundert Dollar! Das war damals eine riesige Summe. Aber die Regierung von Chihuahua mußte nur sehr wenige Skalpe bezahlen, unter denen überwogen die von Kindern. Den Skalpjägern wurde für die Tötung der wichtigsten Häuptlinge eine zusätzliche Belohnung in Aussicht gestellt.

Einer der wenigen, dem die Apachen vom Stamme der Mimbreno ganz vertrauten, der amerikanische Pelzjäger und Trapper Johnson, erniedrigte sich dazu, seine Vertrauensstellung zu einer Jagd auf die Apachen auszunutzen. Johnson sah darin die Gelegenheit seines Lebens, denn die Jagd auf Apachen würde ihm in einer einzigen Saison so viel einbringen wie die Pelztierjagd von mehreren Jahren! Seine beste Waffe war das Vertrauen, das ihm die Apachen, voran der Häuptling, entgegenbrachten.

Johnson stellte eine eigene Abteilung auf. Die Mehrzahl bildeten Trapper, die aus dem heutigen Staat Missouri nach Arizona gekommen waren. Sie besorgten sich für ihr schmutziges Geschäft ausreichend Munition, setzten ein Feldgeschütz zusammen, das die Trapper, in Teile zerlegt, mitgebracht hatten, und dann luden sie Johnsons Freunde, die Mimbreno und ihren Häuptling zu einem Freundschaftsfest ein.

Johnson, der den Häuptling genau kannte, erklärte, er bringe seinem indianischen Freund eine Menge von Geschenken, darunter auch Feuerwasser und viel Pinola – geröstetes Maismehl.

Die Indianer nahmen die Einladung an. Johnson führte seine Gäste an den für das Fest vorgesehenen Ort. Bald entfernten sich alle Trapper, angeblich, um die versprochene Pinola und den Whisky zu holen. Dann gab Johnson ein Zeichen, und das «Fest» begann mit einem schrecklichen Feuerwerk. Bereits der erste Schuß aus der mit Nägeln und Eisenstückchen geladenen Kanone tötete die Mehrzahl der anwesenden Indianer. Viele andere tötete die erste Salve aus den Jagdgewehren. Bis zum Morgen mordeten Johnsons «Jäger» die Apachen und zogen einen Skalp nach dem anderen ab. Zehntausend Dollar verdienten Johnson, Eames, Glaeson und die übrigen Trapper in einer einzigen Nacht an diesem Massenmord. Die beste Jagd ihres Lebens, schien es ihnen damals.

Aber die Untat schrie nach Vergeltung. Von Stund an wurden sie zu Gehetzten, zu Jagdwild, das jetzt alle Apachen erbarmungslos verfolgten, nicht nur die Mimbreno, um die Toten des blutigen «Festes» und den Tod ihres obersten Häuptlings zu rächen.

Zum neuen Häuptling der Mimbreno wurde Mangas Coloradas gewählt, ein Mann, der zwei Meter maß und zu dieser Zeit vierzig Jahre alt war. Er hatte sich schon vorher als Stellvertreter des obersten Häuptlings durch eine ungewöhnliche, der Apachen-Tradition widersprechende Tat einen Namen gemacht.

Mangas Coloradas hatte sich nämlich eine Mexikanerin zur Frau genommen, die der kriegführende Teil der Mimbreno, geführt von Black Knife, bei einem Streifzug nach Chihuahua gefangengenommen hatte.

Daß Mangas Coloradas unter seinen Squaws eine Mexikanerin hatte, daran wäre eigentlich nichts Besonderes gewesen. Allen Gewohnheiten und der Moral der Apachen jedoch widersprach es, daß er diese Kreolin zu seiner Ehefrau machte. Die zwei indianischen Frauen protestierten dagegen, und das Apachengesetz gab ihnen das Recht, ihre Verwandten zu Hilfe gegen den Gatten zu holen.

Die Brüder der beleidigten Frauen stellten ihren Schwager auf einer Stammesberatung vor die Wahl: Entweder solle er sofort seine Ehe mit der Kreolin lösen und sie nur als eine Nebenfrau behalten, oder ihn erwarte nach dem Apachengesetz ein Zweikampf gegen alle, die bereit seien, die beleidigten indianischen Frauen zu verteidigen.

Mangas wählte den Zweikampf und gewann mit dem Messer den ersten Kampf. Er überwand den ersten seiner Schwäger und wurde dann am selben Tage noch Sieger in einigen Duellen. Über alle siegte er! So wurde Mangas Coloradas in der langen Geschichte der Apachen-Stämme der erste, der tatsächlich eine Kreolin heiratete.

Aber die Ehe mit einer Mexikanerin hatte nichts mit der Tatsache zu tun, daß vierhundert Mimbreno gerächt werden mußten!

Mangas Coloradas suchte zuerst die Mörder seiner Stammesbrüder. Am Gila River gelang es den Apachen, nach und nach die beiden Gruppen von Trappern zu fassen, die noch im Apachen-Gebiet verblieben waren. Sie machten alle nieder, nur ein einziger konnte sich retten. Er ging nach Kalifornien, wo er später, als auch dieses Land den Vereinigten Staaten angeschlossen wurde, Oberbürgermeister der Stadt Los Angeles wurde.

Jetzt, da kein einziger Trapper in Arizona übriggeblieben war – Johnson selbst war beizeiten geflohen – bestand die Gefahr, daß die Apachen auch die Kupfergruben Alguas in Santa Rita nicht länger verschonten. Die Maultierkarawanen wurden von den Apachen schon nicht mehr durchgelassen, und so verließen die Bergleute rasch die Stadt und strebten zu den Grenzen von Chihuahua. Sie sahen die Leichname der Trapper, die vierhundert Mimbreno auf dem Gewissen gehabt hatten.

Die Schwiegersöhne des Mangas Coloradas

Zehn Jahre lang lebten die Indianer dieses Gebietes von Nordamerika in Ruhe vor dem weiteren Vordringen der Amerikaner. Aber dann betraten erneut amerikanische Truppen das Land. Diesmal zogen sie jedoch noch nicht gegen die Indianer von Arizona, sondern gegen den Hauptfeind der Apachen, gegen die Mexikaner aus Sonora, Chihuahua und Kalifornien. So erfuhren die Apachen-Stämme, daß die Kolonialmächte untereinander Krieg führten, die Vereinigten Staaten gegen Mexiko. Mangas Coloradas ließ das Heer sein Gebiet passieren, und dem Befehlshaber richtete er seine Zustimmung aus: «Nehmt ihnen alles weg – Durango, Sonora, Kalifornien.»

Mangas Coloradas wußte noch nicht, daß sich zehn Jahre später die amerikanischen Waffen gegen ihn wenden würden, daß dieser Staat, der jetzt Mexiko ganz Kalifornien und Nevada entriß – von Mexiko abtrennte wie vorher schon Texas –, es nicht zulassen würde, daß im Zentrum der neu gewonnenen nordamerikanischen Gebiete ein unabhängiges indianisches Gebiet existierte.

Noch früher als die Regierung der Vereinigten Staaten streckten die Goldsucher ihre gierigen Finger nach dem Land der Apachen aus.

Die Prospektoren suchten überall in der Nachbarschaft des goldfündigen Kaliforniens das Gold. Die Diggers fanden ganz leicht Gold unweit des Gebiets, wo vor zehn Jahren die Mexikaner Kupfer gefördert hatten, in Pinos Altos.

Zu dieser Zeit markierten hier, in der Nähe von Pinos Altos, amerikanische Truppen die neuen Grenzen der Gebiete, die Mexiko entrissen worden waren. Dadurch erhielten die Goldgräber von Pinos Altos unerwartet militärischen Schutz, denn den Truppen gegenüber verhielten sich die Apachen laut Übereinkunft nicht feindlich.

Mangas Coloradas entschloß sich daher, diese ungebetenen, aber vorläufig durch die Armee geschützten Gäste mit einer List zu vertreiben. Er suchte das Lager der amerikanischen Diggers auf und erzählte ihnen, daß er Stellen kenne, wo sie das Gold in ganzen Blöcken finden könnten, und daß er sie für ein Fäßchen Branntwein hinführen wolle. Aber die erfahrenen Goldgräber durchschauten den Apachen-Häuptling, fesselten den riesigen Mann an einen Baum und peitschten ihn mit einem Cowboy-Lasso bis zur Bewußtlosigkeit. Mangas Coloradas überlebte dank seiner starken Konstitution die Prozedur. Dieses Erlebnis war für ihn der letzte Anstoß zur erneuten Kampfansage gegen die Amerikaner.

Waren die Mimbreno damals den Bewohnern von Sonora und Chihuahua allein gewachsen, so mußte Mangas Coloradas jetzt gegen die reguläre amerikanische Armee, die das freie Land aus vier Richtungen bedrohte, alle selbständigen Apachen-Stämme zusammenrufen und vereinen. Neben den Mimbreno waren das in erster Linie die sogenannten Mescaleros, zu dieser Zeit geführt von dem Häuptling Gian-Nahche, die Weißberg-Apachen, geführt von dem Häuptling Piaho, und schließlich die berühmten Chiricahua-Apachen unter der Führung des legendären Häuptlings Cochise.

Die kreolische Frau hatte Mangas Coloradas drei Töchter geboren, die die Häuptlinge der wichtigsten Apachen-Stämme heirateten, so daß Mangas mit ihnen nicht nur befreundet, sondern auch verwandt war.

Der bedeutendste unter den Schwiegersöhnen des Häuptlings, der Mann seiner Lieblingstochter, Häuptling Cochise, erfüllte jedoch vorerst den Wunsch des Schwiegervaters nicht und versuchte, mit den Amerikanern weiterhin in Frieden auszukommen. Dieser Frieden war für die Amerikaner um so wertvoller, als gerade durch das Gebiet der Chiricahua-Apachen der wichtige Chiricahua Trail führte, eine der Straßen, auf denen die Postkutschen von Saint Louis nach Kalifornien fuhren.

Auf dem Gebiet der Apachen lag auch die Hauptstation der ganzen Postkutschenstrecke, der sogenannte Apachen-Paß, und wer ihn beherrschte, der beherrschte den ganzen Trail. Zwölf Meilen unterhalb dieser Station hatten die Amerikaner mit Zustimmung des Häuptlings Cochise Fort Buchanan errichtet. Am Paß selbst gab es noch eine dritte nichtindianische Ansiedlung, die Farm des Iren John Ward. John Ward lebte auf dem Hof mit seiner Frau. Sie war eine Mexikanerin, die die Apachen entführt hatten und die in der Gefangenschaft einen Knaben geboren hatte, der väterlicherseits ein Apache war. Später ließen die Indianer die Frau frei, und sie fand mit ihrem Sohn ein Heim auf der Farm.

Und gerade hier begann der Krieg des Cochise. Als Ward einmal mit seiner Frau zu Besuch beim Postmeister war, kam der indianische Vater auf den Hof des Iren und holte sich dort seinen Sohn. Als John Ward heimkehrte und feststellte, was geschehen war, wandte er sich an den Kommandanten des Forts mit der Bitte um Hilfe. Der Oberst beauftragte einen Leutnant, den Jungen zu suchen.

Der Leutnant war als Absolvent einer Militärakademie gekommen. Und neue Besen kehren gut, auch hier im Fernen Westen. Der Leutnant verließ mit sechzig Reitern das Fort und machte sich auf zu dem Häuptling Cochise, der sein Lager unweit des Apachen-Passes an den reichen Wasserquellen aufgeschlagen hatte, die in diesem trockenen Gebiet die Basis des Lebens bildeten. Der Leutnant trat forsch in das Zelt des Häuptlings und befahl ohne Umschweife, den entführten Jungen unverzüglich herauszugeben, sonst werde er den Häuptling und mit ihm alle Männer einsperren, bis sich der Junge fände.

Cochise wandte der Wahrheit entsprechend ein, daß er von der Entführung nichts wisse, und wies den Offizier darauf hin, daß er ein Freund der Amerikaner sei und bis jetzt in Frieden mit ihnen gelebt habe. Der Leutnant jedoch ignorierte die Worte des Häuptlings. Er befahl seinen Soldaten, das Zelt des Häuptlings zu umstellen, und eröffnete Cochise, daß er von jetzt an sein Gefangener sei. Das war zuviel. Cochise zog blitzschnell sein Messer, schlitzte die Wand des Zeltes auf und flüchtete. Im Zelt des Häuptlings blieben nur einige Männer aus seiner nächsten Umgebung zurück.

Am selben Tag griff Cochise am Abend, als eine Postkutsche aus Kalifornien den Paß passierte, mit seinen Kriegern das Gefährt an. Vorher hatten die Indianer, nachdem der Leutnant mit einigen Gefangenen aus dem Chiricahua-Lager abgezogen war, auch die Poststation auf dem Apachen-Paß erobert und den Leiter und dessen Gehilfen gefangengenommen.

Am nächsten Tage bemächtigten sich die Chiricahua-Apachen eines größeren Konvois von fünf Postkutschen, die sich mühsam zum Paß hinaufquälten. Cochise bot den Amerikanern an, die gefangenen Angestellten der Poststation und die Passagiere der fünf Postkutschen gegen die gefangenen Indianer auszutauschen. Die Amerikaner lehnten diesen Vorschlag ab. Und so wurde vor den Augen der Unterhändler der Leiter der Poststation an den Schwanz von Cochises Pferd gebunden und zu Tode geschleift.

Der Leutnant antwortete vorschnell mit einer Massenhinrichtung; er ließ alle in Cochises Zelt gefangengenommenen Apachen sofort aufhängen.

Nach diesem Ereignis war die Geduld der Apachen erschöpft. Mangas und seine Schwiegersöhne, die jetzt gemeinsam den Verteidigungskampf der verbündeten Apachen ihres Stammesterritoriums an den Grenzen führten, setzten zum entscheidenden Schlag in einer günstigen Situation an: Als Ende 1861 in Nordamerika der Bürgerkrieg entbrannte, hatten die kämpfenden Seiten nicht genügend Kräfte, um noch an einer zweiten Front, nämlich gegen die Indianer in Arizona, zu kämpfen.

Mangas Coloradas griff mit seinen Schwiegersöhnen Pinos Altos an, das Zentrum der Goldgräber. Der siebzigjährige oberste Häuptling führte den Angriff gegen die Digger-Stadt von mehreren Seiten. Er eroberte Pinos Altos binnen weniger Stunden mit seinen Apachen-Kriegern.

Auch jene Ortschaften, die von Amerikanern bewohnt waren, besonders auf dem Gebiet von Cochises Stamm Chiricahua, nahm Mangas Coloradas nach und nach wieder in Besitz. So kehrte während des nordamerikanischen Bürgerkrieges die Macht in Arizona wieder in die Hände der Apachen zurück. Die Amerikaner versuchten aber wieder, den Indianern die Herrschaft durch eine List zu entreißen.

Das anerkannte Oberhaupt der kämpfenden Apachen-Gruppen war zu der Zeit, als auch Cochises Stamm den Befreiungskampf unterstützte, Mangas Coloradas. Die Amerikaner sannen darauf, wie sie Mangas unschädlich machen und seine Schwiegersöhne überwinden konnten, um den gemeinsamen Kampf aller Apachen-Häuptlinge zu beenden. Sie luden daher Mangas Coloradas zu einer Friedensverhandlung ein, unter einer Bedingung allerdings, daß er allein und unbewaffnet erscheine. Der Häuptling lief blindlings in sein Verderben, vielleicht in dem Wunsch, nach jahrzehntelangem Kampf endlich Frieden für sich, für seine Schwiegersöhne und deren Stämme zu erreichen.

Die Zusammenkunft kam am 17. Januar 1863 bei McLane zustande. Als die Nacht begann, schlug der amerikanische Unterhändler vor, die Verhandlungen auf den nächsten Morgen zu vertagen. Dann versicherte er Mangas noch heuchlerisch, er könne sich hier in völliger Sicherheit fühlen, denn er habe zu seinem persönlichen Schutz zwei Soldaten seiner Abteilung abkommandiert. Diesen habe er präzise Instruktionen erteilt, wie sie für die Sicherheit des obersten Häuptlings der vereinigten Apachen-Stämme zu sorgen hätten.

Die Instruktionen, wie sie einer der kalifornischen Soldaten, der Angehöriger dieser Abteilung war, notiert hat, waren in der Tat ganz präzise: «Men, I want him dead! Do you understand? I want him dead!» (Männer, ich wünsche ihn tot zu sehen! Habt ihr verstanden? Er soll sterben!) Und Mangas Beschützer, die Soldaten Colyer und Mead, hatten verstanden.

Nachdem sich der Unterhändler von seinem Gast Mangas verabschiedet hatte, legte sich der Häuptling in der Nähe eines Feuers – es war eine kalte Nacht – zum Schlafen nieder. Seine Wächter «bewachten» ihn zuerst und machten sich dann an die Ausführung des heimtückischen Mordes. Sie erschossen ihn und stießen die Leiche ins Feuer.

Gegen Morgen erloschen die Flammen. Der erbitterte Gegner der Amerikaner im Gebiet der Apachen war «unschädlich» gemacht worden.

Die Eroberung von Arizona

Der oberste Häuptling der vereinigten Apachen, das Familienhaupt und der Schwiegervater der Häuptlinge von drei Apachen-Stämmen, Mangas Coloradas, war ermordet worden. Die Schwiegersöhne mußten deshalb einen neuen gemeinsamen Führer wählen. Die Wahl fiel auf den Chiricahua-Häuptling Cochise. Er erfüllte das Vermächtnis von Mangas Coloradas und stand an der Spitze der Apachen. Die Stämme, die an Cochises Seite kämpften, erwarben sich im Verlauf der Kämpfe in der Geschichte des nordamerikanischen Südwestens den stolzen Beinamen Broncho oder Bronco, die Unbeugsamen.

Nach Beendigung des Bürgerkrieges setzten die Vereinigten Staaten ihre ganze Kraft gegen die Widerstand leistenden Unbeugsamen, die Apachen-Stämme, ein.

Der amerikanische Präsident entsandte noch einen Beauftragten in den Südwesten, der versuchen sollte, die Apachen vor Beginn der umfangreichen militärischen Operationen zu überreden, den Kampf aufzugeben und in die Reservationen zu gehen. Dieses Reservationsgebiet gab es aber für die Apachen nur auf der Karte, auf dem Papier.

Der Beauftragte der Regierung traf tatsächlich mit Cochise zusammen. Er schaffte es jedoch nicht, die Apachen zu überreden. Vielmehr kam zu dieser Zeit der merkwürdigste Amerikaner in den Südwesten, dem die Indianer jemals gegenübergestanden hatten und der dabei, wie die Arizona-Indianer von ihm behaupteten, «mehr Apache war als viele Apachen». Sie nannten ihn Grey Wolf («Grauer Wolf»). Damit begann ein neues Kapitel in der Geschichte der Apachen-Indianer. In den fünf für die Apachen so langen Jahre seit dem Ende des amerikanischen Bürgerkrieges waren in Arizona große Veränderungen vor sich gegangen. Die Amerikaner hatten sich in einigen Gebieten rasch festgesetzt, und der Ring der Ansiedlungen schloß sich immer enger um die Apachen-Stämme. Reservationen, wie es sie bereits überall in den Vereinigten Staaten für die Indianer gab, wurden nun schrittweise auch für die Apachen eingerichtet. Einige Apachen-Gruppen unterwarfen sich und siedelten sich an den Orten an, die ihnen zugewiesen wurden. Die anderen, die sich nicht unterwarfen, sollte der «Graue Wolf» zur Übersiedlung in die Reservationen bewegen.

General Crook, das war der wahre Name des «Grauen Wolfes», erreichte in nur vier Jahren, mit List und unter Aufbietung aller Überzeugungskraft, daß alle Indianer von Arizona und New Mexico in die Reservationen gingen.

General Crook verfolgte mit den Reservatsgebieten eine andere Absicht, als es damals üblich war. Seiner Vorstellung nach sollten die Reservationen eine neue Heimat für die Indianer werden und nicht ein Gefängnis sein. Daher suchte er für die Apachen solche Gebiete von Arizona aus, die der Lebensweise der Indianer entsprachen. Die letzten Bronchos, die noch einige Zeit ganz allein in dem sogenannten Tonto-Becken Widerstand gegen die Eroberung ihres Landes geleistet hatten, ließ Crook nach Camp Verde, einem weitläufigen, sehr gesunden Gebiet, bringen. Er führte hier die völlige Selbstverwaltung der Apachen ein, ihre eigene Gerichtsbarkeit und eine eigene Ordnungspolizei aus den Reihen der Apachen. Grey Wolf lehrte die Apachen Kürbisse und neue landwirtschaftliche Kulturen anbauen. Camp Verde blühte auf. Und die Apachen waren damals sicher die einzigen der nordamerikanischen Indianer, die in der Reservation zufrieden waren.

In den letzten vier Jahren waren die Apachen in den einzelnen Reservationen von Arizona konzentriert worden. Dabei waren sie mit Ausnahme derer, die sich seinerzeit im Tonto-Becken festgesetzt hatten, keinesfalls durch militärischen Druck gezwungen worden nachzugeben. Eher hatte sie das Vertrauen zum «Grauen Wolf» und dessen offensichtliches Bemühen, für die Indianer in der Reservation die bestmöglichen Bedingungen zu schaffen, dahin geführt.

Bald wurde Crook aus dem Südwesten abberufen. Eine neue Weisung der Regierung verlangte, die neuen Reservationen, die Crook geschaffen hatte, aufzulösen und die Mehrzahl der Apachen in das glühendheiße Halbwüstengebiet von San Carlos zu überführen. Nach und nach trieb man die Indianer von Camp Verde hierher. Die Weißberg-Apachen, die Chiricahua und Mescalero litten hier Durst und Hunger; sie starben eines elenden Todes. Vorbei waren die Zeiten des «Grauen Wolfes», der Maisfelder und Kürbisplantagen! Die kapitalistische Regierung schlug alle Früchte der Privatinitiative des «Grauen Wolfes», der für die Indianer unter den gegebenen Umständen das Beste erreicht hatte. San Carlos war keine Reservation, sondern ein Konzentrationslager.

Die Apachen fanden sich jedoch nicht mit der neuen Situation ab. Bald nach ihrem Eintreffen in dem verhaßten Gebiet brachen die ersten Unruhen aus. Die empörten Indianer wurden von den Häuptlingen der verschiedenen, jetzt bereits vermischten Apachen-Stämme geführt, von Chuntz, Cochine und Chaun-Desi. Chaun-Desi erschlug den Stellvertreter des Verwalters der Reservation San Carlos und floh dann mit den Resten seines Stammes in die Berge. Mit der Flucht des Häuptlings Chaun-Desi und seiner Gruppe begann die letzte, lang andauernde Periode des Befreiungskampfes der Apachen.

Die Apachen leisten Widerstand

Kurze Zeit nach den Apachen des Häuptlings Chaun-Desi floh eine weitere Apachen-Gruppe aus der Reservation, geführt vom Häuptling Chuntz. Danach verschwand auch die Gruppe des Häuptlings Cochine, den wir nicht mit Cochise verwechseln dürfen, der damals nicht mehr lebte. Cochine fiel jedoch bald darauf als das erste Opfer auf seiten der Indianer im letzten Apachen-Krieg.

Die neue Etappe des Widerstands der Apachen unterschied sich von allen bisherigen Kämpfen dieser Indianerstämme und auch von allen übrigen Kämpfen, die bisher von den Indianern Nordamerikas geführt worden waren. Das angestammte Gebiet der einzelnen Apachen-Gruppen, das die Indianer aufgeben mußten, als sie in die Reservation gingen, war bald von amerikanischen Ansiedlern in Besitz genommen worden. Nun hatten die Apachen ihre Heimat ganz verloren.

Nach der Flucht aus der Reservation zogen sie sich in die hohen Berge zurück, an verschiedene unzugängliche Orte, später häufig nach Nordmexiko. Sie fürchteten die mexikanischen Soldaten nicht, und sie richteten hier eine Art Bergfestungen ein, die sie von Zeit zu Zeit verließen. Dann griffen sie unverhofft die Bewohner der neuen Städte ihres Heimatlandes an, das einst nur ihnen allein gehört hatte, um sich dort alles Lebensnotwendige zu holen. Die Apachen als Freibeuter schrieben sich in die Geschichte Arizonas und der Nachbarstaaten durch Dutzende von Überfällen ein.

Die Situation der anderen Apachen-Gruppen, die in den Reservationen von Arizona geblieben waren, verschlechterte sich von Jahr zu Jahr. Deshalb nahm die Massenflucht zu. So flohen innerhalb kurzer Zeit zwei größere Abteilungen der Chiricahua-Apachen; die eine führte Juh, der Häuptling jener Gruppe, die früher in den Mongollono-Bergen gewohnt hatte, die zweite – noch größere – der Häuptling Tah-Sah, der älteste Sohn des Cochise.

In der Reservation Ojo Galiente vegetierte inzwischen der zahlreiche Stamm der Mimbreno unter dem Häuptling Victorio dahin. Aber Ojo Galiente war noch nicht die letzte, noch nicht die elendeste Station dieser Apachen. 1877 ordnete das Washingtoner «Amt für Indianerangelegenheiten» (Bureau of Indian Affairs) an, daß Häuptling Victorio mit seinen Mimbreno Ojo Galiente zu räumen und sich so wie alle anderen Chiricahua in der Reservation San Carlos niederzulassen habe. Aber die Reservation war zu dieser Zeit schon schrecklich überfüllt. Diese Reservation war bekannt für ihren schlechten Zustand.

Zwei Jahre ertrugen die Mimbreno die Qualen in der neuen Reservation. Aber im April 1879 verschwand Victorio zusammen mit den dreißig besten Mimbreno-Kriegern aus San Carlos. Er kehrte niemals dorthin zurück. Unweit von El Paso überschritt er mit seinen Männern die Grenze und zog sich mit ihnen in unzugängliche Berge des nördlichen Chihuahua zurück. Hier errichtete Victorio eine Bergfestung, in der sich die freien Apachen völlig sicher fühlten. Die mexikanische Armee hatte kein Interesse daran, die Indianer zu vertreiben. Und die Amerikaner hätten es nicht geschafft, in das Bergland vorzudringen.

Mit ihren Nachbarn, den armen Bauern und Hirten, die am Fluß des wilden Gebirges wohnten, lebten die Apachen in Frieden. Aber den reichen Amerikanern gegenüber hegte Victorio einen tiefen, brennenden Haß. Und so führten seine Männer von Zeit zu Zeit blitzartige Überfälle auf den Südwesten der Vereinigten Staaten durch. Aus solchen Überfällen bestand eigentlich dieser letzte Apachen-Krieg.

Victorios Indianer griffen zum erstenmal den Staat New Mexico an, im September desselben Jahres dann Texas. In New Mexico wagten sich die Indianer – nicht mehr als zwanzig an der Zahl – an eine ganze Schwadron des 9. Kavallerie-Regiments der Amerikaner, das unweit von Ojo Galiente lagerte, heran. Der nächtliche Überfall trug den Apachen reiche Beute ein: sechsundvierzig Pferde. Acht amerikanische Soldaten fielen, und einige Dutzend Kavalleristen wurden verwundet. Die Apachen kehrten vollzählig und ohne Verwundete in ihre Bergfestung zurück.

Kaum zehn Tage nach diesem Überfall war Victorio mit seinen Kriegern in Texas. Auf der Straße zu der kleinen Stadt Hillsboro griff er eine Karawane von Bergleuten und Ranchern an. Diesmal erbeuteten die Apachen alle Pferde der Ka-

Geronimo, Häuptling der Apachen,
findet seine ermordete Frau Alopé

rawane. Im Kampf kamen zehn Amerikaner ums Leben. Victorios erfolgreiche Aktionen sprachen sich herum. Bald strömten ihm weitere Apachen-Flüchtlinge aus San Carlos zu; zuerst 140 Mescalero, die vom Häuptling Caballero geführt wurden.

Hier müssen wir daran erinnern, daß die meisten Apachen spanische Namen oder Spitznamen hatten, die in der Regel Verballhornungen ihrer eigenen indianischen Namen waren. Anhand von Aufzeichnungen über Verhandlungen und Gespräche, die die Apachen mit den Amerikanern führten, kann man feststellen, daß die Apachen häufig spanische Namen verwendeten, die vielfach einen ganz besonderen Sinn hatten. Der Name Coloradas zum Beispiel bedeutet wörtlich «Rote Ärmel».

Den 140 Mescalero folgten weitere, in der Mehrzahl nicht so große Gruppen in Victorios Felsenburg.

Die ständig wachsende Zahl der freien Apachen in dem wilden Bergland beunruhigte mehr und mehr auch die Großgrundbesitzer von Chihuahua und Sonora in New Mexiko, die nicht wie die armen Bauern und Hirten im Vorgebirge der Sierra Madre Occidental in armen Dörfern lebten, sondern in den wenigen kleinen Städten, besonders in Carrizal und in dem Grenzstädtchen Presidio. Die reichste Familie in Carrizal waren die Rodriguez. Ihr damaliges Oberhaupt organisierte eine Strafexpedition gegen Victorios Apachen, nachdem Mexikaner ihre Spuren auf dem durch das Gebirge führenden Hauptpfad entdeckt hatten.

Die Männer von Rodriguez waren fest davon überzeugt, daß es ihnen gelingen werde, Victorio gefangenzunehmen und seine «Banditen» vernichtend zu schlagen. Die Strafexpedition zog rasch auf dem einzigen Pfad in die Berge; der Ritt kam den Männern vor wie ein schöner Sommerausflug, aber nur bis zu dem Augenblick, da sie in der ersten, von riesigen Felsblöcken besäten Schlucht mit Schüssen empfangen wurden. Sie nahmen hinter den Felsblöcken Deckung und eröffneten auch das Feuer. Jetzt aber rächte sich Rodriguez' Sorglosigkeit. Victorio hatte den Angreifern, die seine Bergfestung erobern wollten, eine Falle gestellt: Während am Ausgang der Schlucht sechs Apachen die Mexikaner aufhielten, überwältigten die übrigen über dem Eingang zur Schlucht versteckten Indianerkrieger die Eindringlinge von hinten.

Es vergingen einige Tage. Die Gutsbesitzer von Carrizal machten sich Sorgen um die Strafexpedition. Sie stellten deshalb eine neue Gruppe zusammen, die die Einheit in dem Bergland suchen und mit ihr zusammen gegen Victorio vorgehen sollte. Zugleich sandten sie eine Nachricht an die Garnisonen an der amerikanisch-mexikanischen Grenze, in der sie ihre Landsleute und auch die Amerikaner aufforderten, sich dem Feldzug gegen die Apachen anzuschließen.

Auf mexikanischer Seite wurde die Grenze von der Garnison von Presidio del Norte gesichert – heute heißt diese Stadt Ciudad Juarez. Auf der amerikanischen Seite lag ein Regiment Texasranger in El Paso. Beide Truppenteile boten den Bürgern von Carrizal Hilfe an. Kommandeur der neuen gut bewaffneten amerikanisch-mexikanischen Strafexpedition in das Bergland war de Guadalupe, sein Stellvertreter ein Amerikaner, Oberst Baylor.

Die Ranger wurden von indianischen Spähern begleitet. Kaum hatte die Vorhut der vereinigten Truppen das Gebirge betreten, fanden die Späher zahlreiche Spuren der vorherigen Strafexpedition. Andere, ganz frische Spuren zeigten an, daß die Apachen nach Norden abgezogen waren, zum See Santa Maria.

Die Spurenleser hatten sich nicht geirrt. Victorios Gruppe hatte tatsächlich diesen Teil des Gebirges vorübergehend verlassen. Vorher hatte er jedoch auch der zweiten Expedition aus Carrizal eine Falle gestellt. Wieder hatte er einen Teil seiner Krieger um die Schlucht postiert, in der er zuvor bereits die Einheit von Rodriguez vernichtet hatte.

Als die zweite Expedition die Schlucht erreichte, fand sie hier ihre gefallenen Landsleute. Die Mexikaner fällten Bäume, um die Leichen auf einem Scheiterhaufen zu verbrennen. Victorio gönnte ihnen noch einige Minuten. Dann aber hob er die Hand, und auf dieses Signal sprangen seine Krieger in die Schlucht und zerschlugen auch diese zweite Truppe. Als die Ranger schließlich die Schlucht erreichten, konnten sie nur noch die vorbereiteten Scheiterhaufen anzünden und darauf die Leichen verbrennen.

Inzwischen bereitete Victorio weiter im Norden jenseits des Sees Santa Maria eine weitere Aktion vor. Er führte sie im Januar 1880 durch, nicht ganz drei Monate nach dem Doppelsieg über die gegen ihn ausgesandten Strafexpeditionen. Amerikanische reguläre Truppen wurden gegen die Apachen eingesetzt. Zweimal stießen die Gegner aufeinander, und zweimal endete das Gefecht unentschieden. Bis zum April gelang es den Apachen in New Mexico, dieses «Spiel» mit den Kavalleristen fortzusetzen. Im Mai und Juni ruhten dann die Apachen jenseits der Grenze in Mexiko aus, und im Juli und im August zogen sie wieder gegen ihre Feinde in den USA aus. Ende September war Victorio, schon sehr erschöpft durch die ununterbrochene Serie anstrengender Aktionen, wieder in Mexiko. Diesmal suchte er sich als seine Basis das Bergland der drei Burgen aus, Tres Castillos im nördlichen Chihuahua. Aber noch bevor die Apachen bis in die schwer zugänglichen Gegenden dieses Gebirges vordringen konnten, näherte sich ihnen – diesmal zum ersten Male unbemerkt – das bisher stärkste Truppenkontingent, das jemals im nördlichen Mexiko gegen Indianer eingesetzt wurde, die Reiter des Generals Terrazas, begleitet von Spähern vom Stamme der Tarahumara.

Diese indianischen Späher hatten auch festgestellt, daß Victorio, der sich wie immer in Mexiko ganz sicher fühlte, und mit der mexikanischen Armee überhaupt nicht rechnete, die Mehrzahl seiner Krieger in die Wälder zur Hirschjagd geschickt hatte. Die um ein Vielfaches stärkeren Truppen von General Terrazas nutzten diese Gelegenheit und griffen Victorios Lager an, in dem sich zu dieser Zeit mit dem Häuptling zusammen Frauen und Kinder aufhielten und nur ein kleiner Teil der männlichen Stammesangehörigen.

Victorio kämpfte wie ein Löwe. Die von allen Seiten eingeschlossenen Apachen wehrten sich bis zum Abend. Der erbarmungslose Kampf ging auch nachts weiter und dann noch den ganzen nächsten Tag. Der Häuptling wurde elfmal verwundet. Aber erst als den Apachen die Munition ausging, gelang es einem Späher, den Häuptling Victorio zu töten. Das geschah, kurz bevor die Apachen die Gewehre fortwarfen, die ihnen ohne Patronen nichts nutzten.

Rache für Alopé

Die freien Apachen, die während der Eroberung von Victorios Lager auf der Hirschjagd waren, und auch diejenigen, die sich zu dieser Zeit in anderen bergigen Gebieten an der Grenze zwischen den Vereinigten Staaten und Mexiko verborgen hielten, vereinigten sich nach dem Tode Victorios erneut, diesmal unter der Führung von Victorios Stellvertreter, dem Häuptling Nana.

Nana war zu dieser Zeit bereits hochbetagt. Und gerade als er das achte Jahrzehnt vollendet hatte, unternahmen die Apachen unter seiner Führung eine Aktion, die jeden Bewohner des amerikanischen Südwestens überzeugte, daß auch in diesem hohen Alter der ausdauernde Krieger des Mangas Coloradas, der Mitkämpfer von Cochise und ehemalige Stellvertreter von Victorio nichts von seinem Kampfesmut und seiner Kraft eingebüßt hatte.

Diese Aktion unternahm Nana zum 80. Geburtstag im Juli 1881, einige Monate nach dem Tode des Victorio. Die Apachen zogen nicht mehr nur gegen ihre Feinde in einen der drei südwestlichen Bundesstaaten allein zu Felde, sondern gegen die Weißen in allen drei zugleich. Nana überfiel Ortschaften und Farmen in Arizona, New Mexico und Texas. Im Laufe von acht Wochen zog Nanas Schar mehr als tausend Meilen durchs Land und bestand in acht größeren und kleineren Gefechten. In allen Kämpfen besiegten die Apachen ihre zahlenmäßig weit überlegenen Feinde, töteten fünfzig amerikanische Soldaten, erbeuteten mehr als zweihundert Pferde und verschwanden dann vor den Truppen, die sie verfolgten – es waren mehr als tausend ausgebildete Soldaten und vierhundert Freiwillige aus den Grenzgebieten – spurlos auf der mexikanischen Seite, diesmal wieder in der Tiefe der Sierra Madre Occidental.

Nana jedoch blieb bis zu seinem Tode auf seiner Bergfestung in Sonora. Als er selbst nicht mehr ausreiten konnte, leitete er von dort die Angriffe, die in der Regel sein Unterhäuptling Loco anführte. Vor seinem Tode verbündete sich Nana in der Sierra Madre mit dem Führer anderer, zu dieser Zeit bereits gefürchteter Unbeugsamer, der Gruppe des legendären Geronimo. Dieser wurde Ratgeber und Stellvertreter des Mannes, den die Apachen beiderseits der Grenzen wegen seiner beispiellosen Tapferkeit hoch achteten und schätzten.

Mit Geronimo erreicht die Geschichte dieses letzten Apachen-Krieges unbestreitbar ihren Höhepunkt. Auch sein Name ist eine spanische Verballhornung seines wirklichen Namens Goyathlay (wörtlich «Der Gähnende», «Der Schläfrige»). Der Häuptling hatte aber einen ganz anderen Charakter, als sein Name schließen ließ. Er war, wie sein erster amerikanischer Gegenspieler «Grauer Wolf», sagte, ein «Tigermensch». Und ein anderer seiner starken Gegner, General Miles, schätzte den Apachen-Häuptling ähnlich ein. «Geronimo ist der schlimmste, der schrecklichste Indianer, der je gelebt hat ...»

Wir wissen, welcher Indianer für diesen General der schlimmste war, natürlich der, der den Amerikanern gegenüber den entschlossensten Widerstand leistete.

Aber bevor wir von den Taten dieses «Tigermenschen» berichten, müssen wir einige Fakten mitteilen, die für das Verständnis Geronimos wichtig sind. Man muß dabei im Auge behalten, daß es im Südwesten – ebenso wie einst auf den Prärien – keinen einheitlichen Kampf aller Indianer gegen die Eroberer gab.

Geschildert wurde schon, daß einige Apachen-Gruppen gegen die Mexikaner von Sonora kämpften, während sie zur selben Zeit mit den Bewohnern von Chihuahua oder den Bergleuten von New Mexico in Frieden lebten. Später spalteten sich die Apachen-Stämme weiter. So befand sich in der Regel immer nur ein Teil des Stammes im Kriegszustand. Diese Gruppe wurde nicht mit dem Namen der Stammesgruppe bezeichnet, sondern mit dem ihres jeweiligen Häuptlings. Der andere Teil desselben Stammes hielt mit den Feinden seiner Stammesbrüder Frieden.

Geronimos Kampfweise unterschied sich grundlegend von der in den Apachen-Kriegen üblichen. Er begann den Kampf unabhängig von Mangas, von Cochise und von den anderen Nachfolgern Mangas'. Er kämpfte auch dann weiter, nachdem diese Häuptlinge ihren bewaffneten Widerstand eingestellt hatten, auch als die anderen Apachen-Gruppen freiwillig seßhaft wurden und dazu übergingen, den Boden zu bearbeiten. Geronimo war unbeugsam und unversöhnlich. Geronimo, der lange vor Victorio und Nana mit der Waffe in der Hand den Kampf gegen die weißen Landräuber aufgenommen hatte und ihn bis zu seinem Tode führte, wurde zum Symbol für den letzten Indianerkrieg in Nordamerika.

Geronimo hatte für seinen ausdauernden Haß einen persönlichen Grund. Geboren wurde er in einem Lager der Mimbreno am Gila River. Mit siebzehn Jahren, als er unter die Männer aufgenommen wurde, heiratete er ein sehr schönes Indianermädchen, sie hieß Alopé. Die Stämme von Goyathlay und Alopé lebten damals mit den Mexikanern von Chihuahua in Frieden. Die Apachen konnten sich in diesem Nachbarstaat frei bewegen und ein- bis zweimal im Jahr die Märkte in den Städten von Chihuahua besuchen, wo sie ihre Erzeugnisse gegen Pinola eintauschten.

Solche Märkte fanden in der kleinen Stadt Casas Grandes und im benachbarten Presidio del Janos statt. Die Apachen zogen nach Chihuahua auf den Markt. Unweit von Casas Grandes schlugen sie ihr Lager auf. Die Frauen und die Kinder, unter ihnen auch Alopé mit ihren drei kleinen Söhnen, blieben im Lager, und die Männer gingen in das einige Meilen entfernte Städtchen. Als die Apachen nach einigen Stunden ins Lager zurückkehrten, lebten Alopé und ihre Söhne nicht mehr. Alle Frauen und Kinder der Apachen-Krieger waren tot. Nur einige Dutzend gesunder, junger Apachen-Mädchen waren verschont worden, um an die Plantagenbesitzer in die Sklaverei verkauft werden zu können.

Was war mit Alopé und ihren Kindern geschehen? Von dem Marktbesuch der starken Gruppe von Mimbreno-Apachen wußten natürlich nicht nur die kreolischen Bewohner der Städte von Chihuahua, sondern auch die Kreolen aus anderen Staaten des nordwestlichen Mexiko. Im benachbarten Sonora herrschte damals ein Diktator, von denen die Geschichte der einzelnen mexikanischen Staaten Dutzende kennt, ein General Carrasco. Er meinte, er könne durch einen Überfall auf die gehaßten und gefürchteten Apachen seine Position festigen. Deshalb überschritt er mit seinem halbprivaten Militär ohne jede Berechtigung die Grenze des Staates Chihuahua, rückte bis Casas Grandes vor und beobachtete aus einem Versteck, was im Apachen-Lager vorging. Und dann, nachdem Geronimo mit den anderen Männern in die Stadt aufgebrochen war, überfielen Carrascos Soldaten das Lager, machten die Kinder nieder. Carrasco überließ die Frauen seinen Soldaten, die sie mißbrauchten und dann ermordeten. Das erste Opfer dieser Bestie in Generalsuniform war Alopé.

Als Geronimo mit seinem Sack Pinola für die Kinder und mit Schmuckstücken für seine Frau vom Markt zurückkehrte, fand er alle in seinem Zelt tot vor. Und damals soll Geronimo geschworen haben, sie bis zu seinem Tode zu rächen.

Geronimo kehrt zurück

Der mexikanische General Carrasco überlebte seine Untat nur wenige Monate. Der grausame Mörder, der nach seiner ruchlosen Tat bei Casas Grandes sofort nach Sonora zurückgekehrt war, wurde von seinen eigenen Leuten vergiftet. Der Massenmord an den Indianern hatte seine Herrschaft nicht gefestigt, sondern das Ende beschleunigt.

In den folgenden Jahren unternahm Geronimo mit seiner Gruppe einige Aktionen, die später berühmt wurden. Geronimos Krieger bewegten sich vorläufig noch ungehindert durch Arizona und New Mexico. Von dort aus unternahmen sie dann ihre Angriffe gegen die nördlichen mexikanischen Staaten. Die bekannteste dieser Aktionen in der ersten Periode seines Kampfes war ein Zug der Apachen durch das nördliche Mexiko, den Geronimo mit der Eroberung und Plünderung der Stadt Crassanas im Staat Chihuahua krönte.

Mitte der siebziger Jahre gelang es den Amerikanern vorübergehend, sogar Geronimos Apachen in die Reservation San Carlos umzusiedeln. Aber bald wurde Geronimo wieder zum Führer eines Aufstands. Die Rebellion wurde niedergeschlagen, und der Verwalter der Reservation ließ den Häuptling ins Gefängnis werfen. Das Gefängnis konnte Geronimo erst verlassen, als ein neuer Verwalter die Reservation übernahm, der keine Ahnung hatte, wer da eigentlich hinter Gittern gesessen hatte und warum.

Geronimo knüpfte sofort neue Verbindungen zu den kampfwilligen Stammesangehörigen an, die mit in San Carlos eingesperrt waren, und bald führte er sie aus der verhaßten Reservation heraus. Dabei erschlugen sie den Kommandanten der Indianerpolizei und vernichteten eine Abteilung regulärer amerikanischer Kavallerie, die versuchte, sie zu verfolgen. Danach mußte Geronimo, dieser unversöhnliche Feind der Mexikaner, ausgerechnet in Mexiko Zuflucht suchen.

Schon der Name Geronimo hielt die Soldaten von Sonora und Chihuahua in sicherer Entfernung. Geronimo wählte später als Hauptbasis für seine Gruppe ein ausgedehntes felsiges Hochland im Herzen der Sierra Madre Occidental, wo er von allen Seiten durch tiefe Schluchten geschützt war, die die Bergflüsse in die Felsen gegraben hatten. Geronimos Felsenfestung wurde von einem Gürtel von Kiefernwäldern umschlossen. Der Wald diente seinen Leuten als Jagdrevier und Hauptnahrungsquelle.

In die Felsenburg Geronimos kamen zu den neuen Apachen-Flüchtlingen nach und nach die Gruppen der Häuptlinge Chato, Loco und Nahche, die ebenfalls aus der Reservation geflohen waren. Alle Gruppen wählten jetzt den «Tigermenschen» Geronimo zum obersten Häuptling der freien Apachen.

Wieder drangen einzelne Gruppen in Texas und Arizona ein, um in Blitzüberfällen Waffen, Lebensmittel und Pferde zu erbeuten. Bekannt wurde auch der Ritt nach Geronimos Eintreffen in der Sierra Madre, den im Frühjahr 1883 Häuptling Chato («Platte Nase») mit fünfundzwanzig Kriegern unternahm. Die Aktion dauerte nur sechs Tage, aber während dieser kurzen Zeit – vom 24. bis zum 29. März – schafften es die Apachen, durch ganz New Mexico und Arizona zu reiten, mehr als hundert Pferde zu erbeuten und viele Amerikaner unschädlich zu machen, ohne einen einzigen Mann zu verlieren!

Diese Aktion Chatos im amerikanischen Südwesten stieß in den Vereinigten Staaten auf Unwillen. Geronimo rächte Alopé, Chato seine toten Brüder. In Unkenntnis des wahren Sachverhalts forderte die amerikanische Öffentlichkeit zum Vorgehen gegen Geronimo auf. Wer vermochte sich aber diesen letzten «Bronchos» entgegenzustellen?

Die Regierung erinnerte sich wieder des «Grauen Wolfes». Crook überschritt mit Zustimmung der mexikanischen Behörden die Staatsgrenze und zog, begleitet von einigen mexikanischen Regimentern und von indianischen Spähern aus den Reihen der Reservations-Apachen, geradewegs zu Geronimos Basis in der Sierra Madre.

Der «Graue Wolf» schickte seine Späher über die Hänge des Gebirges, und die erfahrenen Spurenleser gelangten mit Leichtigkeit in die Lager der einzelnen in den Bergen verborgenen Apachen-Gruppen. Alle Abgesandten des «Grauen Wolfs» brachten den Häuptlingen Loco, Chato und Nahche nur eine einzige Botschaft: «Kehrt in Ruhe in die Reservationen zurück, und ich, der Graue Wolf, garantiere euch, daß ihr als Freunde behandelt werdet, nicht aber als Kriegsgefangene.»

Crook brachte auch diesmal das Unmögliche zustande. Bereits acht Tage nach der ersten Begegnung mit den Apachen nahmen die Kämpfer von Ana die Forderungen an, dann eine weitere Gruppe von fast hundert Mann, und am Ende erschien auch Chato im Lager des «Grauen Wolfs». Seine neueste Aktion in Arizona war durch die gegen die Apachen gerichtete Generaloffensive der nordamerikanischen Armee ausgelöst worden.

Geronimo, der nun fast allein stand –, ihm blieb nichts anderes übrig, als sich den anderen Apachen anzuschließen. Crook hielt auch diesmal, was er versprochen hatte: Geronimos Gruppe, die aus den letzten sechzehn tapferen Apachen-Kriegern und siebzig Frauen und Kindern bestand, kehrte in die Reservation zurück, ohne daß auch nur einem von ihnen ein Haar gekrümmt wurde.

Crook schützte die Rückkehrer, so gut er nur konnte. Zu Geronimo schickte er als seinen persönlichen Vertreter einen Leutnant, der Geronimos Gruppe auf dem Wege in die alte Zwangsaussiedlung begleiten sollte.

Die Angehörigen der Indianerpolizei vom Stamme der Apachen, die Geronimos freiheitlichen Sinn kannten, glaubten nicht, daß er für immer in die Reservation zurückkehren werde. Sie wandten sich deshalb an einen Medizinmann aus der Gruppe der Tonto-Apachen, der in San Carlos lebte, und baten ihn, mit Hilfe seines Zauberers zu ermitteln, was Geronimo mache und ob er in San Carlos erscheinen werde. Der Medizinmann sang einen ganzen Tag und eine Nacht, verbrannte den Blütenstaub von heiligen Kräutern, tanzte und eröffnete dann den Wißbegierigen: «Ja, Geronimo wird in die Reservation zurückkehren. Er wird an der Spitze seines Gefolges auf einem weißen Pferd reiten und eine große Herde Vieh mit sich führen …» Soweit die Erzählung in der indianischen Überlieferung.

Fünf Tage später kam Geronimo in San Carlos mit den letzten sechzehn freien Apachen-Kriegern und Frauen und Kindern angeritten. Und wirklich trieben sie dreihundert fette Rinder vor sich her, die Geronimo beim Rückweg auf den Haziendas in dem gehaßten Sonora erbeutet hatte. An der Spitze des Zuges ritt auf einer schönen weißen Stute der Häuptling Geronimo.

General Crook wollte aber nicht auf halbem Wege stehenbleiben. Um den Apachen die Reservation schmackhaft zu machen, konnte sich Geronimo selbst jenen Teil der Reservation aussuchen, wo er sich mit seiner Gruppe niederlassen wollte. Der Häuptling wählte sich einen recht fruchtbaren Landstrich. Mit den Apachen lebte hier nur ein einziger Amerikaner, Crooks persönlicher Vertreter, der sich bemühte, keinen Anlaß für neue Zwietracht aufkommen zu lassen.

Doch selbst der außerordentliche Takt des Leutnants half nichts. Das Bewußtsein, hier nach dem Willen derer wohnen zu müssen, gegen die sie fast ihr ganzes Leben lang gekämpft hatten, trieb die Unbeugsamen erneut hinaus in die Freiheit, zurück in die Berge! An der Spitze der aufbegehrenden Apachen stand wiederum Geronimo, mit ihm zogen Nahche, Ulzana, Mangas, den wir nicht mit seinem älteren Namensvetter verwechseln dürfen, Chihuahua und weitere dreißig Männer, acht männliche Jugendliche und mit ihnen zweiundzwanzig Frauen und Kinder.

Der Weg der Flüchtlinge führte von der Reservation wieder über die Grenze Arizonas nach Mexiko, in die wilden Berge. Geronimos Gruppe nahm ihr früheres Leben wieder auf. Er schickte erneut seine Männer gegen den Südwesten der Vereinigten Staaten aus, die Apachen eilten wieder wie der Wind durch New Mexico, Texas und Arizona und teilten jetzt Schläge nach allen Seiten aus.

Die wohl erfolgreichste Aktion unternahmen elf Apachen unter der Führung des tapferen Ulzana, des Bruders des Häuptlings Chihuahua, in Arizona und New Mexico. Während eines viertägigen Streifzuges täuschte Ulzana fünf Schwadronen der amerikanischen Kavallerie und eine Gruppe indianischer Späher vom Stamme der Navaho. Die Apachen erbeuteten 250 Pferde und hatten nur einen einzigen Gefallenen zu beklagen.

Wieder wurde General Crook gegen die Apachen eingesetzt. Seine Truppen zogen erneut aus. Den wichtigsten Teil bildeten diesmal apachische Späher. Sie fanden bald die Spuren der Unbeugsamen und erkundeten, wo sich die freien Apachen jetzt niedergelassen hatten. Die Mexikaner nennen diese wilden, trockenen Berge Espinosa del diablo (Teufelsrückgrat).

Die Späher erklommen die unzugänglichen Berge. Als sie aber in der folgenden Nacht die Gipfel der Berge fast erreicht hatten, wurden sie von Mexikanern angegriffen, die die Apachen-Späher, die in der amerikanischen Armee dienten, mit Geronimos Schar verwechselten. Der Nachtangriff der mexikanischen Soldaten hatte Erfolg: Als erste kamen dabei Offiziere der amerikanischen Truppen ums Leben.

Nachdem die Lage mit dem anbrechenden neuen Tag geklärt war, stieg Crook jetzt gemeinsam mit den Mexikanern immer höher in die Berge, bis er Geronimos Lager erreichte. Geronimo nahm wieder – nun schon zum dritten Male – Crooks Aufforderung zu Verhandlungen an. Er stellte jedoch die gleichen Grundbedingungen wie beim letztenmal: die freie Rückkehr in die Vereinigten Staaten.

Es gab aber viele, die aus dem neuerlichen Frieden, den der «Graue Wolf» erwirkt hatte, persönlichen Nutzen ziehen wollten. In erster Linie Branntweinhänd-

Ishi, der letzte
«freie» Indianer Nordamerikas

Übung und Spiel junger Männer, der zukünftigen Krieger

Von Indianern geschaffene Darstellung einer kriegerischen Auseinandersetzung

ler. Sie kannten genau die Schwäche der Apachen für das Feuerwasser. Als erster traf in dem Lager der Indianer, die «den Frieden feierten», ein Schankwirt aus dem nahen San Bernardino ein. Die Apachen kauften von ihm Whisky für alles, was er dafür in Zahlung zu nehmen bereit war.

Das Feuerwasser, das Geronimos Kämpfer so lange nicht gekostet hatten, entflammte ihre Freiheitsliebe von neuem. Und als der neue Tag anbrach, fehlten in dem Lager etwa zwanzig Männer, unter ihnen auch Geronimo, Nahche und andere Krieger. Die übrigen Apachen, einschließlich Ulzana, der die erwähnte Aktion gegen Arizona befehligt hatte, waren jedoch im Lager geblieben und warteten nun darauf, daß die Truppen des «Grauen Wolfs» sie in die Reservation begleiteten.

Die erneute Flucht von Geronimo war ein Schlag für Crook. Die größten Feinde der Indianer, an ihrer Spitze der Mann, dem jetzt alle militärischen Operationen gegen die Indianer anvertraut waren, der General Sheridan, forderten jetzt von Crook, alle Verpflichtungen den Apachen gegenüber zu brechen und auf einer bedingungslosen Kapitulation zu bestehen. «Grauer Wolf» erklärte daraufhin seinen Rücktritt.

Mit Crooks Resignation endet die letzte Etappe der oftmals von offizieller amerikanischer Seite überbetonten «friedlichen Umsiedlung» in die Reservation. General Sheridan handelte schon immer nach der Devise: «Der beste Indianer ist der tote Indianer!»

General Miles, der sich bereits in den Kämpfen gegen die Kiowa und einige Dakota-Stämme als Indianerschlächter «verdient» gemacht hatte, setzte dieses Motto in die Tat um. Miles stützte sich nicht wie der «Graue Wolf» auf die Erfahrungen von indianischen Fährtenlesern. Er stellte eine Truppe von fünftausend Soldaten zusammen, aus denen er dann einige «Flying Columns» bildete, die «Fliegenden Kolonnen». Weitere Abteilungen bewachten in ganz Arizona und New Mexico alle Brunnen und kleinere Wasserstellen. Einer der Grundsätze der neuen Kampfführung hieß: Die Apachen sollen am Durst zugrunde gehen.

Und jetzt erst begann die Treibjagd auf die Indianer. Dutzende von Hilfsabteilungen und fünftausend Soldaten, alle machten in ganz Arizona Jagd auf zwanzig Männer, dreizehn Frauen und sechs Kinder. Und sie konnten ihrer nicht habhaft werden!

Geronimo wechselte immer wieder über die Grenze. Er wurde einmal in Arizona gesehen, bald darauf in der mexikanischen Sierra Madre, griff eine Ranch an, jagte wieder durch Mexiko und befand sich im Süden der Vereinigten Staaten.

Was aber würden die siebentausend Apachen, Männer, Frauen und Kinder, die voller Bewunderung den Kampf der unerreichbaren zwanzig Männer verfolgten, in den Reservationen tun? Miles kannte die Apachen, und er kannte auch die Sheridan-Anordnung. Und weil er nicht ohne Grund und Ursache alle in den Reservationen lebenden Apachen ermorden lassen konnte, schlug Miles Sheridan einen Trick vor, mit dem die Amerikaner vor siebzig Jahren die Zwangsaussiedlung der Indianer des Südostens erreicht hatten. Die Seminolen, die Creek und die Cherokee waren aus ihrem Heimatland in die Gebiete jenseits des Mississippi auf eine besondere Art vertrieben worden. Wenn man die Apachen zwänge, auch «freiwillig» in der Reservation zu bleiben? So schickte Miles eine Delegation von sorgfältig ausgesuchten Apachen nach Washington, um dort mit der Regierung über den Abzug der letzten Apachen aus ihrer alten Heimat zu verhandeln.

Aber auch der Aufenthalt in den Reservationen hatte diesen Indianerstamm nicht gebrochen. So war selbst diese Gruppe von versöhnungsbereiten Indianern, denen eine ähnliche Rolle wie Keokuk zugedacht war, auch in Washington nicht zu brechen. Miles mußte sie wieder ohne Erfolg in den Zug setzen, und die Abordnung kehrte in die Reservation zurück. Um zu beweisen, wie sehr er die Apachen «schätzte», die er zu seinen Kollaborateuren machen wollte, ließ sie der General auf halbem Wege aussteigen und schickte sie statt nach Arizona in das Gefängnis von Fort Marion auf Florida. Und den Delegierten folgten dann in das Gefängnis auf Florida Hunderte weiterer Apachen. Unter den ersten waren Apachen-Späher und Angehörige der Indianerpolizei, ohne die weder ein Crook noch ein Miles den tapferen Geronimo je bezwungen hätte. Alle diese ehemaligen Gehilfen der amerikanischen Truppen wurden jetzt zu langjähriger Haft verurteilt.

Inzwischen waren aber Geronimo und seine Getreuen von der dauernden Treibjagd ermüdet. Bei einer neuen Verhandlung, auf der Häuptling Geronimo wieder nur forderte, frei in die Reservation zurückzukehren, entgegnete ihm Miles mit kaum verhohlener Schadenfreude: «Sorry, Geronimo, in der Reservation in Arizona leben fast keine Apachen mehr, und auch ihr werdet nicht dahin zurückkehren.»

Der Häuptling des einst so mächtigen Stammes konnte sich nicht mehr auflehnen. Fünftausend Soldaten des Generals Miles bewachten ihn, damit er nicht wieder flüchtete. Und so mußte sich also auch Geronimo, der letzte Führer der freien Apachen, in den Zug setzen und in Ketten seine Heimat verlassen, für deren Freiheit er dreißig Jahre gekämpft hatte, angefangen mit jenem Tage, als seine Frau Alopé ermordet worden war.

Die traurige Fahrt endete erst an der Küste des Atlantiks, in Fort Marion auf Florida. Hier hielt man die Apachen acht Jahre in Haft, dann brachte man sie in ein anderes Gefängnis, diesmal nach Fort Sill in Oklahoma. Achtundzwanzig Jahre war Geronimo hier eingekerkert.

Als er 1908 in Fort Sill starb, war er einundneunzig Jahre alt. Niemals mehr erblickte er die Hänge seiner geliebten Berge in Arizona, Texas, New Mexico; niemals mehr bekam er Chihuahua wieder zu Gesicht.

Zusammen mit Alopé hatte der mexikanische General Carrasco damals auch Geronimos drei Kinder ermorden lassen. Und dennoch stiegen am 10. April 1930 in Mexico, in Sonora, von den Hängen der Sierra Madre freie Apachen herab, von denen man dreißig Jahre lang nichts gewußt hatte. Die Apachen erschlugen einige Mexikaner, die sich ihnen in den Weg stellten, und versuchten dann, wie ein Augenzeuge dieses Überfalls aussagte, «in ihre uneinnehmbaren Felsenklippen zurückzukehren». Die Agentur, deren Nachricht damals alle großen amerikanischen Zeitungen übernahmen, fügte hinzu: «Diese Apachen wurden, wie der Augenzeuge angibt, von Geronimo III. geführt, einem Enkel jenes Geronimo, auf den in den achtziger Jahren die amerikanische Armee in Arizona Jagd gemacht hatte.»

Geronimo III., ein Enkel des Geronimo? Der Häuptling war vor fast einem Vierteljahrhundert gestorben, und seine Kinder waren zusammen mit seiner Gattin Alopé ermordet worden. Und doch erschreckte dieser Name noch nach Jahrzehnten seine Feinde, er wurde von dem Häuptling einer freien Apachen-Gruppe angenommen, die jenseits der Grenzen der Vereinigten Staaten lebte.

Der letzte freie Indianer

Mit der Unterwerfung der Apachen, die unter Führung des zur Legende gewordenen Geronimo standen, fand der bewaffnete Widerstand der Indianer Nordamerikas gegen die weißen Landräuber, ihr Kampf für Freiheit und für das elementarste Menschenrecht, das Recht zu leben, seinen Abschluß. In der Folgezeit empörten sich nur noch kleine Gruppen und schließlich nur einzelne Indianer. Ihre letzte Zufluchtsstätte waren die Berge und die Wüsten des Westens in Kalifornien und Oregon. Der mit Waffen geführte Freiheitskampf der einheimischen Bevölkerung Nordamerikas war beendet, ihr Freiheitswille und ihr nimmermüdes Ringen für ein menschenwürdiges Dasein in der kapitalistischen Gesellschaft der Vereinigten Staaten von Amerika konnte indes bis heute nicht gebrochen oder abgewürgt werden.

Es geschah in Berkeley. Die Hunde eines Fleischermeisters machten eines Nachts einen Höllenspektakel. Der Fleischer eilte vors Haus und erblickte vor dem Laden eine merkwürdige zitternde Gestalt. Es war ein Mann von etwa fünfzig Jahren, der nur ein einfaches Lederhemd trug, sonst aber nackt war. Der Fleischer stürzte sich auf den vermeintlichen Dieb, schloß ihn im Keller ein und lief zum Sheriff.

Zwei Stunden später saß der verdächtige Fremde dank dem «schnellen Zugriff» der einheimischen Behörden bereits hinter Gittern.

Der Ortssheriff konnte kein Protokoll über die Vernehmung abfassen, weil der Verhaftete kein Wort Englisch verstand. Die Wärter bekleideten den geheimnisvollen Fremden und ließen ihn einstweilen ungeschoren in seiner Zelle hocken.

Über diesen Mann schrieben bald die Zeitungen von ganz Kalifornien, sie nannten ihn «Tiermenschen». Einen dieser Artikel las auch der amerikanische Völkerkundler Kroeber, der sein Leben dem Studium der kalifornischen Indianer, der einfachsten und kleinsten Stämme Nordamerikas widmete. Ihm war sofort klar, daß es sich hier um einen Angehörigen eines bis jetzt noch nicht ausgestorbenen Indianerstammes handeln mußte, der durch irgendeinen Zufall der Reservation entgangen war. Kroeber beauftragte seinen Assistenten Dr. Waterman, sich den gefangenen Indianer anzuschauen. Waterman hatte in seinem Gepäck Wörterbücher der bis dahin noch benutzten Indianersprachen von Kalifornien bei sich.

Der Sheriff öffnete die Tür. Der Indianer saß auf seinem Bett und hörte interessiert zu, als ihm Waterman die genau einstudierten Worte aus den verschiedenen Indianersprachen wiederholt vorsagte. Es vergingen einige Tage. Waterman hatte nach und nach alle noch lebenden kalifornischen Sprachen zur Verständigung angeboten, aber der Gefangene hatte auf keine einzige reagiert. Da erinnerte sich Dr. Waterman, daß gerade im Gebiet von Berkeley die heute ausgestorbenen Indianerstämme der Yana-Gruppe gelebt hatten. Der Indianer saß weiter auf seinem Holzbett. Und Waterman wußte, daß in allen Yana-Sprachen Holz «siwini» hieß. Er sagte also «siwini» und schlug mit der Faust auf das Holzbett. In diesem Augenblick sprach der Indianer das erste Wort. Er schrie es laut heraus: «Siwini, siwini!» Waterman glaubte, seinen Ohren nicht zu trauen. War es denn möglich, daß jemand eine Sprache benutzte, die bereits seit einem halben Jahrhundert als tot galt? Die Sprache des Stammes der Yahi, die in der Zeit, da sie ausgerottet wurden – in der zweiten Hälfte des 19. Jahrhunderts –, noch auf dem Niveau der jüngeren Steinzeit gelebt hatten?

Nach einiger Zeit wurde das Rätsel gelöst. Die Erklärung, die der Gefangene dafür gab, war eine bittere Anklage an die Adresse der Feinde der Indianer. Der Stamm der Yahi hatte in Kalifornien in verschiedenen Dörfern gesiedelt, in einem klimatisch angenehmen, aber sehr abgelegenen Landstrich. Isoliert von der Welt der Amerikaner und von anderen Indianerstämmen, hatten sich die Yahi – genauso wie die ganze Gruppe der Yana – nicht nur die völlige Unabhängigkeit bewahrt, sondern auch ihre alte Lebensweise, und das bis in die sechziger Jahre des vorigen Jahrhunderts. Der ausgeglichene Lebensrhythmus der Steinzeitmenschen war aber plötzlich unterbrochen worden. In Kalifornien, das Mitte des 19. Jahrhunderts aufhörte, Bestandteil von Mexiko zu sein und den USA einverleibt wurde, entdeckte man Gold. Und wieder wurden des Goldes wegen Indianer getötet.

Vorbei war es mit der Ruhe der Yana-Indianer. Durch ihr Land führten die Wege der Goldgräber. Einer von ihnen kreuzte auch das Gebiet der Yahi. Die Yahi leisteten den Abenteurern Widerstand, aber ihre primitiven Waffen, Pfeile mit einer Steinspitze, kamen gegen die Winchesterbüchsen der Goldgräber nicht an. Binnen weniger Monate waren vom Stamme der Yahi nur noch einige Personen übrig.

Im Jahr 1872 lebten von dem ganzen Stamm nur noch 10 Indianer. Sie zogen sich in die Berge zurück. Unter denen, die überlebt hatten, war auch der jetzige

Gefangene, damals ein Junge von zehn Jahren. Er wanderte mit den letzten Stammesmitgliedern der Yahi durch die kalifornischen Berge, wuchs heran, wurde zum Mann, aber er hatte keine Frau, weil es unter den letzten Mitgliedern seines Stammes keine junge Frau mehr gab.

1906, als sie sich bereits mehr als dreißig Jahre verborgen gehalten hatten, stieß die Gruppe der aussterbenden Yahi zum erstenmal wieder, und dann auch zum letztenmal, auf Amerikaner, auf Topografen, die hoch in den öden Bergen Vermessungen vornahmen. Zu dieser Zeit lebten nur noch vier Yahi – jener Junge, jetzt schon ein vierzig Jahre alter Mann, seine Mutter, seine Schwester und ein Greis. Als diese letzten vier Lebenden aus dem Stamme der Yahi die Amerikaner erblickten, von denen sie wußten, daß sie ihnen nur Unglück brachten, flüchteten sie nach allen Seiten. Jetzt schlugen freilich die Amerikaner nicht mehr die Indianer tot; aber die Topografen schämten sich nicht, selbst diese unwahrscheinlich elenden letzten neolithischen Menschen um all ihre einfache Nahrung zu bestehlen, die sie in deren Lager fanden. Als sie abgezogen waren, kehrte der Sohn zu seiner Mutter zurück; aber diese starb nach drei Tagen an den Folgen des erlittenen Schocks. Die Schwester und der Greis kehrten nicht mehr ins Lager zurück. So blieb der letzte Indianer seines Stammes, der letzte freie Indianer der Vereinigten Staaten überhaupt, allein. Er lebte jahrelang allein. Er lebte so, wie es ihn die Alten seines Stammes gelehrt hatten. Er war ausdauernd und unvorstellbar genügsam. Er überwand alle Fährnisse dieses Lebens. Nur eines konnte er, wie er später erzählte, nicht überwinden, ohne Menschen zu leben. Er sehnte sich nach ihnen. Jahrelang hatte er keinen Menschen zu Gesicht bekommen. Und eines Tages, vierzig Jahre, nachdem er zum erstenmal vor den Amerikanern geflohen war, kehrte er zu den Menschen zurück.

Der Völkerkundler Kroeber nannte den Mann aus der Steinzeit, der nie einen eigenen Namen gehabt hatte, Ishi. In der Yahi-Sprache bedeutet das «Mensch».

Danach holten sich die Völkerkundler Ishi nach San Francisco. Das war gar nicht so einfach. Ishi hatte noch nie eine Eisenbahn gesehen. Seine Mutter allerdings hatte ihm erzählt, das sei ein Dämon mit schwarzem Gesicht. Würde also Ishi den Zug besteigen? Er stieg ein. Indianer lassen niemals irgendwelche Gefühle erkennen. Weder Furcht noch Schmerz und schon gar nicht Freude. Ishi kam nach San Francisco, und hier fand er das erstemal Männer, die seine Freunde wurden. Es waren die Wissenschaftler der Kalifornischen Staatsuniversität, die sich um Ishi nach besten Kräften bemühten, ohne jedoch wiedergutmachen zu können, was man seinem ganzen Stamm angetan hatte. Ishi vergalt diese Freundschaft nach bestem Wissen und Können. Er führte ihnen vor, wie er und die Menschen seines Stammes die Dinge des täglichen Bedarfs hergestellt hatten, wie sie ihre steinernen und hölzernen Werkzeuge hergestellt hatten, erzählte, woran sie geglaubt hatten und welche Legenden ihnen bekannt gewesen waren. Er gab ein lebendiges Bild von der materiellen und der geistigen Kultur der zweifellos einfachsten Indianer Nordamerikas, die im 19. Jahrhundert noch in der Jungsteinzeit gelebt hatten.

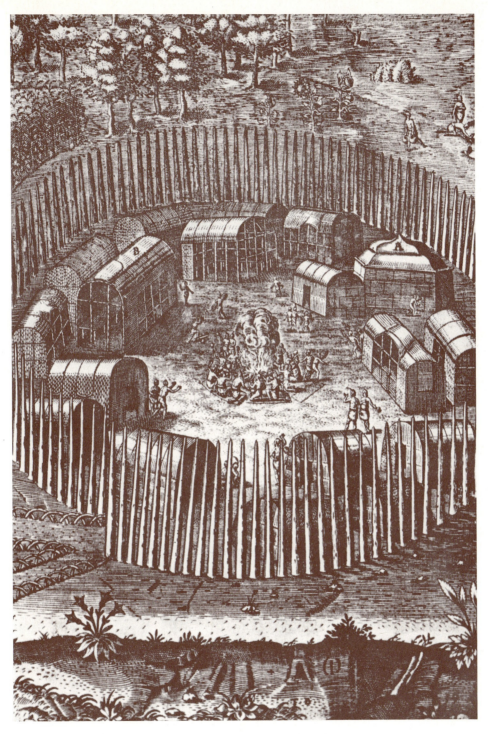

Die südostamerikanische Indianerstadt Pometock.
Der Zeichner kennzeichnet mit dem Buchstaben «A» das
Ortsheiligtum
und mit «B» die Hütte des Indianerhäuptlings

Gräber von gefallenen Indianerkriegern.
Auf die Gräber streuen die Witwen ihr Haar,
das sie zum Zeichen ihrer Trauer
abgeschnitten haben

Indianisches Fest und feierlicher Tanz
von Angehörigen mehrerer Stämme (Virginia)

An einem Indianerfeuer.
Wenn die Indianer eine Gefahr
überwunden hatten,
entzündeten sie ein großes Feuer, an dem sie
ihr glückliches Geschick feierten

Alles, was Ishi in der amerikanischen Großstadt kennenlernte, war für ihn unglaublich. Er bewunderte besonders die Straßenbahnen, und er wiederholte unablässig: «So viele weiße Menschen! Überall so viele weiße Menschen!»

Nach einiger Zeit erhielt Ishi sogar eine Beschäftigung. Seine Freunde besorgten ihm eine Stellung als Gehilfe des Leiters der Sammlungen im Ethnografischen Museum von Berkeley. Wahrheitsgemäß muß hier gesagt werden, daß Ishi selber zu einem der interessantesten «Exponate» gemacht wurde. Ishi lernte auch rechnen. Die Yahi konnten nämlich nur bis zehn zählen. Man lehrte ihn auch schreiben. Gewiß hätte er noch eine Menge anderer Dinge gelernt. Er war ein lebendiges Beispiel dafür, wie gut sich diese häufig so verachteten Indianer anpassen und wie schnell sie sich alle Errungenschaften der modernen Gesellschaft aneignen können.

Dieser Mensch, der sich einer geradezu einmaligen Gesundheit erfreute, solange er allein in der Natur lebte, war jedoch nicht immun gegen die Zivilisationskrankheiten. Nach vier Jahren erkrankte er an Tuberkulose. Und nach einem weiteren Jahr war es bereits klar, daß er der Krankheit erliegen würde. Seine Freunde trugen ihn nach indianischem Brauch, der fordert, daß der Indianer in seinem Zelt, in seinem «Haus» sterbe, dorthin, wo Ishi zu Hause war: ins Museum. Dort starb er auch bald. Ohne ein einziges Wort des Jammerns oder des Bedauerns. Die Wissenschaftler verfuhren dann mit seinem Leichnam, wie es seine Yahi-Familie getan hätte, wenn er in ihrer Mitte gestorben wäre: Sie äscherten ihn mit seinem Pfeil und Bogen und mit heiligen Muscheln ein, und auf die Urne ließen sie eingravieren: «Ishi – der letzte Indianer vom Stamm der Yahi.»

Die Sioux kämpfen weiter

Der letzte freie Indianer war im Westen der Vereinigten Staaten, in San Francisco gestorben. Und hier gedachte ich auch meine Wanderung auf den Spuren der Kämpfe zwischen Amerikanern und Indianern zu beenden. Meinen Bericht über den Freiheitskampf der nordamerikanischen Indianer begrenzen zwei Begegnungen mit toten Kriegern: das Grab des großen Geronimo in Oklahoma und jetzt, am Ende der Reise, die Urne mit der Asche des letzten freien Indianers in Kalifornien.

Ishi ist tot. Geronimo ist tot. Keiner der großen Sioux lebt mehr, dieses kämpferischen, tapferen Indianerstammes, Sitting Bull wurde ermordet, bei dem Massaker am Wounded Knee Creek ging auch Big Foot zugrunde, es starb Red Cloud, und Little Craw wurde ebenfalls ermordet.

Und doch stellte ich, als ich nach einigen Jahren an die letzte Ruhestätte von Ishi zurückkehrte, etwas schier Unfaßbares fest. Die Sioux kämpfen weiter! Ja – sie kämpfen. Und zum ersten Mal begegnete ich ihren neuen Kämpfern wiederum in San Francisco, in der Stadt, in die ich immer fliege, wenn ich in den Vereinigten Staaten bin.

San Francisco liegt am Ufer einer tiefen Bucht mit der Bezeichnung Goldenes Tor. Mitten im Goldenen Tor befindet sich im Pazifik eine kleine Insel – Alcatraz. Bis vor zehn Jahren war dort das gefürchtetste Gefängnis der USA. Dann aber verlegten die Behörden die Haftanstalt woandershin. Und Alcatraz, einzig und allein bebaut mit Gefängnisgebäuden, stand leer. Aber nicht für lange. Diese Insel hatten die Indianer, wie viele andere Gebiete, den USA niemals verkauft oder abgetreten. Die Insel gehörte also, darüber kann es keinen Streit geben, nur ihnen. Als ich – wie erwähnt – abermals nach San Francisco kam, stellte ich zu meiner großen Überraschung fest, daß auf der öden Gefängnisinsel Menschen lebten. Sogar freiwillig. Sie hatten dort indianische Symbole errichtet. Und hatten erklärt: «Dies ist von nun an wieder unser Land, der erste Teil unseres Kontinents, den wir verloren haben und den wir nun wieder in Besitz nehmen.»

Unter den jungen Indianern, die Alcatraz besetzt hatten, war auch eine Reihe von Dakota. Denn die Dakota kämpfen weiter. Und nicht nur hier, im westlichen Teil ihres Erdteils, sondern auch dort, in ihrem Heimatgebiet, in jenen heutigen amerikanischen Bundesstaaten, die die Namen ihres Volkes tragen, in Norddakota und Süddakota. Und sogar auch dort, wo einst das große Massaker stattfand – in Wounded Knee.

Wounded Knee hat sich seit den Zeiten des entsetzlichen Ereignisses nicht sehr verändert. Eine einfache Landstraße, der kleine Fluß des Verwundeten Knies, die Wiese, auf der im frostigen Dezember 1890 die Sioux des Häuptlings Big Foot ihren letzten Tag erlebten, höher auf dem Hang ein Postamt, ein Laden, einige andere Gebäude, und auf dem Gipfel des Hügels, genau dort, wo die Batterien von Oberst Forsyth gestanden hatten, eine Holzkirche und dahinter die Stätte der Trauer – ein ländlicher Friedhof mit dem Massengrab der hingemetzelten Sioux.

Der Grabstein des Massengrabs in Wounded Knee trägt die Namen einiger Opfer. Insgesamt wurden hier annähernd 300 Indianer hingeschlachtet.

Und gerade an diesem Ort verbarrikadierten sich am 23. Februar 1973 etwa dreihundert junge Sioux unter der Führung von Russell Means, die dort stellvertretend für die Angehörigen ihres Stammes antraten, die an dieser traurigen Stätte ermordet worden waren.

Die Sioux kehrten also nach Wounded Knee zurück, um hier ihre Stimme zu erheben gegen die Tatsache, daß die Indianer ein um ein Drittel kürzeres Lebensalter erreichen als die anderen Amerikaner, daß die Kindersterblichkeit bei ihnen zehnmal höher und daß bei den Indianern die Selbstmordquote zwanzigmal höher ist als bei der übrigen amerikanischen Bevölkerung, und weil sie die meisten Arbeitslosen haben. Sie erhoben ihre Stimme besonders gegen den Grund dieser Tatsachen: Ihr Lebensstandard liegt weit unter dem amerikanischen Existenzminimum.

Die amerikanischen Behörden wurden durch die Rebellion der Dakota völlig überrascht. Dann aber begannen sie wieder – so wie vor dreiundachtzig Jahren – Soldaten nach Wounded Knee zu schicken und Waffen. Die Soldaten, die jetzt, im Jahr 1973, den Sioux gegenüberstanden, waren viel besser ausgerüstet und bewaffnet als seinerzeit die Männer von Oberst Forsyth, die gegen die Dakota nur einige schwere Geschütze einsetzen konnten. Jetzt wurde – wie ein Indianer einem Reporter der Zeitung «Rudé právo» erzählte – zuerst Infanterie, ausgerüstet mit dreißig Maschinengewehren, ausgeschickt, dann Schützenpanzerwagen, dann zweiundzwanzig Panzer und schließlich die Überschalljäger «Phantom» der 82. Luftwaffendivision der U.S. Air Force. Die Flugzeuge jagten über die dreihundert Dakota dahin, ihre Bomben- und Raketenmagazine öffneten sich jedoch nicht.

Statt dessen schlossen Soldaten und Polizisten Wounded Knee ein und beschossen von Zeit zu Zeit die Rebellen mit Gewehren. Dabei wurden einige der tapferen Dakota getötet.

Die Sioux hielten dennoch Wounded Knee einundsiebzig Tage lang besetzt. Erst im Sommer des Jahres verließen sie den Wounded Knee Creek.

Zu einem Gefecht war es also nicht gekommen. Die Indianer, auch die Sioux, wollen nicht mit Waffen kämpfen, sie wollen nur, was jeder Bewohner unseres Planeten wollen darf und muß: als Menschen leben, frei nach den eigenen Vorstellungen; sie wollen vor allem keine Fremden in dem Lande sein, das einst ihnen gehörte.

1976 begingen die Vereinigten Staaten den 200. Jahrestag der Gründung ihres Staates. In diesen zweihundert Jahren haben die neuen Bewohner der USA große Leistungen vollbracht: Großzügig angelegte Städte wurden gebaut und Zehntausende riesiger Fabriken, erfunden wurden dort die Glühbirne und der Laser, Amerikaner haben als erste den Mond betreten. Aber irgendwo in diesem Land muß auch der Indianer einen Platz haben, der Indianer, der keine andere Heimat hat als ebendieses Amerika, seine Prärien mit dem hohen Büffelgras und die Cañons.

Für die Indianer blieb jedoch alles fast genauso wie vor hundert Jahren. Wieder sprechen wir von den indianischen Kriegern. Und die Besetzung von Wounded Knee symbolisiert vielleicht nur den Beginn neuer indianischer Kämpfe, vielleicht auch den Beginn einer Wiedergeburt und einer neuen Einschätzung dieser Menschen und ihres kulturellen Erbes.

Über das Kriegswesen der nordamerikanischen Indianer

Der Bericht über die Kämpfe der wohl bekanntesten Helden in dem jahrhundertelangen Verteidigungskrieg der nordamerikanischen Indianer ist zu Ende. Wir sprachen von den Schicksalen und Taten der wichtigsten Teilnehmer der Indianerkriege. Zum Abschluß möchte ich diesen Bericht durch einige Bemerkungen über die indianische Kriegskunst und über ihr Militärwesen ergänzen.

Die nordamerikanischen Indianerstämme führten untereinander zahlreiche Kriege, lange bevor der erste Europäer die Neue Welt betrat. Die Art, wie die einzelnen Stämme Krieg gegen ihre Feinde führten, richtete sich nach den Regeln dieses oder jenes Stammes, wie sie durch die Tradition genau festgelegt waren.

Ob sich die Männer eines Stammes in den Kampf begaben, darüber entschied in der Regel der Stammesrat. Wenn am Beratungsfeuer beschlossen wurde, den Kampf zu eröffnen, wurde zugleich auch vom Rat festgesetzt, wer die Krieger befehligen sollte. Bei einigen nordamerikanischen Indianerstämmen finden wir zwei Gruppen von Häuptlingen. Die einen übten, wie wir heute sagen würden, ihr Amt in Friedenszeiten aus, die anderen im Krieg. Die Pflichten und Rechte des Häuptlings für die Kriegszeit endeten an dem Tag der Rückkehr vom Feldzug.

Viele der Kriegshäuptlinge, von deren tapferen Taten berichtet worden ist, waren gerade solche Häuptlinge, die in Friedenszeiten keinen Anspruch auf besondere Rechte hatten.

Als Kriegshäuptling konnte in der Regel nur ein Indianer gewählt werden, dem «die indianischen Götter gewogen waren», das heißt, daß seine Kraft, sein Mut, seine Tapferkeit und die militärische Begabung überragend waren und daß ihm übernatürliche Kräfte, an deren Existenz und Macht die Indianer begreiflicherweise glaubten, halfen und ihn beschützten. Diesen Schutz und die Hilfe übernatürlicher Kräfte empfing der Kriegshäuptling nach indianischem Glauben entweder unmittelbar oder durch die Hilfe eines Vermittlers.

In den Kampf zogen, wenn der Stammesrat nicht anders entschied, alle erwachsenen Männer, die fähig waren, mit einer Waffe umzugehen. Die Frauen konnten in der Regel die Männer begleiten, nahmen jedoch an den Kämpfen nicht teil. Bei einigen Stämmen durften die Krieger vor dem Eintritt in den Kampf ihren Frauen nicht beiwohnen.

Der einfache indianische Krieger und der Häuptling gingen nicht nur in den Kampf, um die Interessen und die Ehre ihres Stammes zu verteidigen, sondern auch, um ihr persönliches Prestige zu erhöhen. Bei einer Reihe von Prärie-Stämmen gab es sogar eine genaue Aufstellung der Taten, die die «öffentliche Meinung» des Stammes für besonders tapfer hielt.

Der indianische Krieger bewies im Kampf Tapferkeit, wenn er den Körper des feindlichen Kriegers berührte. Obwohl auch in den Kriegen der Indianer untereinander selbstverständlich die Partei siegte, die den Gegner schlug, erwarb der indianische Krieger persönliches Verdienst nicht nur dann, wenn er einen Gegner tötete, sondern bereits dann, wenn er sich an ihn heranschlich und ihm einen Schlag versetzte. Und so wie sich die Art und Zahl der «Treffer» (Coup), die die einzelnen Kämpfer im Verlauf eines Feldzuges erzielten, unterschieden, unterschied sich auch die Stellung der Männer innerhalb eines Stammes. Die Einschätzung der persönlichen Verdienste der einzelnen Kämpfer, die nach der Rückkehr ins Heimatdorf vorgenommen wurde, hatte eine genaue, durch die Tradition bewahrte Ordnung, und diese Ergebnisse bestimmten bis zum nächsten Kriegszug den Platz und den Wert eines jeden Mannes in der indianischen Gesellschaftsordnung.

Mit der Vorstellung, daß durch die Berührung dem Gegner die Lebenskraft entzogen wurde, hängt unmittelbar auch einer der bekanntesten und am meisten verurteilten Bräuche der Indianer zusammen, das Skalpieren. Ein Skalp war für den Indianer ein Zeichen seines Mutes, eine «Kriegstrophäe», die sorgfältig aufbewahrt wurde. Zur Verbreitung dieses indianischen Kriegsbrauches trugen die Amerikaner am meisten bei, die Händler und die Fabriken in Europa, die für die Indianer besondere Skalpiermesser produzierten. Darüber hinaus gaben zu der Zeit, als in Nordamerika die Briten gegen die Franzosen Krieg führten, beide Seiten den Indianern hohe Belohnungen für die Skalpe nicht nur der feindlichen Soldaten, sondern, was viel verwerflicher erscheint, auch für die Skalpe von Frauen und Kindern. Diese abscheuliche Praxis wurde später von einigen Beamten und Privatpersonen in den USA übernommen und weitergeführt.

Mit der Einwanderung der Europäer nach Amerika änderte sich die indianische Kriegführung von Grund auf. Während früher die Indianer nur kurze Feldzüge durchführten und dann in ihre Dörfer zurückkehrten, mußten sie nun häufig jahrelang gegen ihre Feinde kämpfen; während früher im Laufe eines solchen Feldzugs vielleicht nur ein einziger Krieger fiel, mußten jetzt die Indianer den Gegner töten, wenn sie nicht selbst bis zum letzten Mann hingeschlachtet werden wollten. Die taktischen und strategischen Grundsätze hätten sich aber noch stärker ändern müssen, denn die Indianer wurden schließlich nicht nur durch die Überlegenheit der Waffen besiegt.

Der Plan der indianischen Kampfaktionen war vor dem Beginn der Eroberung des Landes durch die Europäer immer einfach und unkompliziert gewesen: Auszug aus dem eigenen Gebiet, Angriff auf das Dorf oder den Lagerplatz des Gegners, Entscheidungskampf und Rückkehr auf die Ausgangspositionen. Die indianische Kriegskunst kannte bis dahin kein Zusammenwirken mehrerer Einheiten und keine Belagerung. Viele der berühmten Häuptlinge des indianischen Freiheitskampfes bemühten sich allerdings, die aus der neuen Situation hervorgehenden Aufgaben zu meistern. Sie strebten danach, große Abteilungen aus ihren Kriegern aufzustellen (Tecumseh), sie belagerten lange Zeit hindurch feindliche Forts (Pontiac), und sie lernten schließlich auch, Kampfaktionen mehrerer Formationen zu befehligen und zu koordinieren (Sitting Bull).

In der Regel siegten sie jedoch dank der Tapferkeit ihrer Krieger und der Tatsache, daß sie für ihr Recht kämpften und für ihr Land. Sie führten gerechte Kriege. Aber auch ein gerechter Krieger braucht gute Waffen, er braucht eine gute Strategie und Taktik.

Die Indianer richteten sich im Kampf nach verschiedenen rituellen Geboten. Abends schlugen sie ein Lager auf, in dem sie in der Regel Kriegstänze abhielten; vielfach war das eher eine Art Pantomime, durch die sie sich auf den bevorstehenden Kampf vorbereiteten. Eine besondere Aufgabe kam dem ersten dieser Lagerplätze zu, der nicht zum Übernachten eingerichtet wurde, sondern nur zur Verrichtung verschiedener religiöser Zeremonien. Hier, in dem ersten, dem «geweihten» Lager, übernahm der Kriegshäuptling, der Anführer in dem bevorstehenden Feldzug, formell die Führung, er war auch der Anführer des Tanzes. Nach kürzerem oder längerem Marsch erreichten die Kämpfer des Stammes, der sich auf dem Kriegspfad befand, das Ziel ihres Marsches. Falls die Männer des feindlichen Dorfes die Angreifer nicht schon früher attackiert hatten, kam es jetzt zum entscheidenden Kampf, dem stets eine außerordentlich umfangreiche Erkundung vorausging. Die indianischen Späher orientierten sich hervorragend im Gelände, waren ausgezeichnete Spurenleser und besaßen eine gute körperliche Konstitution.

Deshalb warben die Eindringlinge, besonders die Armee der Vereinigten Staaten, für ihre Feldzüge gegen die Indianer unter den Stämmen, die sich auf ihre Seite gestellt hatten, Dutzende von Spähern, die zum Beispiel in der Schlußphase des Freiheitskampfes des Stammes der Apachen eine entscheidende Rolle spielen werden.

Im Kampf benutzten die Indianer die traditionellen indianischen Waffen: Speere, Messer, Holz- bzw. Steinkeulen sowie Pfeil und Bogen; den Umgang mit Feuerwaffen erlernten sie erst später. Die historisch älteste der angeführten Waffen ist zweifellos der Speer, den hauptsächlich die Krieger der Prärie-Stämme benutzten. Er hatte in der Regel eine Spitze aus Obsidian, manchmal war sie aus Quarz. Bevor die nordamerikanischen Indianer mit dem Speer umgehen konnten, benutzten sie auch wie einst die mexikanischen Indianer eine Speerschleuder. Das war ein kurzer Stock, in den eine Rinne für den Wurfspeer eingekerbt war. Der Speer hatte eine schwarze Spitze aus Stein. Die Stabilität der Waffe wurde von einem steinernen Gewicht gesichert, das auf der Rückseite der Speerschleuder angebracht war. Zu Beginn der Eroberung ihres Landes durch die Europäer war die Kriegskeule die gebräuchlichste Waffe der Indianer. Die Irokesen-Krieger benutzten zwei Arten von Keulen, eine zur Verteidigung, die in einer schweren Holzkugel endete, und eine zum Angriff, wobei die Kugel durch die Stange eines Hirschgeweihs ersetzt wurde. Die Prärie-Indianer fertigten das Ende der Keulen aus Stein an. Der Griff dieser Keule war gewöhnlich mit Leder beschlagen.

Was sind aber die Tomahawks? Steinbeile kannten die Indianer zwar schon lange, aber erst die Europäer schufen für die Indianer den Tomahawk, genauso wie sie für sie die Skalpiermesser herstellten! Die aus den verschiedenen europäischen Ländern gelieferten Tomahawks unterschieden sich der Form nach beträchtlich. Ihre Funktion war jedoch immer die gleiche, sie verband die Pfeife mit dem Steinbeil. Dieses vielseitig geeignete «Geschenk des weißen Mannes» lernten die Indianer so vollkommen beherrschen, daß der Tomahawk bald zur alleinigen Waffe in der ersten Periode des Freiheitskampfes der Indianer wurde. Demgegenüber wurden Pfeil und Bogen nicht allgemein verwendet; in Nordamerika gab es sogar Stämme, deren Angehörige diese Waffe nicht einmal mehr zur Jagd benutzten. Einen dieser Stämme nannten die Franzosen dann auch Sans arcs – «Ohne Bogen». Außer Speer, Kriegskeule, Tomahawk und Pfeil und Bogen benutzten einige indianische Krieger auch Messer. Klingen aus Metall kannten vor der Ankunft der Europäer nur die Indianer an der Nordwestküste von Nordamerika, die aber in die Verteidigungskriege, die die Ureinwohner der Neuen Welt gegen die Eindringlinge führten, so gut wie nicht eingriffen. Die anderen Gruppen der nordamerikanischen Indianer stellten die Messerklingen aus dem Material her, das sie in der Natur gerade vorfanden. Das gewiß interessanteste dieser Messer war das sogenannte Bibermesser der Algonkin, dessen Klinge ein Biberzahn bildete. Der Griff des Messers war in der Regel aus Holz, Schilf, Quarz oder Bein.

Die ersten Feuerwaffen erwarben die nordamerikanischen Indianer erst zu Beginn des 18. Jahrhunderts. Hauptlieferanten waren die Vertreter der Pelzhandelsgesellschaften. Ein besonders umfangreicher Tauschhandel von Pelzwaren gegen Feuerwaffen entwickelte sich zu jener Zeit bei den Indianern des heutigen Kanada. Später wurde der Verkauf von Feuerwaffen an die Indianer konsequent eingeschränkt. Sie mußten sich ihre Gewehre von einsamen Trappern besorgen, zumeist im Austausch gegen Felle und Leder. Und so schafften es trotz der zahlreichen Verbote des Verkaufs von Feuerwaffen einige Stämme innerhalb von zwei, drei Generationen, sich völlig «umzurüsten». Zum Beispiel führt ein Bericht über die Assiniboin von 1809 an, daß der Stamm, zu dem damals 880 Zelte gehörten und der 2 000 kampffähige Männer zählte, über 1 100 Feuerwaffen verfügte.

Im gleichen Maß aber, wie die Anzahl der Feuerwaffen wuchs, stieg auch der Bedarf an Munition. Weil es nicht möglich war, den Indianern die Waffen abzunehmen, solange sie nicht in einem Krieg geschlagen waren, bemühten sich die Amerikaner seit Beginn des 19. Jahrhunderts, den Verkauf von Munition und Schießpulver auf ein Minimum zu beschränken. Jede Unze Pulver, jede Patrone hatte für die Indianer Goldeswert. Trotzdem aber setzten sie sich in den Besitz von Munition, wie und wo ihnen das nur möglich war, im Krieg durch Überfälle auf feindliche Versorgungskolonnen und in Friedenszeiten durch geheimen Tauschhandel mit einzelnen Händlern.

Außer durch Schußwaffen wurde die traditionelle indianische Kriegführung durch eine weitere «Gabe des weißen Mannes» beeinflußt, durch das Pferd. Dieses Tier, das erst die Entwicklung der Prärie-Indianer ermöglichte, machte sie für die amerikanische Armee zu einem gefürchteten Gegner. Vordem hatten die indianischen Bewohner des nordamerikanischen Südwestens Pferde von den Spaniern erworben. Der erste indianische Reiterstamm von Nordamerika waren zweifellos die Apachen. Sie begannen auch nach dem Muster der Spanier ihre Pferde in eine lederne «Rüstung» zu kleiden. Die Apachen-Krieger benutzten derartige «Lederrüstungen» auch zu ihrem eigenen Schutz. Gewöhnlich aber schützten sich die Indianer im Kampf durch lederne Schilde, die Indianer des Nordwestens benutzten auch eine Schutzkleidung und Helme aus Holz. Die solcherart besser für den Kampf ausgerüsteten Apachen vermochten dann, wie der Jesuit Massanet in einem Bericht aus dem Jahre 1691 erzählt, alle umliegenden Stämme zu unterwerfen.

Für den Erfolg der Kampfaktionen waren jedoch nicht nur die Waffen von Bedeutung, sondern auch die Organisation der Verbindungen spielte eine große Rolle. Wenn die Indianer gegen die vordringenden Weißen kämpften, war es notwendig, Meldungen und Befehle an häufig sehr entfernte Einheiten zu übermitteln. Die indianischen Krieger taten dies auf verschiedenste Weise, zum Beispiel durch die Art des Reitens. Schnelles Hin- und Herreiten bedeutete, daß alle Einheiten sich unverzüglich an dieser Stelle zu sammeln hatten. Die Prärie-Indianer übermittelten ihre Nachrichten auch mit Hilfe von Pfeilen – je nachdem, in welche Richtung und auf welche Art die Pfeile abgeschossen wurden. Von den Amerikanern übernahmen die Indianer schließlich ein heliografisches Übermittlungssystem, die Herstellung einer Verbindung mit Hilfe genau bemessener Reflexe des Sonnenlichts in einem Spiegel. Bei einigen Stämmen spielten Rauchsignale eine große Rolle. So stellte jede Abteilung der Apachen einen ihrer Angehörigen für die Aufgabe ab, eventuelle Rauchsignale zu beobachten. Sie funktionierten in der Art eines Telegrafen. Die Nachrichten wurden so «gesendet», daß in vereinbarten Intervallen der Rauch künstlich aufgehalten wurde, zum Beispiel durch eine Decke.

Zu der Zeit, da gegen die vordringenden Europäer die Angehörigen vieler verschiedener Stämme, deren Krieger sich untereinander nicht einmal verständigen konnten, gemeinsam in den Kampf zogen, wuchs die Bedeutung eines anderen Verständigungsmittels, der sogenannten Zeichensprache. Sie ermöglichte, daß selbst jene Indianer, deren Muttersprachen sich völlig fremd waren, sich mit Hilfe von Gesten und Fingerbewegungen untereinander verständigen konnten. Weit entfernt lebende Stämme übermittelten die Nachrichten mit Hilfe von Bewegungen der ganzen Hand; für den persönlichen Umgang war der Fingerdialekt, die eigentliche Zeichensprache, gebräuchlich. Die Bedeutung dieser Zeichen für die Indianer können wir nicht hoch genug einschätzen. Der Fingerdialekt war keine so arme Sprache, wie man vielleicht denken könnte. Die «Wörterbücher», die zusammengestellt wurden, enthielten einige tausend Wörter! Diese Sprache war leicht verständlich, und die Indianer lernten sehr rasch, damit auch komplizierte Gedanken auszudrücken. Ich habe zum Beispiel das «Vaterunser» in die Fingersprache übersetzt gesehen. Hier seien noch zwei Beispiele genannt: «Verteidigung» wurde dargestellt durch die fest ineinander gefalteten Finger der rechten und linken Hand; «Krieg» beziehungsweise «Schlacht» durch die beiden geballten Fäuste, die sich wie feindliche Heere gegeneinander bewegen. In der Zeichensprache konnten die Indianer auch ihre Orts- und Eigennamen ausdrücken, die gewöhnlich einen ganz konkreten Sinn hatten. So veranschaulichte der Indianer den Namen des berühmten Häuptlings Crazy Horse, indem er zuerst das Zeichen für Wahnsinn vorführte und dann das Zeichen für ein Pferd. Auf die gleiche Weise wurde zum Beispiel der Name Spotted Tail (Gesprenkelter Schweif) so dargestellt, daß man zuerst das Zeichen für Flecken zeigte und dann das Zeichen für Schwanz. Diese auf den ersten Blick primitiv erscheinende Sprache war also besonders in der Zeit von gemeinsamen Feldzügen mehrerer sich sprachlich unterscheidender Stämme ein sehr wichtiges Mittel des Kontakts unter den Häuptlingen, das heißt den Anführern der einzelnen Kriegerabteilungen. Mit Hilfe der Zeichensprache konnte auch die Kapitulation «unterzeichnet» oder die Zustimmung zum Abzug des Indianerstammes in die Reservation ausgedrückt werden.

Vor dem Eintreffen der Europäer in Amerika endete ein Krieg für die Indianer mit dem Tage der Entscheidungsschlacht oder der Rückkehr in das eigene Dorf oder Lager. Die Indianerstämme führten untereinander nie Kriege, in deren Folgezeit der Sieger sich das dem Unterlegenen gehörende Gebiet aneignen konnte. Es war auch nicht Ziel eines indianischen Feldzugs, möglichst viele feindliche Krieger unschädlich zu machen. Dennoch gab es aber stets eine größere Zahl von Kriegsgefangenen. Meist adoptierte sie der siegreiche Stamm. Wer von den Gefangenen für die Adoption geeignet war und als vollberechtigtes Mitglied in den siegreichen Stamm aufgenommen werden sollte, entschied der Stammesrat. Der am meisten auftretende Grund für eine Adoption war die Notwendigkeit, der Witwe eines gefallenen Kriegers den Ehemann zu ersetzen. Erfüllte ein Mann die Anforderungen nicht, konnte er getötet werden.

Kriegsgefangene wurden bestraft. Das Anbinden der Gefangenen an den Marterpfahl, von dem in so vielen Büchern gesprochen wird, haben jedoch die Indianer erst von den Europäern gelernt; auch die Behauptung, daß nordamerikanische Indianer Gefangene aufgegessen hätten, entspricht nicht den Tatsachen. Bei einigen Stämmen, zum Beispiel den Oglala, bestand jedoch der Brauch, in ritueller Form einen Hund zu schlachten und dessen Fleisch gemeinsam zu verspeisen, bevor die Krieger den «Kriegspfad» betraten. Das Hundefleisch symbolisierte für die Indianer die Leiber der in dem bevorstehenden Kampf erschlagenen Feinde.

Die Rückkehr ins heimatliche Dorf im Triumphzug mit Gefangenen beendete in der Zeit vor der Eroberung Amerikas durch die Europäer den «Kriegszustand».

Manchmal wurde die Beendigung der Feindseligkeiten durch ein besonderes Abkommen besiegelt, das die Abgesandten des einen Stammes mit dem Rat des anderen Stammes schlossen. Bei den Indianern im Osten von Nordamerika wurden Friedensverträge auch mit **Hilfe der sogenannten Wampums geschlossen.** Diese Gürtel wurden ursprünglich aus Meeresmuscheln hergestellt, später aus farbigen Perlen, die nach Amerika eingeführt wurden. Die Wampumgürtel hatten je nach Verwendung verschiedene Farben. **In dem Gebiet, mit dem wir uns beschäftigt haben, waren sie meist rot, schwarz und weiß. Mit roten Wampums wurden** Kriege erklärt und die verbündeten Stämme auf den Kriegspfad gerufen, schwarze Wampums bedeuteten die Niederlage des eigenen Heeres oder den Tod des Anführers, und mit weißen Wampums schließlich **wurde Friede geschlossen.** Ein solcher Wampum besiegelte auch den **Vertrag der Indianer mit Penn über die Abgabe eines beträchtlichen Teiles des Delawaren-Gebiets im heutigen Pennsylvania** an die Quäker. Nach diesem Vertrag gebrauchten jedoch die Indianer nach der Ankunft der Europäer keine Wampums mehr zu ähnlichen Zwecken, denn seit Beginn des 17. Jahrhunderts bis zum Ende des 19. Jahrhunderts mußten sie fast ununterbrochen den Ansiedlern, die immer tiefer in das Innere des indianischen Kontinents vordrangen, Widerstand leisten.

Die Kampfweise und die Grundsätze, nach denen die einzelnen Indianerstämme Nordamerikas den Kampf führten, unterschieden sich natürlich, wie sich das Kulturniveau dieser mehr als fünfhundert Stämme unterschied, die vor dem Eintreffen der Europäer im Norden des Doppelkontinents lebten. **Wir haben hier das Kriegswesen jener Indianergruppen umrissen, die sich im Verlauf des Freiheitskampfes** besonders hervortaten, vor allem der **zahlreichen Präriestämme, zum Beispiel aller** Gruppen der Sioux, der Cheyenne und der Assiniboin.

Anfang unseres Jahrhunderts vegetierten in fast 300 nordamerikanischen Reservationen 250 000 Indianer dahin. Heute leben in den Vereinigten Staaten etwa eine Million Indianer, Menschen mit einer reichen Tradition und einer kämpferischen Vergangenheit eines Sitting **Bull und Geronimo. In unserer Zeit arbeiten** viele Indianer aktiv in der Bürgerrechtsbewegung mit. **Sie fordern Gleichheit und Freiheit für alle nationalen Minderheiten in den USA.**

«Auszeichnungen», Zeugnisse der Kriegstaten
der indianischen Krieger,
waren auf besondere Art
zurechtgeschnittene Federn

AUF DEN SPUREN DES FREIHEITSKAMPFES DER INDIANER LATEINAMERIKAS

Blick nach Süden

Das indianische Feuer, das Feuer der indianischen Kämpfe und Kriege, brennt hell in der Nacht der jahrhundertelangen kolonialen Ausbeutung und Unterdrückung der Ureinwohner Amerikas. Es zeugt von ihrem ungebrochenen heroischen Widerstand gegen die brutale Zerstörung ihres Lebens, ihrer Kultur und ihres Eigentums durch die europäischen Eroberer.

Wir haben von den besonders tapferen Indianerstämmen Nordamerikas und ihren Häuptlingen gehört, kennen, um nur einige zu nennen, die Apachen und die Sioux, haben uns für die Heldentaten eines Sitting Bull und Geronimo begeistert und wissen, wo die berühmtesten Schlachten stattfanden – in Arizona, Nord- und Süddakota und in dem kalten Wisconsin. Wir lasen von der Schlacht am Little Big Horn und dem Massaker bei Wounded Knee. Doch all das stellt nur einen Ausschnitt aus dem Gesamtbild der indianischen Freiheitskämpfe dar. Denn die ersten und die langwierigsten Kämpfe, an denen auch die meisten Menschen teilnahmen, wurden in jenem Teil Amerikas ausgetragen, den man den «lateinischen» nennt, also südlich der Grenzen der heutigen USA: in Mexiko, Mittel- und Südamerika und auf den Antillen.

Auf diesen, von den Wogen des Karibischen Meeres umspülten Inseln beginnt die Geschichte der Eroberung des indianischen Kontinents und der Versklavung und Ausrottung seiner Ureinwohner und damit auch die Geschichte ihres Aufbegehrens gegen die Unterdrücker, ihres jahrhundertelangen Freiheitskampfes. Doch wie wenig wissen wir Heutigen davon! Nur einige wenige Namen, einige wenige Geschichten künden den Indianern und allen für die soziale und politische Befreiung Lateinamerikas kämpfenden Menschen bis jetzt von den heroischen Taten ihrer Vorfahren und sind ihnen Vorbild in ihrem Ringen um eine bessere Zukunft der Völker Lateinamerikas.

Die Namen der meisten Helden versanken jedoch in eine Vergessenheit, tief wie das Karibische Meer.

Auf diese Tatsache stieß ich bei meinen Reisen kreuz und quer durch Lateinamerika immer wieder, auf denen ich die Gegenwart und Vergangenheit der Indianer kennenlernen wollte. Zuerst wurde ich mir dessen auf Sauteurs bewußt, einem Ort, der zum Schauplatz des heldenhaften Kämpfens und Sterbens der Angehörigen einer Indianergruppe wurde.

Sauteurs ist ein steiler, hochaufragender Küstenfelsen im Norden des letzthin bekannten lateinamerikanischen Staates, des zu den Kleinen Antillen gehörenden Grenada, das viele mit dem spanischen Granada verwechselten. Mit dem Namen des Felsens – dem französischen Wort für «Springer» – wurde auch die benachbarte Ortschaft benannt.

Nachdem ich diesen Felsen erstiegen hatte, öffnete sich vor mir die Weite des Ozeans. Und tief unter mir toste die weiße Gischt der an den scharfen Konturen des «Springers» zerschellenden Brandung.

Mich schauderte. Hier also hatte sich jenes Drama abgespielt, mit dem die Kariben, die diesem Meer ihren Namen gaben, aus der Geschichte der Westindischen Inseln verschwanden ...

Die Kariben waren eine der beiden, die Antillen bewohnenden Indianervölkerschaften. Die zweite waren die zur Sprachfamilie der Aruak gehörenden Taíno. Obwohl die Taíno und die Kariben einander in der materiellen Kultur glichen, bestand zwischen ihnen ein Unterschied, so groß wie zwischen Feuer und Wasser. Die Taíno waren friedliche Ackerbauern, die Kariben dagegen – wenngleich sie ebenfalls ihren Boden bestellten – harte, ausdauernde, gefürchtete Krieger und Seefahrer. Sie waren vom Nordosten des südamerikanischen Kontinents her nach Norden auf die Inseln vorgedrungen, dabei jeden Widerstand der dort bereits ansässigen Taíno brechend.

Doch dann kam das Jahr 1492, und vor den Küsten der Antilleninseln erschienen von den Bewohnern nie zuvor gesehene Schiffe – die Flottille des Kolumbus. Er und die nachfolgenden Konquistadoren nahmen die Inseln für den spanischen König in Besitz und übten bald eine wahre Schreckensherrschaft auf ihnen aus. Jedes Mittel war dieser Horde von skrupellosen Abenteurern recht, um von den Indianern Gold und Sklavendienste zu erpressen. Ihre Grausamkeit zwang die Ureinwohner der Antillen sehr bald, ihre Waffen gegen die Fremden zu erheben, die sie zuerst meist freundlich willkommen geheißen hatten, und ihr Leben und ihre Freiheit zu verteidigen – die kämpferischen Kariben genauso wie die friedliebenden Taíno.

Der zumeist schwache Widerstand der nur mit Rohrspeeren ausgerüsteten, im Kriegshandwerk ungeübten Taíno wurde von den überlegenen Waffen der Spanier schnell gebrochen. Die Kariben dagegen, kampferprobt, aber ebenfalls mit unzulänglichen, wenn auch wirksameren Waffen als die Taíno, wehrten sich mit so verzweifeltem Mut gegen das Vordringen der Europäer, daß sie von ihnen besonders gehaßt wurden. Damals entstand aus dem Namen dieser Völkerschaft durch unrichtige Umschrift das Wort «Kannibale» –. also Menschenfresser. Und die Spanier nahmen den von ihnen übertrieben geschilderten kultischen Kannibalismus der Kariben zum Vorwand, um ihre eigenen Mordtaten moralisch zu rechtfertigen.

Obwohl die Kariben sich hartnäckig gegen diejenigen wehrten, die gekommen waren, ihr Land an sich zu reißen, wurden dennoch alle ihre Inseln nach und nach erobert, die Bewohner niedergemetzelt oder in die Sklaverei gezwungen. Nur auf einer Insel leisteten sie noch Widerstand – auf Grenada. Sie konnten sich dort halten, weil es auf ihrer Insel weder Gold noch andere Schätze gab, die die Spanier interessiert hätten, und überlebten daher die spanische Herrschaft über die Kleinen

Antillen. Ihren letzten, schicksalhaften Kampf, der hier auf dem «Springer» genannten Felsen endete, trugen sie also nicht mehr gegen die Spanier aus, sondern gegen die Franzosen, an die Spanien in der zweiten Hälfte des siebzehnten Jahrhunderts die Herrschaft über die Kleinen Antillen verloren hatte und die nun alles daransetzten, auch die einzige noch Widerstand leistende Indianerbastion im Karibischen Meer zu erobern.

Im Verlaufe mehrerer grausamer Kämpfe rotteten die von Sieur du Parquet geführten französischen Soldaten die Indianer allmählich in ganz Grenada aus, bis nur noch vierzig Kariben übrig waren. Diese letzten überlebenden Indianer Grenadas wurden dann auf diesen hohen Felsen getrieben, von dem es nur noch den Weg in die Gefangenschaft gab – so dachten jedenfalls die Franzosen. Doch die Kariben wählten einen anderen Weg: Einer nach dem anderen trat an den Rand des hohen Felsens, wandte sich um und warf einen letzten Blick über die schöne Landschaft der Insel, die nicht mehr den Indianern gehörte, breitete dann die Arme aus, stieß sich ab und stürzte sich in die tobende Brandung. Denn sie alle wollten lieber das Leben verlieren als die Freiheit, lieber in den selbstgewählten Tod gehen, als in der Sklaverei dahinsiechen.

So nahmen die letzten Kariben Grenadas an jenem Tag Abschied von ihrem Vaterland und ihrem Leben. Kahl und verlassen ragt der Felsen in den Himmel. Nur sein Name kündet noch von jenem Ereignis, dem freiwilligen Tod der Indianer von der Insel Grenada, mit dem eigentlich die karibische Geschichte der Karibischen Inseln endete.

Als ich später auch die anderen Inseln der Kleinen Antillen durchwanderte, begegnete ich tatsächlich keinem Kariben mehr, mit Ausnahme einer kleinen überlebenden Gruppe auf der Insel Dominica, abseits der Hauptstraßen. Doch diese letzten «Kannibalen» von Dominica erinnerten in nichts mehr an ihre kriegerischen Vorfahren.

Die Königin stirbt als letzte

Nach dem Tod der letzten unabhängigen Kariben von Grenada gab es bis auf einzelne, isoliert lebende kleine Gruppen in dem ganzen ausgedehnten Gebiet der westindischen Inseln nicht nur keine Kariben, sondern überhaupt keine Indianer mehr. Denn noch bevor die Europäer die Kariben ausrotteten, fielen sie in jener für die Ureinwohner Amerikas so schrecklichen Periode der Entdeckung und beginnenden Kolonialisierung der Antillen mit Feuer und Schwert über die Taíno her, die Angehörigen der zweiten dort ansässigen Indianergruppe. Aber auch diese friedlichen Ackerbauern ließen sich, wie gesagt, nicht widerstandslos von den Konquistadoren abschlachten oder zu Sklaven machen, auch sie und einige ihrer Häuptlinge, die Kaziken, wie sie auch genannt wurden, gingen in die Geschichte der Kämpfe ein.

Dem ersten bedeutenden Kämpfer der Taíno begegnete ich allerdings nicht hier auf den Antillen, sondern weit entfernt in einem anderen Teil Amerikas, in Ekuador, wo die Mehrheit der Bevölkerung bis heute von Indianern und Mestizen gebildet wird. In Quito, der Metropole dieser Republik, gibt es nämlich einen großen Platz, auf dem die Büsten der berühmtesten indianischen Helden der lateinamerikanischen Länder aufgestellt sind.

Auf diesem «Indianerplatz» von Quito bin ich mehrmals gewesen. Ich habe ihn mir genau angesehen und auch alle hier verewigten Helden fotografiert.

Bei meinem ersten Besuch dort nahm mich gleich eine der Büsten besonders gefangen, denn sie stellt eine Frau dar, die in diese Galerie des Mannesruhmes aufgenommen wurde: die Kazikin oder – wie die Spanier sagten – «Königin» Anacaona, Oberhaupt der wichtigsten der fünf Stammesgemeinschaften der Taíno, die einst auf der heute fast ausschließlich von Schwarzen bewohnten Insel Haïti zu Hause waren. Damals, als auf Haïti noch Indianer lebten, nannten sie ihre Heimatinsel auch Quisqueya, das heißt «Mutter der Erde». Quisqueya war in fünf große Gebiete aufgeteilt, sie hießen Magua, Marien, Maguana, Iguayagua und schließlich Xaragua, das die Oberherrschaft über alle ausübte.

Zur Zeit der Ankunft der Spanier herrschte in Magua der Kazike Guarionex, in Iguayagua Cayocoa, in Maguana der erste Indianer, der sich gegen die Weißen auf den Kriegspfad begab, der berühmte Caonobó, in Marien der erste Kollaborateur in der Geschichte der Neuen Welt, der Kazike Guacanagari, und in Xaragua die Kazikin Anacaona.

Als Kolumbus am 5. Dezember 1492 auf Quisqueya landete, war er von der landschaftlichen Schönheit dieser Insel mit den mächtigen Gebirgen und tiefen Wäldern begeistert und gab ihr den Namen Española – woraus später auch Hispaniola wurde –, Klein Spanien, weil sie ihn sehr an den Süden Spaniens erinnerte. Genauso angetan war er auch von ihren Bewohnern. In seinem Bericht an die spanische Krone zeichnete der große Seefahrer ein beinahe idyllisches Bild: «Diese Menschen scheinen im goldenen Zeitalter zu leben. Glücklich und ruhig, in offenen Gärten, die weder von Zäunen noch von Mauern geschützt sind. Sie (die Indianer) begegnen einander aufrichtig, sie leben ohne Gesetze, ohne Bücher und ohne Richter ...»

Nun, so idyllisch und gesetzlos war das Leben der Taíno natürlich keineswegs, wenn Kolumbus das auch nicht erkannte. Aber etwas sah er sofort: Sie hatten Gold! Jenes glänzende Metall, nach dem die Spanier so begierig suchten, dessentwegen sie die ganze gefahrvolle Fahrt unternommen hatten!

Die Spanier machten die Insel in der Folgezeit zu ihrer wichtigsten Bastion in Amerika und unternahmen von dort aus alle weiteren Eroberungszüge auf die anderen Inseln und das Festland.

Kolumbus selbst errichtete hier einen befestigten Stützpunkt, den er La Natividad nannte und auf dem er bei seiner Rückkehr nach Spanien im Jahre 1493 eine Besatzung zurückließ.

Für die liebenswürdigen, gastfreundlichen haïtischen Taíno begannen mit der Ankunft der Spanier unsägliche Leiden, und die schöne Insel, die Kolumbus so begeisterte, wurde zur Stätte der größten Schändlichkeiten, die die Geschichte der an Verbrechen wahrlich nicht armen Konquista kennt, die im Namen der Zivilisation und des Glaubens begangen wurden, von Männern, die wirklich die schlechtesten Repräsentanten dieser Zivilisation und dieses Glaubens waren. Die Indianer wurden zu Sklaven gemacht und der Willkür der neuen Herren ihres Landes ausgeliefert. Ihnen wurden die schwersten Arbeiten aufgebürdet, denen sie körperlich nicht gewachsen waren, sie wurden gequält und zu Tode gefoltert, ihre Frauen geschändet! Und die Spanier glaubten allen Ernstes, diese duldsamen, «braven» Indianer würden das alles widerstandslos hinnehmen.

Sie nahmen es nicht einfach hin. Auf Quisqueya fand sich ein Mann, der die traditionelle Duldsamkeit der Taíno überwand, sich als erster Indianer den Weißen entgegenstellte und auch die anderen mitzureißen verstand: der Häuptling Caonabó von Maguana. Und er nahm nicht nur den Kampf gegen die Weißen auf, sondern die indianischen Krieger und ihr Anführer vermochten in dem ersten Indianerkrieg der Geschichte des nachkolumbischen Amerikas auch zu siegen. Dabei standen Caonabó und seinen Kriegern nicht nur die weißen Menschen gegenüber, sondern auch ihre eigenen Brüder, die Indianer des Kaziken Guacanagari, auf dessen Gebiet Kolumbus gelandet war, der den Admiral freundlich aufgenommen und ihm Unterstützung und Zusammenarbeit angeboten hatte.

Kolumbus hat das Angebot selbstverständlich begrüßt und Guacanagari bei seiner Rückkehr nach Spanien die Mitverantwortung für die Festung Natividad anvertraut. Doch weder die Geschütze der spanischen Besatzung noch die Speere der indianischen Mitverteidiger konnten La Natividad retten, als Caonabó sie mit den ungleich schlechter bewaffneten Haïtianern angriff. Die Festung wurde erobert, vollständig zerstört und die Besatzung niedergemacht. Kein einziger Spanier blieb übrig. So fehlt ein glaubwürdiges Zeugnis über den Verlauf dieses Kampfes. Als Kolumbus nach Española zurückkehrte, fand er nur sein Ergebnis vor.

Der neue Verwalter Españolas, Don Nicolás de Ovando, beschloß nun, den Widerstand der Indianer auf seiner Insel ein für allemal zu brechen. Deshalb schickte er seine Soldaten in jene Stammesgebiete, deren Bewohner sich an Caonabós Aufstand und besonders an der Zerstörung der Festung Natividad beteiligt hatten, damit sie die Indianer exemplarisch bestraften. Und die Spanier nahmen wahrlich blutige Rache.

Caonabó wurde in seiner Wohnung gefangengenommen und auf ein Schiff gebracht. Das Schiff geriet in einen Sturm und ging unter. Als Caonabós seinen Tod rächen wollten und erneut zu den Waffen griffen, wüteten die Spanier so schrecklich in Maguana, daß dabei fast die Hälfte der Bevölkerung umkam und das Land völlig verwüstet wurde.

Auch das Gebiet des Guacanagari, der Kolumbus unterstützt hatte, wurde verheert. Der ganze Stammesadel kam durch die Grausamkeiten der Eroberer und die Sklavenarbeit ums Leben.

Am schlimmsten aber hausten die Spanier in Xaragua, dem Reich der Oberkazikin Anaoaona. Hierher schickte Nicolás de Ovando den grausamsten seiner Offiziere, Rodrigo Mexía de Trilla, mit sechzig Mann zu Pferde und dreihundert Fußknechten.

Anacaona war den Weißen anfangs ebenfalls sehr günstig gesinnt gewesen. Sie hatte Christoph Kolumbus empfangen und ihm sogar ihren größten Schatz überreicht – vierzehn Schemel, auf denen die vornehmen Taíno zum Inhalieren des betäubenden Cojoba Platz nahmen, das aus einer Mischung von Stechapfelblättern und Tabak hergestellt wurde.

Diese königliche Gabe vergalten die Spanier jetzt, da Nicolás de Ovando Herr von Española war, auf ihre Weise. Mexía und seine Männer mordeten auf ihrem schrecklichen Zug durch Xaragua die Indianer zum Vergnügen hin, marterten Männer, Frauen und Kinder, steckten ein Dorf nach dem anderen in Brand.

Die tapfere Anacaona führte ihre Krieger zwar in den Kampf, doch gegen die spanischen Arkebusen waren sie machtlos.

Da entschloß sich die Kazikin, getreu der taínischen Tradition, zu Friedensverhandlungen. Mexía erklärte sich auch zum Schein damit einverstanden, setzte Tag und Stunde für die Verhandlung fest und versprach sicheres Geleit. Als Anacaona mit einem Gefolge von dreihundert Mann ankam, lockte Mexía die meisten der vertrauensvollen Indianer in eine Strohhütte, in der angeblich die Verhandlungen stattfinden sollten. Dann umzingelten die Spanier heimlich die Hütte und steckten sie in Brand. Alle übrigen Gefolgsleute Anacaonas wurden mit Lanzen und Schwertern niedergemacht.

Alle Taíno kamen ums Leben. Nur die Kazikin Anacaona nicht. Die Spanier hatten sie nämlich bei ihrer Ankunft unter einem Vorwand zurückgehalten, denn sie sollte Zeuge der Verbrennung und Niedermetzelung ihrer Gefährten sein. Dann mußte die tapfere Herrscherin von Xaragua ebenfalls sterben. Rodrigo Mexía ließ sie an einem hohen Baum aufhängen, damit keiner der noch übriggebliebenen haïtischen Indianer es jemals wieder wage, das Haupt gegen die Spanier zu erheben.

Der Flüchtling
aus Haïti

Trotz des grausamen Todes der Kazikin Anacaona und der anderen tapferen Indianer und der Schreckensherrschaft, die die Spanier in Española errichteten, waren noch immer nicht alle Ureinwohner Haïtis willens, die Waffen niederzulegen, demütig die Häupter zu beugen und das Joch auf sich zu nehmen, das die neuen Herren ihres Landes ihnen aufzwingen wollten.

Es gab viele in Quisqueya-Española, die sich nicht unterwarfen. Die Geschichte überlieferte uns leider nicht viel mehr als ihre Namen: den des entschlossenen Bonao, des standhaften Guatiguano, des nie ergriffenen Tocubanama und des opferbereiten Manicatoex, die Namen Maireni und Tululao.

Den Namen des tapfersten dieser haïtischen Kaziken, den Namen Hatuey, fand ich jedoch nicht hier auf Haïti, sondern auf einem Denkmal, das ihm auf der Nachbarinsel Kuba gesetzt worden war.

Im östlichen Zipfel Kubas, 1 250 Kilometer von Havanna entfernt, liegt an der Haïti und Kuba trennenden Meerenge der Winde das verschlafene Städtchen Baracoa. Damals, zu Beginn des 16. Jahrhunderts, war es ein kleines Indianerdorf, in dem der Häuptling des in dieser Gegend ansässigen Taínostammes wohnte. Hierher, in das auch heute noch schwer zugängliche Ostkuba, zogen sich unter der Führung des Kaziken Hatuey Hunderte haïtischer Taíno zurück, darunter viele, die bisher in Anacaonas Reich Xaragua gelebt hatten.

Hatuey war Häuptling eines der zahlenmäßig kleinen, zu Xaragua gehörenden Stämme gewesen und hatte auch nach Anacaonas Tod den Kampf gegen die verräterischen Spanier noch eine Zeitlang fortgeführt. Er mußte jedoch bald erkennen, daß der Kampf aussichtslos war. Deshalb beschloß der Taíno Hatuey, so, wie später die Kariben aus Grenada, sein Land zu verlassen und nicht länger mit den grausamen weißen Menschen zusammenzuleben. Doch während die Kariben freiwillig und für immer aus Grenada fort ins Reich der Toten gingen, machte sich Hatuey in ein Land auf, in dem ebenfalls Taíno lebten und in dem die Weißen sich bisher noch nicht festgesetzt hatten. Er forderte alle Haïtianer, die Leben und Freiheit behalten wollten, auf, sich ihm anzuschließen.

Nach und nach überquerten nun Hunderte, vielleicht auch Tausende Haïtianer in großen Einbäumen die nur fünfzig Kilometer breite Meerenge der Winde. Als erste selbstverständlich Hatuey mit seinen Kriegern samt ihren Frauen und Kindern.

Auf Kuba wurden die Flüchtlinge aus Haïti und seine Gefährten nicht sofort mit offenen Armen empfangen, denn die Einwohner des Gebiets von Baracoa hatten bisher keine Erfahrungen mit den Weißen gemacht, deren Ankunft auch auf Kuba der Priester Guamanacoel prophezeit hatte, dafür aber um so schlechtere mit den Indianerflottillen von anderen Antilleninseln. Diese auf Kuba immer ungebetenen Gäste waren freilich Kariben gewesen, die von Zeit zu Zeit die kubanischen Taíno überfallen hatten, um leichte Beute zu machen. Obwohl in den fremden Kanus diesmal Taíno saßen, Stammesbrüder der hier auf Kuba lebenden, war Bonao, der Herrscher von Baracoa, zunächst mißtrauisch. Hatuey mußte ihm erst ausführlich von den Maguacoquio – den «Menschen in Kleidern», wie die Taíno die Spanier nannten – und ihren Greueltaten auf Quisqueya berichten, bevor Bonao glaubte, daß die haïtischen Taíno in ihr Land gekommen waren, um eine neue Heimat zu finden und nicht um zu rauben, daß sie den Frieden suchten und nicht, wie die Kariben, den Kampf. Dann aber legte Bonao Hatuey die Hand auf das Haupt und sprach: «Seid unsere Gäste, und du, tapferer Kazike, sei auch hier der Führer deines Volkes.» Er gab Hatuey und seinen Gefährten Land an den Ufern des Flusses Toa, einige Kilometer von dessen Mündung entfernt, wo die Flüchtlinge aus Haïti bald eine neue große Siedlung errichteten, die sie zur Erinnerung an die verlorene Heimt auf Haïti Xaragua (Guahaba) nannten.

Das neue Xaragua war jedoch keine gewöhnliche geruhsame ländliche Siedlung. Hatuey sah nämlich voraus, daß die Spanier, die habgierig und erbarmungslos nach allen Schätzen seiner Heimat gegriffen hatten, daran nicht genug haben würden, sondern sich eines Tages aufmachen würden, um auch diese so nahe liegende Insel unter ihre Herrschaft zu bringen. Deshalb glich sein Neu-Xaragua mehr einem Heerlager, in dem er seine Krieger ausbildete, sie auf neue Zusammenstöße mit den «Menschen in Kleidern» vorbereitete. Er lehrte sie, mit dem Speer umzugehen, übte sie im Angriffs- und Verteidigungskampf und richtete sogar einen ständigen Wachdienst an der Küste ein. Er tat alles, um die Gefahr, die auch seiner neuen Heimat drohte, von ihr fernzuhalten.

Hatuey hatte nämlich erkannt, was die Europäer nach Haïti geführt hatte: Die Gier nach dem Gold der Indianer, nach jenem wie die Sonne leuchtenden Metall, mit dem die Taíno ihre heiligen Schemel verzierten. Auch für die Bewohner der Antillen war Gold also ein geschätztes Metall. Für die Spanier jedoch – so glaubte Hatuey – war Gold der einzige wirkliche Gott. Ihn wollten alle weißen Menschen besitzen, seinetwegen begingen sie auf Haïti alle ihre schändlichen Verbrechen, und dem Ruf dieses goldenen Gottes würden sie auch hierher nach Kuba folgen.

Gold hatten Hatuey und seine Indianer auch mit nach Kuba gebracht, und Hatuey kam zu der Auffassung, daß es besser wäre, sich von diesem bösen goldenen Gott der Weißen zu befreien, bevor er sie auch nach Baracoa rief. Zu diesem Zweck veranstaltete er eines Tages eine großes areito – ein traditionelles Ritual der Taíno mit Liedern und Tänzen.

Der Bischof Bartolomé de Las Casas, der in seinem «Kurzgefaßten Bericht über die Verwüstung der Westindischen Länder» die ersten Begegnungen seiner Landsleute mit den Indianern der Antillen genau schilderte, hat uns auch von diesem areito und Hatueys Worten über die Spanier und ihren goldenen Gott berichtet. Hatuey sagte etwa: «Sie sind von Natur aus grausam und verbrecherisch. Sie verehren gierig einen bestimmten Gott und beten ihn an. Sie geben sich nicht mit wenigem zufrieden, und um in seinem Dienst und seiner Verehrung genug tun zu können, fordern sie viele von uns und verwenden viel Fleiß darauf, uns unter sein Joch zu beugen und zu morden!»

Auf eine mit Gold und Edelsteinen gefüllte Truhe weisend, die neben ihm stand, sprach er weiter: «Sehet, das hier ist der Gott der Spanier ... Wenn wir ihn bei uns behalten, nehmen sie ihn uns doch und schlagen uns nachher tot. Werfen wir ihn lieber in jenen Fluß!»

Hatueys Stammesbrüder waren einverstanden. Und so tanzten sie zum letztenmal um die kleine Truhe herum einen langen, erregenden Tanz. Und als Hatuey dann eine Handbewegung machte, warfen die Taíno alle ihre Schätze in den Fluß Toa, an dessen Ufern sie zu jenem denkwürdigen areito zusammengekommen waren.

Das Gold der haïtischen Indianer verschwand in den trüben Wassern des Flusses.

Doch die Weißen blieben in Amerika. Für immer. Und eines Tages rüsteten sie auch eine Expedition aus, um Kuba zu besetzen. Kolumbus hatte Kuba zwar bereits auf seiner ersten Reise am 28. Oktober 1492 noch vor Haïti entdeckt und ausgerufen: «Das ist die schönste Insel, die Menschenaugen je erblickten», aber er hatte sich dort nicht aufgehalten und war auch mit den Bewohnern kaum in Berührung gekommen. Doch als die Goldgruben auf Española ziemlich erschöpft waren, dachte man wieder an die so nahe Nachbarinsel. Im Jahre 1511 segelte eine von Diego Colon, dem Sohn des großen Seefahrers ausgerüstete Flottille von Haïti ab, um Kuba zu kolonisieren, seine Indianer zu unterwerfen und sich ihre Schätze anzueignen. Sie wurde von Hauptmann Diego Velásquez befehligt, unter dessen Offizieren sich übrigens auch Hernán Cortés befand.

Und so riefen die Krieger aus Hatueys Wache, die nun schon einige Jahre an der Ostküste ihrer neuen Heimat Ausschau hielten, eines Tages voller Schrecken aus: «Maguacoquio – Menschen in Kleidern! Schiffe der Menschen in Kleidern kommen! Schiffe der Menschen in Kleidern kommen!»

Der erste Kämpfer für die Freiheit Kubas

Die Schiffe der «Menschen in Kleidern» – die Segelschiffe des Velásquez –, die aus dem haïtischen Hafen Villa de Salvatierra ausgelaufen waren, gingen in einem natürlichen Hafen vor Anker, den die Spanier Las Palmas nannten, und zwar unweit der Stelle, an der einige Jahre zuvor auch der Häuptling Hatuey, der Flüchtling aus Haïti, gelandet war. Seine Ahnung hatte den Häuptling der Taíno also nicht getrogen, der Gott «Gold» hatte die Konquistadoren auch nach Kuba geführt, und Hatuey hatte auch durch seine Flucht in eine neue Heimat dem schicksalhaften Kampf mit den Spaniern nicht ausweichen können. Hatuey war freilich ein Mann, der den Kampf niemals fürchtete, das bewies er jetzt erneut. Von seiner Küstenwache benachrichtigt, brach er unverzüglich mit seinen indianischen Kämpfern und erreichte das Meeresufer nur einige Minuten, nachdem die erste, von Hauptmann Franciso de Morales geführte Einheit an Land gegangen war.

Die Indianer griffen sofort an, warfen sich mit grenzenlosem Mut den Eindringlingen entgegen. Doch da begannen die spanischen Arkebusen zu sprechen. Und wieder einmal entschied die Ungleichheit der Waffen das Gefecht. Hatuey mußte sich zurückziehen und einige seiner Gefährten tot auf dem Kampfplatz zurücklassen.

Von nun an ließ sich Hatuey nie mehr in ein offenes Gefecht mit den Spaniern ein, da er eingesehen hatte, daß die Indianer nichts gegen die europäischen Schußwaffen ausrichten konnten. Deshalb ging er zu einer anderen Kampfart über, die später von der Militärgeschichte Guerillakrieg genannt wurde. Der Häuptling führte seine Krieger tief in die Wälder hinein, verbarg sie im Dickicht entlang an den Fußpfaden und zwischen den Felsen und Hügeln der ostkubanischen Gebirge. Von dorther, von allen diesen natürlichen Verstecken aus, überfiel er kleine spanische Trupps.

Hatueys Indianer konnten die Europäer mit ihren modernen Waffen natürlich nicht schlagen, aber sie konnten die «Menschen in Kleidern» in Unruhe halten. Und das taten sie monatelang. Sie gönnten ihnen keine Atempause. Der zeitgenössische Chronist Oviedo berichtet, daß die Indianer beispielsweise die Kampfabteilungen der Brüder Diego und Pedro Ordaz in die ostkubanischen Sümpfe lockten und einen großen Teil jener spanischen Einheiten dann in dieser natürlichen Falle vernichteten.

So verlief also der erste Guerillakrieg auf Kuba, in dem die Indianer die dunk-

Verbrennung des Häuptlings
der Taino Hatuey, des Führers
der Antillen-Indianer, in Ostkuba

len Wälder und tiefen Flüsse, die todbringenden Sümpfe und schroffen Felsen ihrer neuen Heimat ausnutzten. Von besonderer Bedeutung waren für sie dabei der Scharfsinn und die taktischen Fähigkeiten ihres Anführers Hatuey. Die Spanier waren dem Verzweifeln nahe. Es kam mit den Indianern zu keiner einzigen Schlacht, und sie verloren dennoch Mann um Mann.

Doch dann kam der Zufall Velásquez zu Hilfe. In der Geschichte des Kampfes gegen die Guerillas spielte der Verrat stets eine große Rolle. Auch Hatuey wurde durch Verrat besiegt, durch den Verrat eines jener Männer, die einst mit ihm zusammen Haïti verlassen hatten – als Racheakt für ein angebliches Unrecht, das Hatuey an diesem Indianer begangen haben sollte. Der Verräter ließ die Spanier wissen, wo der Anführer der Taíno sich verborgen hielt, und führte sie eines Nachts zu ihm. Die Soldaten umzingelten Hatueys Lager in aller Stille und überwältigten dann den Häuptling und die ihn begleitenden Krieger beinahe kampflos.

Die Sieger unterzogen ihren Gefangenen natürlich sofort einem strengen Verhör. Er sollte gestehen, wo er das Gold der Indianer versteckt hatte. Er sagte es jedoch nicht. Die Spanier hätten ihm sowieso nicht geglaubt, daß die Indianer sich aus eigenem Antrieb, dessen entledigt hatten, was für die Konquistadoren das Ziel ihrer gesamten sehr strapaziösen Unternehmungen war.

Die Spanier bekamen also von den Indianern kein Gold. Aber sie hatten den Anführer der Aufständischen in ihren Händen, und der sollte jetzt dafür büßen, daß er es gewagt hatte, der Eroberung seiner alten und neuen Heimat zu trotzen, daß er für die Freiheit der Insel Kuba gekämpft hatte. Er sollte sterben.

Hatueys Hinrichtung sollte mit allem kastilischen Pomp vollzogen werden. Deshalb ordnete Velásquez an, daß der Häuptling öffentlich verbrannt werden sollte und daß soviel Indianer wie möglich diesem Akt beiwohnen, die Eingeborenen also auch aus den entferntesten Gegenden der Insel zur Hinrichtung herangetrieben werden sollten. Weiter befahl er, die Verbrennung am 2. Februar 1512 an einem Manacas genannten Ort durchzuführen, der auf halbem Wege zwischen dem heutigen kubanischen Hafen Manzanillo und dem Fuße der Sierra Maestra lag.

Das sorgfältig inszenierte Schauspiel der Hinrichtung des Indianerführers wurde jedoch durch einen Priester des spanischen Heeres gestört. Der Franziskaner Juan de Tesín wollte den Taíno-Häuptling nämlich noch im letzten Augenblick taufen.

Der Bischof Bartolomé de Las Casas, jener unvoreingenommene, aufrichtige und ehrenhafte Zeuge der spanischen Eroberung der Antillen, berichtet uns auch von dieser letzten Episode aus dem Leben des großen taínischen Häuptlings. Er beschreibt, wie der Franziskanerpater an Hatuey herangetreten sei, der schon an den Pfahl gebunden war, und zu ihm von Gott und dem katholischen Glauben sprach, wovon der Kazike nie etwas gehört hatte. In der kurzen Zeit, die dem Geistlichen gewährt wurde, versicherte er Hatuey, daß er in den Himmel kommen würde, wenn er das, was er ihm sage, glaube, und dort ewige Ruhe und Freude genieße; wenn nicht, würde er in der Hölle ewige Pein und Qual leiden. Hatuey dachte eine Weile nach und fragte dann den Pater, ob die himmlischen Tore auch

[229]

den Spaniern offenstünden. Der erwiderte, daß sie allen guten Christen offenstünden. Daraufhin antwortete Hatuey ohne weiteres Nachdenken, daß er dann nicht in den Himmel wolle, sondern lieber in die Hölle, damit er so grausame Menschen nicht mehr sehen und sich nicht da aufhalten müsse, wo sie wären.

Der Häuptling Hatuey lehnte in diesen Minuten seines tapferen Lebens also das spanische Paradies und die Taufe ab, weil das ihn mit den Feinden der Indianer verbunden hätte. Und er mußte nun ohne weiteren Aufschub sterben.

Niedergeschlagen, weil er kein neues Schäfchen für das Christentum gewonnen hatte, trat Pater Juan de Tesín zurück. Diego Velásquez hob den Arm, der Henker trat an den Scheiterhaufen heran, entzündete die herausragenden Holzscheite, und die Gestalt des «ersten Kämpfers für die Freiheit Kubas», wie die Kubaner den Häuptling Hatuey bis heute nennen, verschwand langsam im Rauch – des ersten Kämpfers für die Freiheit Kubas, der genaugenommen kein Kubaner war, sondern ein Fremder, ein «Zugewanderter» aus dem benachbarten Haïti ...

Seit Hatueys Tod ist beinahe ein halbes Jahrtausend vergangen. Die Gestalt des tapferen Häuptlings der Taíno konnte ich nur auf jenem Denkmal betrachten, das ihm in Baracoa errichtet wurde. Doch habe ich möglicherweise noch die Nachfahren seiner Mitkämpfer und der kubanischen Taíno gesehen, als ich zusammen mit einigen Gefährten zwei Expeditionen unternahm, um in den unzugänglichen Gebirgen im Ostteil der Insel nach eventuell noch vorhandenen Resten der Ureinwohner zu suchen – der Indianer, die laut offizieller Lehrmeinung schon bald nach dem qualvollen Tod Hatueys vollständig ausgerottet wurden. Und in der Provinz Oriente fand ich denn auch eine isoliert lebende Gruppe von Indianern – nebenbei bemerkt, von sehr kleinem Wuchs –, die sich nach dem Fluß nennen, der ihr schwer zugängliches Gebiet durchfließt, die «Yateras». Diese Yateras sind ganz offensichtlich Nachkommen der ostkubanischen Indianer, die den Spaniern nach Hatueys Tod so beharrlich aus dem Wege gingen, daß sie in der Isolation ihrer Berge die Schrecken der Konquista zu überleben vermochten.

Anfänglich führten die Indianer auf Kuba den Guerillakrieg noch fort. Aus jenen frühen Zeiten blieben uns einige Namen von Kaziken und auch Kazikinnen erhalten, die Hatueys Nachfolge antraten, zum Beispiel Caguas, Habaganex, Casiguya und schließlich Guamá, dessen Kampf elf Jahre andauerte.

Hatueys Opfer war also nicht umsonst. Denn sein Beispiel zeigte den Taíno, wie man gegen den tausendmal stärkeren Feind kämpfen muß. Hatuey zeigte ihnen auch für alle Zeiten, wie man dem Schicksal, das die Eroberer den Indianern in Hatueys ursprünglicher Heimat bereitet hatten, durch den Rückzug in die Berge, in die unzugänglichen Schlupfwinkel Ostkubas entgehen kann. Wir gedenken des Häuptlings Hatuey deshalb heute nicht nur seiner Taten, sondern auch seines Beispiels und seines Rates wegen, die den Indianern Kubas noch lange, nachdem sein Leib auf dem Scheiterhaufen in Manacas zu Staub und Asche wurde, von Nutzen waren.

Kolumbien verliert sein Gold

Trotz des Widerstands der Indianer setzen sich die Spanier auf Kuba fest und teilten den fruchtbaren, reichen Boden unter sich auf. Sie erkannten auch bald die günstige strategische Lage der Insel und unternahmen von hier aus weitere Erkundungsfahrten, nicht mehr nur auf die benachbarten Inseln, sondern auch auf das Festland. Der größte dieser Eroberungszüge hatte Mexiko zum Ziel, das Reich der Azteken, die in der präkolumbischen Zeit eine der glanzvollsten amerikanischen Kulturen geschaffen hatten. Nun wurden das Reich der Azteken zerstört, seine prächtige Hauptstadt Tenochtitlán dem Erdboden gleichgemacht und diese hochentwickelte Kultur zerstört.

Über die Eroberung Mexikos durch die spanischen Konquistadoren und über andere ihr folgende Aktionen, beispielsweise Pizzaros Eroberung Perus, die eine traurige Berühmtheit erlangten, wurden Dutzende von Büchern geschrieben, Gedichtsammlungen herausgegeben und Opern komponiert, deshalb möchte ich nichts wiederholen.

Für die Mehrzahl der Autoren und Leser ist jedoch mit der Eroberung Mexikos und später der des Inkareichs, mit der Beherrschung des indianischen Kontinents durch die Spanier und Portugiesen und andere europäische Mächte anscheinend das Schicksal der Indianer besiegelt, als hätten sie von nun an bis in alle Ewigkeit die Hände in den Schoß gelegt, den Nacken gebeugt und widerstandslos die Fron auf sich genommen.

Doch das entspricht nicht der Wahrheit. Auch wenn nur wenige Bücher davon erzählen, keine Filme darüber gedreht und keine Opern geschrieben wurden – der Kampf der Indianer Lateinamerikas ging auch nach der Eroberung ihrer Länder weiter. Er setzte sich in zahllosen Aufständen und Rebellionen fort, in den Kämpfen der kleinen Indianerstämme und -völker und in den Kriegen der viele tausend Mann starken Indianerheere. Daran ändert auch die Tatsache nichts, daß von den späteren Kämpfen der Indianer weniger gesprochen wird als beispielsweise über der Eroberung des Aztekenstaates und über jenen Kampf, in dem der strahlende Held der Indianer Cuauthemoc war, dessen Denkmal ich auf der Hauptstraße der Stadt Mexiko bewundern konnte.

Außer in Mexiko, wo zur Zeit der Eroberung neben dem Aztekenreich noch das Staatswesen der Maya existierte, und in Peru gab es jedoch – und das ist weitaus weniger bekannt – auch auf dem Territorium des heutigen Kolumbiens etliche Indianerstämme, die eine hohe Kultur entwickelt hatten. Das waren vor allem einige im Hochland ansässige Gruppen der Chibcha, die sich selbst Muisca – das heißt Menschen – nannten, außerdem die Quimbaya, ein den Chibcha verwandter Stamm, der im südlichen Teil des heutigen Kolumbiens im Tal des Caucaflusses beheimatet war und dessen Kultur viele bemerkenswerte Züge trägt.

Diese Quimbaya gehören zu jenen kleinen Stämmen, die sich in der Kolonialzeit in die Geschichte der Indianerkriege Lateinamerikas einschrieben. Deshalb hatten sie mein Interesse geweckt, und um mehr über sie zu erfahren, begab ich mich in ihre schöne Heimat, nach Kolumbien.

In der Haupstadt Bogotá angekommen, begann ich meine Bekanntschaft mit den Quimbaya an einem Ort, an dem man eigentlich niemals auch nur die Spur eines Indianers vermutet hätte: Im Zentralgebäude der Bank der Republik Kolumbien. Hier, in einem durch mehrere Stahltüren sicher verschlossenen Raum, befindet sich nämlich das 1938 gegründete Museo del Oro, das Goldmuseum. Ein geringer Teil davon wurde kürzlich in Berlin ausgestellt.

Als sich die letzte der schweren Türen zum Allerheiligsten geöffnet hatte, blieb ich beinahe geblendet stehen, denn vor mir, in indirekt erleuchteten Vitrinen, gleißten und funkelten auf dunklem Samt märchenhafte Schätze – goldene Geschmeide, Zeremonialgerätschaften und Opfergaben. Voller Bewunderung betrachtete ich alle diese goldenen, mit Edelsteinen verzierten Kostbarkeiten, stellten sie doch den Schlüssel dar, der mir das Schicksal der Quimbaya erschließen sollte. Viele dieser Gegenstände sind unter den kunstfertigen Händen von Angehörigen dieses an Zahl nicht großen Indianervolkes entstanden, das vom Standpunkt der heutigen Wissenschaft aus die Kunst und Technik der Goldverarbeitung im vorkolumbischen Amerika zur höchsten Blüte entwickelt hatte.

Der Überlieferung nach aus dem Norden kommend, hatten die Quimbaya sich erst historisch kurze Zeit vor dem Eindringen der Spanier an den Berghängen des Caucatales niedergelassen. Sie lebten in der Gentilordnung in lokalen Stammesgemeinschaften, denen jeweils ein Kazike vorstand. In ihren großen Dörfern gingen die Quimbaya friedlich ihrer Arbeit nach: Sie bestellten ihre Felder, förderten in Schächten Gold und Edelsteine und widmeten sich ihrem Handwerk, dem Schmieden von Gold.

Die Spanier hatten bereits Mittelamerika erobert, das Inkareich zerstört und dort alles an Gold und Silber an sich gebracht, was sie nur erbeuten konnten, als die Kunde von einem noch goldreicheren Land zu ihnen gelangte. Die Konquistadoren Jimenez de Quesada, der im Auftrage der Welser handelnde Nikolaus Federmann und der wohl grausamste aller Eroberer, Sebastian de Belalcazár, brachen deshalb Ende der dreißiger Jahre des sechzehnten Jahrhunderts unabhängig voneinander auf, um auch dieses sagenhafte Goldland, das sie im Innern des heutigen Kolumbiens vermuteten, für die spanische Krone in Besitz zu nehmen. Belalcazár hatte in Quito, das 1534 von ihm gegründet worden war, den Bericht über «El Dorado», den mit Goldstaub überpuderten Priester der Chibcha, vernommen und war durch das reiche Caucatal nordwärts gezogen. Und überall hatten er und seine Leute goldene Gegenstände in Hülle und Fülle gefunden.

Zu Belalcazárs Offizieren gehörte ein Hauptmann Pedro Muñoz, der seinem Befehlshaber nicht an Grausamkeit nachstand und der schon an einigen abenteuerlichen Eroberungszügen teilgenommen hatte. Er war an der Ermordung der Indianer Nikaraguas beteiligt gewesen, hatte zusammen mit Belalcazár die Eroberung des Inkareichs mitgemacht und hatte bei der Gefangennahme des letzten Inkaherrschers Atahualpa mitgewirkt. Und auch jetzt war er also wieder dabei, als sein Konquistador neues Land, neues Gold und neue Leibeigene eroberte.

Das reiche Land, das die Konquistadoren hier entdeckten, in dem sie Städte gründeten und zu Zentren ihrer Macht ausbauten, wurde von der spanischen Krone zunächst Santo Domingo unterstellt und dann zum Kernland des Generalkapitanats und späteren Vizekönigreichs Neugranada gemacht. Und diejenigen, die sich bei der Unterwerfung «ausgezeichnet» hatten, bekamen ihren Anteil an den Früchten des goldenen Baumes, erhielten Ämter und Würden, Lehensgüter und Indianer zugeteilt. Belalcazár wurde zum Gouverneur der Provinz Popayan im Süden des Landes ernannt. Hauptmann Pedro Muñoz setzte er in das einträgliche Amt eines Gouverneurs des Gebiets Cartago ein, in dem 1540 die schnell reich werdende Stadt gleichen Namens gegründet worden war.* Und in diesem Gebiet Cartago waren die Quimbaya zu Hause, die kunstfertigen Goldschmiede.

Die Eroberung des Landes der Goldschmiede war ein Kinderspiel für die Spanier gewesen. Die Kaziken der einzelnen Dörfer hatten die ersten Spanier freundlich empfangen. Doch die Fremdlinge offenbarten bald ihren wahren Charakter. Sie raubten den friedfertigen Quimbaya nicht nur das Gold, den Goldstaub und die wunderschönen Kunstwerke, die sie mit soviel Liebe geschaffen hatten, sondern rissen auch die Goldgruben und das fruchtbare Land an sich und machten die freien Indianer zu Leibeigenen, die für die neuen Herren in den Gruben und auf den Feldern Frondienste leisten mußten.

So wurde also auch den Quimbaya das schreckliche Los zuteil, das schon so viele Indianer Lateinamerikas vor ihnen betroffen hatte.

---

* Das damalige Cartago heißt heute Pereira; die heutige kolumbianische Stadt Cartago liegt südwestlich von Pereira (Anm. d. Übers.).

Die Goldschmiede
greifen zur Waffe

Das System der Unfreiheit der Indianer hatte damals im gesamten spanischen Kolonialreich in Amerika eine gemeinsame Bezeichnung – Encomienda. Es war etwa mit den feudalen Verhältnissen im mittelalterlichen Europa zu vergleichen. Wenn ein Spanier von den königlichen Ämtern Land als Lehen – nicht als Eigentum – erhielt, so wurde ihm eine bestimmte Anzahl Indianer zugeteilt, die für ihn arbeiten oder ihm Tribut in Form von Goldplättchen, Goldstaub oder landwirtschaftlichen Erzeugnissen abliefern mußten. Der Encomendero sollte sie dafür «schützen» und im «wahren Glauben», dem Katholizismus, unterrichten. Natürlich dachte kein Encomendero daran, seine Indianer zu schützen, sondern jeder versuchte, soviel aus ihnen herauszupressen, wie er nur konnte.

Obwohl die Indianer offiziell nicht zu Sklaven gemacht werden durften, waren sie in Wirklichkeit doch völlig rechtlos und der Willkür ihrer Herren preisgegeben. Diese Tatsache wurde von der Kirche geschickt verschleiert.

Neben der spanischen Krone und den Encomenderos bereicherten sich auch die Kolonialbeamten an den Schätzen der Ureinwohner und an ihrer Arbeitsleistung, obwohl sie eigentlich für Ordnung und die Wahrung der Rechte der Indianer hätten sorgen sollen. Und im Lande der Quimbaya wahrte der höchste Repräsentant der Kolonialmacht, der grausame Hauptmann Pedro Muñoz, wahrlich beispielhaft die «Ordnung» und die «Rechte der Indianer». Hatten sie sich seiner Meinung nach etwas zuschulden kommen lassen oder arbeiteten nicht fleißig genug, wurden sie von ihm brutal bestraft. Die meisten wurden einfach aufgehängt – in der Ortschaft Barbudille waren es zwanzig Indianer –, oder Muñoz wandte den berüchtigten Trick aus der Zeit der Eroberung an: Er lud eine Anzahl Einheimischer in eine bohío, eine kleine fensterlose Hütte, ein, ließ sie fesseln und die Hütte anstecken. Einmal ließ er einigen Dutzend Indianern einfach die Nasen abschneiden. Den Kaziken Ubi ließ er in Cartago von eigens für solche Zwecke dressierten Hunden zerreißen, weil er einen Befehl nicht befolgt hatte. Auf demselben Platz warf er auch den Kaziken Arisquimba den Hunden vor, nachdem er ihn lange mit Feuer hatte foltern lassen. Dieser Kazike hatte sich dadurch «schuldig» gemacht, daß er sich geweigert hatte, den Ort anzugeben, an dem der Kazike des Quimbayadorfes Consota bestattet worden war, der sich den Spaniern nicht unterworfen hatte. Muñoz wollte sein Grab öffnen, um den «Rebellen» angeblich noch nach seinem Tode zu bestrafen – vermutlich ging es ihm jedoch nur um das Gold, das dem Kaziken nach altem Brauch mit ins Grab gegeben worden war. Die Spanier hatten nämlich sehr bald erkannt, daß die Grabräuberei eine sehr einträgliche Sache war.

Muñoz führte sich also trotz der inzwischen erlassenen Gesetze zum Schutze der Indianer in seinem Bezirk so auf wie die ersten Konquistadoren auf den Antillen.

Die Grausamkeiten des Gouverneurs und die unmenschliche Fronarbeit, der viele Indianer zum Opfer fielen, führten dazu, daß die Quimbaya Anfang der vierziger Jahre ihre passive Haltung den neuen Herren ihres Landes gegenüber aufgaben. Anstatt Gold zu schmieden und daraus zierliche Schmuckstücke und entzückende Figuren anzufertigen, begannen sie Waffen herzustellen und einen Aufstand vorzubereiten. Da die Quimbaya kein gemeinsames Stammesoberhaupt hatten, bildeten die Kaziken aller sich an den Aufstandsvorbereitungen beteiligenden Siedlungen einen Kriegsrat.

In der Gemeinde Consota kamen die Mitglieder des Kriegsrates heimlich zusammen, um über den Aufstand zu beraten. Die einen empfahlen, die Erhebung mit der Ermordung des Gouverneurs Muñoz zu eröffnen, andere Kaziken dagegen schlugen vor, zuerst mit den grausamsten Encomenderos abzurechnen und alle gleichzeitig zu überfallen. Die Mehrzahl der Ratsmitglieder stimmte für den zweiten Vorschlag. So begann der Aufstand der Quimbaya damit, daß sich viele Indianer gegen «ihren» Encomendero erhoben und ihn töteten.

Obwohl die Encomenderos und die Repräsentanten der spanischen Krone, die den Indianern das Blut aus den Adern sogen, ihnen ihr Gold und die Smaragde stahlen, die Hauptfeinde der Aufständischen waren, richtete sich deren Zorn auch gegen jene Indianer, die sich in anderen Gebieten freiwillig den Spaniern angeschlossen hatten und ihnen hier im Lande der Quimbaya als Helfershelfer bei der Unterdrückung der Einheimischen dienten. Deshalb teilten auch Dutzende dieser verhaßten Kollaborateure das Schicksal ihrer Herren.

Der Aufstand der Quimbaya war kein offener Kampf unter einem Heerführer, mit Truppen und Schlachten. Es war ein sich über Jahrzehnte hinziehender Guerillakrieg. Die Funken seines Feuers flogen mal hierhin und mal dorthin. Die Krieger unternahmen einen Überfall und zogen sich dann wieder in unzugängliche Gebiete zurück. Dadurch konnten sie trotz ihrer militärischen Unterlegenheit den unbeweglichen Spaniern schwere Schläge versetzen. Da die dauernden Unruhen auch die Einkünfte der spanischen Krone schmälerten und Muñoz' allzu große Selbstherrlichkeit die königliche Autorität gefährdete, wurde der den Indianern verhaßte Gouverneur seines Amtes enthoben und in die Gemeinde Arma versetzt. Kurze Zeit später wurde er wiederum versetzt, diesmal in die Provinzhauptstadt Popayan. Und als immer noch keine Ruhe eintrat, zog der Aufstand der Quimbaya etwas nach sich, was damals im spanischen Kolonialreich durchaus nicht gewöhnlich war: Muñoz wurde vor Gericht gestellt!

Im Jahre 1550 wurde nämlich die Verwaltung dieser jüngsten spanischen Eroberung neu und straff organisiert, und die spanische Krone räumte bei dieser Gelegenheit mit allem auf, was ihre feste Herrschaft und Autorität in Gefahr brachte

Die Europäer zwangen die südamerikanischen Indianer zu harter, schwerer Arbeit. Ein Dominikanermönch überwacht die Tätigkeit einer Indianermutter, die ihren Säugling auch bei der Arbeit bei sich trägt

In Lateinamerika wurden die Indianer häufig als Diener der Kolonialherren benutzt. Ein Kolonialherr wird in einer Sänfte getragen

Bei Tisch aufwartende Indianer

Den Indianern Lateinamerikas bereiteten
die Eroberer dasselbe Los wie deren Brüdern
in Nordamerika. Ein Häuptling
der südamerikanischen Indianer
wird gefangengenommen

und die ungestörte Ausbeutung der Kolonie behinderte. Deshalb wurde in jenem Jahr in Bogotá ein Tribunal errichtet. Die Krone nahm die schlechte Behandlung der Indianer immer wieder zum Vorwand, gegen eigenmächtig handelnde Beamte vorzugehen. So wurde Pedro Muñoz vom Tribunal wegen der an der indianischen Bevölkerung begangenen Grausamkeiten angeklagt. Man verurteilte ihn unter Vorsitz des Oídor Francisco Briseñ zu drei Jahren Galeere und einer großen Geldstrafe.

Muñoz legte gegen dieses Urteil Berufung ein und beteuerte, alles nur aus Liebe und Treue zum König getan zu haben. Doch bevor die Berufungsverhandlung stattfinden konnte, verlor der Mörder selbst das Leben.

Wie alle höheren spanischen Beamten in den Kolonien hatte natürlich auch Pedro Muñoz sein Lehensgut und Indianer, die er persönlich «schützte». Als er sich jetzt dort aufhielt, rächten sich die Indianer an dem ehemaligen Gouverneur von Cartago für alle gehängten, verbrannten und von Hunden zerrissenen Quimbaya. Sie töteten «ihren» Encomendero Pedro Muñoz und verließen dann sein Haus, ohne etwas anzurühren. Auch das Gold, das er ihnen geraubt hatte, ließen sie liegen. Und so konnten die Beamten der Krone im Tresor des Toten einige Kilo Goldstaub und Hunderte tejuelos beschlagnahmen, jene etwa knopfgroßen ungeprägten Goldscheiben, die von den Indianern dieses Gebiets bereits in vorkolumbischer Zeit als Tauschmittel benutzt worden waren und die eine Vorform des Geldes darstellten.

Der übrige Besitz – Vieh, Wagen und landwirtschaftliche Geräte – wurde dann in einer öffentlichen Versteigerung verkauft. Das Lehen fiel an die spanische Krone zurück.

Muñoz war tot, aber die Ausbeutung, die Unterdrückung und Dezimierung der Quimbaya ging weiter und damit auch die immer wieder aufflackernden Versuche des Goldschmiedevolks, sich der verhaßten Zwingherren zu entledigen. Bestehen blieben auch die drastischen Bemühungen der Spanier, das Land endlich fest in die Hand zu bekommen.

Im Laufe der Jahrzehnte ging die Zahl der Quimbaya immer weiter zurück, wozu auch die von den Europäern eingeschleppte Pest beitrug, die verheerend in diesem Gebiet wütete. Erst 1604 gelang es den Spaniern endgültig, das Land der Quimbaya zu «befrieden». Die letzten Überlebenden der tapferen Krieger flohen zu den Páez, die östlich von Popayan ihre Wohnsitze hatten. Ihre Frauen blieben zurück. Sie verwüsteten ihre Wohnstätten, die Äcker und Tempel und töteten sich dann, der Überlieferung zufolge, mit dem Gift der Cientapflanze, um dem Feind nicht in die Hände zu fallen.

Der Stamm der Quimbaya ist erloschen. Von der Existenz dieses geschickten, fleißigen und kunstsinnigen Volkes künden heute nur noch die wenigen schönen goldenen Gegenstände, die den raubgierigen Händen der spanischen Konquistadoren entgingen und die meine Augen in der Schatzkammer der Bank in Bogotá blendeten.

In den Urwäldern Amazoniens

Das Andengebiet, in dessen Norden die Quimbaya siedelten, und Mittelamerika – Mexiko und die angrenzenden Länder –, das waren die geographischen Räume, in denen sich die Zentren des indianischen Lebens befanden und bis heute befinden. Hier lebten und leben neun Zehntel aller Ureinwohner Amerikas, hier haben sich ihre Kulturen entwickelt. In diesen beiden Gebieten, wo die indianische Besiedlung trotz der Dezimierung der Ureinwohner der Neuen Welt durch die Kolonialherren am dichtesten war und die Ausbeutung durch die Spanier am intensivsten, kam es auch am häufigsten zu Aufständen und Rebellionen der Indianer, von denen wir in diesem Buch nur einige Beispiele anführen können.

Weite Gebiete Lateinamerikas sind landschaftlich jedoch nicht von Bergen und Hochebenen charakterisiert, sondern von unendlichen, dichten immergrünen Wäldern, die besonders das Stromgebiet des größten amerikanischen Flusses bedecken, des mächtigen Amazonas. In diesem Amazonien, das beinahe so groß ist wie Europa, lebten und leben Hunderte kleiner Indianerstämme. Die undurchdringlichen Urwälder und Sümpfe ihrer Heimat und das mörderische Klima schützten sie länger vor der Eroberung durch die Europäer als die Völker der Anden und Mittelamerikas. Doch nach und nach drangen die Konquistadoren auch immer weiter in den Urwald vor. Wie überall, wüteten sie auch hier barbarisch in den Dörfern, auf die sie bei ihren Expeditionen stießen, und schleppten die Indianer in die Sklaverei. Viele der kleinen Stämme zogen sich tiefer in den unwegsamen Wald zurück und erhielten sich dadurch eine gewisse Unabhängigkeit. Es kam auch zu Aufständen, doch die Kunde von den Kämpfen der Waldindianer durchdrang nur selten die dichte Mauer des Urwaldes. Nur einige wenige Namen von Freiheitskämpfern der Waldbewohner, einige fragmentarische Angaben habe ich in Brasilien und in den anderen Ländern, die Anteil am Amazonasgebiet haben, zusammentragen können.

Der einzige längerwährende Kampf zur Vertreibung der Kolonialherren, von dem ich erfahren konnte, fand in der Mitte des achtzehnten Jahrhunderts in jenem Teil des Amazonasgebiets statt, wo sich die Quellflüsse des gewaltigen Stromes durch die östlichen Ausläufer der südamerikanischen Anden winden, wo an Perené, Tambo und Ucayali die Piro, Konibo und Sipibo siedeln und wo auch die tapferen Kämpfer des Stammes der Kampa zu Hause sind, eines zahlenmäßig starken Indianervolks, von dem nun die Rede sein wird.

Bei den Urwaldkriegern geschätzte Trophäen
waren Schrumpfköpfe. In Südamerika
nennt man sie Tsatsa

Unter den verschiedenen Berichten, die die ersten neuzeitlichen Besucher der Urwaldgebiete Südamerikas Mitte des neunzehnten Jahrhunderts aus dem zu Peru gehörenden Land der Kampa mitbrachten, war auch die Nachricht, daß diese Indianer daran glaubten, im Himmel lebe ein Erlöser, der einmal zu seinen Indianern zurückkehren würde. Und mit ihm würden Glück, Freiheit und Unabhängigkeit wieder bei den Urwaldindianern einziehen.

Dieser Glaube an einen Messias, der, bevor er zum Himmel aufstieg, mit den Menschen auf der Erde lebte, gleicht auf den ersten Blick den traditionellen christlichen Überlieferungen und den aus anderen Indianermythen bekannten Sagen, nicht aber den aus den tropischen Gegenden Südamerikas bekannten Vorstellungen.

Die Erklärung dafür müssen wir vielleicht im Namen dieses indianischen Messias suchen. Die Kampa nennen ihn Atahualpa Apo Inka. Jawohl – Atahualpa Apo Inka! Atahualpa war bekanntlich der letzte unabhängige Herrscher des größten Indianerreichs des vorkolumbischen Amerikas – des Inkareichs. Dieser Atahualpa hatte jedoch nicht die Heerführerqualitäten des Helden der aztekischen Verteidigungskämpfe Cuauthemoc, außerdem war das Inkareich durch den Bruderkrieg zwischen Atahualpa und seinem Halbbruder Huascar geschwächt, und so fiel den Spaniern unter Pizzaro durch die Gefangennahme des Inkas Atahualpa und die Zerschlagung seiner Armee an einem Tag und an einem Ort das ganze Reich zu.

Atahualpas Nachkommen, die nach seinem Tod den Thron bestiegen, regierten unter den Spaniern noch eine gewisse Zeitlang als Schattenherrscher und führten zeitweilig den Kampf gegen die Eroberer in den Randgebieten ihres ehemaligen Reiches weiter, bis es dem hinterhältigen spanischen Vizekönig Francisco de Toledo 1572 gelang, den letzten Inka aus der Zeit nach Pizzaro, Tupac Amaru I., endgültig zu besiegen. Er ließ ihn auf dem Hauptplatz von Cuzco, der ehemaligen Hauptstadt des Staates, enthaupten.

Das Reich der Inkas war lange zerstört. Doch die Sehnsucht der peruanischen Indianer nach Befreiung vom spanischen Joch und der Wiederherstellung der verlorenen Menschenwürde war geblieben, und es blieb auch die Erinnerung an die einstige Größe und Macht des Inkareichs. Und der Funke des Widerstands gegen die Fremdherrschaft glomm im Volke weiter. Wann immer er in der Geschichte zur Flamme eines Aufstands auflodnerte, nahmen seine Führer deshalb stets den Namen eines ehemaligen Herrschers des Inkareichs an, dessen Erneuerung jahrhundertelang die Hoffnung der Indianer war, und zusammen mit dem Namen auch die offiziellen Titel dieser Herrscher, also «Inka», «Apo» oder «Sapa». So verwundert es nicht, daß auch jener Erlöser, an den die Indianer der westamazonischen Urwälder glaubten, solch einen Namen trug: Atahualpa Apo Inka.

Mir erschien das zunächst sonderbar, denn die Inkas haben niemals unmittelbar über dieses peruanische Urwaldgebiet geherrscht, wenn auch ihr Einfluß bis dahin reichte und kulturelle Kontakte bestanden. Außerdem sprachen die hier lebenden

Indianer auch nicht Quetschua, wie die Bewohner der Berge, sondern eine Aruaksprache.

In den Archiven Perus fand ich Berichte darüber, daß seit der Mitte des siebzehnten Jahrhunderts Franziskaner-, besonders aber Jesuitenmissionare in die Urwälder Ostperus und Westbrasiliens aufbrachen, um die dortigen Indianer zum Christentum zu bekehren. Die Jesuiten errichteten hier nach und nach einige Missionsstationen. Ihr hauptsächliches Tätigkeitsfeld wurde jedoch das heute Gran Pajonal genannte Gebiet, ein Hochland, das allmählich aus den tropischen Niederungen am Zusammenfluß von Perené und Ene aufsteigt. Hier gründeten die Missionare 1635 so etwas wie eine Hauptstadt des Pajonals – Quimiri.

Es vergingen hundert Jahre. Die Franziskaner und die Jesuiten hatten sich im Laufe der Zeit die freiheitsliebenden Kampa untertan gemacht, und es hatte den Anschein, als wäre auch dieser Urwaldteil des Vizekönigreichs in die damals in den spanischen Kolonien der Neuen Welt herrschenden sozialen und ökonomischen Verhältnisse integriert.

Und gerade zu jener Zeit kam zu den Kampa ein Indianer aus einer anderen Welt, mit dessen Ankunft sich alles im Gran Pajonal änderte. Dieser Indianer hatte den spanischen Namen Juan Santo – Johannes der Heilige. Er selbst nannte sich jedoch Atahualpa Apo Inka oder Atahualpa II. Juan Santo Atahualpa stieg wirklich fast vom Himmel zu den Urwaldbewohnern herab, er kam nämlich von den Höhen der Anden, in denen er sich mit einigen Gefährten lange der Verfolgung durch die Spanier entzogen hatte.

Aus den Urwäldern in den Himmel

Juan Santo, der Indianer aus den Bergen, der das Feuer des Aufstands im Gran Pajonal entfachte, wurde in Cajamarca geboren, also dort, wo der letzte unabhängige Herrscher des Inkareichs Atahualpa von Pizzaro überwältigt wurde. Die Jesuiten wurden auf den außerordentlich intelligenten Indianerjungen aufmerksam und beschlossen, ihn wie eine Reihe anderer befähigter peruanischer Burschen zu ihrem Helfer auszubilden. Juan Santo zeigte dabei eine solche Anstelligkeit, daß die Priester den jungen Indianer sogar zur Erziehung nach Europa schickten, und er soll darüber hinaus bis nach Afrika gekommen sein, sicher als einer der ersten Indianer überhaupt. All das sollte seine Ergebenheit gegenüber dem mächtigen Spanien und der heiligen katholischen Kirche festigen.

Doch da geschah etwas, womit die Priester bestimmt nicht gerechnet hatten: Diese Reisen schärften den Blick des jungen Indianers für die Zustände in seiner Heimat, und nach seiner Rückkehr wurde er daher nicht zu einem willfährigen Helfershelfer der Kolonialherren, sondern im Gegenteil zu ihrem entschiedenen Widersacher. Er glaubte an die Erneuerung des Inkareichs in seiner alten Macht und Herrlichkeit und fühlte sich dazu berufen, den Kampf für diese Erneuerung anzuführen. Er begann einen Aufstand gegen die spanische Herrschaft über die indianischen Berge vorzubereiten und Mitkämpfer zu gewinnen. Er wußte jedoch, daß die Indianer den berittenen Spaniern in der offenen Hochebene, dem Altiplano, nicht gewachsen waren. Daher stieg er aus den Verstecken in den Bergen mit seinen Gefährten in die ostperuanischen Urwälder hinab und erschien bei den Kampa, gerade zu der Zeit, als die Missionare die «Pazifizierung» dieses Stammes beendet glaubten und sich eine Atempause gönnen wollten.

Die Urwaldbewohner nahmen diesen Bruder aus den Bergen freundlich auf, und als er von der Erneuerung des Tahuantinsuyu, des Inkareichs, sprach und sich Atahualpa nannte, empfingen sie ihn sofort als ihren Erlöser. Sie legten das aufgezwungene Christentum ab und wählten ihre besten Krieger aus, die zusammen mit ihm den Kampf gegen die spanischen Unterdrücker aufnehmen sollten.

Der Erlöser der Urwaldindianer begann seinen großen Krieg in der Montaña, den peruanischen Waldgebieten, mit einem Angriff auf das Herz des Gran Pajonals, auf Quimiri. Es gelang ihm auch, die Stadt zu erobern. Die Indianer besetzten danach Quizopongo und die meisten der von den Spaniern gegründeten Ansiedlungen.

1742, zur selben Zeit, als die Indianer ihren großen Angriff auf die Urwaldsiedlungen der Weißen unternahmen, kreuzte auf der anderen Seite des Landes, in den peruanischen Küstengewässern, eine starke britische Flotte unter Admiral George Ansons. Es ist möglich, daß zwischen Juan Santo und den Briten eine geheime Absprache über einen gleichzeitigen Angriff auf das spanische Peru bestand.

Durch die Gefahr aufgeschreckt, die der spanischen Macht durch den Aufstand der Indianer drohte, entsandte der damalige peruanische Vizekönig, Marquis de Villa-García, in aller Eile zwei große Armee-Einheiten gegen Atahualpas Krieger, die das befreite indianische Territorium in einer Zangenbewegung angreifen und erneut unterwerfen sollten. Die erste, von dem hohen Offizier des Vizekönigreichs Mill geführte Formation sollte die Hauptstadt des freien Indianerlandes erobern, die zweite, unter der Führung des Gouverneurs Troncoso stehende Abteilung sollte sich des in der Gemeinde Quizopongo gelegenen Hauptverpflegungslagers des Indianerheeres bemächtigen, das nur ungenügend von einigen Angehörigen des verbündeten Stammes der Simirincho bewacht wurde.

Troncoso gelang es, Quizopongo einzunehmen. Als sich Atahualpas Indianerheer jedoch erneut der Ortschaft näherte, verließ Troncoso sie schnell wieder und brachte sich durch einen Rückzug in Sicherheit. Nachdem also die eine der beiden spanischen Abteilungen aus dem Kampf retiriert war, blieb für Atahualpa nur noch ein Gegner – Mills Formation. Sie wurde nach und nach durch eine Reihe von Fallen, Anschlägen und Überfällen aus dem Hinterhalt geschwächt. So starb damals im Urwald einer von Mills Söldnern nach dem anderen, ohne daß es zu einem offenen Kampf gekommen war. Bald war offensichtlich, daß auch Mills ursprünglich so gut ausgerüstete und starke Truppe nichts gegen Atahualpas Indianer ausrichten konnte, denn je länger dieser versteckte Kampf dauerte, um so weniger Spanier blieben am Leben, und schließlich kehrte Mill mit einigen wenigen Söldnern in einem langen erschöpfenden Aufstieg aus den Urwäldern ins Bergland zurück.

Die Tatsache, daß Atahualpa II. es verstanden hatte, die spanischen Soldaten der beiden «Strafexpeditionen» in die Flucht zu schlagen, verlieh ihm bei den Kampa ein beinahe göttliches Ansehen. Der Glaube an seine «göttlichen» Fähigkeiten und seine übernatürliche Kraft festigte sich noch, als Atahualpas Krieger 1744 in einem Gefecht am Chanchamayofluß die vom Gouverneur von Junin und Tarma gegen ihn gesandten Truppen schlugen.

In diesem Kampf um den Übergang über den Chanchamayo, der damaligen Grenze des freien Landes der Kampa, wurden die kleinen spanischen Kanonen, die Atahualpas Kämpfer zwei Jahre zuvor bei der Eroberung von Quimiri erbeutet hatten, zum Trumpf in den Händen der Indianer aus den Urwäldern, deren Waffen bis zu jener Zeit nur Pfeil und Bogen und Blasrohre gewesen waren und die inzwischen gelernt hatten, mit diesen schrecklichen, «himmlische Blitze» speienden Waffen umzugehen.

Nach vier Tagen des Kampfes endete das Gefecht um den Übergang über den Chanchamayo mit einer schweren Niederlage der spanischen Truppen. Die Unabhängigkeit des Indianerlandes in den Urwäldern der Montaña war dadurch zunächst gesichert, denn der peruanische Vizekönig Villa-García wagte es nicht mehr, eine Strafexpedition gegen Juan Santo Atahualpa zu schicken.

1746 wurde jedoch ein anderer spanischer Adliger, José Manso de Vellasco, Graf von Superunda, Vizekönig von Peru. Er wollte der spanischen Krone seine Fähigkeiten zur Ausübung dieses hohen Amtes durch einen Sieg über die Urwaldindianer und ihren als Gott verehrten Anführer beweisen, der den Truppen seines Vorgängers so viele demütigende Niederlagen beigebracht hatte. Manso de Vellasco schickte deshalb das größte Heer gegen die Kampa, das die Geschichte der Eroberung der Urwaldgebiete kennt. An ihre Spitze stellte er den ranghöchsten Offizier des Vizekönigreichs, General Llamasa.

Llamasas Armee sollte im Gebiet des Flusses Huancabamba (Chamaya) in das Gebiet der Kampa eindringen. Oberst Troncoso, der Veteran der Züge gegen die Kampa, sollte von der anderen Seite her gegen das freie Territorium in den Urwäldern vorrücken. Troncoso, der mit seinem Gegner schon so manche bittere Erfahrung gemacht hatte, riet, vorsichtig vorzurücken. Doch der oberste Heerführer des Vizekönigreichs und sein Heer, der erfolgshungrige Graf Manso de Vellasco, wünschten einen schnellen und effektvollen Sieg.

Den Kampa dagegen eilte es überhaupt nicht mit der Entscheidungsschlacht. Hatten sie doch einen wichtigen Verbündeten auf ihrer Seite: die Natur ihrer Heimat. Den undurchdringlichen tropischen Urwald, die wilden, reißenden Flüsse, das feuchtheiße Klima und darüber hinaus Millionen Moskitos. Das alles reduzierte die Kräfte von Llamasas Soldaten beträchtlich. Die schreckliche Feuchtigkeit verdarb außerdem ihre Monturen, die Lebensmittel und vor allem das Schießpulver. Und so starben auch jetzt wieder die spanischen Soldaten zu Dutzenden, ohne bisher mit den Kampa auch nur ein einziges Mal im offenen Kampf aufeinandergetroffen zu sein. Die einen vor Hunger, die anderen – und das waren die meisten – gingen an den Folgen der Malaria zugrunde. Viele starben auch an Schlangenbissen oder ertranken in der reißenden Strömung der Urwaldflüsse.

Llamasas Heer schmolz allmählich dahin wie Schnee in der Frühjahrssonne, bis dem General eines Tages an einem «Salzhügel» genannten Ort plötzlich bewußt wurde, daß von seiner einst so stolzen Armee nur kümmerliche Reste übriggeblieben waren, erschöpfte, nicht mehr kampffähige Männer. Ihm blieb also auch nichts weiter übrig, als den weiteren Vormarsch aufzugeben, auf das mit Troncoso vereinbarte Zusammentreffen zu verzichten und unverzüglich umzukehren. Und so schleppten sich die entkräfteten, abgerissenen Soldaten auf dem gleichen Weg durch den dichten Wald zurück, auf dem sie hermarschiert waren. Doch alles war jetzt noch viel beschwerlicher. Es war, als wären die Flüsse noch tiefer, die Moskitos noch zudringlicher, die Giftschlangen noch angriffslustiger und der Hunger noch quälender!

Die zweite, kleinere Abteilung unter dem erfahrenen und besonnenen Troncoso dagegen gelangte bis zu jener Stelle, wo sie mit Llamasas Heer zusammentreffen sollte. Doch als Llamasa nicht am Treffpunkt erschien, ließ der durch die Niederlage klug gewordene Troncoso lieber schnell zum Rückzug blasen.

Es war jedoch schon zu spät. Die Krieger der Kampa, deren Beobachtungsposten aus dem Urwalddunkel heraus das Vorrücken und den ruhmlosen Rückzug der Hauptmacht des gegen sie entsandten Heeres verfolgt hatten, wußten, daß General Llamasa schon über alle Berge war. Und nun griffen sie – zum erstenmal in diesem Krieg – selbst an und fügten Troncoso eine weitere Niederlage zu, wobei sie mehr als die Hälfte seiner Soldaten niedermachten.

Dieses traurige Ende der großen Armee begrub die Pläne des ehrgeizigen Vizekönigs zur Liquidierung des freien Indianerlandes endgültig.

Atahualpa, der durch diese wiederholten Siege die Sicherheit und Unantastbarkeit seiner «Urwaldfestung» erhöht hatte, wollte jetzt auch den anderen Teil seines alten Planes verwirklichen: Er wollte nicht nur das Tiefland, sondern auch das Bergland Perus von den Spaniern befreien. Er schickte seine Abgesandten ins Hochland, die die Bewohner zum Kampf aufrufen sollten und die vielleicht sogar bis zur Küste kamen, denn im Jahre 1750 wurde in Lima und anderen Städten eine Verschwörung gegen die spanische Herrschaft aufgedeckt, die möglicherweise etwas mit ihm zu tun hatte. Nach langen Vorbereitungen brach Juan Santo Atahualpa dann 1752 – zehn Jahre, nachdem er den Kampf aufgenommen hatte – mit seinen Kriegern nach Andamarca im peruanischen Bergland auf.

Doch so sehr Atahualpas Absicht, das Inkareich wiederherzustellen, auch subjektiv den Träumen der indianischen Bauern entsprach, war die Befreiung der Indianer von der spanischen Fremdherrschaft im achtzehnten Jahrhundert objektiv kein reales Ziel. Auf der Tagesordnung stand zu dieser Zeit die bürgerliche Nationalrevolution, und die erforderte entgegengesetzt zu Atahualpas Zielen die volle Integration der Indianer, zumal große Teile der Bevölkerung bereits mestizisiert waren. Es gelang Atahualpa also nicht, die Hochlandindianer in größeren Massen mitzureißen. Außerdem waren die Urwaldindianer den eiskalten Winter in den Bergen nicht gewohnt, und so mußte Atahualpa mit seinem Heer bald ins Tiefland zurückkehren, in das freie Territorium der Kampa-Indianer hinter dem Chanchamayo. Und dort lenkte der Quetschua Juan Santo Atahualpa dann bis zu seinem Tode die Geschicke seiner Indianer – der Kampa, Sipibo und Simirincho.

Ja, bis zu seinem Tod! Denn es ist das unerbittliche Gesetz der Natur, daß die Menschen sterblich sind, auch jene, denen die Sage, die Legende Unsterblichkeit andichtet wie dem Anführer der freien Indianer, Atahualpa II. Und vielleicht gerade wegen dieser ihm nachgesagten Unsterblichkeit mußte Atahualpa vorzeitig sterben. An allem war die Eifersucht eines Kampahäuptlings schuld, der die ständig wachsende Popularität und Autorität des «zugewanderten» Quetschua aus den Bergen mit Unwillen verfolgte. Er wollte seine Stammesgenossen davon überzeugen, daß der Glaube an die übernatürlichen Fähigkeiten ihres neuen Anführers, besonders aber der an seine Unsterblichkeit unbegründet war. Und so geschah es: Als Atahualpa einmal in Montrere eine Truppenparade seiner Krieger abnahm, erschlug ihn der bis zur Unrechnungsfähigkeit eifersüchtige Häuptling mit einer Steinaxt.

Auch der «Erlöser» der Urwaldindianer war also nicht unsterblich. Doch an der gottähnlichen Verehrung, die er zu Lebzeiten genossen hatte, vermochte auch sein natürlicher Tod nichts zu ändern. An jener Stelle, wo dieser große Anführer der freien Indianerkrieger aus den ostperuanischen Urwäldern ermordet worden war, errichteten die Kampa ihrem Toten ein Grabmal, ein rechteckiges, achtzehn Meter langes, mit acht Säulen geschmücktes Heiligtum. Im Innern dieses Tempels stellten sie seinen Sarg auf, mit dem Kopf nach Osten, dorthin, wo die Sonne aufgeht, die der Sage nach der erste Inka und höchste Gott der Quetschua war.

Als dieses Land der freien Urwaldindianer hundertfünfzig Jahre später schließlich von Peru besetzt wurde, befahl der damalige Präfekt des Gebiets, die sterblichen Überreste des indianischen Helden aus dem Heiligtum im Urwald auf den Friedhof von Tarma zu überführen.

Doch die Kampa und auch die anderen Indianer der ostperuanischen Urwälder besuchen, wenn sie ihres Anführers gedenken wollen, noch heute nicht den Friedhof von Tarma, sondern heben den Kopf gen Himmel, weil sie glauben, daß Atahualpa Apo Inka dort oben lebt. Im Himmel, wo auch die Sterne und die goldene

Die südamerikanischen Krieger,
besonders die Urwald-Indianer, benutzten auch
eine ungewöhnliche Waffe, die aber sehr
wirkungsvoll war – das Blasrohr

Sonne der Inkas ihre Heimat haben. Und niemand kann ihnen den Glauben nehmen, daß der Erlöser einmal zu ihnen zurückkehrt, um allen seinen Kampfesbrüdern die endgültige, volle Befreiung zu bringen, ihnen, den Indianern von den Urwaldflüssen ...

Tupac Amaru II.

Ich nahm Abschied von der Heimat der Indianer vom Stamme der Kampa an den Quellflüssen des größten südamerikanischen Stromes und begab mich an einen Ort, den zu besuchen ich mir immer gewünscht hatte: nach Cuzco, der ehemaligen Hauptstadt des Inkareichs.

Endlich stehe ich auf dem Hauptplatz von Cuzco. Ich schaue mich um, und mir ist, als dringe aus der Tiefe der Zeiten eine Stimme zu mir, die Stimme eines längst vergangenen Urteils: «... Die Körper und Gliedmaßen der neun Hauptanführer des Aufruhrs zu zerstreuen, über die das Todesurteil am 18. Mai im Jahre des Herrn 1781 auf dem Hauptplatz in Cuzco vollstreckt wird – José Gabriel Tupac Amaru, Micaela Bastidas Puyacahua, Francisco Tupac Amaru, der Schwager des Hauptschuldigen, ferner sein Onkel, außerdem Titu Condemayta, die Kazikin von Acos, Diego Berdejo, der Oberst des Aufstandsheeres und Antonio Oblitas, sein Gehilfe.

Nach Tinta das Haupt José Gabriel Tupac Amarus, nach Tungasuca die Schulter Micaela Bastidas', nach Arequipa die zweite Schulter Micaela Bastidas', nach Quisquipanchis ein Bein seines Sohnes Hipolíto, das andere Bein nach Yauri, die Hand nach Tungasuca, den Rest des Körpers nach Tinta. Das Haupt Antonio Bastidas Puyacahuas nach Paracatamba, seine Hand nach Urcos, das Haupt Titu Condemaytas nach Acos; Fernando Tupac Amaru, jünger als zehn Jahre und sechs Monate, soll für das ganze Leben in einer der Strafanstalten in Spanisch-Afrika eingekerkert werden.»

Und weiter spricht die Stimme: «Nachdem José Gabriel Tupac Amarus der Hinrichtung der übrigen ‹Verbrecher› beigewohnt hatte, wurde ihm die Zunge herausgerissen, und er wurde an vier starke Pferde gebunden, die ihn zerreißen sollten. Doch sie vermochten seinen Körper nicht zu teilen. Da wurde er endlich auf einen Wink des Generalvisitators José Antonio de Areche losgebunden und enthauptet. Eine Viertelstunde nach Mittag wurden dann die Reste seines Körpers und des Körpers seiner Frau auf dem Picchuhügel verbrannt, wo gleichzeitig ein Stein mit der erschöpfenden Aufzählung seiner Taten und Strafen aufgestellt wurde.»

Diese Beschreibung der Strafen, die an jenem José Gabriel Tupac Amarus, sei-

Tupac Amaru bei einem Zusammenstoß
mit den Kolonialsoldaten

Breite Wasserläufe und tiefe Schluchten in den Anden wurden von den Indianerheeren auf meisterhaft gefertigten Hängebrücken überwunden

In Peru wurde die Zahl der Soldaten und der Heereseinheiten in der sogenannten Knotenschrift vermerkt, die die Indianer «Quipu» nannten. Ein «Statistiker», ein Schreiber, der ein Quipu in den Händen hält

Zum Erstaunen der Indianer führten die einzelnen europäischen Kolonialmächte auch Krieg gegeneinander. In Peru kämpften sogar spanische Soldaten gegeneinander

Ein Gefecht, das von zwei Gruppen spanischer Soldaten gegeneinander geführt wurde

ner Familie und seinen engsten Gefährten vollzogen wurden, habe ich der Chronik des jesuitischen Visitators Melchor de la Paz entnommen. Sie wurde von diesem Angehörigen der Gesellschaft Jesu fünf Jahre nach jenem denkwürdigen Tag im Jahre 1786 niedergeschrieben.

Doch wer war dieser «Verbrecher», der den gleichen Namen trug wie der letzte Inka? Dieser Tupac Amaru, dessen Hinrichtung wie ein Schauspiel inszeniert wurde und dessen Arme, Schultern, Beine und Haupt genau wie die seiner Familie und seiner Freunde in den entlegensten Orten des Vizekönigreichs Peru zur Schau gestellt wurden? Und welche schreckliche Tat hatte er begangen?

Der Name Tupac Amaru bedeutet in Quetschua, der Staatssprache des zerstorten Inkareiches, die jedoch bis heute die meistbenutzte indianische Sprache in Amerika ist, «Strahlende Schlange».

Der im Jahre 1742 in der Provinzhauptstadt Tinta geborene peruanische Mestize Tupac Amaru II., die «Strahlende Schlange», hieß eigentlich José Gabriel Condorcanqui. Er nahm den Namen des letzten Inkas nicht etwa nur an, um sich die Massen der Indianer zuzuführen, sondern er war tatsächlich ein direkter Nachkomme des letzten Inkas Tupac Amaru I., dessen Tochter Juana Pilcohuaco den Kaziken von Surimana und Tungasuca Diego Felipe Condorcanqui geheiratet hatte. Außerdem war ein weiterer der letzten Inkas unter seinen Vorfahren, der Inka Sayri Tupac, den die Spanier Diego nannten und der im Jahre 1560 in Yucay starb. Seine «Königliche Herkunft» wurde ihm 1770 auch von den spanischen Ämtern in Lima bestätigt, so daß er seitdem seinem eigentlichen Namen den Namen Tupac Amaru hinzufügte.

Wie bereits im Bericht über Juan Santo Atahualpa gesagt, hatte Pizzaro die Inkaherrscher auch nach Atahualpas Tod noch eine Zeitlang amtieren lassen, da die Spanier ja nicht sofort das ganze Gebiet dieses riesigen Reiches besetzen konnten. Diese Inkas führten den Kampf gegen die Konquistadoren fort, nachdem sie sich in das fruchtbare Vilcomayotal im östlichen Teil des Landes zurückgezogen hatten. Hier herrschten sie noch eine Weile unbehelligt von den Europäern, hier beteten sie auch weiterhin ihren Sonnengott an, errichteten ihre Tempel und Klöster, die Klöster der Sonnenjungfrauen, und unterhielten auch ein Heer, mit dem der Inka Manco beispielsweise im Jahre 1536 zehn Monate lang Cuzco belagerte.

Den Spaniern gelangt es erst im Jahre 1573, auch diesen Teil Perus zu erobern und seinen letzten Herrscher Tupac Amaru I. gefangenzunehmen und hinzurichten.

Der spanische Vizekönig von Peru, Francisco de Toledo, war auch bestrebt, alle noch lebenden Mitglieder der Inkafamilie auszurotten, doch das gelang ihm nicht; die Nachfahren des letzten Inkas lebten auch weiterhin in Peru. Die spanische Krone erkannte ihnen später sogar gewisse Adelsprivilegien zu und auch das Recht zur Benutzung des Wappens der Inkas – einer Krone, die die Indianer mascaipacha nannten – und des Inkamantels unku. Und um die einzelnen Mitglieder der Inkafamilie an sich zu binden, waren die königlichen Ämter in der ersten Zeit auch an Heiraten zwischen dem Inkaadel und Spaniern beziehungsweise Spanierinnen interessiert, daher hatte José Gabriel Tupac Amaru also auch spanisches Blut in den Adern. Doch das änderte nichts daran, daß er sich als Indianer fühlte, als Bruder seiner indianischen Brüder.

José Gabriel besaß eine ausgezeichnete Bildung. Er hatte das Kollegium für die Söhne der vornehmsten Kaziken in Cuzco besucht und beherrschte nicht nur das Quetschua, seine Muttersprache, sondern sprach auch ausgezeichnet Spanisch und sogar Latein. Seine Kenntnis in der Geschichte seines Volkes bewies er in einer genauen Genealogie, mit der er der Audiencia in Lima bewies, daß er tatsächlich ein direkter Nachkomme des letzten Inkas war. In einer Archivschrift aus jener Zeit wird gesagt, daß er auch Doktor beider Rechte sei und diesen akademischen Titel am Lehrstuhl in Lima, der Hauptstadt des Vizekönigreiches Peru, erworben habe.

Dieser kluge und gebildete Nachkomme der Herrscher des größten Indianerreiches des vorkolumbischen Amerikas hatte das Amt eines Kaziken von Surimana, Tungasuca, Pampamarca und einigen kleineren Ortschaften in der Provinz Tinta im Herzen des Vizekönigreichs. Er hatte es nach dem Tode seines Vaters und seines älteren Bruders geerbt und sich mit seiner Familie – seiner Frau Micaela Bastidas, drei Söhnen, einigen Brüdern, einem Onkel und Vettern in Tungasuca niedergelassen, wo er auch ein Transportunternehmen betrieb. Durch sein Amt und seinen Umgang mit der kreolischen und spanischen Oberschicht kannte er nicht nur die Stimmung unter den verschiedenen Bevölkerungsschichten seiner Heimat, sondern er wußte auch, was in der Welt vor sich ging. Er kannte jene revolutionären Strömungen, die in der zweiten Hälfte des achtzehnten Jahrhunderts Europa bewegten, und ihm war nicht unbekannt geblieben, daß sich im Norden des amerikanischen Doppelkontinents die britischen Kolonien befreit und die Vereinigten Staaten von Amerika gebildet hatten. Er sah, daß die Welt zu beiden Seiten des Atlantiks in Bewegung geraten war.

Doch hier, in den spanischen Kolonien, schien die Zeit stehengeblieben zu sein. Das spanische Joch verhinderte jede eigenständige Entwicklung der Länder, und die Indianer waren nach wie vor völlig rechtlos. Sie hatten nur bis zum Umfallen zu schuften, wie Vieh, das seinem Besitzer den größtmöglichen Gewinn bringen und dann sterben soll.

Die Pflichten im Rahmen der Encomienda, der Zuteilung der Indianer an die Spanier, bildeten nur einen Teil der Leiden der lateinamerikanischen Indianer. Hier, im Vizekönigreich Peru, kam für die Indianer noch eine weit grausamere Art der Ausbeutung hinzu: die «Mita». Sie war bestimmt die schwerste aller Lasten auf dem Rücken der Andenindianer. Die Mita war offiziell Arbeiten an «öffentlich nützlichen Werken», zu denen jeder Indianer alle sieben Jahre für achtzehn Wochen verpflichtet war. Sie war aus dem Inkareich übernommen worden. Doch außer dem Namen dieser Einrichtung gab es keine weiteren Gemeinsamkeiten. Nützlich war die Mita im Kolonialreich nur für die Herren, während die Arbeiten in den Textilmanufakturen, die obrajes genannt wurden, der Bau von Straßen und Brücken für die Indianer nur härteste Fron bedeutete und unzählige Opfer forderte. Die schrecklichste und verbreitetste Mita war jedoch die Zwangsarbeit in den Silbergruben im heute bolivianischen Potosí und in den Quecksilbergruben des peruanischen Huancavelica.

Allein der Weg in die sehr weit entfernte Silberstadt Potosí kostete Hunderte Indianer das Leben. Und die Fron in den Gruben – manchmal sieben Tage in der Woche Arbeit von Sonnenaufgang bis Sonnenuntergang – rottete ganze Dörfer aus. Ein Forscher hat einmal ausgerechnet, wieviel Indianer im Verlaufe der Kolonialära in Potosí umkamen. Das Ergebnis war schrecklich: 8 085 000 Indianer. Ja, mehr als acht Millionen Indianer gingen bei den Zwangsarbeiten in dieser einen einzigen Stadt zugrunde! Und nur wenige mitayos sahen ihre Heimatdörfer je wieder. Denn jeder kleinste – oft auch nur angebliche – Verstoß gegen die strenge Ordnung bei der Zwangsarbeit zog harte Strafen nach sich – zusätzliche Arbeit, so daß mancher Unglückliche nie mehr nach Hause zurückkehrte.

Aber auch mit der Mita endeten noch nicht alle Plagen des kolonialen Lateinamerikas. Die Indianer mußten außerdem sehr hohe Steuern zahlen, zumeist in Naturalien. Darüber hinaus wurden ihnen die vielfältigsten Geldstrafen auferlegt, oft, ohne daß sich die Indianer etwas hatten zuschulden kommen lassen.

Für die Indianer waren unter den Kolonialbeamten die corregidores, die an der Spitze jeder der fünfzig Provinzen des Vizekönigreichs Peru standen, die Hauptrepräsentanten der spanischen Macht, die Personifizierung des unmenschlichen Systems, das ihnen das Mark aus den Knochen sog.

Diese corregidores hatten sich ihr Amt oft für ein hohes Bestechungsgeld bei der Kolonialverwaltung erkauft. Nun waren sie bestrebt, das investierte Geld so schnell wie möglich wieder hereinzubekommen. Und dazu hatten sie als höchste Beamte der Provinz die beste Möglichkeit. Zuerst einmal durch die Steuern. Die genaue Höhe der Steuern, die seine Provinz an die königliche Kasse abführen mußte, kannten oft nur der corregidor selbst und seine engsten Mitarbeiter. Deshalb schrieben diese Provinzverwalter die Steuern oft in einer mehrfachen Höhe der Summe aus, die die Krone forderte, und steckten den Rest in die eigene Tasche. Darüber hinaus erlegten sie die Steuern oft auch den Kindern, Alten, Geisteskranken und sogar manchmal den toten Indianern auf, wenn der Tote irgendeinen Besitz hinterlassen hatte, obwohl das Gesetz die Steuerpflicht nur arbeitsfähigen Erwachsenen über achtzehn Jahren auferlegte und selbstverständlich nur Lebenden.

Das nächste einträgliche Geschäft der corregidores war das Reparto, spanisch: Verteilung, das Handelsmonopol, das sie als Vertreter der Krone in ihrer Provinz hatten. Und das nutzten sie natürlich ebenfalls dazu aus, um den Indianern den letzten Peso aus der Tasche zu ziehen oder sie durch Schulden noch mehr versklaven zu können, denn die Preise für die Waren, beispielsweise Decken aus den Manufakturen, legten sie willkürlich fest. Die Indianer mußten den Händlern des corregidors aber auch europäische Waren abnehmen, die sie eigentlich gar nicht brauchten, woran der corregidor sich ebenfalls bereicherte.

Die Indianer der Provinz Tinta, in der José Gabriel Tupac Amaru lebte, hatten dabei den traurigen Vorzug, daß ihr corregidor Antonio de Arriaga zu den grausamsten, rücksichtslosesten Ausbeutern gehörte, die die Ureinwohner der Neuen Welt je kennengelernt hatten. So hatte Arriaga beispielsweise statt der 112 000 Pesos, die er im Laufe von fünf Jahren an die königliche Kasse abführen mußte, mehr als 300 000 Pesos aus den Indianern herausgepreßt.

Der corregidor der Provinz Tinta war auch der Vorgesetzte des Kaziken von Tungasuca José Gabriel Tupac Amarus. Als Kazike und durch seine Herkunft hatte Tupac Amaru verschiedene Privilegien und war außerdem ein wohlhabender Mann. Wie viele seiner Standesgenossen hätte er sich auf die Seite der Mächtigen, der Spanier, schlagen und ein angenehmes Leben führen können. Doch Tupac Amaru ließ sich nicht blenden. Er verschloß nicht die Augen vor dem Elend rings um ihn her und beobachtete mit ständig steigendem Haß, wie die Indianer aus seinen Dörfern wie Vieh zur Mita nach Potosí getrieben wurden, wie Tausende weggingen und nur Dutzende zurückkehrten, wie sie gesund Abschied nahmen und sich todkrank manchmal auch verstümmelt nach Hause schleppten und wie auch die «glücklicheren» Indianer, die in ihren Dörfern blieben und auf den kärglichen Bergfeldern Fronarbeit leisten durften, von Arriaga um ihre Habe gebracht wurden.

Der Kazike von Tungasuca protestierte einigemal schriftlich gegen die Mita und erhob schließlich seine Stimme zum Schutze seiner indianischen Brüder auch am Sitz des Vizekönigs in Lima. Weitere Quetschuadörfer – Yllagua, Yanacoa, Chinchaygua und andere – baten ihn damals, auch in ihrem Namen bei den königlichen Ämtern Einspruch gegen die Mita zu erheben; doch alle Proteste Tupac Amarus blieben erfolglos. Durch seine Reisen, die ihn weit in Peru herumführten, erkannte er bald, daß die Indianer im ganzen Vizekönigreich genauso ausgebeutet wurden wie in der Provinz Tinta. Da begriff er, daß er mit seinen Worten, seinen dringenden Bitten und Protesten gegen die Mita und die anderen Übel nichts erreichen konnte, weil sie zum System der Kolonialherrschaft gehörten. Er erkannte, daß Worte überhaupt nicht genügten, sondern daß man das ganze korrupte System der corregidores und letztlich die Kolonialordnung überhaupt durch Taten beseitigen mußte. Deshalb begann er einen Aufstand vorzubereiten, der die Lage der Indianer von Grund auf verändern sollte, und zwar überall, wo sie ausgebeutet wurden – nicht nur in Tungasuca, nicht nur in seiner Heimatprovinz Tinta mit ihrem graumsamen corregidor Arriaga, sondern im ganzen Vizekönigreich, ja im ganzen spanischen Südamerika.

Tupac Amaru ging es bei diesem Aufstand also nicht darum, für sich selbst den verlorenen Thron seiner Vorfahren zurückzugewinnen und das Inkareich so wiederherzustellen, wie es vor der Eroberung durch Pizzaro gewesen war, sondern es sollte ein Kampf für die Befreiung von der Kolonialherrschaft sein.

Die Vorbereitung dieses Aufstands, des, was die Masse der Kämpfer anbetrifft, bedeutendsten Indianeraufstands in der Geschichte Amerikas, dauerte einige Jahre. Der Kazike von Tungasuca knüpfte in aller Stille Verbindung zu anderen Kaziken an, die zum gegebenen Zeitpunkt ebenfalls den Kampf beginnen sollten. Sein Transportunternehmen bot ihm dazu günstige Gelegenheit, Boten überall im Vizekönigreich Peru und im Vizekönigreich Rio de La Plata, zu dem das heutige Bolivien damals gehörte, herumzuschicken, um Verbündete zu gewinnen, Waffen und Geld zu sammeln. Tupac Amaru stellte auch Kontakte zu spanischen Würdenträgern her, ihre Feindschaft untereinander ausnutzend, und auch zu Kreolen, die ebenfalls unter der spanischen Mißwirtschaft im Lande litten, besonders zu kreolischen Handwerkern und Bergleuten.

Überall in den spanischen Ländern gab es nun Unruheherde, und noch vor dem Beginn des eigentlichen Aufstands brachen einige Rebellionen aus. Eine von ihnen flammte im August 1780 im heutigen Bolivien auf. Sie wurde von den tapferen Brüdern Tomás, Dámaso und Nicolás Catari angeführt, die mit Tupac Amaru in Verbindung standen. Vorher hatte es bereits in der peruanischen Provinz Chayanta, in der damals etwa 60 000 Indianer lebten, einen Aufruhr gegeben.

Im Herbst 1780 hielt José Gabriel Tupac Amaru dann den Zeitpunkt zum Losschlagen für günstig und gab das Signal für den allgemeinen Aufstand im Vizekönigreich durch die Hinrichtung des corregidors von Tinta, Antonio de Arriaga.

Die Hinrichtung in den Bergen

Der Kazike Tupac Amaru und der corregidor Antonio de Arriaga trafen sich nicht nur dienstlich, sondern kamen auch bei verschiedenen festlichen Anlässen zusammen, und es hatte den Anschein, als kämen die beiden gut miteinander aus. Niemand ahnte etwas von der geheimen Tätigkeit des Kaziken.

Am 4. November 1780 trafen die beiden wieder einmal in der Gemeinde Yanacoa im Hause des Ortspfarrers Rodríguez de Avila zusammen. Es war der Geburtstag seiner Majestät des spanischen Königs, und da der Geburtstag des Paters Rodríguez auf denselben Tag fiel, hatte er beschlossen, beides gebührend zu feiern und dazu diese beiden wichtigen Leute einzuladen.

Als die Unterhaltung im schönsten Gange war, kam ein Indianer aus Tungasuca an und forderte Tupac Amaru, wie verabredet, auf, umgehend in einer dringenden Angelegenheit nach Hause zu kommen.

Tupac Amaru verabschiedete sich also von dem Priester und dem corregidor und verließ das Pfarrhaus. Hinter der Gemeinde, in einer Schlucht, durch die der Weg nach Tinta führte, traf Tupac Amaru mit einigen Getreuen zusammen. Gemeinsam warteten sie hier in einem Hinterhalt auf die Rückkehr des corregidors. Als er endlich kam, stürzten Tupac Amarus Leute vor, rissen ihn vom Pferd und banden ihn. Das alles ging so schnell, daß er gar keinen Widerstand leisten konnte. Gegen Mitternacht transportierten die Indianer ihren Gefangenen nach Tungasuca, das später seiner günstigen Lage wegen zum Zentrum, zur Hauptstadt dieses Aufstands wurde. In Tungasuca sperrten die Aufständischen ihren ehemaligen corregidor in Tupac Amarus Haus ein.

Dann trat Tupac Amaru zu seinem Gefangenen und zwang ihn, einige bereits vorbereitete Anweisungen zu unterschreiben. Die erste beauftragte den Schatzmeister und Lagerverwalter der Provinz, den Überbringern – also den Abgesandten Tupac Amarus – alles Geld und besonders alle Waffen auszuhändigen, die im Arsenal von Tinta lagerten.

Eine glaubhafte Begründung dafür war in diesen Piratenzeiten zu finden: Die Boten behaupteten, der corregidor brauche alle diese Waffen zur Verteidigung gegen britische Korsaren, die unerwartet den peruanischen Hafen Arauta angegriffen hätten. Auf diese Weise gelangten die indianischen Aufständischen ohne einen einzigen Schuß in den Besitz von fünfundsiebzig Gewehren, weiteren Waffen, Schießpulver, einigen Dutzend Pferden und Maultieren und darüber hinaus 22 000 Goldpesos, ferner von Gold- und Silberbarren und Juwelen.

Der zweite Befehl des «corregidors» war für alle Männer der Provinz Tinta bestimmt. Er gebot ihnen, sich bis vierundzwanzig Uhr nach Tungasuca zu begeben, da eine Truppe zur Bekämpfung von Piraten aufgestellt würde. Auf Grund dieses «Mobilmachungsbefehls» versammelten sich im Laufe des nächsten Tages mehr als 10 000 Mann in der Hauptstadt des beginnenden Aufstands. Es kamen nicht nur Indianer, sondern auch alle Mestizen und Kreolen, ja selbst einige nichtspanische Weiße, die in dieser Provinz lebten. Tupac Amaru bildete aus ihnen sofort seine ersten militärischen Einheiten. Das Amt des hiesigen Kaziken gab ihm dazu das Recht, auch wenn die ersten Soldaten dieses großen Aufstands vorläufig gar nicht wußten, gegen wen sie in Wirklichkeit kämpfen sollten.

Der corregidor mußte während seiner Gefangenschaft jedoch nicht nur die Befehle zur Herausgabe der Waffen und zur Mobilmachung unterschreiben. Tupac Amaru hatte für seinen Gefangenen noch eine dritte Verfügung zur Unterschrift vorbereitet. Sie beorderte den Stellvertreter des corregidors, Manuel de San Roque, ebenfalls nach Tungasuca und befahl ihm, die Schlüssel zum Gebäude der Provinzverwaltung und zwei neue Ketten mitzubringen. Mit der einen wurde ihr Überbringer gefesselt, und in die zweite wurde der corregidor von Tinta selbst geschmiedet, so, wie zuvor manche der Indianer, über die er grausam geherrscht hatte.

Nach einem kurzen Gerichtsverfahren wurde der besiegte Tyrann dann am

10. November 1780 seinen versammelten ehemaligen Untertanen vorgeführt. Und sie alle, die zehntausend Indianer, hundertfünfzig Mestizen und fünfzig Spanier, waren dann Zeugen, wie die Gerechtigkeit an ihm vollzogen wurde.

Arriagas Hinrichtung werde – wie Tupac Amaru dem versammelten Volk verkündete – auf Befehl des Königs Carlos III. von Spanien selbst durchgeführt. Gleichzeitig gab Tupac Amaru feierlich bekannt, daß – wieder angeblich nach dem Willen seiner Majestät des Königs – die meisten Steuern, das Reparto und vor allem die Mita, die verhaßte Zwangsarbeit, mit sofortiger Wirkung abgeschafft seien.

Arriagas Henker war sein eigener schwarzer Sklave. Der Schwarze, möglicherweise auch Zambo – Sohn eines schwarzen Vaters und einer indianischen Mutter – Antonio Oblitas legte die Schlinge um den Hals des corregidors von Tinta, doch der Strick riß, und die Hinrichtung mußte wiederholt werden. Dann starb Arriago tatsächlich.

Und so begann mit der Gefangennahme und der Hinrichtung des corregidors Antonio de Arriaga der größte Befreiungskampf der lateinamerikanischen Indianer. Diese Hinrichtung in den peruanischen Bergen, das Urteil, das Tupac Amaru hier nicht nur über einen einzigen korrupten und grausamen corregidor sprach, sondern über die ganze ungerechte Kolonialordnung, fand ihr Echo in den entferntesten Teilen des indianischen Kontinents, denn die Zeit war reif für den antikolonialen Befreiungskampf der Völker Lateinamerikas, da sich die Widersprüche in den spanischen Kolonien bis zur Unerträglichkeit zugespitzt hatten.

Tupac Amarus Weg

Als Tupac Amaru seinen großen Indianeraufstand vorbereitete, hatte er eine klare Konzeption für das, was nach der Beseitigung der spanischen Gewaltherrschaft kommen sollte. Er wollte das spanische Regime nicht nur mit einem großen Zornesausbruch des Volkes hinwegfegen, sondern es – eigentlich als erster in der Kolonialära – durch einen neuen Staat ablösen, einen Staat aller Armen und bisher Unterdrückten.

Dieser Staat sollte natürlich ein Reich der Indianer sein. Doch auch alle jene Nichtindianer sollten in ihm Heimatrecht haben, die sich bei diesem revolutionären Kampf auf die Seite der Indianer stellten. Und es gab eine ganze Reihe Nichtindianer, die am Aufstand teilnahmen. Auch einige spanische und kreolische Priester ergriffen für die Sache der Indianer Partei. Und im Indianerheer kämpften ebenfalls Schwarze, gehörte die Befreiung der schwarzen Sklaven doch zu den Hauptforderungen des Führers der Aufständischen.

An der Spitze des zukünftigen Indianerstaates sollte ein aus fünf Mitgliedern bestehender «Ministerrat» stehen, als dessen «Ministerpräsident» Felipe Bermudes vorgesehen war, ein Kreole aus Cuzco. Das ganze befreite Territorium sollte dann entsprechend der traditionellen Einteilung im Inkareich in eine Reihe von Provinzen eingeteilt werden. An der Spitze jeder Provinz sollten ein von Tupac Amaru ernannter Gouverneur und eine indianische «Bezirksverwaltung» stehen, die von den Spaniern «junta privada» genannt wurde.

Die Gouverneure der Provinzen sollten dann in Tupac Amarus Auftrag die Führer («Obersten») der Indianertruppen eines Gebiets ernennen; sie setzten ebenfalls die Beamten der neuen Verwaltung ein, die Schreiber. An der Spitze der einzelnen Indianerdörfer sollten zuverlässige Kaziken oder indianische Bürgermeister stehen. Das Oberhaupt des neuen Staates war der neue Inka – Tupac Amaru II.

In einer später entstandenen, nie veröffentlichten Erklärung, die von den Spaniern in Tupac Amarus hinterlassenen Schriften gefunden wurde, wird Tupac Amaru als «Don José I., von Gottes Gnaden Inka, König von Peru, Santa Fé, Quito, Chile, Buenos Aires (und noch weiteren Gebieten)» genannt. Aus dieser Erklärung geht also hervor, daß das Territorium des neuen Staates im Grunde genommen ganz Südamerika mit Ausnahme des damals portugiesischen Brasiliens umfassen sollte.

Und weil das Symbol «Inka» nicht in allen diesen Ländern Zugkraft hatte, nannte er sich «José I.», denn die Hoffnung auf einen «edlen Herrscher» entsprach sowohl den Einflüssen der europäischen Aufklärung auf Tupac Amaru als auch der Denkweise der rückständigen Massen Lateinamerikas.

Doch die spanische Kolonialherrschaft konnte nur durch den bewaffneten Kampf, den revolutionären Aufstand beseitigt werden, um Tupac Amarus erträumtem Staat Platz zu machen. Und so gab Tupac Amaru am Galgen des verhaßten corregidors von Tinta eine Erklärung ab, daß sein Kampf zur Befreiung der Indianer von allen Leiden führen werde, und versprach die Aufhebung aller Zwangsarbeiten und Steuern und die Bestrafung der Unterdrücker. Dann forderte er die Versammelten in seiner denkwürdigen, auf Quetschua vorgetragenen Erklärung auf, mit ihm zusammen in den Kampf zu ziehen.

Und wirklich traten sofort einige hundert Indianer der im Entstehen begriffenen Befreiungsarmee bei, um den «Befreier des Landes», wie er von der begeisterten Menge genannt wurde, zu unterstützen. Tupac Amaru verteilte die Musketen aus dem Arsenal des corregidors an sie. Die übrigen waren nur mit Speeren, Äxten, Dolchen und anderen primitiven Waffen ausgerüstet.

Gleich am nächsten Tag zog Tupac Amaru mit seinem Heer, das inzwischen auf 6000 Mann angewachsen war und bald etwa 50000 Soldaten zählen sollte, in die Nachbarprovinz Quispicanchis, um auch dort die verhaßten Herren der Indianer hinwegzufegen.

Am 12. November eroberte das indianische Heer die Provinzhauptstadt Quiquijana. Der corregidor Fernando Cabrera hatte rechtzeitig vor den Aufständischen flüchten können, doch Tupac Amarus Truppe fiel seine Kasse in die Hände, außerdem das Warendepot, dessen Inhalt er an die armen Indianer Quiquijanas verteilte.

Auf dem Rückweg von Quiquijana nach Tungasuca eroberten die Indianer in Parapuquio und Paraquipo die Textilbetriebe, in denen die indianischen Fronarbeiter bis zur völligen Erschöpfung hatten schuften müssen. In Paraquipo erbeutete Tupac Amarus Heer etwa vierzigtausend Meter Woll- und Baumwollstoffe, und ihm fielen auch einige Handfeuerwaffen und sogar zwei Kanonen in die Hände. Auch hier verteilte der neue Inka die Stoffe an die Armen und behielt nur die Waffen.

In anderen Orten gab er den indianischen Landarbeitern auf den Haziendas der spanischen Großgrundbesitzer die Freiheit. Und jedesmal verteilte er auch etwas vom Besitz der ehemaligen Herren an sie.

Begeistert von seinen Taten und Erfolgen, strömten Tupac Amaru Tag für Tag neue Indianermassen zu. Sie alle wollten in dem Kampf nicht abseits stehen, den der «Inka» für die armen Leute Südamerikas führte.

Nach Tungasuca zurückgekehrt, achtete Tupac Amaru nicht auf die Ungeduld seiner Krieger, die unverzüglich weiterkämpfen wollten, sondern beschäftigte sich zunächst mit den Plänen zum Aufbau des entstehenden Staates, schrieb Briefe an seine Verbündeten, arbeitete Aufrufe und Erklärungen aus, die seine Boten an viele Orte Spanisch-Amerikas brachten. Daraufhin schlossen sich sieben Provinzen dem Aufstand an und stellten sich unter Tupac Amarus Befehl.

Obwohl für Tupac Amaru die Indianer als die am meisten Ausgebeuteten im Mittelpunkt des Interesses standen und er sich in erster Linie auf sie stützte, bemühte er sich auch um die Einbeziehung der anderen Schichten des peruanischen Volkes – der Kreolen und Mestizen – in seinen Kampf. Deshalb wandte er sich am 16. November mit einem Aufruf an sie, sich von Spanien zu trennen. Diese Bündnispolitik entsprach dem Ziel der späteren Unabhängigkeitsrevolution. Doch die kreolische Bourgeoisie, der das spanische Regime Fesseln anlegte, die eigentlich die führende Kraft des Aufstands hätte sein müssen, war zu schwach. Die kreolischen Grundbesitzer waren gegen Tupac Amarus soziale Ziele, so daß sich ihm nur wenige Kreolen anschlossen.

Nachdem Tupac Amaru nach Tungasuca zurückgekehrt war, rieten ihm seine Frau, Micaela Bastidas, und weitere Mitstreiter dringend, so schnell wie möglich nach Cuzco zu ziehen und die Hauptstadt des ehemaligen Inkareichs zu nehmen, denn für die Andenindianer war Cuzco das Symbol der verlorenen Freiheit, die Einnahme dieser Stadt hätte jeder Ureinwohner der Anden als seinen persönlichen Sieg über die spanischen Herren empfunden. Micaela Bastidas riet ihrem Mann auch, sich gerade in Cuzco zum neuen Inka krönen zu lassen.

Tupac Amaru zögerte jedoch noch mit dem Angriff auf Cuzco. Er meinte, er müßte erst ein größeres Hinterland erobern, eine feste Basis haben und genügend Geld für die Waffen seiner mangelhaft ausgerüsteten Krieger.

Nicht nur in Tupac Amarus Lager war der Zug gegen Cuzco im Gespräch, auch die spanischen Beherrscher dieser Stadt befürchteten einen Angriff. Der corregidor von Cuzco, Inclán Valdéz, setzte einen besonderen Kriegsrat ein, eine Kriegsjunta, die unverzüglich die Verteidigung der Stadt vorbereiten sollte. Während in der Stadt Regimenter aufgestellt wurden, schickte der corregidor eine Strafexpedition nach Tinta, die von General Escajadilla und Tiburtio Landa, dem corregidor der Provinz Paucartambo, befehligt wurde. Diese Strafexpedition sollte die Aufständischen in ihrem eigenen Gebiet vernichten, bevor es zu spät war, bevor weitere Indianerabteilungen zu Tupac Amaru gestoßen waren, die sich, wie die Spanier wußten, überall im Lande formierten.

Am 17. November bei Sonnenuntergang griffen die Spanier Sangarara an, eines der größen Dörfer der Provinz Tinta. Doch von den Aufständischen war nichts zu sehen. Daraufhin richteten sich die spanischen Truppen für die Nacht ein und legten sich beruhigt schlafen.

Tupac Amaru war jedoch von seinen Spähern über den Anmarsch der Kolonialtruppen verständigt worden. Er setzte daraufhin das Gros der Indianerheeres, das etwa vierzig Kilometer von Sangarara entfernt lag, in Marsch und langte kurz vor Morgengrauen am Dorf an. Geräuschlos stiegen die Indianer aus den umliegenden Bergen nach Sangarara herab, umzingelten es und griffen an. General Escajadilla fiel im Kampf, während es Tiburtio Landa gelang, sich in die Kirche zu flüchten.

Nun forderte der neue Inka den Befehlshaber der Strafexpedition auf, sich zu ergeben. Doch der lehnte ab. Und nun entbrannte ein schwerer Kampf. In einem Bericht über das Schicksal von Landas Armee ist zu lesen, daß von den 604 spanischen Soldaten 576 im Kampf fielen und weitere 28 verwundet wurden. – Über das Schicksal der etwa 700 Indianer, die unter Führung eines verräterischen Kaziken das spanische Expeditionskorps verstärkten, steht in dem Bericht allerdings kein Wort.

Auch Tiburtio Landa, der Kommandeur der Strafexpedition, kam in der Schlacht ums Leben. Den Priester des Heeres, der von den Indianern gefangengenommen wurde, ließ Tupac Amaru sofort frei, und dem Pfarrer von Sangarara übergab der Führer der Aufständischen sogar eine Entschädigung von 200 Pesos für den Schaden an seiner Kirche, für den eigentlich die Spanier verantwortlich waren. Obwohl Tupac Amaru stets befohlen hatte, Kirchen und Priester möglichst zu schonen, bot die «Entweihung der Kirche» von Sangarara dem Bischof von Cuzco den Vorwand, einige aufständische Indianerführer zu exkommunizieren, in erster Linie natürlich Tupac Amaru selbst.

Der eindeutige Sieg von Sangarara, wo Tupac Amaru alle kampffähigen Kräfte vernichtet hatte, die die Spanier in diesem Teil des Vizekönigreichs Peru zur Verfügung hatten, öffnete dem Inka den Weg nach Cuzco. Die fast waffenlose Stadt wartete buchstäblich darauf, daß der Führer der Indianerheere als Sieger in der Metropole seiner Vorfahren einzog. Doch statt triumphal in die goldene Stadt der Inkas einzumarschieren und feierlich die Rückgabe zu verkünden, kehrte er zunächst in die Sicherheit seines Bergsitzes Tungasuca zurück.

Und anstatt diesen für die Eroberung Cuzcos so günstigen Moment auszunutzen, unternahm Tupac Amaru einen langen Befreiungszug nach Südperu.

Auch dieser neue ausgedehnte Marsch gestaltete sich für den neuen Inka zu einem wahren Triumphzug. Ende November überschritt Tupac Amarus Heer das Vilcanotagebirge, betrat dann das von Aymaráindianern bewohnte Gebiet und erreichte schließlich den legendenumwobenen Titicacasee an der Grenze des heutigen Boliviens. Überall auf seinem Weg wurde Tupac Amaru von den Indianern – den Quetschua, Aymará und Uru – begeistert als ihr Befreier begrüßt, als der Erlöser, auf den sie zweihundertfünfzig Jahre gewartet hatten. Und überall strömten ihm aus den Tälern und von den Hochebenen Tausende neue Kämpfer zu.

Schließlich hatte die große revolutionäre Bewegung gegen die Fremdherrschaft vierundzwanzig Provinzen erfaßt. Und zwar nicht nur im heutigen Peru und Bolivien, sondern auch in Argentinien, wo das weite Gebiet zwischen den Städten Jujuy und Mendoza in Aufruhr geraten war. Auch im Vizekönigreich Neugranada, auf dem Territorium des heutigen Kolumbiens und sogar im entferntesten Teil des Vizekönigreiches, dem mittelamerikanischen Panama, erhoben sich die indianischen Bauern. Dieses weitreichende Echo, das Tupac Amarus Aufstand in ganz Spanisch-Amerika fand, zeigte, daß er mit seiner Erhebung, mit seinen Forderungen wirklich die Wünsche, Hoffnungen und Forderungen der Volksmassen aller lateinamerikanischen spanischen Kolonien ausdrückte.

Doch der Schlüssel zum endgültien Sieg der Indianer war nach Meinung vieler aus Tupac Amarus Umgebung nach wie vor die Einnahme von Cuzco. Vor allem war es Micaela Bastidas, seine Frau, die gleichzeitig sein wichtigster und oftmals einziger Berater und einer der Hauptanführer des Aufstands war, die ihn immer wieder drängte, Cuzco anzugreifen. Doch Tupac Amaru fuhr seinem Plan entsprechend fort, das Gebiet des ehemaligen Inkareichs zu befreien, um erst dann sein Werk mit der Eroberung der Hauptstadt des Tahuantinsuyu feierlich zu krönen.

Schließlich ließ sich der neue Inka doch von den dringenden Briefen seiner Frau überzeugen und kehrte nach seinem langen, erschöpfenden Zug aus Südperu nach Tungasuca zurück, um von hier aus den Schlußakt seines revolutionären Kampfes in Angriff zu nehmen, den Schlag gegen Cuzco.

Cuzco – Tupac Amarus Schicksal

Während Tupac Amaru auf seinem Zug nach Süden eine Provinz nach der anderen befreite, bereiteten die Spanier sich in höchster Eile auf die Verteidigung Cuzcos vor. Die zu Tode erschrockenen reichen Cuzcoer Spanier und auch viele der Kreolen spendeten einen Teil ihres Vermögens für die Ausrüstung neuer Regimenter. Am meisten zeichneten die Priester und die Klöster. Die Betlehemiten gaben 2 000 und der Pfarrer von St. Jeronymo 40 000 Pesos, während sein wendiger Vorgesetzter, der Cuzcoer Bischof Moscoso, nur 12 000 Pesos zeichnete.

Die Cuzcoer wandten sich an den peruanischen Vizekönig um Hilfe und schickten ihre Boten mit der Bitte um Unterstützung auch in das entfernte Buenos Aires, die Hauptstadt des Vizekönigreichs La Plata. Die Vertreter der spanischen Macht begriffen sehr gut, daß diesmal alles auf dem Spiel stand und daß ihre Macht tödlich bedroht war, denn nie zuvor war es einem Aufstandsführer gelungen, die Indianer in solchen Massen zu vereinen.

Ununterbrochen wurden nun aus den noch in den Händen der Spanier verbliebenen Provinzen und aus Lima Waffen, Soldaten und Vorräte in die bedrohte Stadt gebracht. Und als sich Tupac Amaru endlich nach Cuzco aufmachte, war das schon keine wehrlose Stadt mehr, sondern eine gutgeschützte Festung mit einer Besatzung, die in der Anzahl dem Indianerheer zwar nicht gleichkam, ihm in der Bewaffnung aber weit überlegen war und noch durch Indianertruppen verstärkt wurde. Darüber hinaus versprachen die Spanier im Namen des Königs allen Kämpfern, die das Indianerheer verließen und in ihre Dörfer zurückkehrten, Gnade.

Tupac Amaru verließt am 19. Dezember 1780 mit seinem Heer Tungasuca und zog in Richtung Cuzco. Eine Woche später nahmen die Indianer die wichtige Ortschaft Ayaviri. Dann erreichten sie Urcos und schließlich das nur zehn Kilometer von Cuzco entfernte Yanacocha, nahmen es ein und schlugen dort ihr Lager auf.

Von Yanacocha aus sandte der neue Inka seine Boten nach Cuzco und forderte die Besatzung auf, sich ihm ohne Kampf zu ergeben. Doch die Cuzcoer Spanier nahmen die Aufforderung zur Kapitulation nicht an. Und so brach das jetzt mehr als 40 000 Mann zählende Indianerheer aus Yanachocha auf und stand am 28. Dezember – mehr als vierzig Tage nach der denkwürdigen Schlacht bei Sangarara – am Stadtrand von Cuzco.

Nach einer mehrtägigen Belagerung und einem heftigen Gefecht am 6. Januar

1781 kam es dann zwei Tage später, am 8. Januar, zur Schlacht. Die schweren Kämpfe dauerten den ganzen Tag über an. Sie brachten zwar keiner Seite den Sieg, aber sie zeigten Tupac Amaru, daß es ihm jetzt kaum möglich sein würde, die Hauptstadt seiner Ahnen einzunehmen. Und so stellten die Verteidiger Cuzcos am nächsten Morgen, als der Frühnebel schwand, zu ihrer großen Überraschung fest, daß das Heer ihres Feindes über Nacht unbemerkt das Schlachtfeld verlassen hatte.

Obwohl die mutigen, einsatzbereiten indianischen Tuppen große Verluste erlitten hatten, gab Tupac Amaru den Plan, Cuzco zu erobern, nicht auf, sondern verschob ihn nur.

Doch auch die Spanier hielten an ihrem Vorhaben fest.

Ende Februar erschien General José del Valle aus Lima mit einer großen Verstärkung in Cuzco mit Waffen und Munition, so daß, wie ein Teilnehmer an diesen Ereignissen einmal ausrechnete, genau 17 118 Männer mit Hunderten Kanonen, mit Maultieren und Pferden in Cuzco bereitstanden, darunter Tausende Indianer.

Wie so oft, benutzten die Kolonialherren nämlich auch jetzt die Dienste einiger verräterischer Kaziken, denen ihr eigenes Wohlleben und einige versprochene Vorrechte mehr galten als die gerechte Sache ihrer indianischen Brüder und die bereit waren, die Indianer aus ihren Dörfern in den brudermörderischen Kampf zu führen. Und so wurde auch die gegen Tupac Amaru aufgestellte Armee überwiegend von Indianern gebildet. Einige dieser verräterischen Kaziken verdienten sich damals ein außerordentliches Lob der Kolonialherren. Beispielsweise wurde der Kazike Pumacahua mehrmals von den Spaniern ausgezeichnet und für seine treuen Dienste in Kampf gegen Tupac Amaru schließlich zum Obersten der spanischen Armee ernannt. Aber auch diesen berüchtigten indianischen Verräter ereilte sein Schicksal. 1814 wurde dieser Lakai der Kolonialherren – offenbar irrtümlich – der Teilnahme am antispanischen Aufstand angeklagt und, beinahe achtzig Jahre alt, enthauptet.

Doch auch diese große, gutausgerüstete, schlagkräftige Armee hätte wahrscheinlich die gewaltige peruanische revolutionäre Bewegung nicht ersticken können, zumal viele der in ihr dienenden einfachen Indianer bestimmt mit dem Herzen bei dem Befreier ihres Landes waren. Deshalb versuchten die Spanier, die Kräfte der Inkaarmee zu zersplittern.

Zu diesem Zweck verkündeten sie am 8. März eine Generalamnestie für alle, die sich von Tupac Amaru abkehrten. Diese Amnestie galt selbstverständlich nicht für die Hauptaufrührer, also für Tupac Amaru, seine Familienangehörigen und engsten Vertrauten. Sie wurden ausdrücklich ausgenommen. Und dann setzten die Spanier schließlich auch jenes Mittel gegen Tupac Amaru ein, das sich schon so oft bewährt hatte: das Geld. Am 5. März verkündeten sie im ganzen Vizekönigreich, daß sie demjenigen, der Tupac Amaru gefangennehmen würde, ein Kopfgeld von 20 000 Goldpesos auszahlen würden, ganz gleich, wer er sei. Zwanzigtausend Pesos! Diese Summe entspricht umgerechnet mehr als einer Million tschechoslowakischer Kronen. Auch für einen heutigen Menschen wäre das also ein ungeheurer Reichtum. Für einen Einwohner des damaligen Perus, wo Hunderttausende in tiefster Armut lebten, war das jedoch eine geradezu märchenhafte, unvorstellbare Summe.

Für soviel Geld fand sich auch ein Verräter, und zwar soll es sogar einer der nächsten Verwandten des Inkas gewesens sein, der sich den Judaslohn verdiente, der Pate Tupac Amarus, Francisco Santa Cruz, Mestize aus Cuzco und jetzt Hauptmann seiner Armee.

Hier möchten wir einschalten, daß die Berichte über die Gefangennahme des Inkas sich voneinander unterscheiden und wir diejenige Version wiedergeben, die wir für die wahrscheinlichste halten.

Außer Francisco Santa Cruz beteiligte sich auch der Priester aus Langui, Antonio Martíno, an dem «gottgefälligen» Werk. Doch der Hauptmann und der Priester allein hätten es nicht vermocht, sich des Inkas zu bemächtigen. Deshalb gewannen sie durch Überredung und Geld und durch das Versprechen der Befreiung von der Sklaverei die Hilfe von achtzehn Schwarzen, die in Tupac Amarus Artillerie dienten.

Die schwarzen Sklaven waren im kolonialen Amerika die am meisten ausgebeutete Menschengruppe, die auf der Stufenleiter der Not und des Ansehens noch unter den Indianern standen. Sie waren die einzigen Sklaven dem Gesetz nach. Und als der Hauptmann und der Priester diesen achtzehn Männern jetzt im Namen der Spanier die Freiheit und eine Menge Geld versprachen, die für ein gutes Leben bis ans Ende ihrer Tage reichte, erlagen sie der Versuchung.

Während so die «Geheimwaffen» der Spanier arbeiteten – wobei sie mit dem Amnestieversprechen keinen großen Erfolg hatten –, zog das spanische Heer unter General del Valle aus, um Tupac Amaru in seinem eigenen Bergnest endgültig zu schlagen.

Die militärische Lage des Inkas hatte sich hier im Herzen des Aufstandsgebiets seit Cuzco merklich verschlechtert. In einer Reihe kleinerer Gefechte mit den anrückenden Feinden hatten die Indianer einige Niederlagen einstecken müssen. Es fehlte einfach an Geld, um die Kämpfer mit den notwendigen Waffen auszurüsten. Außerdem waren jene Indianer, die dem Inka überall zugeströmt waren und jetzt mit ihm kämpften, kriegsunerfahren. Viele Krieger kamen und gingen, wie es ihnen paßte, und sie richtig auszubilden, sie die notwendige Disziplin zu lehren, fehlte die Zeit.

Obwohl sich abzuzeichnen begann, daß die Revolution zum Scheitern verurteilt war, wich Tupac Amaru dem Kampf nicht aus und zog sich nicht in die hohen Bergregionen oder – wie Atahualpa – ins Tiefland zurück, sondern stellte sich mit den ihm in seiner Heimatregion zur Verfügung stehenden Kräften den Spaniern.

Beide Armeen trafen wieder bei Sangarara aufeinander, wo sich Tupac Amaru auf einem Berg verschanzt hatte. Vielen ist unverständlich, warum der Inka nicht sofort die ersten bei Sangarara eintreffenden, seinem Heer zahlenmäßig weit unterlegenen spanischen Einheiten angriff, sondern wartete, bis alle gegen ihn entsandten Truppen bei Sangarara versammelt waren.

Am 5. April kam es dann in der Nähe des Rio Campabata zur Entscheidungsschlacht. Die hervorragend ausgerüsteten spanischen Truppen wüteten dabei schrecklich unter den Kriegern des Inkas, viele Indianer wurden hingemordet, die Artillerie – meist aus Holz gebaute Kanonen – wurde vernichtet. Nur wenigen Indianern gelang die Flucht.

Auch der Inka mußte in dieser Situation flüchten, zumal er verwundet war. Zusammen mit wenigen Getreuen schwamm er über den Fluß, um nach Tinta zu gelangen. Doch er wurde von jenen achtzehn Schwarzen verfolgt, die sich das Blutgeld verdienen wollten. Zwei von ihnen ertranken zwar im Fluß, doch die restlichen sechzehn holten den Inka eine halbe Meile hinter dem schäumenden Campabata ein und nahmen ihn gefangen. Auch Micaela Bastidas und zwei ihrer Söhne wurden wenig später gefangengenommen.

Die kostbaren Gefangenen wurden unter starker Bewachung zunächst nach Urcos gebracht und dann nach Cuzco. So gelangte der neue Inka also doch noch an das ersehnte Ziel, doch er betrat die Hauptstadt des Reiches seiner Vorfahren nicht als Sieger, sondern als Gefangener.

Das Verhör dieses für die Kolonialordnung so ungewöhnlich gefährlichen Mannes führte der brutale Benito de la Mata Linares. Doch auch bei den schrecklichen Foltern, denen er unterworfen wurde, blieb Tupac Amaru standhaft und bekannte nichts. Er lehnte es auch ab, die Namen der weiteren «Verschwörer» zu nennen. Einmal, als Mata Linares ihm diese wichtige Frage wohl schon zum sechsten Male vorlegte, antwortete der Inka – wie das Protokoll des Verhörs bezeugt: «Es gibt nur zwei Verschwörer, die den Tod verdient haben. Du von uns dafür, daß du den Unterdrückern dienst, ich von euch dafür, daß ich der Freiheit diene ...» Und so geschah es auch. Weil er für die Befreiung der Unterdrückten gekämpft hatte, erhielt er den Tod. Einen grausamen Tod.

Am Freitag, den 18. Mai 1781, wurden der Inka, seine Frau, ein Sohn und die sechs treuesten Mitstreiter hingerichtet. Ihre Körperteile wurden dann in die verschiedensten Orte Perus geschickt und dort ausgestellt, zum «ewigen Andenken und zur Erinnerung an ihre bisher in diesen Königreichen nicht gesehenen Tagen».

Von Argentinien bis Panama

Ja, von Argentinien bis Panama – wenn wir die damaligen spanischen Vizekönigreiche, Generalkapitanate und Provinzen mit ihren heutigen Namen benennen wollen –, von Argentinien bis Panama züngelten in jedem von den Spaniern beherrschten Land die Flammen des Aufruhrs empor. Überall fanden etwa gleichzeitig mit Tupac Amarus Aufstand Erhebungen statt, zum Teil direkt von ihm inspiriert oder in Verbindung mit seinem Kampf. Sein Name, seine Ideen entzündeten die Herzen des Volkes.

Alle diese Aufstände im letzten Drittel des achtzehnten Jahrhunderts sind als direkte Vorläufer der lateinamerikanischen Befreiungsbewegung vom Anfang des neunzehnten Jahrhunderts anzusehen, denen damals noch kein Sieg beschieden war. Es waren von den indianisch geprägten Volksmassen getragene, doch von Kreolen ins Leben gerufene Erhebungen.

Im Norden, in Panama, begannen die Einwohner beispielsweise die Gebäude zu zerstören, die Symbole der kolonialen Unterdrückung waren: das Haus des spanischen Tabakmonopols, die Zollhäuser und Regierungslagerhäuser.

Im heutigen Venezuela empörten sich besonders die Bewohner der Provinzen San Cristóbal, Merida und Maracaíbo. In einigen Orten des damaligen Generalkapitanats Venezuela rechneten die Kolonialsöldner grausam mit den aufbegehrenden Indianern ab. Als zum Beispiel die Bewohner der Stadt Enemocón in Westvenezuela unruhig zu werden begannen, sperrten die Soldaten erst die meisten der Unzufriedenen ins Gefängnis und schlugen ihnen dann die Köpfe ab. Danach steckten sie die Köpfe auf Pfähle, die sie zur Abschreckung für alle anderen an den in die Stadt führenden Straßen aufstellten.

Zu den wichtigsten Befreiungsbewegungen gehörte der weite Teile des heutigen Kolumbiens erfassende Aufstand der sogenannten «comuneros», an dem sich sowohl Indianer und Mestizen als auch Kreolen beteiligten. Er brach im März 1781 in Socorro aus, das im Kernland des einstigen mächtigen Muiscareiches liegt, als die Bürger dieser Stadt sich öffentlich weigerten, die neuen hohen Steuern zu zahlen. Es wurde ein Komitee gewählt, daß sich «comun» nannte, was der Bewegung den Namen gab, und man beschloß, nach Bogotá zu ziehen, den Vizekönig von Neugranada abzusetzen und die Unabhängigkeit zu proklamieren. Die Aufständischen beherrschten zeitweise auch die große Mehrheit der im Lande der Muisca gelegenen Städte wie Tunja, Sogamote, Pinchote und Simacota.

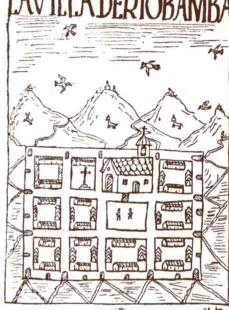

Die Verbindung zwischen den kämpfenden Einheiten und den höheren Anführern, besonders dem Herrscher, wurde durch Läufer bei den peruanischen Indianern gehalten, die in der Stafette sehr schnell große Entfernungen überwanden

In den eroberten indianischen Gebieten Lateinamerikas gründeten die Europäer sofort meist befestigte Städte, Festungen. Riomba im heutigen Ecuador

Zusammenstoß
südamerikanischer Indianer
mit spanischen Soldaten

Der Zeichner Huamam Poma
malte einen der mächtigsten
südamerikanischen Herrscher –
Pachuti

In anderen Orten des Vizekönigreichs Neugranada bekannten sich die Aufständischen direkt zum Namen und den Ideen des neuen Inkas. In der Ortschaft Silos kamen die Indianer der ganzen Gegend zusammen und erklärten, sie wollten nur Tupac Amaru als neuen «König von Indien» (gemeint ist Spanisch-Amerika) anerkennen und ihm gehorchen. In einem erhalten gebliebenen Brief aus Cosuy, einer anderen Stadt des heutigen Kolumbiens, geben die Bewohner ihren Nachbarn in den Dörfern Ten und Manare die «gute Kunde» vom Aufstand in den peruanischen Bergen und fordern sie gleichzeitig auf: «Erhebt euch auch, weil der neue Inka, der Beherrscher Indiens, schon zum König gekrönt wurde. Es ist Don José Francisco Tupac Amaru. Er hat alle Steuern abgeschafft ...» – Wie man sieht, haben sich die Autoren des Briefes zwar beim Namen des neuen Inkas geirrt, wichtig aber bleibt die sofort mitgeteilte Nachricht von der Aufhebung der Steuerlasten.

Großen Widerhall fand der peruanische Aufstand auch auf dem Territorium des heutigen Ekuador, dessen westliche Hälfte seit Mitte des fünfzehnten Jahrhunderts zum Inkareich gehörte, später zum Vizekönigreich Peru und seit 1740 als Audiencia de Quito zum Vizekönigreich Neugranada. Ein großer Prozentsatz der Bevölkerung dieses Gebiets waren ebenfalls Quetschuaindianer, Brüder derjenigen, die Tupac Amaru zum Kampf führte. Sie hatten also die gleiche Sprache, die gleichen Traditionen und die gleiche Geschichte wie sie.

Die grausame Ausbeutung der Indianer rief hier mehrere Aufstände hervor. Besonders seit dem Februar 1780 – also Monate vor dem Ausbruch des Aufstands in Peru – kam es in den ekuadorianischen Bergen zu einer Reihe kämpferischer Aktionen, die jedoch unabhängig voneinander durchgeführt wurden, da die Indianer der einzelnen Gebiete keinen gemeinsamen Führer und nur wenig Kontakt miteinander hatten. Die Einwohner von Quizapincha und den benachbarten Ortschaften überfielen beispielsweise spanische Soldaten in einer Schlucht zwischen ihrem Dorf und der Gemeinde Pasa. Dieselben Indianer setzten dann auch bei der Stadt Ambata eine Armeeabteilung außer Gefecht und rieben sie fast vollständig auf. Die Indianer aus Pillaro zerstörten den durch ihr Dorf führenden Weg und rissen auch die Brücke über den Rio Culapancha ab.

In Quito, der Hauptstadt des heutigen Ekuador, wurde der Aufstand von dem Franziskanermönch Bruder Mariano Ortega organisiert. Dieser Mönch schickte Tupac Amaru die Nachricht über die von ihm vorbereitete Verschwörung in der Audiencia de Quito mit einem Boten, der diese Mitteilung, zwischen den einzelnen Lagen seiner Schuhsohlen versteckt, in den Bergsitz der aufständischen Peruaner brachte.

Die Verschwörung in Quito wurde später von den spanischen Behörden aufgedeckt, und die Mehrzahl der Beteiligten endete in der Verbannung in den Urwaldgebieten Spanisch-Amerikas.

Das große Echo, das der peruanische Aufstand im Nordwesten des heutigen Argentiniens fand, haben wir bereits erwähnt. Hier, am Ostabhang der Anden, fand die Rebellion die meisten Anhänger, denn ein großer Teil der hiesigen indianischen Bevölkerung sprach ebenfalls Quetschua und Aymará, hatte ihr Land doch in den vorkolumbischen Zeiten zum Inkareich gehört. So erhofften auch sie sich jetzt vom neuen Inka die Rückkehr der verlorenen Feiheit.

In dem als Generalkapitanat zum Vizekönigreich Peru gehörenden Chile hatten es die in den mittleren Landesteilen ansässigen Araukaner vermocht, durch den bewaffneten Kampf gegen die Kolonialmacht fast völlig unabhängig zu bleiben. Ihnen ist ein besonderer Abschnitt dieses Buches gewidmet. Doch auch in den Gebieten Mittel- und Nordchiles, die nicht von den Araukanern beherrscht wurden, rief Tupac Amarus Aufstand eine gegen die spanische Herrschaft gerichtete Verschwörung hervor. An ihrer Spitze standen zwei Europäer, zwei Franzosen – der Bergmann Antoine Gramusset und der Mathematikprofessor Alexandre Berney. Sie waren offensichtlich Vertreter der französischen revolutionären Bewegung, deren Einfluß in Lateinamerika sehr stark war.

Ihr Aufstand endete jedoch schon, bevor er überhaupt ausgebrochen war. Auf dem Wege in die chilenische Hauptstadt Santiago, wo die bewaffneten Kämpfe beginnen sollten, verlor Berney seinen Entwurf der Erklärung über die Befreiung vom Kolonialjoch. Dieses Dokument wurde gefunden und den Behörden übergeben. Die beiden Franzosen wurden festgenommen und dann nach Spanien ins Gefängnis geschickt. Berney kam ums Leben, als das Schiff, auf dem er zurück nach Europa fuhr, in den Wellen des Ozeans verschwand. Der Bergmann Gramusset starb später im Gefängnis von Cádiz.

Die Kette von Rebellionen und Aufständen, die sich zu Tupac Amarus Lebzeiten durch das gesamte von den Spaniern besetzte Lateinamerika zog, riß auch nach dem Tod des neuen Inkas nicht ab. Seine schreckliche Hinrichtung konnte das Feuer des Aufstands, das er entfacht hatte, nicht löschen. Es loderte vielmehr noch lange mit hohen Flammen. Da es den Kolonialherren nicht gelungen war, aller Familienmitglieder des Inkas habhaft zu werden, stellte sich jetzt Tupac Amarus Bruder, Diego Tupac Amaru, an die Spitze der Indianerheere.

Im Gegensatz zu seinem Bruder, der mehr Staatsmann war als Soldat, befaßte Diego Tupac Amaru sich nicht mit dem Gedanken einer Staatsgründung, sondern ausschließlich mit der Fortführung des militärischen Kampfes. Noch während sein heldenhafter Bruder im Kerker saß, fügte er den Spaniern in zwei Gefechten, die am 18. und am 20. April 1781 bei der Ortschaft Langi stattfanden, empfindliche Verluste zu.

Der Krieg der peruanischen Quetschua endete erst, als ihr neuer Anführer Diego Tupac Amaru und weitere noch lebende Mitglieder dieser tapferen Familie den Versprechungen der Spanier, sie und ihre Kämpfer würden begnadigt, glaubten. Doch sobald sie die Waffen niedergelegt hatten, brachen die spanischen Behörden ihr Versprechen und verfuhren mit ihnen so wie zwei Jahre zuvor mit dem neuen Inka und seiner Familie.

Am 17. Juli 1873 wurde Diego Tupac Amaru auf demselben Platz in Cuzco von vier Pferden zerrissen, auf dem auch sein Bruder hingemordet wurde. Mit ihm wurden auch viele weitere Männer zu Tode gefoltert, die Tupac Amarus edles Werk hatten fortsetzen wollen.

Unter den zahlreichen revolutionären Erhebungen am Ende des achtzehnten Jahrhunderts, die dem Charakter der auf die historische Tagesordnung gesetzten Unabhängigkeitsbewegung entsprachen und an denen die indianischen Bauernmassen entscheidenden Anteil hatten, gab es eine Ausnahme – den Kampf der Aymará im Hochland von Bolivien. Hier, wo die Indianer konzentriert und unter besonders rückständigen Bedingungen weitgehend abgeschlossen von der Umwelt lebten, konnte sich unter dem Vorzeichen der Errichtung eines «Indianerstaates» ein indianisch geprägter Freiheitskampf entwickeln. Zehntausende Angehörige des großen Indianervolkes der Aymará kämpften hier gegen ihre Unterdrücker, an der Spitze der Aymará Tupac Catari.

Feuer in den bolivianischen Anden

Tupac Catari, dessen eigentlicher Name Julian Apasa lautete, wuchs im Gegensatz zu Tupac Amaru in unvorstellbarer Armut auf. Er war der Sohn eines aymarischen Bergmanns, der bei der Fronarbeit in den Silbergruben von Potosí umgekommen war. Als Knabe versah er in seinem Heimatstädtchen Aycayo das Amt des Kirchendieners. Im Dienste der Kirche und später bei der Arbeit in einer primitiven Zuckermanufaktur verstrichen für Julian Apasa die Jahre im Elend. Die einzige Veränderung war die Heirat mit Bertolina Sica und die neue gemeinsame Wohnstätte in dem Bergarbeiterort Sicasica.

Die bei der Arbeit in den Gruben von Potosí hart gewordenen aymarischen Bergleute waren weit aufrührerischer als die Bauern aus den peruanischen Dörfern. Sie stellten auch weitergehende Forderungen. Seit Mitte des siebzehnten Jahrhunderts hatte es in dem bis 1776 als «Oberperu» zum Vizekönigreich Peru gehörenden Gebiet des heutigen Boliviens einige von Mestizen geführte Aufstände gegeben, die auf die Befreiung vom spanischen Joch hinzielten und die Herrschaft in die Hände der «Amerikaner», also der Indianer und Mestizen, zurückgeben wollten. So war der Gedanke des Kampfes gegen die spanische Kolonialherrschaft stets wach geblieben, und als Tupac Amaru seinen großen, alle Gebiete des ehemaligen Inkareichs umfassenden Aufstand vorbereitete und sich auch mit den einflußreichen Indianerführern Tomás, Dámaso und Nicolás Catari in Verbindung setzte, deren Aufstand im August 1780 die spanische Herrschaft im heutigen Bolivien erschütterte, warben seine Abgesandten auch in den Aymarásiedlungen Mitstreiter für den Befreiungskampf.

Ende 1779 erhielt Julian Apasa durch einen Boten Tupac Amarus Kenntnis von den Aufstandsvorbereitungen in Peru. Der Sohn des in der Silbergrube ums Leben gekommenen Bergmanns machte die Sache des großen peruanischen Revolutionärs sofort zu seiner eigenen und begann nun seinerseits, in aller Stille unter den aymarischen Bergleuten und Gebirgsbauern Mitstreiter zu gewinnen, um den Kampf für die Befreiung seiner Heimat aufzunehmen. Nach monatelangen Vorbereitungen waren seine ersten Truppen kampfbereit. Doch obwohl Julian Apasa den Kampf unter dem Einfluß von Tupac Amaru und seinen Ideen begann, zeigte sich sehr bald, daß er vollkommen mit der vorhandenen Kolonialgesellschaft brechen wollte. Als Tupac Catari ging er in die Geschichte ein. Der entschlossene Anführer legte seinen spanischen christlichen Namen ab und nannte sich von jetzt an Tupac Catari – ein Name, den er aus den Namen der großen Indianerführer Tupac Amaru und Tomás Catari gebildet hatte.

Seinen Befreiungskampf begann Tupac Catari damit, daß er sich seines Geburtsortes Aycayo, seines Wohnortes Sicasica und der umliegenden Aymarádörfer bemächtigte. Nach diesen ersten Siegen über die Spanier wandte sich ihm die Aufmerksamkeit des ganzen Aymarávolkes zu. Die Indianer strömten von überall herbei und schlossen sich seinem Heer an. Tupac Catari fühlte sich bei seinem Kampf stets nur als Sachwalter Tupac Amarus und bekannte sich ausdrücklich zu ihm als dem neuen Inka. Ja, er erklärte sich sogar zum «Vizekönig», zum Stellvertreter Tupac Amarus in den von ihm eroberten Provinzen.

Der aymarische «Vizekönig» war auf militärischem Gebiet bald noch erfolgreicher als der «König» selbst, denn er brachte nach und nach alle von Aymará bewohnten Provinzen des heutigen Boliviens in seine Hand – Sicasica, Carangas, Pacajes, Yungas, Omasuyos, Larecaja und Chucuito. Dann brach er mit seinem inzwischen auf etwa 80 000 Mann angewachsenen Indianerheer auf, um die Hauptstadt dieses Teils des Vizekönigreichs Rio de la Plata und heutige Hauptstadt Boliviens, La Paz, zu erobern.

In La Paz hatten sich inzwischen die Spanier der ganzen Gebirgsprovinzen in Sicherheit gebracht, und der Kommandant Sebastián de Segurola bereitete die Stadt in aller Eile auf die Verteidigung vor.

Am 13. März 1781 näherte Tupac Catari sich dem in einem Hochtal gelegenen La Paz. Seine Indianerheere besetzten die umliegenden Höhen und schlossen die Stadt ein. Sie eroberten auch die Außenviertel, und dort fanden in den nächsten Wochen schwere, blutige Kämpfe statt, bei denen die Indianer Pfeile mit brennenden Wollknäueln, ölgetränkte Strohbündel und mit Pulver und einer Lunte ausgestattete Säckchen in die Stadt schossen und mit selbsthergestellten Handgranaten warfen. Die Lage der Eingeschlossenen wurde immer schwieriger, und die Einwohner der Stadt forderten den Führer der Aymará daher eines Tages auf, ihnen die Bedingungen zu nennen, unter denen er eine Kapitulation der Stadt annehmen

würde. Seine Antwort fanden die Spanier einfach unerhört. Tupac Catari faßte die Forderungen des Aymaráheeres darin in fünf Punkten zusammen:
1. Die Spanier liefern den Indianern alle Waffen aus.
2. Sie schleifen alle ihre Festungen und Befestigungen von La Paz und den anderen Städten der Aymaráprovinzen.
3. Alle corregidores werden der indianischen Gerichtsbarkeit übergeben.
4. Alle Weißen verlassen Amerika und kehren nach Europa zurück.
5. Dem Gericht der Indianer werden außer den corregidores auch einige weitere Weiße ausgeliefert, die sich besonders schwer an den Aymará vergangen haben.

Die Spanier und die Kreolen lehnten diese für sie utopischen Forderungen ab, hätte die Annahme der Forderungen doch nicht nur die vollständige Kapitulation der Weißen vor den Indianern, sondern auch die Zerstörung der bereits vorhandenen kreolischen Gesellschaft bedeutet. Daher verstärkten die Aymará ihre Stellungen rings um die Stadt, um La Paz durch die vollständige Blockade und die folgende Hungersnot zu zwingen, ihre Forderungen doch noch anzunehmen.

Durch seine Späher – die indianischen Dienerinnen und Knechte – war Tupac Catari nämlich genau über die Vorgänge in der belagerten Stadt orientiert. Und so wußte er, daß der Hunger immer mehr zunahm.

Trotz der riesigen Übermacht der Indianer und ihres kämpferischen Mutes vermochten Tupac Cataris Truppen jedoch nicht, die Stadt zu erobern. Dazu fehlte es ihnen an Feuerwaffen, vor allem an Kanonen. Überdies stand der Führer seiner kleinen Artillerie, der Kreole Juan Murillos, in geheimer Verbindung mit den Spaniern. Als die Aymará später den Verrat ihres Artilleriekommandeurs und eines kreolischen Priesters entdeckten, wurde Tupac Catari dadurch noch in seiner Überzeugung bestärkt, daß nicht nur die Kolonialbeamten und die spanischen Soldaten die Ursache allen Übels sind, sondern alle Weißen, gleich ob Spanier oder Kreolen, und daß die Indianer nicht wirklich frei werden können, solange noch ein einziger Weißer in ihrem Land, in ihrem Erdteil lebt.

Und Tupac Catari beschloß, nicht nur alle Weißen ohne Gnade auszurotten, sondern auch alles, was sie in die Neue Welt mitgebracht hatten. Deshalb forderte er beispielsweise die Aymará auf, kein Brot mehr zu backen, da das eine «europäische Erfindung» sei.

Mitte Juli 1781 wurde Tupac Catari von seinen Spähern der Anmarsch einer starken, gutbewaffneten spanischen Formation gemeldet. Es war Oberst Ignacio Flores, der oberste Befehlshaber der spanischen Truppen dieses Vizekönigreichs, mit einer Rettungsexpedition, die der Vizekönig der belagerten Stadt aus Buenos Aires zu Hilfe geschickt hatte. Der Führer der Aymará wollte es nicht auf einen Kampf mit dem militärisch überlegenen Gegner ankommen lassen, deshalb öffneten die Indianer den spanischen Truppen den Weg in die Stadt und zogen sich zurück. Doch nachdem die Hauptmacht unter Flores in der Stadt war, begannen sie alle Einheiten, die der spanische Oberst vor den Toren von La Paz zurückgelassen

Begehrte Beute der europäischen
Kolonialsoldaten in Süd- und Mittelamerika:
junge Mädchen

Ein Indianerhäuptling
und ein spanischer Würdenträger

hatte, nach und nach durch Überfälle zu vernichten. Nach einem Monat zog Oberst Flores es vor, die Stadt mit dem Rest seiner Truppen lieber wieder zu verlassen, um wenigstens sich selbst zu retten. Tupac Catari ließ den flüchtenden Flores wiederum passieren, schloß dann die unglückliche Stadt wieder vollständig ein und wartete weiter auf die Kapitulation der Spanier.

In der eingeschlossenen Stadt wurde der Hunger immer drückender. Einer der Augenzeugen der Belagerung von La Paz berichtete später, daß die Einwohner bald sogar die Haut verendeter Tiere aßen und es für ein außerordentliches Glück hielten, wenn es ihnen gelang, eine Katze, die 6 Goldpesos kostete, oder ein krepiertes Muli für 30 Goldpesos zu kaufen. Während der insgesamt 169 Tage dauernden Blockarde starben in La Paz etwa 10 800 Weiße.

Etwa zu dieser Zeit brach in einer weiteren wichtigen Stadt ein Aufstand aus, in Oruro. Das Besondere dieses Aufstands in Oruro war die Tatsache, daß hier zum erstenmal jene Einheit aller ausgebeuteten Weißen, Mestizen und Indianer verwirklicht wurde, von der Tupac Amaru II. geträumt hatte. Die Aufständischen, zu denen auch die Soldaten der spanischen Garnison gehörten, beherrschten bald nicht nur Oruro selbst, sondern auch die weitere Umgebung.

Jetzt, da auch Oruro in der Hand von Aufständischen war, beschloß Tupac Catari, nun nicht mehr länger auf die Kapitulation von La Paz zu warten, sondern mit der Eroberung zu beginnen. Da ihm jedoch nach wie vor schwere Waffen fehlten, wurde beschlossen, sich einer anderen, sehr ungewöhnlichen Waffe zu bedienen: des Wassers. Andrés Tupac Amaru, ein Verwandter Tupac Amarus II., der dem Henkersbeil durch einen glücklichen Zufall entkommen und Tupac Catari mit einem großen Heer zu Hilfe geeilt war, hatte diese Waffe bereits einmal bei der Eroberung des Städtchens Sorata am Fuße des Illampu angewandt. Er hatte den Fluß oberhalb der Stadt gestaut, dann den Damm durchstochen und die Stadt überschwemmt. Und genauso wollte Andrés Tupac Amaru es jetzt mit La Paz machen.

Elftausend Aymarákämpfer, ehemalige Bergleute, die an schwere Erdarbeiten gewöhnt waren, bauten unter seiner Leitung einen Damm und stauten den Rio Chuquiápu etwa 15 Kilometer oberhalb von La Paz an einer Acachi Kala genannten engen Stelle. Kurz bevor die todbringenden Wassermassen die belagerten Stadt überfluten sollten, brach der Damm jedoch in der Nacht vom 12. zum 13. Oktober vorzeitig, und die Flutwelle, die sich über La Paz ergoß, hatte bei weitem nicht die beabsichtigte verheerende Wirkung. Trotzdem rissen die zu Tal stürzenden Wasser Brücken und Häuser mit, vernichteten die in Ufernähe liegenden Stadtviertel und riefen unter den Bewohnern eine schreckliche Panik hervor.

Zu einer Schließung der Öffnung im Damm und einem neuen Anstauen des Flusses kam es jedoch nicht mehr, weil auch diesmal wieder ein Verräter in Aktion trat. Nach dem erfolglosen Vesuch, La Paz zu überfluten, verließ Tupac Catari nämlich für einige Tage sein Heer, um sich in dem Dorf Achacacho auszuruhen, dessen Kazike Lipe, einer seiner engsten Freunde, ihn eingeladen hatte.

Lipe war jedoch insgeheim von dem Befehlshaber einer neuen spanischen Entsatzarmee, General Roseguín, zum Verrat verleitet worden. General Roseguín traf vier Tage nach dem Dammbruch mit einer 7 000 Mann starken Armee vor La Paz ein. Am Ende von Tupac Cataris «Erholungsaufenthalt» in Achacacho veranstaltete der aymarische Judas für den Führer seines Volkes ein großes Festmahl. Danach begleitete er ihn zurück zu den Stellungen der Aymará. Lipe wählte den Weg jedoch so, daß Tupac Catari Roseguíns Soldaten direkt in die Arme lief.

Der Anführer der Aymará verteidigte sich zwar mutig, aber er konnte der vielfachen Übermacht nicht standhalten. Er wurde überwältigt und gefangengenommen, ebenso Andrés Tupac Amaru. Die führerlos gebliebenen Aymarákrieger zerstreuten sich daraufhin in alle Winde, und La Paz war kampflos frei.

Tupac Catari und Andrés Tupac Amaru wurden genauso grausam hingerichtet wie der neue Inka. Sie wurden an vier Pferde gebunden und in Stücke gerissen. Auch die Familie des aymarischen Rebellen, seine tapfere Frau Bertolina Sica und viele andere wurden ermordet. Die Spanier wollten keinen ihrer wirklichen und vermeintlichen Feinde am Leben lassen, damit sich niemand mehr gegen die Macht des spanischen Königs erheben könne.

Man schrieb das Jahr 1781. Und wenige Jahrzehnte später war die ganze spanische Kolonialherrschaft in der Neuen Welt durch fast zwanzig Jahre andauernde Revolutionskriege hinweggefegt.

Die Araukaner stellen sich vor

Die Anden, die Tupac Amarus Land Peru und Tupac Cataris Bolivien durchziehen, setzen sich in Chile fort, dem Land der Araukaner.

«Araukaner» und «Araukanien» sind allerdings Namen, die den Ureinwohnern dieser Landstriche und dem von ihnen bewohnten Gebiet von den Spaniern gegeben wurden. Sie selbst nennen sich Mapuche – auf deutsch «Menschen dieses Landes».

Den Mapuche bringe ich von jeher mehr Interesse entgegen als jeder anderen Indianergruppe, über sie schrieb ich auch meine Diplomarbeit und mein mir liebstes Kinderbuch, die Geschichte «Meli Antu». Selbstverständlich war die Heimat der Araukaner im Süden des südamerikanischen Subkontinents auch das Ziel einer meiner ersten Reisen zu den Indianern.

Ich bin natürlich nicht der einzige, den dieses außergewöhnliche Indianervolk fesselt und der ihm große Hochachtung entgegenbringt. Der namhafte chilenische Wissenschaftler polnischer Herkunft Ignacio Domeyko sagte einst von ihnen: «Sie sind das edelste Volk Amerikas.» Und Don Alonso de Ercilla y Zuñiga, ein spanischer Offizier, der mit den Konquistadoren nach Chile gegangen war, um die Araukaner zu bezwingen, schrieb 1569–1589 über die spanisch-araukanischen Kämpfe das bekannte umfangreiche Poem «La Araucana», in dem er wörtlich sagt: «Die Araukaner sind Achilles gleich an Geist, Mut und Kraft.»

Die Araukaner waren eine große, tapfere, in der späten Gentilgesellschaft lebende Völkerschaft. Ihre einzelnen Stämme, die sich nach den Gebieten oder Himmelsrichtungen nannten, in denen sie ansässig waren, hatten eine gemeinsame Sprache, gemeinsame Sitten und Gebräuche. In Friedenszeiten lebten sie in lockerer Verbindung miteinander, doch wenn dem Land eine Gefahr drohte, schlossen sie sich zur Verteidigung zusammen und wählten einen gemeinsamen Anführer, den Toqui, der sie gegen den Feind führte. Ihrer vereinten Kraft und ihrer Tapferkeit vermochte dann so leicht niemand Widerstand zu leisten. Das hatten sie schon vor der Ankunft der Spanier bewiesen, als die Heere der Inkas in Chile eingedrungen waren, sich aber um das Jahr 1500 herum vor dem erbitterten Widerstand der Araukaner wieder zurückziehen mußten.

Wenige Jahrzehnte später tauchte jedoch ein neuer Feind an den Grenzen Araukaniens auf – die Spanier unter Diego Almagro dem Älteren.

Almagro hatte zusammen mit Pizarro das Inkareich erobert, war sich jedoch bald mit ihm über die Herrschaft im reichen Peru in die Haare geraten. Als Gerüchte auftauchten, weit im Süden gäbe es ein Land, das noch viel reicher an Gold und Silber sei als Peru, beschloß Almagro, dieses Land zu erobern. Er stellte eine Armee auf, die für jene Zeit einmalig war: Sie bestand aus 570 (nach anderen Quellen 250) spanischen Reitern und 15 000 Indianern. Und um in den Gebieten, die früher dem Inkareich gehört hatten, von den Einwohnern unterstützt zu werden, führte er einen der Angehörigen des Herrschergeschlechts mit sich, Manco, den Bruder des Inkas.

Im Juni 1535, mitten im südamerikanischen Winter, verließ also Almagros Armee Cuzco und zog über die bolivianischen Hochebenen nach Süden. Die Strapazen des Marsches über die eisigen, von Schneestürmen umtobten viertausend Meter hohen Hochgebirgspässe und durch die heißen nordchilenischen Wüsten waren entsetzlich. Als die erschöpfte Armee im März 1536 beim heutigen Copiapó – so hieß auch der mächtige Indianerstamm, der einst dort ansässig war – endlich fruchtbares Gebiet erreichte, waren 156 Spanier und 11 000 Indianer umgekommen und nur noch wenige Pferde übriggeblieben. So hoch war der Preis, den die Eroberer für den Zugang zu Chile zahlen mußten.

Die Indianer der nordchilenischen Küstenebenen nahmen die halbverhungerten Spanier zwar freundlich auf und gaben ihnen zu essen, aber von Gold, Silber, Edelsteinen und anderen für die Eroberer interessanten Reichtümern war nichts zu sehen.

Auf ihrem Zug weiter nach Süden trafen die Spanier dann zum erstenmal auf die hier beheimateten Indianer, die Araukaner. An den Ufern des Rio Nuble stellte sich ihnen ein etwa hundert Mann starker Trupp von Araukanern entgegen und griff an. Die Spanier erlitten schwere Verluste. Etwas Derartiges war den Konquistadoren in den ganzen siebenundvierzig Jahren, die sie schon in Amerika waren, noch nie passiert!

Almagro und die letzten Angehörigen seiner einst so ausgezeichneten Armee waren restlos erschöpft, hatten sie doch von Cuzco aus über 2000 Kilometer zurückgelegt, mehr als jede andere Konquistadorenarmee vor ihnen. Da sie in diesem Land nicht das finden konnten, was sie suchten, und da die Indianer, auf die sie hier trafen, die peruanischen Indianer an Tapferkeit und Kampfesmut weit überragten, beschlossen die Spanier, es auf keine weiteren Kämpfe ankommen zu lassen und lieber umzukehren.

Almagro wählte für die Heimkehr einen Weg, der ihn quer durch die 800 Kilometer lange wasserlose Atacamawüste führte und ebenfalls wiederum viele Spanier das Leben kostete. Nachdem die Männer in die Anden hinaufgestiegen waren und dann wieder dieselben Hochgebirgspfade entlangzogen wie bei ihrem Hinweg, bot sich ihnen überall ein entsetzlicher Anblick: Die Pfade waren gesäumt von den Leichen derjenigen, die auf dem Hinmarsch gestorben und durch die Kälte erstarrt waren.

Almagros Zug nach Chile und die Kämpfe mit den Araukanern stellten jedoch erst das Vorspiel zum längsten Krieg zwischen Indianern und Europäern in ganz Amerika dar. Die Berichte der wenigen Glücklichen, die dieses Unternehmen überlebt hatten, hielten für einige Jahre alle selbsternannten oder vom spanischen König beauftragten Konquistadoren von einem Eroberungszug nach Chile ab.

Der Sohn des «Schwarzen Adlers»

Aus dem ersten Aufeinandertreffen von Spaniern und Araukanern sind uns keine Helden bekannt. In den nächsten Akten dieses langen Dramas von Kämpfen standen sich jedoch dann zwei Männer gegenüber, die in die Geschichte eingegangen sind: Auf seiten der Indianer der blutjunge Lautaro und auf seiten der Spanier Pedro de Valdivia, der es wagte, das Schwert, das nach dem Scheitern von Almagros Zug nach Chile lange Zeit geruht hatte, wieder zu erheben, um Araukanien dennoch zu unterwerfen.

Valdivia war genauso wie Almagro mit Pizzaro nach Peru gekommen. Trotz aller warnenden Stimmen rüstete er eine Expedition aus und gab auch sein ganzes persönliches Vermögen dafür her, denn noch hielt er es nicht für erwiesen, daß es dort in Chile kein Gold gab. Aber er wußte, daß Chiles Boden fruchtbar und landwirtschaftlich nutzbar war und sich hervorragend für die Errichtung von spanischen Haziendas eignete. Dennoch war es schwer, Soldaten für diesen Zug zu finden. Nur elf Mann waren es, die 1540 Peru verließen, und 1 000 Indianer. Unterwegs schlossen sich ihm noch weitere Männer an, so daß seine Truppe schließlich aus 150 Spaniern bestand.

Valdivias Zug kam sehr langsam voran, denn die Soldaten trieben eine Schweineherde mit. Diese Tiere retteten bald die ganze Expedition, da die nordchilenischen Indianer ihre Lebensmittel so sorgfältig versteckten, daß die Spanier verhungert wären, hätten sie nicht ihre eiserne Schweineration bei sich gehabt.

Unterwegs gab es zunächst keine Schwierigkeiten, denn Valdivia hatte aus Almagros Erfahrungen gelernt und nahm seinen Weg nicht über das Hochgebirge und die Atacamawüste, sondern zog an der Küste entlang. Der ehrgeizige Offizier begann deshalb schon davon zu träumen, daß sein Name in der Geschichte der Konquista einmal mit genauso großen Lettern geschrieben würde wie die Namen Pizzaro und Cortés. Er selbst bemühte sich jedenfalls mit allen Kräften darum. Der ersten «europäischen» Stadt, die er in Chile gründete, gab er gleich den Namen seiner Geburtsstadt – La Serena.

Im Februar 1541 erreichten die Spanier auf ihrem Zug nach Süden ein fruchtbares Tal, in dem Valdivia einen Ort gründete, den er zur Hauptstadt «seines Landes» zu machen gedachte und Santiago de La Nueva Estremadura nannte. Dem Fluß, an dessen Ufern er die ersten Hütten erbaute, gab er seinen eigenen Namen – Valdivia. Die Spanier begannen, sich hier niederzulassen. Sie bauten Mais, Weizen und sogar Wein an, befestigten jedoch auch ihre «Stadt», denn so idyllisch, wie das Leben hier auf den ersten Blick wirkte, war es nicht. Die rings um die spanische Ortschaft lebenden Indianer gehörten nämlich nicht mehr zu den relativ leicht zu unterwerfenden nordchilenischen Stämmen, sondern es waren Angehörige des weit nach Norden vorgeschoben lebenden Araukanerstamms der Picunche, der Nordleute, die sich nicht so ohne weiteres damit zufriedengaben, daß die Eindringlinge sich hier niedergelassen hatten. Doch die kleineren Streifzüge, die sie in Richtung Santiago unternahmen, konnte Valdivia mit seinen Soldaten leicht stoppen. Die dabei gefangengenommenen araukanischen Häuptlinge ließ der jetzt zum Verwalter des Generalkapitanats Chile Ernannte nicht hinrichten, sondern hielt sie in seiner Hauptstadt als Geiseln fest.

Einige Monate nach der Gründung von Santiago unternahm Valdivia mit einigen seiner Soldaten einen Vorstoß weit nach Süden, um Indianer wegzufangen, die in den chilenischen Flüssen Gold waschen sollten, an dessen Existenz er immer noch glaubte. Da griffen im Morgengrauen des 11. September 1541 plötzlich von Häuptling Michimalonco geführte Picunchekrieger Santiago an. Es sah schon so aus, als wäre die Stadt und ihre kleine Besatzung verloren, als Inés Súares, Valdivias Geliebte, sich an die gefangenen araukanischen Häuptlinge erinnerte. Sie befahl, ihnen die Köpfe abzuschlagen und zwischen die Angreifer zu werfen, und beteiligte sich selbst an diesem blutigen Werk. Die abgeschlagenen Häupter der Araukanerhäuptlinge vertrieben diesmal noch die tapfersten Indianer Südamerikas.

Als Valdivia von seinem Streifzug zurückkehrte, fand er seine Hauptstadt fast völlig zerstört und die Reste der Besatzung verwundet vor. Es war klar, daß die Spanier in diesem Zustand den Araukanern nicht mehr lange standhalten konnten. Deshalb schickte Valdivia sechs Soldaten nach Peru, dem das Generalkapitanat Chile unterstand, um vom Vizekönig Hilfe zu holen. Und da er wußte, daß für die königlichen Beamten nur Gold zählte, gaben er, Inés Súares und die übriggebliebenen Spanier ihr ganzes Gold für den Vizekönig. Weil sie aber nicht die Aufmerksamkeit Unberufener erregen wollten, schmiedeten sie daraus Schwertgriffe, Trinkbecher und Sporen für die Reiter. Damit machte sich die von Valdivias Stellvertreter Monroy geführte Abordnung auf den Weg. Zwei Jahre lang kam aus Peru keine Nachricht.

Während dieser beiden Jahre hüteten die Spanier ihre «Hauptstadt», verließen sie nur in den dringendsten Fällen und lebten, wie einer der neueren Historiker dieser Zeit treffend bemerkt, wie Robinsons: ohne Verbindung mit der fernen «weißen Welt», gingen in Felle gekleidet und hatten kaum etwas zu essen.

Doch was war mit Monroy geschehen, dessen Schweigen alle überraschte? Der war in Nordchile von den dort ansässigen Copiapóindianern angegriffen worden, wobei vier Soldaten getötet und er selbst mit dem anderen Überlebenden gefangengenommen worden war. Die beiden sollten ebenfalls sterben, doch die Fürsprache der Frau des Häuptlings rettete ihnen das Leben. Überdies bat der Häuptling Monroy, ihn das Reiten zu lehren. Bei einem gemeinsamen Ausritt überfielen die beiden Spanier den Häuptling, verwundeten ihn und entflohen.

In Peru wurden sie vom neuen Vizekönig von Peru, Vaca de Castro, freundlich aufgenommen, und er gewährte ihnen auch Hilfe. So konnte Monroy also zwei lange Jahre nach seinem Abmarsch mit 160 Reitern nach Chile zurückkehren, während gleichzeitig zwei Karavellen mit weiteren 200 Mann den Seeweg nach Chile nahmen. Mit dieser Verstärkung wurde die um Santiago herum entstehende Kolonie weiter ausgebaut und befestigt.

In den nächsten Jahren vergrößerte Valdivia die neue spanische Besitzung, schob ihre Grenzen immer weiter nach Süden vor und legte mehrere Forts an. Die vereinzelten Rebellionen der Indianer unterdrückte er mit grausamer Härte. Doch weiter als bis zum Bío-Bío ging er nicht, denn jenseits dieses nicht ganz 400 Kilometer südlich von Santiago gelegenen Stromes begann das eigentliche Land der Araukaner. Obwohl sein ganzes Sinnen und Trachten darauf gerichtet war, sich auch die weiten Landstriche bis zur Magalhãesstraße zu unterwerfen, wagte er es vorläufig nicht, den Grenzfluß zu überschreiten.

Doch dann wurde Valdivia nach Peru berufen und von den spanischen Behörden dafür gerügt, daß er an den Grenzen Araukaniens haltgemacht hatte. Er erhielt den Befehl, dieses «Land der Barbaren» unverzüglich zu erobern und dem Reiche Seiner Majestät einzuverleiben. Mit dieser klaren Weisung kehrte Valdivia 1549 nach Santiago zurück.

Und mit der Erfüllung des spanischen Befehls beginnt auch die bemerkenswerteste Periode der Araukanerkriege, in der sich etwas später die beiden Gegenspieler Valdivia und Lautaro gegenüberstehen werden.

Im Januar 1550 überschritten die Abteilungen des Hauptmanns Valdivia befehlsgemäß den Bío-Bío, und der erste Zusammenstoß mit den Mapuche ließ nicht lange auf sich warten. Auf der Andalién-Ebene wurden die Eroberer von 4000 Araukanern angegriffen, die der damalige Toqui Ayavila anführte. Der Ansturm der Indianer wurde jedoch durch die Schüsse aus den Arkebusen gestoppt, und als der Toqui Ayavila im Kampf getötet wurde, zogen sich die Araukaner zurück und verbargen sich in den tiefen Wäldern.

Valdivia rückte weiter vor und gründete überall im eroberten Araukanerland befestigte Ansiedlungen, die die Indianer in Schach halten sollten, so daß sich schließlich eine Kette von Befestigungen durch das eroberte Gebiet zog. Und direkt im Herzen Araukaniens errichtete Valdivia einige richtige Forts, die nur 8 Meilen voneinander entfernt in Sichtweite lagen, und nannte sie Arauco, Tucapel und Puren. Etwas weiter entfernt bauten die Spanier dann noch die Festungen Penco und La Imperial.

Da die Araukaner nach der Niederlage bei Andalién ein offenes Aufeinandertreffen vermieden hatten, war der spanische Heerführer überzeugt, daß er nun endlich wirklich zum einzigen und unumschränkten Beherrscher des ganzen Landes geworden war. Und danach verhielt er sich auch. Er trat den Indianern gegenüber als grausamer Kolonialherr auf, dem jedes Mittel recht ist, den Widerstand der Unterjochten zu brechen.

Zu dieser Zeit nahmen die spanischen Abteilungen bei einem ihrer Streifzüge durch die am dichtesten besiedelten Gebiete Araukaniens einige hundert – die Zahlenangaben sind in den Quellen unterschiedlich – Angehörige eines Araukanerstamms mit ihrem Häuptling Curiñancu – «Schwarzer Adler» – und dessen Sohn Lautaro gefangen. Um sie seine Macht fühlen zu lassen und zur Unterwerfung zu zwingen, ließ Valdivia hundert von ihnen den rechten Fuß abhauen. Da kein einziger der gemarterten Indianer seine Angst oder seine Schmerzen zu erkennen gab, befahl Valdivia, den nächsten hundert die Zunge auszureißen, die Nase abzuschneiden oder andere Gliedmaßen abzuschlagen.

Doch auch diese Araukaner gaben keinen Schmerzenslaut von sich. Nun geriet der blutrünstige Eroberer in solche Wut, daß er von den bisher nicht gefolterten Indianern hundertfünfzig enthaupten ließ und Befehl gab, weiteren hundertfünfzig Gefangenen die Arme auszureißen, ihnen die Köpfe der Enthaupteten um den Hals zu hängen und sie zur Abschreckung so zu ihren Stammesbrüdern zu schikken, damit sie ihnen kundtaten, daß Araukanien jetzt neue Herren habe, gegen die jeder Widerstand sinnlos sei.

Dieses widerwärtige blutige Schauspiel mußten die Häuptlinge «Schwarzer Adler» und sein noch nicht fünfzehnjähriger Sohn von dem Schuppen aus, in dem sie eingesperrt waren, mit ansehen. Dann ließ Valdivia den Häuptling und seinen Sohn holen. Das intelligente, ruhige Gesicht des jungen Lautaro fesselte den spanischen Hauptmann, und er beschloß, diesen jungen Indianer in seine Dienste zu nehmen und zu einem treuen Gefolgsmann Spaniens zu erziehen.

So wurde der Sohn des «Schwarzen Adlers» für eine Reihe von Jahren Pferdeknecht des Pedro de Valdivia, sein schweigsamer Begleiter bei jeder Reise und jedem Kriegszug, Zeuge seiner Taten, Hörer jedes seiner Worte. Lautaro verlor bald seine anfängliche Angst vor den Pferden und fügte sich auch sonst gut in das Leben nach spanischer Sitte ein.

Der blutrote Pfeil des Häuptlings Caupolicán

Um Santiago herum war alles ruhig, und Valdivia unternahm einen neuen Zug nach Süden. Das Heer marschierte zumeist an der Küste entlang, wo die Gefahr des Zusammenstoßes mit den Araukanern nicht ganz so groß war wie in den Bergen und Wäldern des Binnenlandes. An der Mündung des Bío-Bío gründete der spanische Heerführer die Hafenstadt Concepción, überschritt weiter südlich den Cautinfluß, und schließlich drangen die Spanier bis zum Fuße des mächtigen Vulkans Villarica vor. Den ganzen Weg über trafen die Eroberer nur auf sehr geringen Widerstand, die wenigen sich ihnen entgegenstellenden Indianer wurden leicht zerstreut. Und stets befand sich der junge stille Pferdeknecht Lautaro an der Seite des Gouverneurs, hielt Augen und Ohren offen.

Die Ruhe im Araukanerland war jedoch nur scheinbar. Die bereits Unterjochten hatten sich keineswegs mit ihrem Schicksal abgefunden, wie Valdivia glaubte, und die in den weiten, noch von keines weißen Menschen Fuß betretenen Wäldern lebenden Mapuche beobachteten voller Sorge Valdivias Vormarsch, von dem sie durch ihre Späher unterrichtet wurden. Obwohl die Mapuche in Friedenszeiten, wie sie aus der Sicht der Indianer jetzt herrschten, kein gemeinsames Oberhaupt hatten, gab es unter ihnen doch einen Häuptling, der wegen seines Alters und seiner Weisheit von allen geachtet wurde und auf dessen Stimme sie hörten: der greise Häuptling des zentral lebenden Stammes der Malunche Colo-Colo. Dieser

Araukanische Reiter von Caupolicán
und Lautaro. Die beliebteste Waffe
war die Bola, die Wurfkugel

Waffen der
südamerikanischen Indianer

würdige alte Mann wußte, daß sein Volk dem Vordringen der Spanier nicht länger tatenlos zusehen durfte, wenn es sich seine Freiheit erhalten wollte. Deshalb rief er jetzt mit einem in Blut getauchten roten Pfeil – für die Araukaner das Zeichen des Krieges – die Häuptlinge der einzelnen Stämme und die erfahrensten Krieger zu sich, um unter ihnen den auszuwählen, der würdig war, als Toqui die Araukanerkrieger in den Kampf gegen die Eindringlinge zu führen.

Nach und nach trafen die Geladenen in Colo-Colos Dorf ein: der starke Lincoyan, der ehrgeizige, ungeduldige Tucapel, der genauso ehrgeizige Elicura, der kräftige Paicabí und viele andere, die zusammen den höchsten Kriegsrat der Araukaner bildeten. Nur einer fehlte noch, der Häuptling Caupolicán, den Colo-Colo besonders schätzte und der auch bei den anderen Stammesangehörigen große Achtung genoß.

Colo-Colo war noch unschlüssig, welchem der bedeutenden Krieger das Schicksal des Mapuchevolkes anvertraut werden sollte, deshalb beschloß er, dem araukanischen Brauch entsprechend, den besten und stärksten durch die Probe der Mannhaftigkeit zu bestimmen. Er wählte einen kräftigen Baumstamm aus und verkündete: «Derjenige von euch, meine Brüder, wird oberster Toqui, der diesen Baum am längsten auf seinen Schultern tragen kann.»

Als erster trat Paicabí zum Wettbewerb an, er hielt den Stamm sechs Stunden lang auf den Schultern. Der Häuptling Cayocupil hielt nur fünf Stunden aus. Angol und Gualemo nur vier. Tucapel schaffte es jedoch einen ganzen Tag, vom Morgengrauen bis zur Abenddämmerung. Dann trat Lincoyan an. Er trug den Stamm einen Tag, eine Nacht und die Hälfte des nächsten Tages auf seinen Schultern. Über den Sieg in diesem «Turnier» schien also entschieden zu sein. Doch zu dieser Zeit war auch Caupolicán schon eingetroffen, ein Hüne wie aus dem Märchen. Nun war die Reihe an ihm. Er legte sich also den Stamm auf die Schultern und ging mit ihm herum, ohne anzuhalten – einen Tag, eine Nacht und noch den ganzen nächsten Tag!

Damit war der Wettkampf entschieden. Caupolicán sollte höchster Anführer der Mapuche in diesem Freiheitskampf gegen die Weißen sein, er, den neben der Kraft auch noch Besonnenheit, Klugheit und große Kriegserfahrung auszeichneten.

Feierlich hängte Colo-Colo dem Toqui einen Halbmond aus Obsidian als Zeichen seiner Würde um und überreichte ihm einen mit der roten Farbe des Blutes geschmückten Pfeil. Die blutrote Botschaft war allen verständlich: Jeder Mapuche möge sich auf den Entscheidungskampf vorbereiten! Die Stunde der chilenischen Indianer war gekommen ...

Während Pedro de Valdivia sich auf seinem Zug nach Süden befand und weitere befestigte Ortschaften gründete, von denen aus er ins Landesinnere vordringen wollte, stellte Caupolicán das Araukanerheer auf. Die Häuptlinge der einzelnen Stämme führten ihm Tausende Krieger zu. Im ganzen Land wurden Waffen, Pfeil und Bogen, Lanzen und Steinkeulen hergestellt, die Krieger übten mit ihnen und stählten ihre Körper für die bevorstehenden Strapazen der Kämpfe und langen Märsche, für das Ertragen von Hunger, Durst und Schmerzen.

Caupolicán wollte den Mut und das Selbstbewußtsein seiner Kämpfer am Anfang des großen Ringens durch einen beeindruckenden Sieg stärken, deshalb plante er, mit einer kleineren Gruppe ausgesuchter Krieger die spanische Festung Arauco anzugreifen.

Der Toqui war nicht nur ein Herkules an Kraft, sondern auch ein großartiger Stratege und Taktiker, und als er jetzt an der Spitze seiner Krieger Arauco stürmte, gelang ihm wirklich ein vollständiger Sieg über die Besatzung der Festung. Wer sich nicht unter Zurücklassung der Pferde und der Waffen hatte in Sicherheit bringen können, kam bei dem Angriff der Araukaner ums Leben.

Während die Araukaner so den Krieg gegen die spanischen Eindringlinge begonnen hatten, war Lautaro anscheinend ein gehorsamer Diener des spanischen Eroberers. Valdivia hatte ihn zu seinem Pagen gemacht, in dem Wunsch, ihn später einmal als den Spaniern ergebenes Oberhaupt der unterworfenen Araukanerstämme einzusetzen. Dadurch war er stets in der Nähe seines Herrn, hörte zu, wenn der mit seinem Adjutanten die nächsten militärischen Aktionen ausarbeitete, und erlernte dabei die Grundsätze der Taktik und Strategie, die europäische Kriegführung, ohne daß Valdivia es bemerkte. Er lauschte auch, wenn der Gouverneur mit seiner hellen, überzeugenden Stimme zu seinen Soldaten sprach, und lernte dabei die kastilische Redekunst. Durch den ständigen Umgang mit den höchsten Repräsentanten der spanischen Macht gewann er einen tiefen Einblick in die für die anderen Araukaner so unbegreifliche, fremde Kultur. Und vieles daran imponierte ihm. Doch der intelligente Jüngling sah mit kritischem Blick auch die Schwächen der Spanier und ihrer Kriegführung.

Obwohl Lautaro sehr viel von den neuen Herren Chiles annahm und spanische Kleidung trug, gab er sein Indianertum nicht auf. Er blieb sich immer dessen bewußt, daß er der Sohn des tapferen «Schwarzen Adlers» war, ein Sohn der araukanischen Erde. Und auch in der Metropole des Generalkapitanats Chile, in dem prächtigen Santiago, vergaß er seine Araukaner und sein Araukanien nicht.

Eines Abends kam überraschend ein junges, ihm unbekanntes Indianermädchen zu ihm in den Pferdestall und flüsterte ihm zu: «Ich bin Guacolda, Dienerin bei Don Francisco de Villagra. Ich bringe dir eine Botschaft von deinem Onkel, dem Häuptling Cayumanque. Er erwartet dich morgen abend beim Hause meines Herrn.»

Lautaro war aufs höchste verwundert. Wer war die hübsche, zarte Araukanerin? Wie hatte sie erfahren, daß Lautaro einen Onkel dieses Namens hatte? Und was wollte Cayumanque von ihm? Das Mädchen gab ihm jedoch keine weitere Erklärung, sondern verschwand so lautlos, wie sie gekommen war.

Den ganzen nächsten Tag über grübelte Lautaro, was diese Aufforderung zu bedeuten hatte. Am Abend stahl er sich dann zu Francisco de Villagras Haus und fand dort wirklich den Häuptling Cayumanque vor. Er wollte ihn freudig begrüßen, doch der Onkel übergab ihm nur schweigend einen mit blutrotem Stoff umwundenen Pfeil. Als Botschaft, als Befehl des höchsten Führers der Araukaner, Caupolicán, für Lautaro.

Lautaros Sieg

Lautaro überlegte lange, warum sein Volk ihm, dem Diener des Beherrschers von Chile, das Zeichen des Kampfes schickte, doch den Sinn dieser stillen Botschaft verstand er erst einige Zeit später, als das araukanische Heer bereit war zum Entscheidungskampf mit den Spaniern.

Valdivia hatte von den Kampfvorbereitungen der Araukaner erfahren und bereitete sich ebenfalls gründlich auf den Zusammenstoß vor. Er zog alle militärischen Kräfte zusammen, die er zur Verfügung hatte. Und diesmal sollten auch alle nichtaraukanischen Indianer, die für die Spanier Dienste verrichteten und die mit dem Quetschuawort Yanaconas, Hilfswillige, bezeichnet wurden, mit in den Kampf ziehen. Und da sie einen eigenen indianischen Kommandeur haben sollten, ernannte Valdivia seinen gehorsamen, ihn ergebenen neunzehnjährigen Diener Lautaro zum Kommandeur dieser Indianertruppen.

Lautaro nahm diese Berufung genauso schweigend hin wie alle anderen Pflichten und Vorrechte. Bald darauf ritt er auf einem schönen Rappen an der Spitze der indianischen Truppen zusammen mit seinem Herrn in die Stadt Quilacoya ein, wo sich die wichtigsten chilenischen Goldgruben befanden, in denen die indianischen Bergleute Fronarbeit leisten mußten. Valdivia war nämlich zugetragen worden, die Araukaner planten, ihm den Weg zu dieser Quelle des Reichtums abzuschneiden, und dem wollte er zuvorkommen. Außerdem wollte er den Platz des Aufeinandertreffens beider Heere bestimmen und dafür einen Ort aussuchen, der für seine Reiter günstig war. Deshalb war er jetzt mit seinem Heer auf dem Wege zur Festung Tucapel.

Mit seiner Rast hier in Quilacoya wollte Valdivia auch einer möglichen Rebellion der eingeborenen Häuer in den Goldgruben vorbeugen, denn die Bergleute empfanden einen tiefen Haß gegen den Gouverneur, der sie zur Fronarbeit in die Gruben getrieben hatte. Und später werden sie – der Keim des indianischen Proletariats in Chile – aus den Gruben steigen und für Caupolicáns Truppen wertvolle Helfer sein.

Als Lautaro in Quilacoya einmal in Valdivias vornehmem Gemach weilte, trat ein unerwarteter Gast ein – der für Lautaro so rätselhafte Häuptling Cayumanque. Lautaro wollte seinen Augen und Ohren nicht trauen, denn Cayumanque, der ihm Caupolicáns roten Pfeil überbracht hatte, bot Valdivia jetzt seine Hilfe gegen Cau-

«Grenada – letzte Insel der Kariben». Abgebildet ist jener Teil der Küste, an dem die Europäer zuerst gelandet sind

Die indianischen Kämpfer bereiteten sich mit Kampfspielen auf die kriegerischen Auseinandersetzungen vor. Indianer im rekonstruierten Indianerdorf Guamá (Kuba)

Haïti, die Insel der tapferen Königin Anacaona. Denkmal des unbekannten Sklaven für die Kämpfer gegen den Kolonialismus in der Hauptstadt Porte-au-Prince

Selbstporträt eines indianischen Häuptlings von Südamerika

Festkleidung eines indianischen Würdenträgers und sein Diadem aus der Sammlung des Nationalmuseums in Lima

Vor allem Gold und die Goldschmiedearbeiten in Kolumbien haben die Europäer in diesen Teil der Welt gelockt. Goldstatuette eines indianischen Würdenträgers

Die Indianerheere Südamerikas marschierten auf Landstraßen, die von den Indianern für die Truppenverschiebung gebaut worden waren. Vor allem in Peru sind sie bis heute erhalten geblieben

Die indianischen Städte im heutigen Lateinamerika haben häufig Festungscharakter. Machu Picchu im Gebiet des südamerikanischen Flusses Urubamba

Heutige Ketschua, Nachkommen der Kämpfer des Revolutionärs Tupac Amaru, in ihrer Volkstracht

Mächtige Festungen sollten die Kolonialherren und die geraubten Reichtümer vor den Ureinwohnern und vor fremden Freibeutern schützen. Größte Festung des kolonialen Amerikas: San Felipe in der kolumbianischen Stadt Sartagena

Einige Städte des ehemaligen spanischen Amerikas haben ihr koloniales Gepräge bewahrt. Gasse in der Altstadt von San Juan

Indianer vom Titicacasee (Bolivien). In dieser Hochgebirgslandschaft führten Tupac Amaru und Tupac Catari ihre Kämpfer in großen Schlachten an

Heute noch leben in Lateinamerika Hunderttausende Indianer. Eine der wenigen Gruppen, die dem Vordringen der Fremden zu trotzen wußten, waren die Angehörigen des Stammes der Cuna in Mittelamerika

Die gewöhnliche Kampf- und Jagdwaffe der Urwaldindianer: Pfeil und Bogen

Mit der traditionellen Bemalung schmücken sich auch heute viele Indianer Lateinamerikas. Indianerfamilie der im westlichen Ekuador lebenden Colorados

Dorf der Kariben. In solcher Siedlung lebte auch Häuptling Hathuey

Auch bei den Indianern Südamerikas spielten Krieg und Kriegswesen eine bedeutende Rolle. Die auf erhalten gebliebenen Bildern und Statuen dargestellten hiesigen Götter wurden oft als Krieger abgebildet

Modell einer Indianerstadt vor ihrer Zerstörung: die Stadt Tenochtitlan, das heutige Mexiko-Stadt

Führer der mittelamerikanischen Mayas auf einem Porträt im Nationalen Anthropologischen Museum in Mexiko-Stadt

Freudentanz auf dem Hauptplatz von Cuzco, dem Zentrum der südamerikanischen Gebirgsregion. Genauso wurden in den Bergen auch die militärischen Siege der Indianerheere gefeiert

Denkmal in der brasilianischen Stadt Sañ Paulo für die erste Begegnung zwischen portugiesischen Missionaren und brasilianischen Indianern

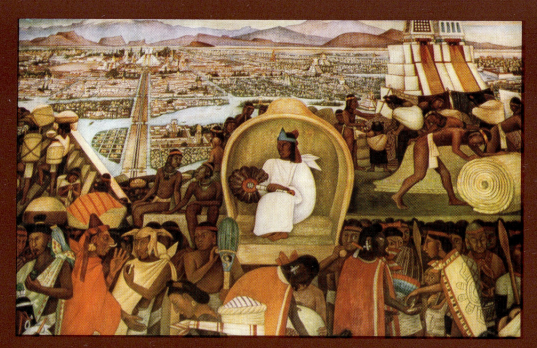

Rekonstruktion von Tenochtitlan mit Befestigungen und Tempeln auf einem Fresco von Diego Rivera (Präsidentenpalast in Mexiko-Stadt)

Indianische Würdenträger und Tänzerinnen (Fresco Diego Riveras)

Darstellung des Lebens
der Totonaken
(Diego Rivera)

«Pyramide der Federschlange» in der Maya-Stadt Chichén Itzá

Porträt eines Mayaführers aus der mittelamerikanischen Stadt Palenque

Kämpfer aus dem Stamm der Rucan (Anden) tragen den Herrscher und obersten Kriegführer, den Inka, in einer Sänfte

Als die Kämpfer und die Vertreter der Oberschicht der südamerikanischen Indianer mit den ersten Europäern zusammenstießen, wirkten sie in ihrer Kleidung sehr hoheitsvoll

Auch die Indianer aus den Urwäldern Südamerikas schmücken sich mit Vogelfedern. Dieses Foto entstand in Paraguay im Gebiet des Gran Chaco. Die Indianer tragen als Schmuck die Federn von Fischreihern

Die Kämpfer der südamerikanischen Macá schmücken sich auch mit lebenden Schlangen

policán an und stellte ihm seine 3000 araukanischen Bogenschützen zur Verfügung! Der Jüngling wußte nicht, was er davon halten sollte.

Valdivia nahm dieses großzügige Anerbieten selbstverständlich mit Freuden an, denn die kampferprobten Indianer würden die spanischen Reihen bedeutend verstärken. Er wollte Cayumanque sofort den Oberbefehl über die Truppen geben, doch der Häuptling lehnte ab, indem er meinte: «Nein, das möchte ich nicht. Ich bin schon alt und vermag nicht einmal mehr die Lanze zu halten. Doch Lautaro hier ist jung, er ist feurig, wie eine lebendige Flamme. Dem vertraue die Führung meiner Bogenschützen an, Herr!»

Valdivia war damit einverstanden. Auch unter den Araukanern finden sich also Verräter, dachte er erfreut.

Und so stand Lautaro nun auch an der Spitze der Araukanerschützen, als das spanische Heer jetzt von Quilacoya aufbrach, um über Puren nach Tucapel zu ziehen.

In Tucapel angekommen, schlug Valdivia im Vorfeld der Festung ein großes Lager auf und ließ es gut bewachen, denn das Araukanerheer mußte sich in der Nähe befinden. Am nächsten Tag würde es bestimmt zum Kampf kommen.

Als Lautaro zu seinem Zelt ging, um sich hinzulegen, wurde er von einem alten Indianer angehalten, der ihm sagte, daß Cayumanque ihn sprechen wollte. Als die beiden am Rand des Lagers zusammentrafen, sprach der Häuptling seinen Neffen zum erstenmal an: «Caupolicán schickt mich zu dir, das Mapuchevolk, das sich gegen die Eindringlinge erhoben hat, schickt mich zu dir. Hilf uns! Hilf Caupolicán, die Europäer aus unserem Land zu vertreiben. Nimm die Truppen, die ich dir zugeführt habe, und greif die Spanier während der Schlacht von hinten an! Denk immer an das, was dein Vater, der ‹Schwarze Adler›, dich gelehrt hat!»

Cayumanque wartete nicht auf eine Antwort, sondern verschwand lautlos in der Dunkelheit.

Am nächsten Tag brach das spanische Heer im Morgengrauen auf und rückte in einen großen Wald ein, der das bergige Gelände bedeckte, und in dem Caupolicáns Bogenschützen und Lanzenwerfer verborgen sein mußten. Doch nirgendwo war etwas von ihnen zu bemerken. Valdivia schickte deshalb eine große Vorausabteilung zur Erkundung los. Auch sie verlor sich in der Tiefe des Waldes und ließ nichts von sich hören. Der spanische Heerführer gab daher der Hauptmacht den Befehl, vorsichtig weiterzumarschieren. Als die Soldaten auf eine Lichtung kamen, erblickten sie plötzlich die Spuren der Vorausabteilung: An den Bäumen vor ihnen hingen die Köpfe ihrer verschollenen Kameraden! So zahlte Caupolicán den Spaniern die Ermordung der Araukaner des «Schwarzen Adlers» heim. Doch von den Araukanern war immer noch nichts zu sehen.

Valdivia wußte jedoch, daß der Kampf unmittelbar bevorstand, und zwar an einem Ort, den ihm Caupolicán diktierte und der für die Entfaltung der Reiterei äußerst ungünstig war. In Windeseile gruppierte er sein Heer für die bevorstehende Schlacht um, und dann erblickte er plötzlich die Araukaner. So weit das

Auge reichte, standen die Reihen ihrer Kämpfer da und erwarteten die Spanier. Valdivia zögerte keinen Augenblick mit dem Angriff. Er gab ein Kommando, und die Elitereiter des seiner militärischen Meisterschaft wegen berühmten Offiziers Bobadilla stürmten gegen die araukanischen Fußkämpfer an.

Durch die Wucht des Reiterangriffs wurde die Front der Indianer durchbrochen, doch kaum war der Durchbruch erfolgt, da schloß sich die Reihe wieder, und Bobadillas Truppe war plötzlich in einer Falle. Im Verlaufe weniger Minuten kamen alle Reiter ums Leben. Nun schickte Valdivia die Fußtruppen gegen die Indianer, die die Spanier mit einem Hagel von Pfeilen aus dem Wald und von den Felsen herab empfingen. In dem Schlachtgetümmel, in dem schwerbewaffnete Spanier und fast nackte Indianer mit ungleichen Waffen aufeinander eindrangen, hatten beide Seiten große Verluste, und nach einiger Zeit sah es so aus, als sollten die Araukaner in dieser entscheidenden Phase des Kampfes unterliegen. Doch da meldete sich Lautaro zu Wort, der mit seinen indianischen Kämpfern bisher auf Valdivias Befehl auf einem sich über den Kampfplatz erhebenden Hügel als Reserve gelegen hatte.

Lautaro trat vor seine Indianer und sprach: «Mapuche, meine Brüder, auf zum Kampf! Der Tag ist da, an dem wir unsere Heimat, unsere Gesetze und unsere Bräuche verteidigen müssen! Wenn wir das heute nicht vermögen, werden wir morgen alle Sklaven sein. Dies ist das Land der Freiheit! Kämpft gegen die Eindringlinge, für die Freiheit Araukaniens, für unser Volk – auf in den Kampf!»

Und nun stürmten die Indianer von dem Hügel herab und warfen sich den Spaniern, die sie eigentlich schützen sollten, in den Rücken. Und sie kämpften mit einem solchen Löwenmut, daß sie die Entscheidung in diesem Ringen herbeiführten. Lautaro selbst drängte sich durch die Kämpfenden hindurch zu Valdivia hin, mit dem er persönlich abrechnen wollte. Auf dem Weg verlor er seine Lanze, doch er nahm die Steinkeule eines Indianers. Und dann standen sich die beiden gegenüber – der Herr und der ehemalige Pferdeknecht. Der eine in glänzender Rüstung, der andere fast nackt, denn er hatte sich der europäischen Kleider entledigt. Der eine mit Titeln und mit Schlachtenruhm bekränzt, der andere jung und zum erstenmal auf dem Schlachtfeld.

In dem Zweikampf wurde Lautaro von Valdivia am Arm verwundet, doch er kämpfte weiter, bis es ihm gelang, mit einem mächtigen Hieb seinen Gegner zu Boden zu strecken. Als die Spanier ihren Heerführer blutüberströmt am Boden liegen sahen, wurden sie von Panik ergriffen, und es fiel den Araukanern nicht schwer, die verstörten Soldaten niederzumachen. Nur wenigen Spaniern gelang die Flucht, so daß schließlich nur ein einziger lebender Spanier auf dem Kampfplatz zurückblieb: der verwundete Don Pedro de Valdivia. Nun war er nicht mehr der Beherrscher Chiles, nicht mehr der grausame Herr, der sogar Kinder zur Fronarbeit in die Goldgruben schickte, nun war er nur noch ein sterbender Mann, der sich tapfer geschlagen hatte, was die Araukaner auch bei ihrem Feind achteten. Die Krieger rührten Valdivia nicht an. Der Besiegte gehörte dem Sieger, der ehemalige

Herr dem ehemaligen Pferdeknecht. Und Lautaro zerschmetterte Valdivia den Schädel.

Nun wurde dem Toten das Herz aus dem Leibe gerissen, und jeder der Häuptlinge erhielt ein Stück und aß es, und die anderen Indianer rissen den Körper in Stücke und verzehrten das Fleisch des Toten, wie es bei den Araukanern Brauch war, damit der Mut des toten Feindes in sie übergehe.

Romanze mit Guacolda

Lautaros Sieg über Valdivia war tatsächlich von außerordentlicher Bedeutung. Die spanische Kolonialmacht hatte einen Schlag erlitten wie noch nie zuvor, und die Indianer waren zumindest im Augenblick wieder die Herren in Araukanien. Die Häuptlinge überlegten, wie es jetzt weitergehen sollte, jetzt, da die Glücksgöttin ihnen lachte. Caupolicán schlug vor, die restlichen spanischen Städte in Amerika zu erobern und dann nach Spanien zu ziehen, um auch dieses Land zu erobern, aus dem soviel Böses zu ihnen gekommen war, den König zu stürzen und dort die Herrschaft der Araukaner zu errichten.

Caupolicán wußte natürlich nicht, daß Europa durch die Weite des Atlantik von Amerika getrennt ist und daß er niemals eine Invasion auf die Pyrenäenhalbinsel unternehmen konnte. Aber dieser Gedanke zeugte trotzdem davon, wie sehr sich die Dinge geändert hatten. Bis jetzt hatten die Europäer die Länder der Indianer erobert, warum sollte es jetzt nicht umgekehrt sein?

Caupolicáns Vorschlag der Eroberung Spaniens wurde vom Kriegsrat der Araukaner nicht angenommen, aber man einigte sich, alle Niederlassungen und Festungen der Spanier in Araukanien zu zerstören. Und alle stimmten mit großer Freude dem zweiten Vorschlag des Toqui zu, den kaum zwanzigjährigen Lautaro zu seinem Stellvertreter zu machen.

Und so kam dieser blutjunge Mann, der die Kriegskunst bei den spanischen Herren gelernt hatte, in den Kriegsrat des araukanischen Volkes unter die erwachsenen, erfahrenen und würdigen Häuptlinge. Und der Jüngling Lautaro, seiner Stellung nach der Zweite unter den Soldaten und Häuptlingen der Mapuche, wurde bald der eigentliche Anführer der Indianerheere in Chile.

In der Erkenntnis, daß mit dieser gewonnenen Schlacht die Spanier noch nicht endgültig besiegt waren und man sich auf weitere Kämpfe vorbereiten müsse, ging Lautaro nun daran, das araukanische Heer neu aufzubauen und mit den Kriegern zu üben, sie zu einer disziplinierten Armee zu machen. Dabei nutzte er sein bei den Spaniern erworbenes Wissen. Aber er übernahm nicht einfach ihre Kampfesweise, sondern er entwickelte auf Grund der Kenntnis ihrer militärischen Vorzüge und ihrer Schwächen eine eigene Strategie und Taktik, die den Möglichkeiten des Araukanerheeres und seiner Beweglichkeit angepaßt waren, wobei er auch die Natur seines Landes einbezog.

In dieser Zeit unternahm Lautaro mit einigen ausgewählten Kriegern einen kurzen Zug nach Quilacoya, um dort die Bergarbeiter zu befreien. Er wurde begeistert empfangen, und viele der jüngeren und kräftigeren Männer schlossen sich seinem Heer an.

In Santiago, der Hauptstadt des Generalkapitanats Chile, hatte die Nachricht von Valdivias Niederlage und Tod und der Vernichtung seines Heeres Schrecken ausgelöst. Bald kam es aber zu Streitereien um die Nachfolge im Amt des Generalgouverneurs, bis der erfahrene Francisco de Villagra das Steuer der zusammenbrechenden Kolonialregierung in seine Hände nehmen konnte, jener Villagra, bei dem die anmutige Guacolda dienen mußte, die einst das erste Zusammentreffen zwischen Lautaro und Cayumanque vermittelt hatte und die Lautaro bis heute nicht vergessen konnte, die er einmal zur Frau nehmen möchte.

Villagra zog jetzt in aller Eile ein Heer zusammen, das aus allen noch kampffähigen Männern bestand, deren er habhaft werden konnte, und zog damit ebenfalls nach Süden ins Land der Araukaner, um wenigstens die dort gelegenen Festungen zu halten und dann die Araukaner für die Niederlage zu bestrafen, die sie Valdivias Armee beigebracht hatten. Er war sich seines Erfolgs sicher, denn er hatte eine neue, den Araukanern bisher unbekannte Waffe bei sich – Geschütze. Es waren acht Bronzekolosse, die jeweils von einigen Pferdepaaren gezogen werden mußten. Was Valdivia mit seinen Reitern nicht geschafft hatte, das würde er mit seiner Artillerie erreichen.

Die indianischen Späher hatten Lautaro schon bald Nachricht von dem neuen spanischen Feldzug gegeben und ihm mitgeteilt, daß Villagra die Festung Concepción an der Mündung des Bío-Bío zum Ausgangspunkt des Unternehmens machen wollte. Als der junge Toqui erfuhr, daß sich in Concepción auch Villagras gesamtes Dienstpersonal befand, schlug sein Herz vor Freude höher, denn Guacolda war nun in seiner Nähe. Er freute sich auf den Kampf wie ein Ritter des Mittelalters auf das Turnier, mit dem er die Gunst der auserwählten Dame erringen will. Aber Lautaro wollte nicht nur Guacoldas Herz gewinnen, sondern sie auch aus dem Dienst bei Villagra befreien. Und er begann den Überfall auf die Spanier mit großer Sorgfalt vorzubereiten.

Als Villagra schließlich mit seinen Truppen den Bío-Bío überquerte, wunderte er sich, daß er von den Araukanern nicht behelligt wurde, und zog tiefer nach Araukanien hinein. Doch bei Marihueñu, das nicht allzuweit von Concepción entfernt war, kam es dann zur Schlacht. Lautaros Taktik für diese Schlacht bestand darin, daß er nicht alle seine Krieger gleichzeitig einsetzte. Er bildete Abteilungen, die die Spanier einzeln angriffen und sich sofort wieder zurückzogen, wenn die Spanier zum Gegenangriff übergingen. Die nächste Abteilung griff die schwerfälligen Spanier dann von einer anderen Seite an. Die Araukaner benutzten dabei auch erstmals eine Waffe, die Lautaro erdacht hatte. Es waren besondere Lassos – Lanzen, an denen Lederschlingen angebracht waren. Als die spanische Reiterei auf die Indianer einstürmte, rissen die Araukaner sie mit diesen Lassos von den Pferden und machten sie am Boden nieder. Obwohl die Einschläge der spanischen Kanonen viele von ihnen töteten oder verwundeten, konnten sie die Männer der einzelnen Geschütze isolieren, sie außer Gefecht setzen und den Spaniern dadurch alle Trümpfe aus der Hand nehmen.

Lautaros taktisches Konzept ging voll auf. Unter den wuchtigen Schlägen der von allen Seiten auf die spanischen Truppen eindringenden Araukaner blieb Villagra kein anderer Ausweg als die Flucht. Die noch übriggebliebenen Spanier strömten auf zwei Wegen vom Kampfplatz. Doch nach eingen hundert Metern stießen sie auf Palisaden, mit denen Lautaro ihnen den Fluchtweg versperrte. Das war das Ende von Villagras Heer. Nur neunzehn Mann und der Kommandeur entkamen und konnten sich in Concepción in Sicherheit bringen. Sie packten in der Stadt eilig alles zusammen, was sich wegbringen ließ und fuhren mit ihrer Dienerschaft – darunter auch Guacolda – auf gestohlenen Fischerbooten davon. Ihre Landsleute, die Zivilbevölkerung von Concepción, lieferten sie auf Gnade und Ungnade den Siegern aus.

Einige Tage später zog Lautaro in die Stadt ein, die sich nicht gegen ihn verteidigte.

Lautaros Ansehen bei den Araukanern war durch diesen glänzenden Sieg noch gewachsen, sie jubelten über den neuen Triumph ihrer Krieger. Doch der junge Toqui selbst konnte seines Sieges nicht recht froh werden, denn er hatte in diesem Kampf nicht das errungen, was er wollte: Villagra hatte ihm das geliebte Mädchen entführt.

Nach der Einnahme von Concepción zog Lautaro mit seinem Heer nach Süden, um Caupolicán zu helfen, der mit einem Teil des Araukanerheeres die Festungen Tucapel und Puren genommen hatte und nun Imperial belagerte. Doch diese Festung war inzwischen verstärkt worden, so daß die Besatzung nicht sofort besiegt werden konnte. Außerdem sahen die araukanischen Krieger ein schweres Gewitter als böses Omen an, so daß die Belagerer sich zunächst wieder zurückzogen.

In der nächsten Zeit widmete sich Lautaro anderen Aufgaben. Er lehrte seine Landsleute verschiedene Dinge, die er bei den Spaniern kennengelernt und als nützlich erkannt hatte. Er machte den Vorschlag, die Bewohner der verstreut liegenden Einzelgehöfte, die bei den Araukanern üblich waren, für die Bewältigung verschiedener Arbeiten zusammenzuschließen, machte die Bauern mit Geräten aus Eisen vertraut. Seine besondere Aufmerksamkeit galt jedoch der Pferdezucht. Viele der Kämpfer hatten ihre ursprüngliche Angst vor diesen unheimlichen Tieren schon verloren, und einige hatten in spanischer Gefangenschaft auch bereits gelernt, mit ihnen umzugehen. Mit deren Hilfe baute Lautaro aus den im Kampf erbeuteten Tieren eine Zucht auf, die den Araukanern einmal zugute kommen sollte.

Währenddessen trat jedoch ein neuer Feind gegen die Araukaner auf den Plan – die Pest. Diese Krankheit wütete schrecklich unter den Indianern, die allen eingeschleppten europäischen Krankheiten gegenüber ohne Widerstandskraft waren, und die Verluste waren sehr groß, zumal durch den Krieg auch die Not in Araukanien eingekehrt war, da die Männer bei der Landarbeit fehlten und die Frauen nicht alles allein schaffen konnten.

Diese Situation nutzte Francisco de Villagra Ende 1554 aus und zog wieder nach Concepción. Er baute die Stadt und die Festung weit stärker wieder auf, als sie gewesen war, und zog dann weiter nach Imperial, das wiederum von Caupolicán belagert wurde. Sein Vetter Pedro de Villagra unternahm in der Zwischenzeit einen Rachefeldzug gegen die Araukaner und führte dabei abgerichtete Hunde mit, die sich auf die Indianer stürzten und sie zerfleischten.

Auch Francisco de Villagra nahm an den Araukanern blutige Rache für die verlorenen Schlachten und das zerstörte und geplünderte Concepción. Auf dem Rückweg von Imperial, dessen Belagerung Caupolicán bei der Kunde vom Namen des Gouverneurs wiederum abgebrochen hatte, nahm Villagra in der Nähe des Budiksees eine große Anzahl Indianer gefangen. Er ließ sie fesseln und in eine Hütte pferchen. Dann wurde sie angesteckt. Einer der Spanier – er hieß Juan Macias – hatte die Indianer gezählt. Als er sah, daß es neunundneunzig waren, fesselte er den ersten Indianer, der in der Nähe war – es war zufällig der Diener eines anderen Spaniers – und stieß ihn mit den Worten: «Ordnung muß sein, damit das Hundert voll ist», in das Feuer.

Diese entsetzliche Tat schürte die Empörung der Araukaner von neuem. Die Männer nahmen ihre Waffen und strömten zu Lautaro, damit der Krieg fortgesetzt und der Feind endgültig aus dem Lande geschlagen werden konnte. Auch eine Gruppe mit langen Spießen bewaffneter aurakanischer Frauen erschien, um am Kampf für die restlose Befreiung der Heimat teilzunehmen.

Vom Kriegsrat der Araukaner, der wiederum tagte, wurde Lautaro jetzt auch offiziell das Amt des höchsten Toqui übertragen, das er in Wirklichkeit ja schon lange ausübte. Und wiederum zog Lautaro mit seinem Heer gegen Concepción. Dank einem hervorragend ausgearbeiteten Schlachtplan, in dem er die Beweglichkeit der Araukaner ausnutzte, Hinterhalte anlegte, Scheinangriffe durchführen und schließlich im Sturmangriff in die Stadt eindringen ließ, gelang es den Angreifern, diese stark ausgebaute und durch frische Truppen aus Spanien verstärkte Festung in erbittertem Ringen zu nehmen. Diesmal mußte Villagra allein auf einem Boot flüchten und konnte seine Dienerschaft nicht mitnehmen. So trafen Lautaro und die schlanke Guacolda im Kampfgetümmel der Stadt endlich zusammen.

Auch das Mädchen hatte dem jungen Helden der Araukaner ihr Herz geschenkt und sich nach ihm gesehnt, und so wurde nach dem Sieg Hochzeit gefeiert. Das ruhige Eheglück der beiden war jedoch nur von kurzer Dauer. Lautaro mußte bald wieder ins Kriegslager zurückkehren, um den Kampf bis zur endgültigen Vernichtung der spanischen Besitzungen in Chile zu führen. Sein Vorschlag, Santiago anzugreifen, wurde vom Kriegsrat gebilligt, und so zog Lautaro, nachdem er die Hauptmasse des Aurakanerheeres als Ablenkungsmanöver gegen die noch im Araukanerland gelegenen Festungen geschickt hatte, Anfang 1556 mit einer kleinen Schar der besten Kämpfer nach Norden. Er hoffte, auf dem Wege nach Santiago die von den Kolonialherren unterjochten Indianer zu befreien und dadurch einen großen Freiheitskampf aller Indianervölker in Chile auszulösen. Doch das gelang nicht so, wie er gedacht hatte, da die Häuptlinge teils den Spaniern hörig waren und teils eine abwartende Haltung einnahmen. Wohl fügte er den spanischen Truppen vor Santiago eine neue Niederlage zu, indem er sie in ein Moor lockte, doch da die erwartete Verstärkung nicht kam, zog er sich in Eilmärschen zurück. Er unternahm auch noch einen zweiten Zug gegen das aus Angst vor den Araukanern in panischen Schrecken versetzte Santiago, doch die spanischen Heerführer hatten sich inzwischen auch eine wendigere Kampfführung angeeignet, und so endete das Gefecht in der Nähe der Stadt unentschieden, die Araukaner zogen sich plötzlich lautlos zurück und waren in den Bergwäldern unauffindbar. Als er dann zum drittenmal – und jetzt mit einem ganz großen Heer – gegen die Hauptstadt marschierte, wußte Villagra, daß es ums Ganze ging. Und in dieser Situation griff er zu dem Mittel, das die Spanier stets gegen die großen Kämpfer für die Freiheit ihrer Völker anwendeten: Er kaufte sich einen Verräter. Unter den Yanaconas, die einst den Spaniern gedient hatten und nun bei den Araukanern waren, fand sich einer, der zu Villagra schlich und ihm versprach, Lautaro in einem geeigneten Augenblick zu ermorden. Und dieser Augenblick kam bald. In der am 29. April 1556 zwischen den Spaniern und Araukanern entbrennenden Schlacht richteten 600 der Yanaconas ihre Pfeile plötzlich auf den Toqui, und der sank, von dem Pfeil eines seiner Blutsbrüder getroffen, tot zu Boden. Auch Guacolda, die bei ihm war, und die meisten der anderen araukanischen Helden wurden in dem Kampf getötet.

So endete das Leben Lautaros, des überragenden Anführers der Araukaner. Doch bis heute ist er nicht vergessen, seiner gedenken die Chilenen und besonders die Indianer immer noch, und dieser junge Mann aus dem Volke der Araukaner ist seinem Volke, seinem Land gerade heute ein Vorbild in seinem Kampf.

Chile — dreihundertjähriger Indianerkrieg

Nach dem Tode Lautaros, des geliebten Helden des araukanischen Volkes, ging der Kampf mit ungebrochener Kraft weiter. An seiner Spitze stand nun wieder der schon recht alt gewordene Caupolicán, der erneut Toqui geworden war. Er führte mit dem Araukanerheer die Überfälle auf das vorläufig noch von den Spaniern gehaltene Gebiet und die Festungen fort und errang einige bedeutende Erfolge.

Ganz Araukanien half ihm bei seinem Krieg, und wieder nahmen Frauen an den Kämpfen teil und bedeckten sich mit Ruhm, allen voran Fresia, eine der Frauen Caupolicáns, von der auch Ercilla de Zuñiga in seinem Poem erzählt. Diese Fresia trat vor einem der Kämpfe vor die Reihe der araukanischen Krieger, hob ihr Kind hoch und rief aus: «Ich und wir alle wollen nicht Mütter von Söhnen feiger Männer sein. Kämpft, kämpft, Mapuche!»

Und die Mapuche kämpften wirklich wie die Pumas aus den Bergen. Jeden ihrer Siege feierten sie dann mit einem Fest und besonderen Turnieren, ähnlich jenem, bei dem Caupolicán zum erstenmal als Toqui gewählt worden war.

Im Jahre 1558 wurden die fröhlich Feiernden bei einem solchen Fest unversehens von der Abteilung des spanischen Hauptmanns Alonso de Reynoso überfallen – wobei wiederum ein Verräter seine Hand im Spiel hatte – und Caupolicán gefangengenommen. Die Spanier marterten den Toqui der Araukanern in echtem Konquistadorengeist langsam und qualvoll zu Tode: Er wurde nackt ausgezogen und gepfählt. So starb Caupolicán, der ehrwürdige Gefährte Lautaros und heutige Held des ganzen chilenischen Volkes, dessen Name ich gleichfalls auf dem Sockel einer Büste des Indianerplatzes von Quito las.

Ich fand ihn aber auch auf vielen Denkmälern und Statuen in ganz Chile und auch auf dem chilenischen Nationaltheater, das hier nicht den Namen eines bedeutenden Dichters oder Komponisten trägt, sondern den des ruhmreichen indianischen Kämpfers Caupolicán.

Aber auch Caupolicáns Tod beeinflußte den Kampf der Araukaner gegen die spanischen Eindringlinge nicht wesentlich. Bis zu seinem Tode 1562 führte der greise Colo-Colo selbst sein Volk an, und ihm folgten weitere tapfere Toquis und setzten den Kampf so fort, wie Lautaro es sie gelehrt hatte. Im Jahre 1561 erhob sich ganz Araukanien von neuem. Die Araukaner führten dann bis 1598 ihren Kampf in kleineren Gefechten mit wechselndem Erfolg weiter. In diesem Jahr jedoch griffen sie an, geführt von dem Toqui Pelantaru. Bei Carabala stießen sie mit einer großen Streitmacht auf einen Teil des spanischen Heeres, an dessen Spitze der damalige Generalkapitän Chiles, Onez de Loyola, selbst stand. Bei diesem Angriff überraschten die Araukaner ihren Gegner dadurch, daß sie mit einer 2000 Mann starken Reiterei gegen ihn anstürmten, so daß es ihnen leichtfiel, die verwirrten Spanier zu besiegen. Auf deren Seite fiel nur ein einziger Schuß, der zugleich der Anfang und das Ende ihrer Verteidigung war.

Der Sieg der Araukaner bei Carabala nimmt in der Geschichte des kolonialen Lateinamerikas aber auch aus anderen Gründen einen hervorragenden Platz ein. Er zwang nämlich die Spanier, ihre Politik den Indianern in diesem Teil der Neuen Welt gegenüber zu überdenken. Der Krieg mit den kühnen Araukanern hatte die Kolonialmacht sehr erschöpft, er hatte Spanien etwa ein Drittel seiner Einkünfte aus den amerikanischen Kolonien gekostet. Außerdem mußten im Laufe der Jahre Zehntausende Spanier ihr Leben lassen. Die Kolonialsoldaten lehnten es bald ab, in Chile zu dienen, das unter den Soldaten den Beinamen «Spanienfriedhof» hatte. Und was hatte dieser teure Krieg ihnen eingebracht? Sie hatten es in dem halben Jahrhundert des Kampfes nicht vermocht, ihre Herrschaft ins Land hinein zu erweitern. Und so beschlossen sie, Araukanien zu räumen und sich hinter den Bío-Bío zurückzuziehen. Diese Entscheidung hat in der ganzen Kolonialgeschichte Amerikas tatsächlich nichts Vergleichbares, die Araukaner bekamen dadurch für drei Jahrhunderte ihre Unabhängigkeit. Die Spanier versuchten zwar noch, südlich des Grenzflusses, dessen Ufer sie stark befestigten, wenigstens ihre wichtigsten Städte Villarica und Imperial zu halten, aber auch die nahmen die Araukaner in den nächsten Jahren. Die Stadt Imperial wurde von ihnen zwei Jahre lang – von 1598 bis 1600 – belagert, bis die Spanier sie räumten. Auch Villarica wurde von den Araukanern nach langer Belagerung 1602 erobert.

In den folgenden Jahren boten die Spanier den Araukanern sogar so etwas wie einen Nichtangriffspakt an, in dem sie sich verpflichteten, den Bío-Bío nicht zu überschreiten. Und der damalige Verwalter Chiles, Marquis de Baidés, schlug den araukanischen Häuptlingen sogar vor, gemeinsam auf einer der Volksversammlungen der Araukaner aufzutreten, auf der sie sich gegenseitig das Ende der Feindschaft bestätigen würden. Das gab es in der Kolonialära in Amerika wahrhaftig sonst nirgends, daß der Repräsentant des spanischen Königs die Indianer um Friedensverhandlungen bat. Die Araukaner nahmen an. Und so wurde zum erstenmal seit nunmehr hundert Jahren an Stelle des blutroten Pfeils der grüne Zweig des heiligen Canelobaums durch Araukanien herumgereicht und verkündete: Es wird Frieden sein! Im Jahre 1641 wurde dann auch in Quillino die erste Friedensverhandlung zwischen den Araukanern und den Spaniern durchgeführt und 1655 formell deren Unabhängigkeit anerkannt.

Trotzdem gab Spanien den Wunsch, das fruchtbare Araukanerland doch noch zu erobern, im Grunde nicht auf, aber jeder Versuch, die «Frontera», die Grenze am Bío-Bío, zu überschreiten und in Araukanien einzufallen, endete mit einer blutigen Niederlage der Eindringlinge, wie es im Jahre 1723 der Fall war. Denn das araukanische Volk war wachsam. Und obwohl es durch den langen Krieg immer mehr verarmte, gab es seinen Widerstand nie auf. Zwischendurch fanden immer wieder araukanische Volksversammlungen statt, auf denen die Spanier ihnen die Unabhängigkeit garantierten. Diese Volksversammlungen wirkten auf die spanischen Teilnehmer immer sehr beeindruckend, denn an ihnen nahmen neben den Häuptlingen auch Tausende araukanischer Kämpfer, die jetzt alle schon beritten waren, in ihrer einfachen Kleidung teil. Oftmals waren auch Frauen anwesend, reich mit Silberschmuck angetan.

Das Außergewöhnliche der Ergebnisse des nationalen Befreiungskampfes der Araukaner fand seinen Ausdruck auch in der Tatsache, daß Spanien Araukanien wie einen souveränen Staat behandelte und die Häuptlinge ersuchte, einen «diplomatischen Vertreter» nach Santiago zu entsenden. Das Angebot wurde angenommen, und so kam im Jahre 1744 der erste araukanische Gesandte in die Hauptstadt des Generalkapitanats Chile. Er hieß Huenuman, «Bergkondor». Auch die Namen weiterer araukanischer «Diplomaten» haben sich erhalten – Marilevu, «Zehn Flüsse», Curilevu, «Schwarzer Fluß», und Picunmange, «Vogelfeder».

Trotz dieser araukanischen Vertretung wurden aber weiterhin alle zehn oder zwanzig Jahre die araukanischen Volksversammlungen abgehalten, auf denen beide Seiten immer wieder ihre Verpflichtung wiederholten, Frieden zu halten. Die letzte dieser Versammlungen vor der Zertrümmerung der spanischen Kolonialherrschaft fand 1803 statt. 1818, also fünfzehn Jahre später, hatte sich Chile die Unabhängigkeit erkämpft. Die Araukaner waren die einzigen Indianer in Mittel- und Südamerika, die in einem zugänglichen Gebiet der Kolonialmacht erfolgreich Widerstand geleistet hatten und sie dank den Fähigkeiten ihrer militärischen Führer und dank dem Zusammenhalt des Volkes auch überlebten.

Die Schlacht um Patagonien

Die junge, auf den Trümmern des chilenischen Generalkapitanats entstandene Republik Chile hatte sich selbst zwar die Freiheit von Spanien erfochten, aber sie war trotzdem nicht gewillt, den Araukanern ihre Unabhängigkeit bis in alle Ewigkeit zu belassen. In den ersten Jahrzehnten ihres Bestehens war sie jedoch noch zu schwach, um sich in einen offenen Kampf mit ihnen einzulassen. Daher lebten die Araukaner bis in die siebziger Jahre des vorigen Jahrhunderts hinein im wesentlichen so weiter wie bisher. Das definitive Ende der araukanischen Unabhängigkeit ist im gewissen Sinne mit dem Namen des französischen Abenteurers und Sonderlings Antoine Orllie de Tounense verbunden, deshalb wollen wir ihm in dieser Geschichte der Indianerkriege in Lateinamerika auch einige Zeilen einräumen.

Antoine Orllie de Tounense wurde 1825 in La Chèze geboren. Er studierte die Rechte und wurde Advokat, aber die Rechtswissenschaften sagten ihm nicht besonders zu. Und weil er ein begeisterter Leser von Reisebeschreibungen und Indianerbüchern war, gab er nach einigen Jahren seine Advokatenpraxis in Périgneux auf und fuhr nach Südamerika. Einige Monate später treffen wir ihn unter den Araukanern wieder, von denen er außerordentlich freundlich aufgenommen wurde, da er Verständnis für ihre ruhmreichen Traditionen des antispanischen Kampfes hatte. Besonders der Häuptling Mangil sah in ihm einen Mann, der mit seiner europäischen Bildung viel zur Entwicklung der Araukaner beitragen und ihnen bei der Schaffung einer mordernen Gesellschaft helfen könnte.

Orllie griff diesen Gedanken begeistert auf, wobei er in erster Linie natürlich an seinen eigenen Vorteil dachte. Außerdem erinnerte er sich seiner Ahnen, die in der Keltenzeit die herrschende Familie in der damals keltischen Dordogne gewesen sein sollte. Als er später auf Mangils Empfehlung von den Häuptlingen zum höchsten weißen Toqui der Araukaner gewählt wurde, erklärte er unter Zustimmung der Mehrheit der Versammelten, die die möglichen Folgen dieser Tat nicht ganz begriffen, Araukanien zu einem Königreich. Und sich selbst proklamierte er zum König und nahm den Namen Orllie I. an. Er gab Araukanien eine Verfassung, die eine genaue Kopie der Grundgesetze des dritten französischen Kaiserreichs war. Er ernannte eine «Regierung» und wollte die allgemeine Volksversammlung der Araukaner durch eine Nationalversammlung ersetzen, in der jeder Abgeordnete eine bestimmte Anzahl Wähler vertrat.

Und da Patagonien zu dieser Zeit noch nicht wirklich von Argentinien beherrscht wurde, zu dem es nominell gehörte, und ein Teil Patagoniens von den Rankelche, einem argentinischen Araukanerstamm, bewohnt wurde, schloß König Orllie I. Patagonien an Araukanien an und schub so das «Vereinigte Königreich Araukanien und Patagonien».

Die chilenische Republik, die Araukaniens Unabhängigkeit bisher im wesentlichen respektiert hatte, konnte im Grunde genommen nicht militärisch dagegen eingreifen. Als der araukanische «König» jedoch einmal chilenisches Gebiet betrat, wurde er von der chilenischen Polizei festgenommen und ohne Rücksicht auf seine «Königliche Majestät» nach Frankreich abgeschoben.

Dort hoffte Orllie, die Unterstützung Napoleons III. für den Gedanken eines araukanischen Königreiches zu gewinnen, denn der verfolgte in Lateinamerika bestimmte Ziele, die schließlich zur französischen Okkupation Mexikos und der Einsetzung des Kaisers Maximilian aus dem Hause Habsburg führten. Deshalb nahm er zu Recht an, Napoleon würde auch an einem «unabhängigen Reich» in Südamerika Interesse haben, das in Wirklichkeit völlig unter französischen Einfluß stünde. Obwohl der Kaiser dieses Interesse tatsächlich hatte, lehnte er die Vorschläge des

Abenteurers jedoch im wesentlichen ab. Nun kehrte Orllie mit einem Freund, Planchu, der ebenfalls Jurist war, wieder nach Araukanien zurück.

Ein Teil der Araukaner nahm ihren selbsternannten «weißen König» wieder begeistert auf. Orllie I. verstand es freilich auch, die Gunst der Indianer zu gewinnen: Er teilte den Häuptlingen Ministertitel zu, zeichnete verdiente Kämpfer mit Orden und Medaillen aus. Aber er vermochte auch, was den Araukanern besonders imponierte, schnell das ganze Land zu mobilisieren, als Araukanien im Dezember 1861 eine chilenische Invasion drohte.

Doch der Herrschertraum des «Königs» der südamerikanischen Indianer dauerte wiederum nur kurze Zeit. Die Geschichte wiederholte sich: Er wurde erneut auf chilenischem Gebiet aufgegriffen, und die chilenischen Behörden wollten ihn diesmal sogar vor ein Kriegsgericht stellen. Auf der Intervention des französischen Konsuls wurde er wieder nach Europa zurückgeschickt.

Orllie I. gehörte aber zu den Hartnäckigen. Einige Jahre später kehrte er erneut nach Araukanien zurück. Und wieder kamen viele Indianer zu ihm, wieder hißte er seine araukanische blauweißgrüne Flagge und führte als Staatswappen ein Stahlkreuz, dessen einzelne Balken in Sternen ausliefen. Doch jetzt marschierte die chilenische Armee in Araukanen ein, und nun mußte Orllie im Juni 1871 sein «Königreich» endgültig verlassen.

Orllie bemühte sich noch einmal darum, nach Araukanien zurückkehren zu können. Er wandte sich an verschiedene europäische Mächte und bot ihnen sein «Königreich» als für europäische Auswanderer geeignetes Siedlungsgebiet an, aber man lachte nur noch über ihn.

Für Araukanien hatte das Zwischenspiel mit diesem Abenteurer und größenwahnsinnigen Sonderling, von dem es eine Stärkung seiner Unabhängigkeit von Chile erhofft hatte, weit ernstere Folgen. Die chilenische Republik war in der zweiten Hälfte des 19. Jahrhunderts bedeutend stärker geworden und wollte sich nun endlich auch dieses Gebiet einverleiben. Als die Araukaner unter dem Toqui Quilapán zu Beginn der achtziger Jahre zu einem letzten großen Kampf antraten, wurde die Erhebung nach anfänglichen Siegen der Araukaner niedergeschlagen. Nun schloß Chile einen Vertrag mit den Araukanern, in dem es Araukanien «amtlich» an Chile anschloß, den Aurakanern aber eine Eigenständigkeit versprach und Schutz in einer Reihe von Reservaten zusagte, in denen jede Familie Land als Eigentum erhalten sollte.

So endete nach mehr als dreihundert Jahren des Kampfes, in dem etwa 200 000 Spanier starben und nach dem das araukanische Volk statt etwa 600 000 Menschen nur noch einige Zehntausend zählte, die Unabhängigkeit der tapfersten Indianer Südamerikas, die der Dichter zu Recht mit Achilles verglich.

Von Prag nach Nordmexiko

Um die Spuren des dreihundertjährigen Krieges der tapferen Mapuche-Araukaner zu verfolgen, hatte ich mich in den Süden des südamerikanischen Kontinents begeben müssen.

Zu jenen Indianern, von deren Kämpfen ich jetzt berichten will, mußte ich jedoch eine Reise zum entgegengesetzten Ende Lateinamerikas antreten, in den Norden des heutigen Mexiko, wo es an das Territorium der Vereinigten Staaten von Amerika grenzt. Zumindest in Gedanken; denn in Wirklichkeit brauchte ich bei dieser Reise nicht Tausende Kilometer zurückzulegen. Meere und Ozeane, Flüsse und Gebirge zu überqueren, weil ich das dramatische und vermutlich auch einzige Zeugnis über diese Indianerkriege direkt in der Stadt fand, in der ich lebe, in Prag. Im Prager Staatsarchiv wird nämlich eine lateinisch geschriebene Chronik dieser Kämpfe aufbewahrt, die den langen Titel trägt: «Historia Seditionum quas Adversus Societas Jesu Missionarios, eorumq. Auxiliares Moverunt Nationes Indicae ac Potissimum Tarahumara in Amerika Septentrionali, Regnoque Novae Cantabriae, iam Toto ad fidem Catholicam propemodum redacto.» Zu deutsch: «Geschichte der Aufstände, in denen sich die indianischen Völker, und zwar vor allem die Tarahumara, in Nordamerika und im Königreich Neucantabrien, die schon fast ganz zum katholischen Glauben geführt worden waren, gegen die Missionare der Gesellschaft Jesu erhoben».

Als ich mich vor zwanzig Jahren in diese schwerverständliche, in mittelalterlichem Latein geschriebene «Geschichte der Aufstände» hineinlas, wurde ich von der ziemlich unbekannten Chronik des Befreiungskampfes der nordmexikanischen Indianer so gepackt, daß ich beschloß, sie übersetzen zu lassen und zu veröffentlichen. Und um mehr über den Indianerstamm zu erfahren, von dem sie berichtet, und auch von dem Mann, der sie schrieb, begann ich mich näher mit dieser Ära der Geschichte der nordmexikanischen Indianer zu beschäftigen. Die Übersetzung wurde von meinem Freund, Professor Mirko Tomášek besorgt, doch leider blieb unsere gemeinsame Arbeit bisher nur ein Manuskript.

Diese interessante, mitten in Europa aufbewahrte Chronik soll nun der Ausgangspunkt meiner gedanklichen Reise in den äußersten Norden Lateinamerikas sein, um die fast vergessenen und doch so bemerkenswerten Kämpfe zu beleuchten, die dort stattgefunden haben.

Die wichtigsten Angaben dazu sind bereits im Titel der Chronik zu finden. Wir erfahren daraus, daß sich die Indianer aus dem Stamm der Tarahumara gegen die Missionare der Gesellschaft Jesu erhoben und daß dieser Aufstand in Neucantabrien stattfand, wie der damals noch unkolonialisierte Norden des heutigen Mexiko von Neumann genannt wird. Das Titelblatt der Chronik gibt auch Auskunft über den Autor. Dort steht: Joseph Neumann S. J. Das bedeutet, daß der Verfasser des Buches Angehöriger des Ordens der Gesellschaft Jesu war.

Joseph Neumann stammte aus Prag. Er trat mit vierzehn Jahren in den Jesuitenorden ein, verließ fünfzehn Jahre später das Land seiner Eltern und begab sich mit anderen Prager Jesuiten auf die weite Reise nach Amerika, um dort die Indianer zum katholischen Glauben zu bekehren. Drei Jahre später betrat er am 25. September 1780 nach gefahrvoller Reise im Hafen Veracruz mexikanischen Boden. Von dort aus ging es nicht minder gefährlich und beschwerlich weiter, bis er schließlich im Gebiet der Tarahumara das in einem Tal in tiefem Nadelwald verborgene Dorf Sisoguichic fand, in dem er die Verwaltung der von seinem Vorgänger längst verlassenen jesuitischen Missionsstation übernehmen sollte.

Der Weg des jungen Prager Missionars von seiner Heimatstadt ins Land der Tarahumara war zu Ende. Er war am Ziel seiner Wünsche angelangt, dort, wo die Indianer noch zu ihren heidnischen Göttern beteten und die mit ihnen vermittelnden Medizinmänner eine große Macht ausübten, wo das Land noch mit Pfeil und Bogen verteidigt wurde. Hier konnte er für seinen Gott kämpfen, seine Ergebenheit im Glauben und seine Ausdauer beweisen. Doch mit seiner missionarischen Tätigkeit rief er auch den Widerstand der Indianer hervor. Diesmal kämpften sie gegen jene, die das Land im Namen der katholischen Kirche erobern wollten. Und bei aller Bewunderung für meinen ausdauernden Landsmann – in diesem Kampf stehe ich voll auf der Seite der Tarahumara, die sich gegen ihn erhoben.

Die Tarahumara betreten den Kriegspfad

Das Gebiet, in dem Joseph Neumanns Mission lag und das er Neucantabrien nannte, wurde von den spanischen Kolonialbehörden als Neugalicien bezeichnet und nimmt auf der heutigen Karte Mexikos etwa das Territorium der Bundesstaaten Sinaloa, Sonora und besonders Chihuahua ein. Die dort ansässigen Indianerstämme hatten sich gegen das Vordringen der Spanier zur Wehr gesetzt und waren jedesmal zur Verteidigung ihrer Heimat und ihrer Freiheit aufgestanden, sobald jemand versuchte, sie zu unterwerfen. Die große Rebellion in den zwanziger Jahren des siebzehnten Jahrhunderts blieb den Spaniern noch lange in Erinnerung. Und nachdem es fünfzehn Jahre später in diesem Gebiet zu einer neuen Empörung verschiedener Stämme gekommen war, beschränkten die spanischen Behörden ihre Herrschaft auf einige kleine Städte und ein, zwei Bergbauzentren.

Die Kirche ließ sich durch die schlechten Erfahrungen der «weltlichen» Eroberer jedoch nicht davon abhalten, auch das Tarahumaragebiet bis in den entferntesten Winkel hinein mit einem Netz von Missionsstationen zu überziehen. Denn die Vertreter der katholischen Kirche, die im Gefolge der Konquistadoren in die Neue Welt gekommen waren, sahen es als ihren göttlichen Auftrag an, die Indianer zum Christentum zu bekehren. Dabei hatten sich die geistlichen Orden – vor allem die Jesuiten, die 1572 nach Mexiko gekommen waren – besonders in den kaum zugänglichen Grenzgebieten der spanischen Kolonien niedergelassen. Daß es ihnen dabei nicht nur um die Seelen der «Heiden» ging, läßt sich am besten damit beweisen, daß die überall nach einem einheitlichen Organisationsprinzip aufgebauten Missionen nach und nach riesige Ländereien in ihren Besitz brachten, die ihnen hohen Gewinn eintrugen. Sie stellten die kirchliche Form der Encomienda dar. Die Indianer, in deren Dorf sich die Missionare niedergelassen hatten oder die sie mit mehr oder weniger Zwang veranlaßt hatten, sich in der Umgebung der Mission anzusiedeln, mußten für die Missionare den Boden bestellen und andere Arbeiten verrichten. Sie erhielten dafür kleine Parzellen, auf denen sie für ihre Familien etwas anbauen konnten, und eine winzige Entlohnung, die sie der Mission aber für Kleidung und ähnliches wieder zurückgaben, da auch der Handel in den Händen der Missionare lag. Überhaupt wurde das gesamte Leben von den Missionaren bestimmt, die die Indianer wie unmündige Kinder behandelten und ihnen alles vorschrieben, vor allem natürlich die Kleidung und die Moral, aber sie reglementierten auch die Freizeit und das Privatleben. Mit dem ihnen eigenen Fanatismus versuchten sie, die Indianer von ihren «heidnischen» Sitten und Gebräuchen zu lösen, wobei sie unter Umständen auch harte Strafen anwandten, um sie zu gefügigen Schäfchen der katholischen Kirche zu machen, die im Diesseits dulden, um im Jenseits die ewige Seligkeit zu erhalten. Doch trotz aller Bemühungen ging die Missionierung gerade dieser in der formationsgeschichtlichen Entwicklung zurückgebliebenen Indianerstämme nicht so leicht voran: Elemente der alten mythologischen Vorstellungen der Indianer verschmolzen mit den christlichen, wenn sie sich nicht überhaupt der Bekehrung entzogen. So ist es kein Wunder, wenn sich Pater Neumann in einem Brief an einen anderen tschechischen Angehörigen der Gesellschaft Jesu bitter beschwert: «Die Samen des Glaubens, die wir gesät haben, sind nicht aufgegangen. Ich kann nicht verhehlen, daß sich die Arbeiten mit diesen Menschen mit steinernem Herzen nicht auszahlt. Einige geben nur vor zu glauben, andere bezeigen überhaupt kein Interesse an solchen Dingen wie Gebete, Gottesdienst, christliche Lehre. Sie empfinden keine Abscheu vor der Sünde, haben kein Interesse an der ewigen Seligkeit ... Sie schweigen verstockt über die heimlich Ungläubigen, und so können wie sie nicht ... in die Armee Christi führen.»

Viele andere Indianer hatten jedoch lieber ihr Dorf verlassen, als die Männer im

Zeichen des Kreuzes zu den Tarahumara kamen, und sich in die Berge zurückgezogen, von wo aus sie einen Guerillakrieg gegen die Missionen führten. Der gewissenhafte Chronist Neumann beschreibt in einem seiner Briefe vom Januar 1681 auch diese «Rebellen»: «Sie leben wie die wilden Tiere. Sie gehen ganz nackt, das Gesicht gespenstisch mit einer Kriegsbemalung bedeckt. Ihre einzigen Waffen sind Bogen und vergiftete Pfeile ... Das Fleisch von Maultieren und Pferden sehen sie als Leckerbissen an. Sie essen auch Menschenfleisch und trinken Menschenblut. Sie ziehen ständig von einem Ort zum anderen, um nicht entdeckt zu werden.»

Diese «Menschenfleisch essenden» und «Menschenblut trinkenden» Indianer bereiteten Neumann bald die ersten gefährlichen Augenblicke, denn bei einem benachbarten Stamm kam es unter der Führung des Häuptlings Carosia zu einer Rebellion gegen die dort gelegene Missionsstation. Schon die ersten Missionare, die sich zu diesem Stamm begeben hatten, waren dem Zorn der Indianer zum Opfer gefallen. Als erneut Missionare kamen, setzten die Indianer zuerst nur mit Worten deren Tätigkeit Widerstand entgegen, dann ließ der Verwalter dieser Mission, Pater Salvatierra, die Unzufriedenen auspeitschen. Unter den Ausgepeitschten waren jedoch zufälligerweise zwei Tarahumara aus Neumanns Missionsstation. Die kehrten nun gekränkt, erniedrigt und voller Zorn nach Sisoguichic zurück, doch ihre Empörung äußerte sich vorläufig noch nicht in Taten. Der Aufstand, der diesem brutalen Vorgehen der Patres folgte, erfaßte nur den ursprünglich betroffenen und einen Nachbarstamm.

Einige Jahre später betrat dann auch die Mehrheit der Tarahumara den Kriegspfad. Diese freiheitsliebenden Indianer wollten nach ihren eigenen Vorstellungen und ihrem eigenen Glauben leben. Die größten Widersacher der Missionare waren die indianischen Medizinmänner. Sie veranstalteten jetzt heimlich magische Beschwörungen, bei denen sie alle übernatürlichen Kräfte anriefen, die die Indianer kannten – Riesenfliegen, Bären und Bergwölfe –, ihnen zu Ehren sangen und tanzten und interpretierten sie gleichzeitig alle ungewöhnlichen Ereignisse dieser Zeit – also Ende des siebzehnten Jahrhunderts –, bei den Tarahumara als Beweis dafür, daß die Missionare den Indianern Unglück brachten. Sie erklärten, dieses Unglück würde nur weichen, wenn man die Missionare vertreibe. Die Natur selbst schien den Medizinmännern dabei helfen zu wollen, denn 1693 trat unter den Tarahumara eine schreckliche Pockenepidemie auf, die dieses Bergvolk stark dezimierte. Es zeigte sich aber auch ein weiteres ungewöhnliches Zeichen: Für einige Wochen stand ein nie zuvor gesehener Komet mit einem riesigen Schweif am Himmel. Und als schließlich das Land der Tarahumara von einem starken Erdbeben heimgesucht wurde, zweifelten auch die duldsamsten der Tarahumara nicht mehr daran, daß ihre Zauberer recht hatten. Sie beschlossen daher, die Missionen zu zerstören, bevor das Unglück sie selber vernichtete, und den Kampf gegen die Weißen in der schwarzen Soutane der Jesuitenmissionare aufzunehmen.

Dreiundvierzig
Indianerherzen

Nachdem die Tarahumara 1697 beschlossen hatten, sich gegen die Jesuitenmissionen zu erheben, warteten sie nur noch auf einen geeigneten Augenblick, ihren Entschluß in die Tat umzusetzen. Diese Gelegenheit ergab sich, als die spanischen Kolonialtruppen, die unter Führung des Hauptmanns Retana nach den ersten gegen die Jesuiten gerichteten Unruhen in dieser Gegend stationiert worden waren, abgezogen und gegen andere Indianer eingesetzt wurden.

Nun unternahmen die Tarahumara einen Überfall auf die Missionsstation von Tomochic. Sie steckten die Kirche und das Haus des Missionars in Brand, der sich zu der Zeit nicht in seinem Dorf befand. Sie töteten außerdem das ganze Vieh der Mission und teilten das Getreide aus den Speichern auf. Außerdem sei hier auch bemerkt, daß auch die christianisierten Einwohner bis zum letzten Mann ins Indianerheer eintraten.

Danach griffen die Tarahumara die zu dieser Zeit von Jiří Hostinský, auch Missionar aus Böhmen, verwaltete Station Meseachic an und zerstörten sie. Pater Hostinský hatte seine Mission jedoch noch rechtzeitig verlassen können und sich nach Papigochic begeben, von dem er glaubte, daß es das zuverlässigste Tarahumaradorf sei und seine Bewohner die ergebensten Anhänger des neuen Glaubens. Außerdem standen in Papigochic jetzt die Soldaten des Hauptmanns Retana, das waren alle bewaffneten Kräfte, die die Kolonialbehörden im Tarahumaragebiet zur Verfügung hatten.

Kaum war der tschechische Jesuit mit der Nachricht von dem Überfall eingetroffen, da kamen auch aus anderen Teilen des Landes Boten mit der Kunde, daß sich die Indianer bei ihnen anschickten, gegen ihre geistlichen Herren aufzustehen. Der kampfbegierige Retana wartete nicht lange, sondern stellte aus den Bewohnern von Papigochic eine Truppe zusammen und schickte sie gegen Alescachic, das Zentrum des vom Aufstand bedrohten Gebiets. Die hundertfünfzig indianischen Soldaten sollten mit den Aufrührern abrechnen. Doch als diese Soldaten Alescachic erreichten, schlossen sie sich einmütig den Aufständischen an.

Am selben Tag erhoben sich auch die Einwohner von Cocomorachic, einem der letzten noch in der Hand der Missionare verbliebenen Missionsdörfer. Das Feuer des Aufstands erfaßte diesen ganzen Teil des Tarahumaragebiets, und die sonst so redegewandten Missionare konnten die Flammen nicht löschen. Mit eilig abgesandten Boten wurden daher die Verwalter der letzten beiden Missionen in diesem

Teil des Tarahumaragebiets, Matachic und Yepomera, aufgefordert, sich unter den Schutz von Retanas spanischen Soldaten zu begeben.

Nach dem Sieg der Tarahumara beschlossen sie, das Feuer des Aufstands auch zu ihren Nachbarn, dem Conchostamm, zu bringen, wo die «abendländische Zivilisation» allerdings nicht von Jesuiten, sondern von Angehörigen des Franziskanerordens vertreten wurde. Nun wurden auch alle Missionen im Lande der Concho zerstört. Dann wandten sich die vereinigten Heere der Indianer, die nun von zwei Brüdern aus Yepomera geführt wurden, deren Namen uns leider nicht überliefert sind, gegen den unzugänglicheren Teil ihres Landes, also jenes Gebiet, in dem Pater Neumanns Mission lag und in dem die Jesuiten außerdem in dem einige Dutzend Meilen entfernten Echoguita noch eine Mission errichtet hatten.

Die Indianer griffen zuerst Echoguita an und eroberten es nach kurzem Kampf. So wie in den anderen Orten auch, wandte sich ihr von Medizinmännern geschürter Zorn zuerst gegen die Symbole des christlichen Glaubens; auf einem großen Scheiterhaufen verbrannten die Tarahumara zuerst das riesige Kreuz, sie zerstörten dann die Kirche von Echoguita, beschädigten die Madonnen und Heiligenfiguren und steckten dann das Missionsgebäude in Brand.

Nachdem sich die Mission von Echoguita in Staub und Asche verwandelt hatte, griffen die Indianer als letztes Sisoguichic, die Mission Neumanns an. Die Kirche, das Pfarrhaus und einige Wirtschaftsgebäude wurden in Brand gesteckt. Neumann war jedoch mit einigen ihm noch treuen Indianern schon vorher in die Berge gegangen und hatte Hauptmann Retana außerdem eine dringende Bitte um Hilfe gegen die Indianer geschickt, die sich in seiner zerstörten Mission festgesetzt hatten und von den Vorräten lebten, die sie in den Speichern von Sisoguichic vorfanden. Retana zögerte auch diesmal nicht. Er sammelte seine Truppen, zog in Eilmärschen nach Sisoguichic, schloß das Dorf ein und griff die aufständischen Indianer an. Der unerwartete Angriff brachte den Tarahumara nach langer Zeit die erste Niederlage bei. Viele verloren ihr Leben, wenige nur konnten entkommen. Und diejenigen, die nicht gefallen waren, wurden von Retana dann auf sehr «zivilisierte» Art hingemordet: Jedem der dreiundvierzig Tarahumara, die den Kampf überlebt hatten, ließ der spanische Hauptmann bei lebendigem Leibe das Herz herausreißen. Dann befahl er, die Herzen aller dieser freiheitsliebenden Tarahumara auf Pfähle zu spießen und in der Umgebung der zerstörten Mission des Prager Jesuiten aufzustellen.

Die dreiundvierzig Indianerherzen bildeten so lange einen grausigen Schmuck von Neumanns Station, bis der Aufstand der Tarahumara vollständig niedergeworfen war. Doch zunächst einmal endete der Kampf gewissermaßen unentschieden, denn nachdem die Missionsstationen zerstört worden waren, kehrte ein Teil der Indianer, die ihren Zorn abreagiert hatten, in die Dörfer zurück, und die Bekehrten sagten sich auch wieder von dem heidnischen Gott los. Es gab auch viele, die den Kriegspfad nicht verlassen wollten. Gegen sie führte Retana den Kampf mit wechselndem Erfolg weiter. Als er schließlich einsah, daß das wilde, gebirgige Land und das Volk, das sich so gut darin auskannte, kaum auf normalem Wege zu unterwerfen waren, wollte er der «indianischen Hydra» das Haupt abschlagen. Das Haupt des Aufstands waren zwei Brüder aus Yemura. Der spanische Hauptmann bot also demjenigen, der ihm diese beiden Häuptlinge tot oder lebendig bringen würde, eine für jene Zeit riesige Summe als Belohnung. Und natürlich fand sich auch hier ein Verräter aus den eigenen Reihen – ein Indianer aus dem Pimastamm. Er tötete beide Brüder hinterrücks, schlug ihnen die Köpfe ab und überbrachte sie Retana.

Die Häupter dieser Führer des Tarahumaraaufstands wurden dann ebenfalls aufgespießt und zu den dreiundvierzig Indianerherzen in Sisoguichic gestellt. Trotzdem glomm das Feuer des Aufstands noch lange in den Überlebenden weiter. Die nordmexikanischen Indianer, nicht nur die Tarahumara, sondern auch die Concho, die Pima und vor allem die Yaqui waren bis in unser Jahrhundert hinein nicht zu bezwingen.

Es ist schade, daß wir über die weiteren Kapitel dieser Kämpfe nur wenig wissen. Das einzige schriftliche Zeugnis über den Widerstand der nordmexikanischen Indianer gegen den Verlust ihrer Freiheit und des Glaubens ihrer Väter ist wohl jene Chronik des Prager Jesuitenpaters Joseph Neumann, der durch sein Wirken im Tarahumaraland dazu beitrug, diesen Widerstand zu entfachen.

Der neue König von Chichén Itzá

Während der Kampf der nordmexikanischen Indianer seinen Höhepunkt in der Kolonialära erreichte, wandten sich die letzten Rebellionen schon nicht mehr gegen die europäischen Jesuiten – der Orden wurde 1767 in den Kolonien verboten – und die spanischen Kolonialherren, sondern gegen die Regierung und die Behörden des neuen Staates Mexiko. Zu Beginn des neunzehnten Jahrhunderts hatte sich die Unabhängigkeitsrevolution vollzogen, allerdings war die bürgerliche Revolution auf Grund des ungünstigen Kräfteverhältnisses zwischen der jungen kreolischen Bourgeoisie und den Großgrundbesitzern unvollendet geblieben, und die sozialen Fragen der unterdrückten indianischen und mestizischen Bauernmassen waren nicht gelöst worden.

Im Unabhängigkeitskampf hatten Kreolen, Mestizen und Indianer einen gemeinsamen Feind gehabt: den spanischen König und seine Beamten, und so hatten sich die indianischen Massen an den Unabhängigkeitskriegen beteiligt. Sie hatten geglaubt, daß sich mit der Abschaffung der Kolonialherrschaft auch ihr Los wenden würde. Als sie jedoch sahen, daß die Regierung in den neuentstandenen Staaten in die Hände der kreolischen Grundbesitzer und Grubenmagnaten überging und sich am Leben der Indianer nichts änderte, richtete sich der Widerstand der Kämpferischsten von ihnen von nun an gegen die neuen Herren. Dabei gab es gewisse Unterschiede zur Kolonialzeit: Spanien hatte in seinen lateinamerikanischen Besitzungen eine riesige Armee zur Verfügung, die es überall dort einsetzen konnte, wo ihm der Boden unter den Füßen brannte. So zog es die Mehrzahl seiner militärischen Kräfte zu Lautaros Zeiten in Chile zusammen und während der ruhmreichen Rebellion Tupac Amarus in Peru. Jetzt existierte diese große, konzentriert gegen die Indianer einsetzbare Kraft nicht mehr. Die neuentstandenen Staaten hatten besonders in Mittelamerika kleine Territorien, und die meisten waren noch sehr schwach. Außerdem waren ihre Regierungen oft höchst instabil, denn inzwischen war eine Parteienspaltung in Konservative und Liberale eingetreten, und der Kampf zwischen der Bourgeoisie und den die Herrschaft beanspruchenden einigen wenigen Familien hatte unter dem Vorzeichen ideologischer Auseinandersetzungen eingesetzt. Es kam zu zahllosen Staatsstreichen, angeführt von Obersten und Generalen. Wenn sie kein Heer hatten, rekrutierten sie die Soldaten für ihre Armee, ohne die sie nicht zur Macht vordringen konnten, für gewöhnlich aus den Reihen der Landbevölkerung, also überwiegend der Indianer. Selbstverständlich versprachen sie ihnen schönen Sold und allerlei Vergünstigungen, die die Indianer allerdings nie erhielten.

Und so vergossen die Ureinwohner dieser Länder jetzt ihr Blut in Kriegen und Umstürzen, deren wahre Ziele ihnen nicht bekannt waren. Zugleich aber erwarben die Indianer Kenntnisse in der europäischen Kriegskunst, und – was noch wichtiger war – sie bekamen moderne Waffen in die Hände. Kein Wunder also, daß sie diese Waffen dann eines Tages zu ihrem eigenen Vorteil, für die eigene Befreiung verwenden wollten. Und da die Herren in diesen Ländern Weiße waren und die Arbeiter, die Ausgebeuteten in einigen Ländern überwiegend Indianer, nahm ihr Freiheitskampf hier Formen eines Rassenkrieges an.

Unter dem Namen «Rassenkrieg» oder «Kastenkrieg» – spanisch guerra de castas, was beides bedeutet – ging auch der größte und längste Indianeraufstand der republikanischen Ära in die Geschichte ein. Dieser Krieg fand auf der nominell größtenteils zu Mexiko gehörenden mittelamerikanischen Halbinsel Yucatán statt, wo die Aufgliederung der Gesellschaft in wenige ausbeutende Kreolen und viele ausgebeutete Indianer besonders ausgeprägt war.

Dieser Krieg hatte jedoch bereits während der Kolonialzeit ein Vorspiel, dessen Wurzeln bis in die präkolumbische Ära der Geschichte der hiesigen Indianer zurückreicht. Diese Indianer waren die Maya, jenes auf Yucatán, in Südmexiko und Nordguatemala ansässige Indianervolk, das in der präkolumbischen Zeit eine hochstehende Kultur besaß, als einziges Indianervolk eine Hieroglyphenschrift entwickelte und eine Literatur besaß, prachtvolle Städte gebaut hatte, in der Mathematik und Astronomie weit fortgeschritten war und einen Kalender besaß.

Das Vorspiel der guerra de castas führt uns in die großartigste Stadt dieser Maya, nach Chichén Itzá auf Yucatán. Ich habe diese Metropole eines längst vergangenen Staates mehrmals besucht und war jedesmal von neuem bezaubert. Ich war so fasziniert, daß ich dieser Stadt den größten Teil meines 1974 in Prag erschienenen Buches über die Rätsel der antiken Indianerstädte widmete, das den Titel «Geheimnis der indianischen Pyramiden» trägt.

Die 534 vom Mayastamm der Itzá gegründete Stadt – sie hat also eine fast tausendjährige präkolumbische Geschichte – ist schon lange eine Ruinenstadt. Doch sie hatte nicht nur eine Vergangenheit, sondern sie sollte nach einem der «Bücher des Jaguarpropheten», einem uralten, in der Mayasprache geschriebenen Weissagungsbuch, das glücklicherweise erhalten blieb, auch ihre Zukunft haben. Das «Buch des Jaguarpropheten» sprach von Fremden, die über das Meer nach Yucatán kommen und über das Land der Maya herrschen würden. Zugleich sagte dieses Buch, dessen Prophezeiungen die Maya aufs Wort glaubten, auch voraus, daß aus der prächtigsten der Mayastädte, aus Chichén Itzá, nach langer Fremdherrschaft der Erlöser der Indianer hervorgehen würde, der neue Mayakönig, der die Eindringlinge mit Gewalt aus seiner Stadt und aus dem ganzen Mayaland vertreiben würde.

Und nun sollte sich diese uralte Prophezeiung erfüllen. Denn auch hier in dieser Gegend «des Hirsches und des wilden Truthahns», wie die Yucatáner ihre engere mittelamerikanische Heimat nennen, bereiteten die Einwohner, die sonst so maßvollen und verträglichen Maya, eine Rebellion vor, einen Aufstand, an dessen Spitze dann der weisgesagte König von Chichén Itzá stehen sollte.

Die Stimme der uralten Prophezeiung

Jahrhundertelang hatten die Indianer von Yucatán, die sich auf den Sisalplantagen der Weißen abplagten, die Erfüllung der alten Prophezeiung herbeigesehnt – was sonst hätte sie in diesem irdischen Jammertal auch trösten sollen als der Glaube an die Ankunft des Erlösers, der ihnen die Freiheit und das Glück zurückgibt?

Doch sie hatten noch einen anderen Trost: die Tat! Eine Tat, die diese süße uralte Prophezeiung von der Rückgabe der Herrschaft in die Hände der Maya verwirklicht. Und diese Tat hatte auch auf Yucatán den Namen Kampf, Aufstand.

Der erste Aufstand der Maya von Yucatán brach 1761 unvermittelt aus, als der Leiden allzu viele waren, so wie ein Kessel explodiert, wenn er überhitzt wird.

An die Spitze dieses spontanen Aufstands stellte sich der Mayaindianer Jacinto. Er war batab – eine Art Bürgermeister – des Dorfes Quetsil (Cisteil). Jetzt erklärte er sich zum Nachkommen der Herrscher von Chichén Itzá, der gekommen war, um die Verheißung des «Buches des Jaguarpropheten» zu erfüllen, und nahm den Namen Kan Ek an, den einst ein Herrscher einer Mayadynastie getragen hatte. Die alte Weissagung führte dem neuen König von Chichén Itzá binnen einer Woche etwa zweitausend Mayakrieger zu.

Während einer Festlichkeit des weißen Patrons der Gemeinde töteten Kan Eks Maya den ortsansässigen Kaufmann und jagten den katholischen Priester aus dem Dorf. Als die spanischen Behörden eine kleinere Strafabteilung gegen die Aufrührer entsandten, wurde auch diese überfallen und die Mehrzahl der Soldaten niedergemacht, ebenso der Gouverneur dieses Gebiets.

Nach dem ersten Kampferfolg ließ sich Kan Ek in der Kirche von Quetsil zum neuen König des Itzástammes krönen. Dieser Itzástamm hatte sich einst nach der Eroberung Yucatáns durch die Spanier in die Urwälder Guatemalas zurückgezogen, dort die neue Stadt Ta Itzá gebaut, die den Spaniern hundertfünfundneunzig Jahre lang Widerstand leistete.

Nachdem sich Kan Ek zum König von Chichén Itzá hatte krönen lassen, strömten ihm weitere Kämpfer zu. Doch das waren Männer, die weder Waffen noch militärische Erfahrungen hatten, sondern nur Mut und Haß, zum Beispiel die Kaziken der Mayadörfer Tixacal, Tiholop und andere «Offiziere» der Armee Kan Eks, von denen wir einige Namen kennen – Cahnche, Pat, Balam, Uk und Pech –, und die einen Ehrenplatz in der Geschichte erhielten.

Obwohl es kaum Waffen gab, dröhnten die Tunkula – die Mayatrommeln – und erklangen die alten Mayalieder. Man rüstete sich, die Weissagung des «Buches des Jaguarpropheten» zu erfüllen.

Doch sie erfüllte sich nicht. Denn allein mit Mut zum Kämpfen kann man nicht siegen, zumal die Spanier gegen die mit bloßen Händen kämpfenden Maya einige tausend bis an die Zähne bewaffnete Söldner ins Feld schickten. Sie eroberten das «Hauptquartier des Aufstands», Quetsil, ohne große Mühe und nahmen dabei viele hundert indianische Krieger gefangen. Der neue König der Maya war jedoch nicht dabei, obwohl die Spanier das zuerst glaubten. Einer der Gefangenen, der Kazike der Gemeinde Tabi, Francisco Ux, gab sich nämlich für Kan Ek aus, um seinen Herrscher zu retten. So wurde Ux als angeblicher Anführer der Aufständischen in Quetsil auf dem Scheiterhaufen verbrannt.

Verbrannt oder auf andere Art zu Tode gequält wurden auch die anderen gefangenen Kaziken. Der Kazike Ramon Balam wurde gehängt.

Der Häuptling Domingo Canche wurde dazu verurteilt, daß ihm der linke Arm abgehauen werden sollte. Der Henker, der gewöhnt war, seine indianischen Opfer von hinten hinzurichten, konnte dem Gefangenen vorher nicht in die Augen schauen und legte das schon erhobene Richtschwert wieder fort. Doch da erbarmte sich das Opfer seines Peinigers. Der standhafte Athlet Canche ergriff mit der

Rechten das Schwert und schlug sich selbst den linken Arm ab. Dann gab er es, bevor er das Bewußtsein verlor, dem Henker zurück.

Fünfhundert «einfache» Kämpfer wurden ebenfalls gleich an Ort und Stelle in Quetsil ermordet und die übrigen als Gefangene abgeführt. Die Spanier nahmen nun an, alle am Aufstand Schuldigen beseitigt zu haben. Als sie später feststellten, daß der richtige Kan Ek ihnen entkommen war, begannen sie, überall nach ihm zu fahnden. Und schließlich fanden sie ihn auch: Er hielt sich zusammen mit einigen seiner Krieger in einem Mayahaus in Sibac verborgen.

Nachdem die Spanier Kan Ek herausgeholt hatten, steckten sie die Hütte in Brand. Hauptmann Malafacha verbrannte mit dem Haus auch gleich alle anderen Gefangenen.

Kan Ek wurden die Hände auf dem Rücken gefesselt, und dann wollte man ihn abführen. Doch er begann über seine spanischen Peiniger zu lachen.

«Worüber lachst du, Verräter?» erkundigte sich der Sieger.

«Ich lache über euch. Ich überlege, wo ihr soviel Stricke hernehmen wollt, um alle Indianer Yucatáns in Fesseln zu legen.»

Dabei ist Yucatán das Land des Sisals, aus dem die festesten Stricke hergestellt werden. Und eines Tages zeigte sich, daß der Besiegte recht hatte, daß es nicht einmal auf Yucatán genug Stricke für alle aufständischen Indianer gab. Bis dahin sollten jedoch noch einige Jahrzehnte vergehen.

Vorläufig brachte Malafacha seine kostbare Beute, den neuen König von Chichén Itzá, von Sibac zu einer anderen der uralten Mayastädte, nach Tiha, das von den Eroberern allerdings in Mérida umbenannt und zur Hauptstadt Yucatáns gemacht worden war.

Hier in Tiha-Mérida gestalteten die Spanier dann auf dem Hauptplatz der Stadt vor der Kathedrale des heiligen Ildefonso die Bestrafung der Schuldigen zu einem großartigen «Schauspiel».

Jacinto Kan Ek wurde geviertelt und dann verbrannt. Seine Asche wurde in alle Winde verstreut. Seine engsten Vertrauten, die nicht gleich in Quetsil umgebracht worden waren, wurden garottiert. Zweihundert weiteren Indianern wurde ein Ohr abgeschnitten, damit jeder wußte, daß sie sich allein schon dadurch schuldig gemacht hatten, daß sie mit diesem Ohr die Befehle des indianischen Königs gegen den rechtmäßigen spanischen König entgegengenommen hatten. Zweihundert andere Maya bekamen «nur» jeder zweihundert Stockschläge.

Damit war die kurze Herrschaft des Jacinto Kan Ek, das erste Aufbegehren der Maya zu Ende. Doch sechsundachtzig Jahre später, als Yucatán nicht mehr den Spaniern, sondern den Kreolen gehörte, werden die Indianer Yucatáns – natürlich nur diejenigen, die schreiben können – den Namen des neuen Königs von Chichén Itzá wiederum an die Wände ihrer Häuser schreiben. Und der Name Kan Ek bedeutet Aufstand, Kampf.

Die Maya planen einen Aufstand

Als sich Anfang des neunzehnten Jahrhunderts Mexiko und die anderen Länder Mittelamerikas vom spanischen Kolonialjoch befreiten, wurde damit auch die von den Maya bewohnte Halbinsel Yucatán frei. Sie gehörte zwar nominell zu den Vereinigten Staaten von Mexiko, aber der Staat Yucatán zeigte starke Selbständigkeitsbestrebungen und war in Wirklichkeit von der Zentralregierung weitgehend unabhängig. Genau wie die anderen Gebiete und Staaten Mittelamerikas wurde Yucatán ausschließlich von einer zahlenmäßig kleinen Gruppe von Plantagenbesitzern und einzelnen machtlüsternen Offizieren beherrscht. Daß jedoch auch diejenigen in die Geschicke Yucatáns eingreifen könnten, die die absolute Mehrheit der Bevölkerung dieses Staates bildeten, die Maya, damit rechnete keiner der Politiker und Soldaten von Yucatán.

Die kleine kreolische Oberschicht, die im wesentlichen in drei Städten lebte, war viel zu sehr von ihren eigenen Machtinteressen und den Streitigkeiten zwischen den einzelnen rivalisierenden politischen Cliquen in Anspruch genommen. Da wurden «Revolutionen» und «Gegenrevolutionen» angezettelt, um die Regierung an sich zu reißen, und jedesmal schickten die Generale natürlich auch hier ihre Werber in die Indianerdörfer. Und die immer von ihrem batab, dem Bürgermeister, geführten Maya zogen willig in diese «Minikriege» der Kreolen, die alle den gleichen Ausgang hatten: Sie brachten einer der konkurrierenden Seiten für kurze Zeit einen Sieg und den Indianern nur großmäuligen Dank, sonst nichts.

Anfang 1847 riefen die Abgesandten eines Generals die Indianer wieder einmal zum Kampf gegen die Regierung anderer Generale und Politiker auf. Die Bewohner einiger Dörfer folgten auch dem Ruf zum Kampf, doch sie begaben sich nicht zu dem General, der sie gerufen hatte, sondern verließen sich auf ihre eigene Kriegskunst und rieben die Abteilungen aus Mérida auf. So entdeckten die Maya, daß sie fähig waren, die kreolischen Herren auch allein zu überwinden. Sie zogen allein gegen die von ihnen am meisten gehaßte Stadt Yucatáns, das aristokratische Valladolid, griffen an und eroberten es! Die Einwohner von Valladolid trauten ihren Augen nicht: Diesmal zogen nicht von weißen Offizieren angeführte Indianer in die Stadt ein, sondern die Indianer.

Die Maya erprobten ihre Kräfte weiter. Der niedergeschlagene Aufstand des Kan Ek, alle ermordeten Brüder lebten noch in ihrer Erinnerung. Sie töteten den Kommandanten der Stadt, alle Priester und diejenigen Angehörigen der Oberschicht, die sich bei ihnen am meisten verhaßt gemacht hatten. Viele der Plantagenbesitzer verloren dabei ihr Leben.

Das war schon keine einfache Rebellion mehr, sondern ein Aufstand der Armen gegen die Reichen.

Nachdem die Indianer ihren Rachedurst gestillt hatten, kehrten sie in ihre Dörfer zurück und warteten auf die Bestrafung, die einer Erhebung der Indianer bisher noch stets gefolgt war. Doch es geschah nichts, und das hing wohl mit den innenpolitischen Wirren zusammen.

Das Drama war jedoch noch nicht beendet. Nach der Einnahme von Valladolid überlegten einige Führer der Maya, wie man den Angehörigen ihres großen Volkes die Gleichberechtigung mit den Weißen bringen und die indianischen Plantagensklaven zu freien Bürgern Yucatáns machen könnte.

Der erste Indianer, der einen allgemeinen Aufstand der Maya von Yucatán erwog, war Manuel Ay, batag der Mayagemeinde Chichimilla. Zu ihm gesellten sich Jacinto Pat, Häuptling aus Tihosuco, und Cecilio Chi, Häuptling aus Ichmul. Zu diesen drei Männern, die alle an der Eroberung Valladolids teilgenommen hatten, stieß kurze Zeit später noch Bonifacio Novelo, der ebenfalls in Valladolid dabeigewesen war.

Die vier waren sich darüber einig, daß der nächste Krieg auf Yucatán nicht mehr ein Kampf sein durfte, in dem die Indianer ihr Blut für die Interessen einer Kreolengruppe hergaben, sondern ein Krieg der Indianer zum Wohle der Indianer. Sie begannen, diesen Kampf systematisch vorzubereiten. Sie warben Kämpfer an und bildeten sie aus, sammelten Geld und schafften Waffen heran, die sie auf dem Jacinto Pat gehörenden Bauernhof Culumpich versteckten. Culumpich wurde so zum Arsenal der geheimen Indianerarmee und gleichzeitig auch zum Hauptquartier des geplanten Krieges, dessen Ausmaß später, als er tatsächlich entbrannte, alle anderen Befreiungskämpfe der lateinamerikanischen Indianer in der nachkolonialen Ära übertraf.

Der Kampf um Yucatán

Die umfangreichen Vorbereitungen für den Krieg, der von einer großen Armee geführt werden sollte, ließen sich jedoch nicht lange geheimhalten. Einer der wenigen Weißen, die im Herzen des sich auf den Aufstand vorbereitenden Gebietes lebte, verständigte den neuen Kommandanten von Valladolid davon, daß die Maya beabsichtigten, die Stadt im Juni 1847 erneut anzugreifen. Und da die Erinnerung an die Ereignisse vom Januar desselben Jahres bei den reichen Einwohnern der Stadt noch frisch war, gab Oberst Eulogio Rosado, der Kommandeur der Stadt und des Gebiets, einen Haftbefehl gegen die des Aufstands verdächtigen batabs Pat und Chi heraus.

Ein weiterer Beweis für die Aufstandsvorbereitungen wurde Rosado von dem Gastwirt des Dorfes Chichimilla übergeben, in dem Ay batab war. Dieser Gastwirt hatte bei dem Vater des batab, der sich in seiner Schenke betrunken hatte, einen Brief gefunden, der davon zeugte, daß sich der Sohn des Betrunkenen und seine Gefährten auf den Kampf vorbereiteten.

Rosado schickte sofort eine Strafexpedition los, aber die konnte von den vier «Generalstabsmitgliedern» der Maya nur Ay festnehmen. Und während die Sieger in den einzelnen Verschwörungen und Rebellionen der Kreolen die Unterlegenen nur in die Verbannung schickten, wurde dieser «Verschwörer» erschossen, weil er ein Indianer war und für die Armen kämpfte.

Das geschah am 26. Juni 1847, doch vier Tage später kam die Vergeltung. Am 30. Juni griff eine von Cecilio Chi geführte Mayaabteilung die Stadt Tepich an, eroberte sie und tötete einige Dutzend der dort ansässigen Kreolen. So entbrannte Mitte des Jahres 1847, sechsundachtzig Jahre nach dem Aufstand Kan Eks, in dem von den Zeugnissen ihrer langen Geschichte übersäten Land der mittelamerikanischen Maya jener lange Kampf, dem die Mexikaner dann den Namen guerra de castas gaben.

Auf kreolischer Seite waren plötzlich alle Streitigkeiten vergessen. Die Truppen derjenigen, die eben wieder eine Revolte vorbereiteten, und die Truppen ihrer Widersacher, die zur Zeit in Yucatán das Steuer der Regierung in der Hand hatten, vereinigten sich wie durch einen Zauberschlag, denn in einem Punkt waren sich beide Seiten einig: Die aufständischen Indianer mußten bestraft werden, wie es sich gehörte, oder noch besser, überhaupt ausgerottet.

Die Regierung von Yucatán verkündete die allgemeine Mobilmachung, durch die alle Männer von 16 bis 60 zur Armee einberufen wurden. Selbstverständlich nur die Weißen und die Mestizen. Und die Indianer? – Diejenigen, die den Weißen weiterhin gedient hatten und auch nach dem Ausbruch des Aufstands in den kreolischen Städten geblieben waren, wurden in die Gefängnisse gesteckt. Viele verloren auch ohne Grund ihr Leben.

Aber auch die Aufständischen entschieden sich auf einer allgemeinen Versammlung, die in Culumpich abgehalten wurde, für einen Krieg ohne Erbarmen.

Der Krieg auf Yucatán war also ausgebrochen. Und den Maya gelang vorläufig alles, was sie unternahmen. Besonders wichtig war für sie die Eroberung der Stadt Tixcacalcupul. Später belagerten die Indianer auch Valladolid wieder.

In ihrem Kampf gereichte den Maya nur eines zum Nachteil: daß sie keinen gemeinsamen höchsten Anführer hatten, keinen, sagen wir, Tupac Amaru. Derjenige, der eigentlich an der Spitze des gesamten Heeres stehen sollte, war Ay gewesen, der vier Tage vor dem Ausbruch «seines» Krieges von Henkerskugeln getötet worden war. Und die drei anderen Führer des Aufstands, Pat, Chi und Novelo, konnten sich wohl nicht einigen, wer von ihnen nun den Platz des höchsten Anführers der Mayaheere einnehmen sollte.

Ende 1848 nutzten die Kreolen die Tatsache, daß an der Spitze der aufständischen Indianer drei Männer standen, und schlossen mit dem tolerantesten des Dreigespanns einen angeblich allgemeinen Frieden. Er brachte den Indianern die Erfüllung einiger ihrer Forderungen wie Abschaffung der Schuldenlast der indianischen Peonen, Rückgabe der den Maya abgenommenen Waffen. Gleichzeitig erkannten die Kreolen mit diesem Abkommen Pat als alleinigen höchsten Häuptling aller Maya von Yucatán an, als «Gran cacique de Yucatán». Sie sandten sogar eine Abordnung in das Hauptquartier der Maya, die sich aus den vornehmsten Repräsentanten der Kreolen zusammensetzte und Pat eine weiße Fahne überreichte, auf die mit goldenen Fäden der hohe Titel eingestickt war, den ihm die Herren zuerkannt hatten.

Die Maya hatten also in diesem Ringen anscheinend den Sieg davongetragen und die Erfüllung einiger Forderungen erreicht. Doch damit, daß die Kreolen nur Pat als Führer der Indianer anerkannten und Novelo und Chi übergingen, hatten sie das Teile-und-Herrsche-Prinzip angewandt und den Samen des Mißtrauens unter die Hauptführer der Maya gesät.

Vorläufig jedoch «funktionierte» der mit Pat geschlossene Friede noch eine gewisse Zeitlang. Erst zum Jahreswechsel kam es im Norden des Landes zu neuen Kämpfen, da sich die Lage der indianischen Bauern ja nicht grundsätzlich geändert hatte. Und dann stand erneut ganz Yucatán auf. Diesmal eröffneten die Maya eine Generaloffensive. Sie übertraf alle ihre bisherigen militärischen Aktionen. Ihr Ziel war die Hauptstadt Yucatáns. Von drei Seiten rückten die Indianerheere auf Mérida vor. Ihr Nahen löste unter der kreolischen Bevölkerung der Stadt Panik aus. Wer konnte, flüchtete in die Hafenstadt Sisal und auf irgendein Schiff. Die große Mehrheit floh jedoch auf die Yucatán vorgelagerten Inseln, besonders auf die Insel Carmen.

Während alle sich in überstürzter Hast davonmachten, saß der Gouverneur der Stadt, Barbachano, in seinem Arbeitszimmer und unterschrieb den Befehl zur Evakuierung der Hauptstadt. Als er fertig war, stellte er fest, daß in ganz Mérida nicht ein Drucker mehr war, der die Regierungsproklamation hätte drucken können, und daß es außerdem kein Papier mehr dafür gab. Nun verließ der Gouverneur ebenfalls die Stadt. Ihm schloß sich der Bischof von Yucatán an, der vor seinen indianischen Schäfchen sogar bis nach Havanna floh.

Trotzdem wurde das von seinen Bewohnern verlassene und von niemandem verteidigte Mérida nicht von den aufständischen Maya besetzt. Die Stadt wurde von den fliegenden Ameisen gerettet, deren Flug auf der Halbinsel seit alters den Beginn der Maisernte ankündigt. Und so war ihr Flug auch jetzt für die Mayabauern, aus denen das Aufstandsheer bestand und deren Hauptnahrungsmittel Mais war, ein Zeichen, das für sie bedeutsamer war als alle Anweisungen ihrer Führer. Sie mußten nach Hause, um das Feld abzuernten, für Nahrung zu sorgen. Sie liefen also vor der fast schon eroberten Stadt auseinander und kehrten erst im nächsten Jahr auf das Feld des Freiheitskampfes zurück.

Abzug nach Quintana Roo

Die fliegenden Ameisen retteten die Hauptstadt Yucatáns, Mérida, tatsächlich in letzter Minute vor dem Einmarsch des Mayaheeres, und die Bürger der Stadt konnten ihr Glück lange nicht begreifen. Die Führer des Kreolenheeres nutzten dann die Atempause, die ihnen durch die landwirtschaftlichen Arbeiten der Maya geschenkt worden war, indem sie die Befestigungen der Städte verstärkten, die ihnen auf Yucatán noch verblieben waren, und auch außerhalb der Grenzen ihrer Halbinsel Hilfe suchten.

Diese Hilfe wurde ihnen von zwei Staaten gewährt, die 1848 gerade einen zweijährigen Krieg gegeneinander beendet hatten, die USA und Mexiko. Die Vereinigten Staaten hatten einen brutalen Raubkrieg geführt, in dem sie dem schwächeren Mexiko einen großen Teil seines Gebiets entrissen: alle jene Staaten, die auch heute noch spanische Namen haben wie Kalifornien, Colorado, New Mexico. Obwohl Mexikos Wirtschaft dadurch schwer geschädigt wurde, bot der Friedensschluß der Regierung damals die Möglichkeit, den in Bedrängnis geratenen Kreolen von Yucatán hilfreich die Hand zu reichen, allerdings mußten die Yucatáner dafür auf alle Unabhängigkeitspläne verzichten.

Und die Vereinigten Staaten gewährten dem Staat der Plantagenbesitzer ebenfalls Hilfe mit einigen Hundert amerikanischen Söldnern, die nach dem Friedensschluß mit Mexiko überraschend festgestellt hatten, daß sie nicht wußten, was sie jetzt anfangen sollten. Nun nahmen sie bereitwillig das Angebot der Regierung von Yucatán an, ihr zu helfen, die indianische Bevölkerung des Landes niederzumetzeln. Dafür sollten sie anständigen Lohn und nach dem Sieg über die Indianer je Mann eine Zuteilung von 320 Acres guten Bodens erhalten. Selbstverständlich von dem Land, das den besiegten Indianern weggenommen werden würde.

Nun griffen also Hunderte nordamerikanische Söldner in den Krieg auf Yucatán ein. Dadurch gewannen die Kreolen in jener Atempause an Stärke, während die Indianer ihr offenkundiges Übergewicht verloren. Außerdem entledigte sich die Regierung des Staates Yucatán der Maya jetzt auf eine höchst barbarische

Mexikanischer Indianerkrieger
in der traditionellen Kleidung:
Pelzhemd, Kopfbedeckung in Form
eines Adlers oder Jaguars, Schilde
und Messer, besetzt mit Steinen
oder Obsidian

Die bevorzugte Kriegs- und Jagdwaffe der südamerikanischen Indianer waren keulenartige, an Riemen befestigte Steine. Man konnte sie auch als Schleudern benutzen. Kriegsgefangene wurde oft enthauptet

In Südamerika waren die örtlichen Herrscher meistens auch die militärischen Führer. Auf der Zeichnung Huamam Pomas wird der Inka in den Kampf getragen. Er war nicht nur der einzige Herrscher und Gesetzgeber dieses südamerikanischen Indianerreiches, sondern auch der Führer seiner Armeen

Weise: Die Gefangenen, die ihnen jetzt bei den Kämpfen in die Hände fielen, aber auch die friedlichen Einwohner von Mayadörfern, die sich überhaupt nicht am Krieg beteiligt hatten, wurden nach Kuba in die Sklaverei verkauft, wo sie auf den Zuckerrohrplantagen Fronarbeit leisten mußten. Der Preis für einen Maya-Indianer betrug damals 25 Peso franco Havanna. Nachdem alle entwickelten Länder der Welt den Sklavenhandel bereits verboten hatten, entledigte sich die Regierung eines mittelamerikanischen Staates ihrer eigenen Bürger auf diese Art, nur, weil sie Indianer waren und um die primitivsten Menschenrechte kämpften.

Die Schlagkraft des Mayaheeres wurde zudem auch weiterhin durch die Tatsache geschwächt, daß die Indianer immer noch keinen obersten Anführer hatten, der alle Operationen koordiniert und geleitet hätte. Immer noch standen zwei, oder eigentlich drei Häuptlinge an der Spitze der getrennt vorgehenden Mayaheere, die nur durch das gleiche Ziel und die gemeinsame Mission geeint waren. Der erste von ihnen war Pat, nach dem Willen der Kreolen jetzt der «Große Kazike Yucatáns», der zweite Novelo und der dritte Cecilio Chi, der den größten Weitblick und die revolutionärste Überzeugung besaß. Und gerade Chi sollte als erster sterben. Während dieser bedeutende Mayaführer eine kreolische Siedlung nach der anderen erobert hatte, eroberte inzwischen sein Sekretär, ein Mestize erfolgreich Chis Frau. Als der Ehemann argwöhnisch wurde, tötete der Verführer in einem dafür günstigen Moment seinen Herrn durch einen Schlag ins Genick, um der Rache zuvorzukommen. Der heimtückische Mord blieb jedoch nicht verborgen, und die erbitterten Maya wollten den Mörder ihres geliebten Anführers bestrafen. Er verteidigte sich so gut er konnte, wurde jedoch bald überwältigt und von den Indianern buchstäblich in Stücke gerissen. Auch die ungetreue Ehefrau ihres Häuptlings töteten sie und gaben ihren Körper den Geiern preis. Ihrem ermordeten Anführer dagegen legten sie die schönsten Kleider an und setzten ihn in der Gruft der Kirche seines Geburtsortes Tepich bei.

Cecilio Chis Nachfolger wurde Venanci Pec. Der tötete bald darauf Jacinto Pat, den «Großen Kaziken von Yucatán», den er im Verdacht hatte, heimlich mit den Kreolen zusammenzuarbeiten. Und so waren von den vier Häuptlingen, die den großen Volksaufstand der Maya vorbereitet hatten, drei nicht mehr am Leben, denn Häuptling Ay hatte bereits zu Beginn des Aufstands durch die Kugeln eines Exekutionskommandos den Tod gefunden.

Novelo, der einzige von den ursprünglichen Anführern des Mayakrieges Übriggebliebene, unternahm im Gebiet von Valladolid mit einer kleinen Truppe auf eigene Faust häufig Überfälle.

Das größte Ansehen der immer noch nicht vereinigten Maya errang allmählich der Indianer mit dem spanischen Namen José Maria Barrera. Er war der Held des großen Sieges der Maya bei Tituc, wo die Indianer in einer Schlacht hundert vollbeladene Wagen, siebzig Maulesel, viele Tonnen Munition, eine riesige Menge an Waffen erbeuteten und etwa 300 Soldaten der Kreolenarmee töteten.

Barrera führte die Mayatruppen darauf in das wenig bekannte, bis heute von dichtem Urwald bewachsene, schwer zugängliche Gebiet an der Ostküste Yucatáns zurück, das wir Territorium Quintana Roo nennen.

Dieses Quintana Roo wurde dann für die ganze zweite Hälfte des neunzehnten Jahrhunderts der wichtigste Schauplatz des Krieges der Maya.

Der Krieg der sprechenden Kreuze

In Quintana Roo begann nun ein neuer Akt jenes Dramas, das wir den «Rassenkrieg» nennen. Dieser Akt hat auch einen eigenen Namen, er wird «Krieg der sprechenden Kreuze» genannt. Und dieser Krieg unterscheidet sich in einem Punkt wesentlich von allen anderen Indianerkriegen Lateinamerikas, und zwar in seinem Ergebnis: Seine Kämpfer wurden niemals besiegt. Die Nachfahren der indianischen Soldaten leben bis heute in diesem unzugänglichen Teil Yucatáns, ungeschlagen, heute noch stolz auf ihren großen Sieg über die Weißen und immer noch der Macht und der Weitsicht der sprechenden Kreuze vertrauend, die bis heute ihr Denken und ihren Glauben beherrschen.

Ich habe die «sprechenden Kreuze» und ihre Anhänger bei meiner Reise nach Quintana Roo getroffen, und zwar an einem Ort, der mehr als tausend Jahre lang von den Maya bewohnt wurde, an dem sie auch heute noch festhalten und der in der vorkolumbischen Zeit zu den größten Städten von Quintana Roo gehörte – in Tulum.

In der Nachbarschaft der zerfallenen Tulumer Paläste der vorkolumbischen Maya lebt hier der indianische Fischer Juan. Er ist einer von denjenigen, die von ihren Nachbarn «Cruzob» genannt wurden. Das Wort «Cruzob» besteht aus dem spanischen Wort für Kreuz und «ob» – der Mehrzahlendung der Mayasprache. Die Cruzob sind also die Anhänger des Kreuzes, doch keinesfalls des christlichen Kreuzes, sondern des eigenen indianischen.

Das Kreuz ist nämlich nicht nur das heilige Symbol der Christen, sondern auch das heilige Symbol der Maya, das Symbol des Ursprungs allen Lebens und ihrer heiligsten Frucht, ihrer Haupternährerin – des Maises.

Für die Mayakrieger, die mit Barrera nach Quintana Roo gegangen waren, hatte ein Symbol, das sie einigte und Ausdruck ihres Glaubens war, große Bedeutung. Ein solches Symbol fanden sie hier in dem uralten heiligen Kreuz der in dieser menschenfeindlichen Wildnis ansässigen Indianer, die wie vor Jahrhunderten lebten. Zu ihnen war kein kreolischer Plantagenbesitzer und kein christlicher Priester vorgedrungen, und sie verehrten auch jetzt, Jahrhunderte nach der Entdeckung Amerikas durch Kolumbus, noch ihre alten Mayagötter. Sie lebten immer noch so wie ihre Vorfahren und kleideten sich auch so. Nach ihrer Kleidung erhielten diese Indianer der Wildnis auch ihren Mayanamen: Sie wurden «Huit» genannt, was etwa Leineweber bedeutet, und zwar wegen der weißen Baumwollhosen, die sie trugen.

Die Jäger der Huit aus den Dschungeln von Quintana Roo schlossen sich bald Barreras Abteilungen an und bildeten eine willkommene Verstärkung. Gemeinsam begannen sie hier in Quintana Roo den Bau der einzigen Indianerstadt in nachkolumbischer Zeit. Das war die neue Hauptstadt Chan Santa Cruz, die zugleich zum Wallfahrtsort der hiesigen Indianer wurde.

Chan Santa Cruz entstand aus dem Dörfchen Chan, wo die Indianer eines Tages in einer tiefen Höhle ein Mahagonikreuz gefunden hatten, mit dem der Sage nach bald wundersame Dinge geschahen: Es begann nämlich eines Tages mit menschlicher Stimme zu reden. Es forderte die Indianer auf, sich zum großen heiligen Krieg gegen die Weißen zu erheben und sie von den Grenzen Quintana Roos zu vertreiben, und erklärte, das Kreuz des Glaubens würde mit ihnen sein. Dieses Kreuz wurde zum Kernstück einer neuen Religion der Indianer von Quintana Roo, und als die Kreolen später dieses Kreuzes habhaft wurden, traten drei neue an seine Stelle, deren Verehrung sich schnell unter den Maya verbreitete.

Die Kreuze schienen auch tatsächlich Wunder zu vollbringen: Nachdem sie gesprochen hatten, vereinigten sich zum erstenmal alle Kampfabteilungen der Maya zu einer einheitlichen Armee. Die «sprechenden Kreuze» gaben dem Indianerheer auch das «ideologische» Rüstzeug: Die Indianer konnten jetzt dem Gott der Weißen ihren eigenen Gott entgegensetzen.

In der neuen Hauptstadt, dem Wallfahrtsort Chan Santa Cruz, begannen die Maya auch so etwas wie eine Zentralgewalt, eine Art Priesterschaft zu schaffen. An seiner Spitze stand der Oberpriester der neuen Religion und gleichzeitig oberste Heerführer der «sprechenden Kreuze» Nohoch Tata (wörtlich «Großer Vater»). Er war ziviler, militärischer und religiöser Führer der Maya von Chan Santa Cruz. Einen Teil seiner religiösen Macht übertrug er auf rangniedere Priester und einen Teil der Kommandobefugnisse auf rangniedere Offiziere.

Alles Licht der Welt, alle Weisheit der Götter schien zu den Maya von Quintana Roo allein von den «sprechenden Kreuzen» zu kommen. Die sprachen jetzt allerdings nicht mehr direkt zu allen Kämpfern, sondern nur noch zu einigen wenigen, auserwählten Männern. Außer dem «Großen Vater» durften nur noch zwei Männer den Kreuzen lauschen – Tata Polin, «Vater-Dolmetscher der Kreuze», und der sogenannte «Vater der Götter». Der «übersetzte» den Indianern das, was die Kreuze ihm angeblich befohlen hatten. So wurden die Indianer von Quintana Roo, wie sie glaubten, nicht von Menschen geführt, sondern von den Göttern, vom Wort der «sprechenden Kreuze».

Außer den höchsten Würdenträgern – dem «Großen Vater» und den beiden

Ausdeutern des Willens der sprechenden Kreuze – brauchte dieses Land der freien Maya in erster Linie eine schlagkräftige Armee und fähige Offiziere. Der Dienst im indianischen Befreiungsheer war selbstverständlich erste Pflicht für alle männlichen Einwohner. Der «Große Vater» hatte einen Mann ernannt, der sich nur der Ausbildung der Armee und ihrer Vorbereitung für den Kampf widmete und sich auch um ihre Bewaffnung und Ausrüstung kümmerte. Er hieß Tata Chikiuc, wörtlich «Vater des Platzes». Seinen etwas sonderbaren Namen hatte er von den Maya erhalten, weil sein «Amtsgebäude» am Hauptplatz von Chan Santa Cruz stand, direkt gegenüber der Residenz Nohoch Tatas.

Für ein Land, das ständig mit einem Überfall rechnen muß, ist ein gutfunktionierender Nachrichtendienst von größter Bedeutung. Den bauten sich die Indianer von Quintana Roo deshalb ebenfalls nach und nach auf. An seiner Spitze stand der dritte Mann des «Generalstabs» der Maya von Quintana Roo, der «Große Vater Spion» – in der Mayasprache Tata Nohoch Zul.

Tata Nohoch Zul sandte seine Männer in alle Teile Yucatáns, um durch sie Nachrichten über die militärischen Vorbereitungen der Kreolen zu erhalten. Die Kundschafter der Maya von Chan Santa Cruz hatten es dabei recht einfach. Nach soviel Revolten und Umstürzen existierte auf Yucatán keine Einwohnerübersicht mehr, und niemand wußte mehr genau Bescheid über den anderen. So ließen sich die Maya aus Chan Santa Cruz, die sich äußerlich nicht von den übrigen indianischen Bewohnern Yucatáns unterschieden, als Diener, Hausknecht, Kutscher oder Pferdewächter bei den Kreolen anstellen.

Entsprechend den Berichten der Späher beschloß dann die aus dem «Großen Vater», dem «Großen Vater Spion» und dem «Vater des Platzes» gebildete oberste Führung der Mayaarmee, wann und wo den Kreolen ein Schlag versetzt werden sollte und wann und wo man Abwehrmaßnahmen gegen einen kreolischen Angriff treffen mußte.

Diese in der Mitte des neunzehnten Jahrhunderts einzig dastehende Indianerarmee war in Kompanien eingeteilt, denn größere Formationen waren für den Kampf im Dschungel ungeeignet. An der Spitze der Kompanien standen Hauptleute – in der Mayasprache nochilob.

Die Tätigkeit der zivilen Bewohner des Landes leiteten die «Bürgermeister» der einzelnen Mayadörfer – in der Mayasprache ahoonzib huunob. Und um das moralische Rüstzeug der Indianer kümmerten sich die Priester – die Medizinmänner – die mit der alten vorkolumbischen Bezeichnung ah menoob benannt wurden.

Die einzelnen Priester wurden vom «Großen Vater», dem Nohoch Tata ernannt. In jenem heutigen Dorf Tulum, das sich in der Nähe der einstigen prächtigen Stadt befindet und in dem ich meinen Besuch dieses Gebietes begann, kümmerte sich von alters her nicht ein Priester um Glaubensangelegenheiten, sondern eine Priesterin.

Bei den freien Maya von Quintana Roo gab es allerdings auch rechtlose Dienstboten; doch wie sehr hatte sich hier die Welt verändert! Die Dienstboten der Indianer von Cruzob waren Weiße – kreolische Gefangene, Männer und Frauen. Und je höher ihre gesellschaftliche Stellung früher gewesen war, um so härter war ihr Los jetzt. Die Kreolen, zumeist ehemalige Plantagenbesitzer, arbeiteten jetzt auf den Feldern und die ehemaligen Gnädigen Frauen scheuerten in den Haushalten der höchsten Anführer der Maya die Wäsche. Einige weiße Frauen dienten den Kämpfern der Mayaarmee auch als «zeitweilige Ehefrauen».

Eine besondere Gruppe von Dienstboten waren die Chinesen, die bis auf das Territorium von Quintana Roo verschlagen worden waren. Mit ihnen verhielt es sich folgendermaßen: Diese Chinesen waren in ihrer Heimat für Holzfällerarbeiten in den Urwäldern der benachbarten englischen Kolonie Britisch-Honduras – dem heutigen Belize – angeworben worden. Als sie an Ort und Stelle ankamen, stellten sie jedoch erschrocken fest, daß sie sich zu einer selbstmörderischen Arbeit verpflichtet hatten. Die meisten flohen daraufhin außer Reichweite der britischen Kolonialbehörden. Viele von ihnen gelangten so auf das Territorium der freien Maya. Die Indianer töteten sie nicht, sondern nahmen sie in ihre Dienste; gewöhnlich setzten sie sie als Köche ein. Viele Einheiten der Indianerarmee nahmen also auf ihren Kriegszügen schmackhaft zubereitetes chinesisches Essen zu sich.

Die straff organisierte Gemeinschaft der Maya in Quintana Roo schuf also Mitte des neunzehnten Jahrhunderts, mehr als dreihundert Jahre nach dem Erscheinen der Europäer in Amerika, ein zentral geleitetes indianisches Gemeinwesen, in dem die Menschen lebten wie ihre Vorväter, wobei es allerdings nur durch die besonderen geographischen Bedingungen möglich war, daß sich diese traditionelle Gesellschaft hier wiederherstellen und halten konnte.

Die bewaffnete Faust dieser indianischen Gemeinschaft konnte sofort in den fünfziger Jahren einige große Siege über die Kreolen erringen. Der bedeutendste war die Eroberung der Festung und Stadt Bacalar unweit der Grenze zu Britisch-Honduras. Dieser Sieg und weitere Erfolge, wie 1861 die Einnahme der Stadt Tuncas, veranlaßten kreolische Kreise von Yucatán schließlich, die Segel zu streichen, auf den Ostteil der Halbinsel zu verzichten und nur die eigenen Grenzen vor möglichen neuen Offensiven der Maya zu schützen. Die drei «sprechenden Kreuze» und die in ihrem Namen kämpfende Indianerarmee hatten den Sieg davongetragen.

Als der «Schakal» kam

Die Mayaheere unter den «sprechenden Kreuzen» hatten also in den sechziger Jahren des neunzehnten Jahrhunderts über alle Kreolenheere den Sieg davongetragen. Die mexikanische Zentralregierung wollte sich jedoch nicht mit dem Verlust dieses Gebiets abfinden und machte von Zeit zu Zeit Anstalten, einen neuen Zug gegen die Maya von Chan Santa Cruz zu organisieren, zum Beispiel nachdem der Bruder des österreichischen Kaisers als Kaiser Maximilian 1864 die Herrschaft über Mexiko übernommen hatte. Damals wurden sogar Tschechen, Slowaken, Polen und Ukrainer in dem zur damaligen Zeit österreichischem Galizien zum Kampf gegen die Indianer in Yucatán angeworben.

Den Indianern von Yucatán wurde dabei von einer anderen Monarchie Hilfe zuteil: von Großbritannien. Eines Tages forderten die «sprechenden Kreuze» nämlich die Maya auf, sich an die Engländer im benachbarten Britisch-Honduras um Waffen zu wenden.

Durch die Eroberung der Festung Bacalar waren die Truppen der Maya bis an die Grenze von Britisch-Honduras, der Kolonie Ihrer Majestät der Königin Viktoria, vorgedrungen. Und die britische Regierung, die an der Erhaltung des unabhängigen Indianerterritoriums an der Nordgrenze von Honduras interessiert war, dultete schweigend, daß die Händler von Britisch-Honduras den Maya für Mahagoni und andere Edelhölzer, die die Indianer in ihren Urwäldern fällten, Waffen und Munition lieferten. Die Maya waren nach einiger Zeit dadurch besser bewaffnet als die Armee Yucatáns und sogar die Regimenter der mexikanischen Zentralregierung.

Und so sah sich die Regierung des Staats Yucatán nach mehr als fünfunddreißig Jahren vergeblicher Bemühungen, die Maya niederzuwerfen, zu einem ähnlichen Schritt wie die Spanier gegenüber den Araukanern gezwungen: Sie bot ihnen die Anerkennung ihres Rechtes aus Selbständigkeit an, und 1884 wurde auf dem Boden von Britisch-Honduras der Frieden geschlossen.

Durch diesen als Poot-Canton-Frieden bekannten Friedensschluß zwischen den Kreolen und den Maya erkannten beide Seiten gegenseitig ihre Unabhängigkeit an und vereinbarten zum Beispiel auch, entflohene Verbrecher einander auszuliefern.

Auch nachdem der «Große Vater» Poot, der diesen Vertrag im Namen der Maya geschlossen hatte, bald darauf von dem «Großen Vater» Dzul abgelöst wurde, herrschte bis in das letzte Jahr des Jahrhunderts hinein, von einigen unbedeutenden Ausnahmen abgesehen, an der Grenze zwischen Yucatán und Quintana Roo Frieden.

Erst als in Mexiko der Diktator Porfírio Díaz die Macht übernahm und auf die Nutzung der natürlichen Ressourcen seines Landes in großem Umfang orientierte, erinnerten sich die Unternehmer in Ciudad de México an den entlegenen fernen Osten Yucatáns mit seinen Reichtümern an Edelhölzern und gründeten ohne Rücksicht auf den Friedensvertrag von 1884 und ohne Rücksicht auf die Rechte der Maya zwei kapitalistische Firmen, die das Land wenigstens auf der Karte unter sich aufteilten und die Ausplünderung seiner Schätze systematisch vorantrieben.

Die nördliche Hälfte des Landes erhielt die Compañia Agricola, die südliche Hälfte wurde der Compañia Colonizadora, einer der Tochtergesellschaften der Londoner Bank, zugesprochen. Und so standen den Maya von Quintana Roo plötzlich nicht mehr die kreolischen Landbesitzer als Feinde gegenüber, sondern große kapitalistische Firmen, die ihren Sitz fast am anderen Ende der Welt hatten. Und diese großen Firmen hatten für ihr «Unternehmen Yucatán» viel weitergespannte Pläne als ehemals die Plantagenbesitzer: Sie wollten in Küstensalinen Salz gewinnen, in dem tropischen Klima Bananen und Citrusfrüchte, Baumwolle und Zuckerrohr anbauen und in den Wäldern das kostbare Mahagoni fällen. Bald errichteten sie an den Grenzen von Quintana Roo die ersten Lager und schafften Neger aus Westindien, Koreaner und wiederum Chinesen als Arbeitskräfte heran.

Eine Institution wie die Londoner Bank investiert ihr Kapital jedoch nicht unbedacht: Ein solches Beginnen muß auch mit der entsprechenden Macht geschützt werden. Deshalb verpflichtete sich der Diktator Díaz 1899, gegen die freien Maya und ihr unabhängiges Territorium vorzugehen. Als erstes wollte der Beherrscher die Maya von ihrer Hauptquelle für Waffen und Munition abtrennen, von Britisch-Honduras. Er ließ in den Vereinigten Staaten ein Kriegsschiff bauen, das sowohl auf dem karibischen Meer als auch auf dem beide Territorien trennenden Rio Hondo fahren konnte. Dann ließ er Pläne für den Bau einer großen Festung an der Mündung des Rio Hondo ausarbeiten, um die Grenze besser überwachen lassen zu können. Und schließlich wählte er unter seinen Generalen den grausamsten aus, der dazu imstande wäre, das einzige freie Indianerterritorium, das noch auf dem Kontinent existierte, zu liquidieren.

Im Unterschied zu den Namen vieler anderer damaliger Militärs und Diktatoren wurde der Name dieses Mannes in Mexiko bis heute nicht vergessen. Wenn die Mexikaner von ihm sprechen, nennen sie ihn unzweideutig den «Schakal». Und dieser «Schakal» kam jetzt also nach Yucatán, um im Kampf das freie Volk der Maya von Quintana Roo zu besiegen und damit ihr Territorium den Wirtschaftsinteressen der großen Firmen auszuliefern.

Die Maya ergeben sich nicht

General Bravo, wie der Familienname und Dienstgrad des «Schakals» eigentlich lautete, war auf seinem Gebiet tatsächlich eine Einmaligkeit. Mit seiner «Revolverbegabung» schoß er sich später sogar für kurze Zeit den Weg zum höchsten Amt frei, dem des Präsidenten der Republik Mexiko. Der «Schakal» begann sein yucatánisches Abenteuer damit, daß er mit dem in den USA gebauten Kriegsschiff «Chetumal» die Mündung des Hondo in die Christi-Himmelfahrtsbucht sperrte. Nun war die Grenze zwischen Quintana Roo und Britisch-Honduras weitgehend abgeriegelt, und es war den Indianern unmöglich, ihr Mahagoni-Holz auf dem Hondo zu flößen, so daß sie Waffen und andere Güter, die sie für ihre Kriegsführung brauchten, bei den Händlern in Britisch-Honduras nicht mehr bezahlen konnten. Nachdem General Bravo auf diese Art die Nachschub- und Versorgungswege der Maya allmählich lahmgelegt hatte, brach er mit allen Regimentern, die er aus Zentralmexiko mitgebracht hatte, nach Chan Santa Cruz auf und eroberte es nach langen Kämpfen.

Trotz des Verlustes ihrer Hauptstadt gaben sich die Maya jedoch nicht geschlagen. Sie zogen sich tiefer in den Dschungel zurück und führten von dort aus einen Guerillakrieg gegen den «Schakal».

General Bravo wollte jeden Zweifel daran ausschließen, daß er es war, der die Maya aus ihrer Metropole vertrieben hatte. So benannte er als erstes ihre Stadt in Santa Cruz de Bravo um. Nun besaß der eitle Offizier also eine eigene Stadt wie die Konquistadoren. Er wollte aber auch einen eigenen Staat haben und schlug Díaz vor, Quintana Roo vom Staate Yucatán zu trennen und selbständig zu machen. Der Präsident war einverstanden, und der Kongreß nahm den Antrag des Diktators ebenfalls an. Dadurch wurden die Plantagenbesitzer von Yucatán, die ihr Verlangen nach diesen Gebieten ja nicht aufgegeben hatten, um den fetten Happen gebracht.

Aus den Urwäldern Ostyucatáns wurde nun das «Föderale Territorium Quintana Roo» gebildet, und der «Schakal» wurde sein erster Administrator.

Doch nun mußte General Bravo erst einmal etwas für die beiden Gesellschaften tun, die hinter seiner Eroberung des Landes standen. General Bravo begann für sie – selbstverständlich auf Staatskosten – eine Schmalspurbahn zu bauen, die die Christi-Himmelfahrtsbucht mit Santa Cruz de Bravo verbinden sollte, damit sie alles, was sie sich im Binnenhandel von Quintana Roo aneignen würden, schnell und vor allem billig zu einem Hafen an der Küste transportieren konnten, den er gleichzeitig bauen ließ.

Alle mit diesem Vorhaben verbundenen Arbeiten wurden für den «Schakal» von Menschen verrichtet, die völlig rechtlos waren und dafür auch keinen Lohn erhielten: von gefangenen Maya und außerdem von Hunderten oder Tausenden politischer Gefangener, an denen im Staat des Diktators Díaz kein Mangel herrschte, und die in den malariaverseuchten, todbringenden Sümpfen von Quintana Roo für ihre demokratische Überzeugung büßen mußten.

Trotz allem Widerstand der freien Indianer wurde diese Eisenbahnlinie zwischen dem Karibischen Meer und Santa Cruz de Bravo schließlich fertiggestellt. Kaum war jedoch der letzte – ein silberner – Nagel in die Schwellen geschlagen, da zog ein politisches Gewitter auf: Im Jahre 1910 stand das mexikanische Volk gegen den Diktator Díaz in der von der Bauern- und Partisanenbewegung Villas und Zapatas getragenen bürgerlich-demokratischen Revolution auf.

Einige wenige Abgesandte dieser Revolution – fünfzig bewaffnete Männer unter Führung des Generals Sanchez Rivera – kamen auch in Bravos isoliertes Reich. Die Botschaft von Freiheit, Gleichheit und Demokratie, die diese fünfzig Männer mitgebracht hatten, reichte aus, um das Imperium des «Schakals» ohne Kampf aufzulösen.

General Bravo wurde abberufen, und in Santa Cruz de Bravo kümmerten sich die fünfzig Männer um die ehemaligen politischen Gefangenen, gaben ihnen zu essen und versorgten sie mit Kleidung und Fahrkarten für die Rückkehr nach Mexiko.

Sanchez Rivera, der Führer der Revolutionäre, wollte aber auch den Indianern von Quintana Roo die Botschaft von der neuen Freiheit Mexikos überbringen und traf deshalb mit dem damaligen «Großen Vater» Cauich zusammen, der mit seinen Maya und ihren Militärabteilungen unbesiegt und ungebrochen in den Tiefen des Dschungels lebte, wohin auch der Arm des «Schakals» nicht zu reichen vermocht hatte.

Cauich und seine Maya begrüßten zwar die Revolution, doch der Aufforderung Riveras, sich ihr anzuschließen, kamen sie nicht nach. Sie erhoben nur die Forderung, daß man ihnen alle Macht in ihrem Lande zurückgeben sollte.

Aber erst im Jahre 1915 ging dann endlich ihr sehnlichster Wunsch in Erfüllung: Sie eroberten ihre verlorengegangene Hauptstadt endgültig zurück und zogen wieder ein in die heilige Stadt der «sprechenden Kreuze», die sofort wieder den Namen Chan Santa Cruz erhielt.

Als erstes zerstörten sie die verhaßte Eisenbahnlinie und dann auch den von General Bravo gebauten Hafen und lebten wieder so wie ihre Väter und folgten den Befehlen der drei heiligen Kreuze.

Diese drei Kreuze waren nach wie vor nicht gut auf die Menschen spanischer Zunge zu sprechen, so daß auch die Forscher, die sich für dieses Mayagebiet mit den Ruinen uralter Städte zu interessieren begannen, immer wieder verjagt wurden, denn nach wie vor lebten die Indianer von Chan Santa Cruz mit Mexiko im Kriegszustand.

Dieser Kriegszustand wurde erst im Jahre 1935 beendet. Die mexikanische Regierung, an deren Spitze zu der Zeit General Cárdenas y Del Río stand, unternahm den progressiven Versuch, die Maya zu integrieren, lud den zu der Zeit amtierenden «Großen Vater» Mayo in die Hauptstadt Mexiko City ein und ließ ihn durch ein Flugzeug holen. Dort wurde dann feierlich Frieden zwischen den Vereinigten Staaten von Mexiko und den Indianern von Quintana Roo geschlossen.

Dem «Großen Vater» Mayo wurde bei dieser Gelegenheit ein großartiger Empfang bereitet, wie er laut Protokoll eigentlich nur dem Oberhaupt eines bedeutenden Staates bei einem offiziellen Besuch zusteht. Zu Ehren des Führers der freien Indianer aus den Dschungeln Ostyucatáns wurde sogar die erste Luftparade in der Geschichte Mexikos veranstaltet. Mayo erhielt außerhalb des Friedensvertrages für sein Volk das gesamte Eigentum von General Bravos Eisenbahngesellschaft, und ihm selbst wurde der Rang eines Generals der mexikanischen Armee nebst prächtiger Uniform, dem entsprechenden Gehalt und glänzenden Orden verliehen.

Mit diesem Friedensschluß wurde der neunzig Jahre währende «Rassenkrieg» beendet und den Maya in Quintana Roo völlige Autonomie und Selbstregierung zugesichert. General Mayo hatte also alles erreicht, was er sich wünschen konnte. Ja, er fand in der Hauptstadt Mexiko City sogar auch für sich persönlich einen Schatz: In einem der Freudenhäuser der Hauptstadt lernte Mayo eine füllige Blondine kennen, die bereit war, ihre unsichere Existenz in diesem Hause gegen das Leben einer Königin der Maya von Chan Santa Cruz einzutauschen. Ihre Fahrt nach Quintana Roo endete zu ihrem großen Bedauern jedoch an den Grenzen des Mayalandes, denn die ihrem «Großen Vater» in diesem Falle ungehorsamen Indianer weigerten sich, der Ausländerin Einlaß in ihr Land zu gewähren.

General Mayo, der «Große Vater» der Indianer von Chan Santa Cruz, starb im Jahre 1952. Er war also noch nicht lange tot, als ich in den sechziger Jahren zum erstenmal auf Yucatán weilte. Bis an sein Ende hatte er an die Macht der «sprechenden Kreuze» geglaubt, so wie in seiner Jugend, da er in dem wilden Dschungel von Quintana Roo gegen den «Schakal» und dessen Soldaten gekämpft hatte, und sein Volk hatte sich seine Unabhängigkeit bewahrt.

In den Jahren nach dem zweiten Weltkrieg teilten sich die Maya von Chan Santa Cruz in drei Gruppen, von denen jede eines der drei «sprechenden Kreuze» mitnahm. Ein Kreuz gibt seine Befehle jetzt in Chancah heraus, das zweite in Champon und das dritte in der Gemeinde X-Cacal.

Zur Zeit meines ersten Aufenthalts in Quintana Roo war der Führer der Indianer von X-Cacal mit dem Namen Be «Großer Vater» der freien Maya. Doch die anderen beiden Gruppen gehorchten ihrem eigenen «Vater» mehr als dem offiziellen Nohoch Tata. Obwohl der Kult der drei «sprechenden Kreuze» auch heute noch die offizielle Religion der Maya von Quintana Roo ist, hat keiner der Anführer der drei Mayagruppen seinen Sitz mehr in Chan Santa Cruz, jener heiligen

Stadt, in der einst alles begann. Die hat sich nun in ein gewöhnliches mittelamerikanisches Städtchen verwandelt, das sich in nichts von den Dutzenden anderer Provinznester in Honduras oder Nikaragua unterscheidet.

Obwohl sich die Maya von Quintana Roo in drei Gruppen geteilt haben, halten sie jedoch nach wie vor einträchtig zusammen und leben bis heute in einem Selbstverwaltungsgebiet, das sie sich mit ihrem bewunderungswürdigen Kampf im «Krieg der drei sprechenden Kreuze» errungen haben.

Trotzdem sind sie jetzt in die nationalen Probleme Mexikos einbezogen, das von der Politik Cárdenas und seinen Reformen – besonders der Landreform – längst abgewichen ist und dessen breite Massen kaum besser leben als in den anderen lateinamerikanischen Ländern. Inzwischen hat sich die Mayagesellschaft von der alten Gentilverfassung gelöst und sich weitgehend der Struktur der mexikanischen Gesellschaft angepaßt, wobei die Masse ihrer Mitglieder sehr arm und rückständig blieb. Ihre «Freiheit» ist heute praktisch wertlos, doch ihren Kampfgeist haben sie sich bewahrt, und Teile ihres Volkes, die an der südlichen Grenze Quintana Roos leben, haben in den sechziger Jahren Guerillatruppen – allerdings mit ultralinker Tendenz – in Chiapas unterstützt.

Gebeugt, doch nicht gebrochen

Wir sind am Ende unserer Reise durch ein halbes Jahrtausend des Befreiungskampfes der lateinamerikanischen Indianer angelangt. An unserem geistigen Auge zogen die wichtigsten der vielen Rebellionen, Aufstände, Kämpfe und Kriege vorüber, mit denen sich die Ureinwohner dieses Erdteils gegen den Raub ihres Landes und ihrer Freiheit, den Verlust der Menschenwürde und die Zerstörung ihrer Lebensweise zur Wehr setzten. Der Kampf kostete große Opfer. Hatuey wurde verbrannt, auch die Kazikin Anacaona verlor ihr Leben. Tapfer starben Tupac Amaru, Tupac Catari und die Araukaner Lautaro und Caupolicán für die Befreiung ihrer Völker – und mit ihnen Tausende anderer bekannter und unbekannter indianischer Kämpfer. Ihnen allen ist dieses Buch gewidmet.

Doch der Kampf der Indianer Lateinamerikas um die Durchsetzung ihrer Rechte und die Verbesserung ihrer Lebensbedingungen ist noch nicht zu Ende. Denn auch heute noch werden die Indianer in Südamerika am meisten ausgebeutet, erniedrigt und diskriminiert, sind sie die Ärmsten der Armen, auch wenn es in den lateinamerikanischen Ländern nicht solche strengen Rassenschranken gibt wie beispielsweise in den USA. In unseren Tagen stehen sie jedoch nicht mehr allein. Der fortschrittliche Teil der Bevölkerung – in erster Linie die Arbeiterklasse und die Kommunistischen Parteien der einzelnen Länder – stehen in ihrem doppelten Kampf gegen Ausbeutung und nationale Unterdrückung an ihrer Seite. Dabei geht es heute in erster Linie um die politische Gleichberechtigung, um eine Verbesserung der Lebensbedingungen, vor allem um die Zuteilung von ausreichend Boden an die Bauern, um Bildungsmöglichkeiten und medizinische Betreuung.

Wie die Zukunft der indianischen Bevölkerung Lateinamerikas aussehen wird, ob sie allmählich ihre Traditionen aufgibt und sich assimiliert oder ob sie ihre nationale Kultur nach dem Vorbild der Lösung der nationalen Frage im Sinne der Leninschen Nationalitätenpolitik zu einer neuen Blüte bringen kann, wird entscheidend von der Gesellschaftsordnung der einzelnen südamerikanischen Länder abhängen. Das nationale Selbstgefühl der Indianer ist jedoch im Wachsen begriffen und auch der Stolz auf die eigene große Vergangenheit. Und mehr denn je sind den Indianern – und nicht nur ihnen, sondern allen für den Fortschritt Kämpfenden – die Männer Beispiel, die einst an der Spitze des Freiheitskampfes der Indianer standen. Vor allem Tupac Amaru ist es, der mit seinen Idealen vom gemeinsamen Kampf aller Ausgebeuteten gegen alle Ausbeuter heute den Kämpfern für die soziale wie auch für die nationale Befreiung der Arbeiter und Bauern Lateinamerikas Vorbild und Ansporn ist, dessen Name für sie zum Symbol wurde.

Und so ist die Vergangenheit durch die Gegenwart mit der Zukunft verbunden, mit einer Zukunft, die den Indianern zwar weitere Kämpfe, aber, wie ich hoffe, auch die endgültige Durchsetzung aller ihrer gerechten Forderungen bringen wird.

ERLÄUTERUNGEN

Übersicht über die Indianerstämme der USA

Von der Küste des Atlantik im Osten bis zur Küste des Pazifik im Westen lebten die nordamerikanischen Indianer. In diesem ausgedehnten Raum, der heute das Territorium der USA bildet, kämpften die Angehörigen ungezählter Stämme für ihre Freiheit. Eine Aufstellung der Namen und der Siedlungsgebiete aller dieser Stämme würde Dutzende Buchseiten in Anspruch nehmen. Dennoch möchte ich den Bericht über die Kämpfe der nordamerikanischen Indianer mit einem, wenn auch nur flüchtigen Blick auf die Karte des indianischen Amerikas zum besseren Verständnis ergänzen. Die Indianer Nordamerikas teilen wir in der Regel in einige Hauptgruppen auf, die gemeinsam in bestimmten Gebieten gesiedelt haben und die einander durch die Grundzüge ihrer Kultur sehr nahestanden. Ich möchte die wesentlichen, heute noch existierenden indianischen Stämme der Vereinigten Staaten im folgenden aufführen, ihre offizielle zahlenmäßige Stärke, den Bundesstaat, in dem sie jetzt siedeln, und ihre sprachliche Zuordnung festhalten.

Der Osten, die Prärie, der Südwesten und der Westen – die vier Hauptgebiete indianischen Lebens in Nordamerika – haben dem Freiheitskampf jeweils einen der bedeutendsten Helden gegeben.

1.
Das Land des Pontiac – Die Indianer des Ostens

Sie gehörten zur sogenannten Irokesen-Liga, der 1722 noch ein sechster, südlich siedelnder Stamm der irokesischen Sprachgruppe, die Tuscarora, beitrat. Diese Irokesen-Liga hatte aber an den antikolonialen Hauptkämpfen der nordamerikanischen Indianer keinen wesentlichen Anteil. Sicher läßt sich das durch die Haltung des Führers der vereinigten Irokesen, Thayendanegea, der Herkunft nach ein Mohawk, erklären, der den Ansiedlern keinen Widerstand entgegensetzte. Die Irokesen leben als eine der sehr wenigen Indianergruppen des amerikanischen Ostens bis heute in ihrer ursprünglichen Heimat. Viele Irokesen, besonders vom Stamm der Seneca, leben heute in New York.

Die südliche Hälfte des Ostens von Nordamerika bewohnten zur Zeit der Besiedlung durch die Europäer Stämme, die sich ebenso verhielten wie die der Irokesen-Liga, die jedoch ein unvergleichlich härteres Los ereilte. Alle diese Indianer – mit Ausnahme des Restes der nicht unterworfenen Stammesgenossen von Osceola – wurden in der ersten Hälfte des 19. Jahrhunderts in die Reservationsgebiete jenseits des Mississippi getrieben oder wurden völlig ausgerottet.

Der größte Teil der Stämme des Südostens, die Chikasaw, Creek, Choctaw, Alabama und andere gehört zu der Muskhogee-Sprachgruppe. Diese Indianer waren hervorragende Ackerbauern, bewohnten ansehnliche, weiträumige Dörfer, die häufig von einer Art Palisaden umgeben waren. Sie unterhielten Handelsbeziehungen mit entfernten Gebieten Nordamerikas und sogar bis nach Mexiko.

Von den Nicht-Muskhogee-Stämmen des Südostens dürfen wir vor allem nicht die in Georgia und Carolina siedelnden Verwandten der Irokesen vergessen – die Cherokee. Diese Gruppe schuf im 19. Jahrhundert die erste eigene indianische Schrift in Nordamerika, in der sie auch Bücher und Zeitungen druckten. Sie besaßen eine gewählte Volksvertretung, ein richtiges Parlament. Auch sie wurden in der ersten Hälfte des 19. Jahrhunderts hinter den Mississippi in das sogenannte Interianerterritorium vertrieben.

Stamm	Siedlungsgebiet	Sprachgruppe	Stammesangehörige
Alabama	Texas	Muskhogee	368
Caddo	Oklahoma	Caddo	1 184
Cavuga	New York	Irokesen	233
Cherokee	North Carolina	Irokesen	3 795
Cherokee	Oklahoma	Irokesen	48 850
Chikasaw	Oklahoma	Muskhogee	5 350
Chitimacha	Louisiana	Tunica	128
Choctaw	Mississippi	Muskhogee	2 281
Choctaw	Oklahoma	Muskhogee	19 000
Creek	Oklahoma	Muskhogee	9 900
Delaware	Oklahoma	Algonkin	165
Kickapoo	Kansas	Algonkin	360
Kickapoo	Oklahoma	Algonkin	291
Menomini	Wisconsin	Algonkin	2 551
Miami	Oklahoma	Algonkin	305
Mohawk	New York	Irokesen	1 820
Chippewa	Michigan	Algonkin	1 513
Chippewa	Minnesota	Algonkin	17 195
Chippewa	Montana	Algonkin	568
Chippewa	North Dakota	Algonkin	7 586
Chippewa	Wisconsin	Algonkin	5 063
Oneida	New York	Irokesen	974
Oneida	Wisconsin	Irokesen	3 612
Onondago	New York	Irokesen	706
Ottawa	Oklahoma	Algonkin	460
Peori	Oklahoma	Algonkin	414
Pottawatomi	Kansas	Algonkin	1 188
Pottawatomi	Michigan	Algonkin	161
Pottawatomi	Oklahoma	Algonkin	2 974
Pottawatomi	Wisconsin	Algonkin	319
Sauk und Fox	Iowa	Algonkin	525
Sauk und Fox	Kansas	Algonkin	128
Sauk und Fox	Oklahoma	Algonkin	992
Seminolen	Florida	Muskhogee	675
Seminolen	Oklahoma	Muskhogee	2 000
Seneca	New York	Irokesen	3 507
Seneca	Oklahoma	Irokesen	877
Shawnee	Oklahoma	Algonkin	730
Tuscarora	New York	Irokesen	430
Wichita	Oklahoma	Caddo	460
Winnebag	Nebraska	Sioux	1 365
Winnebag	Wisconsin	Sioux	1 520
Wyandotte	Oklahoma	Irokesen	824

2.
Das Land Sitting Bulls – Die Prärie-Indianer

Die Prärie-Indianer, die in den Freiheitskämpfen eine hervorragende Stellung innehatten, waren eigentlich zur Zeit der Ankunft der ersten Europäer noch keine Bewohner der Prärien. Als Präriegebiete bezeichnet man die weitläufige, leicht hügelige Steppe, auf der Büffelgras wächst. Dieses Büffelgras war die Grundnahrung zahlloser Büffelherden, und der Büffel wiederum wurde später die Hauptquelle der Ernährung, lieferte aber auch das Material für die Bekleidung, Unterkunft und für viele andere Dinge des täglichen Bedarfs der Prärie-Indianer.

Dieses riesige Gebiet, das sich – grob gesagt – zwischen der nördlichen Grenze der USA, dem Mississippi und den Rocky Mountains erstreckt, war in der Zeit vor Kolumbus für den unberittenen Indianer unzugänglich. Aber als im 17. Jahrhundert die Indianer, die bis zu dieser Zeit nur am Rande der Prärien siedelten und sich von einfacher Landwirtschaft – zum Beispiel die Cheyenne am Red River – oder von der Jagd – die Kiowa oder die Komanchen – ernährten, Pferde erwarben, konnten sie die riesige Prärie betreten, konnten nomadisieren und dem Büffel hinterherziehen, wohin sie nur wollten. Und so entstand hier im 17. Jahrhundert die jüngste indianische Kultur Nordamerikas und mit ihr auch ein neuer Typ des Indianers in diesem Kontinent. Sie teilten nun schrittweise die nordamerikanischen Prärien untereinander auf, in erster Linie die Mitglieder der zahlenmäßig starken Sioux-Sprachgruppe. Neben den eigentlichen Siouxstämmen zählen zu den Präriestämmen hier noch vor allem die Assiniboin, Mandan, Ponca, Omaha und Osage. Von den Stämmen der Algonkin-Sprachgruppe lebten in den Prärien vor allem die Cheyenne, die Creek und Atsina und die Arapaho aus Wyoming.

Die Prärie-Indianer sind die Schöpfer der meisten Gegenstände, die zumeist fälschlicherweise allen nordamerikanischen Indianern zugeschrieben werden. Sie haben die herrlichen Federstirnbänder geschaffen, haben ihre Tipis aus Büffelhaut errichtet, sie haben die berühmte Pferdeschleppe geschaffen, die bekannten Leggins – die hohen Lederstiefel – getragen, sie haben die festlichen, bemalten Mäntel aus Büffelleder erdacht. Außerdem erfanden sie eine neue Bogenart, den mit Sehnen verstärkten Bogen.

Ähnlich dieser Kultur war auch die Kultur der meisten, heute zahlenmäßig kleinen Indianerstämme, die jenseits der Westgrenze der Prärien in den hohen, trockenen Gebieten der heutigen Staaten Utah und Nevada, im Gebiet von Colorado und in den von dichten Nadelwäldern bedeckten Landschaften siedelten, die sich an den nordwestlichen Rand der Prärien anschlossen – Idaho, Montana, der Osten von Oregon und der Osten des Bundesstaates Washington.

Stamm	*Siedlungsgebiet (USA-Staat)*	*Sprachgruppe*	*Stammesangehörige*
Arapaho	Wyoming und Oklahoma	Algonkin	1 346
Arikara	North Dakota	Caddo	3 102
Assiniboin	Montana	Sioux	2 510
Atsina	Montana	Algonkin	1 013
Blackfeet	Montana	Algonkin	5 164
Cheyenne	Montana	Algonkin	1 713
Cree	Montana	Algonkin	252
Hidatsa	North Dakota	Sioux	749
Kiowa	Oklahoma	Kiowa	2 692
Mandan	North Dakota	Sioux	387

Stamm	Siedlungsgebiet (USA-Staat)	Sprachgruppe	Stammesangehörige
Omaha	Nebraska	Sioux	1 840
Pawnee	Oklahoma	Caddo	1 149
Osage	Oklahoma	Sioux	4 621
Ponca	Oklahoma	Sioux	926
Dakota	Minnesota	Sioux	993
Sioux	Montana	Sioux	1 398
Sioux	Nebraska	Sioux	1 255
Sioux	South Dakota	Sioux	27 627
Sioux	North Dakota	Sioux	3 200

Nordwestliche Gebiete

Stamm	Siedlungsgebiet	Sprachgruppe	Stammesangehörige
Bannock	Idaho	Schoschonen	337
Cayuse	Oregon	Shapwailutan	384
Colville	Washington	Salish	3 505
Cœur d'Alene	Idaho	Salish	616
Kalispel	Idaho	Salish	102
Klamath	Oregon	Shapwailutan	937
Kutenai	Idaho	Algonkin	103
Medoc	Oregon	Shapwailutan	329
«Flachköpfe»	Montana	Salish	4 213
«Durchbohrte Nasen»	Idaho	Shapwailutan	1 525
Paiute	Oregon	Schoschonen	351
Spokane	Washington	unbekannt	926
Schoschonen	Idaho	Schoschonen	1 623
Tenino	Oregon	Shapwailutan	544
Umatilla	Oregon	Shapwailutan	121
Walla Walla	Oregon	Shapwailutan	623
Wasco	Oregon	Chinuk	260
Yakima	Washington	Shapwailutan	3 299

Hochebenen

Stamm	Siedlungsgebiet	Sprachgruppe	Stammesangehörige
Paiute	Colorado	Schoschonen	unbekannt
Paiute	Nevada	Schoschonen	2 808
Paiute	Utah	Schoschonen	168
Schoschonen	Nevada	Schoschonen	2 151
Ute	Colorado	Oto-Azteken	958
Ute	Utah	Oto-Azteken	1 550

3.
Das Land des Geronimo – Die Indianer des Südwestens

In diesem Gebiet, das die heutigen Staaten Arizona und New Mexico umfaßt, leben vor allem die einstmals bedeutendsten Kämpfer des Südwestens, die Apachen, die heute in einer Gesamtzahl von etwa zwölftausend Menschen in den vier Reservationen Jicarilla Apache, Mescalero Apache, Fort Apache und San Carlos siedeln. Zur Zeit der Ankunft der Europäer waren die Apachen überwiegend halbnomadisierende Jäger. Die nächsten Verwandten der Apachen sind ihre gleichfalls zur Sprachfamilie der Athabasken gehörenden Nachbarn, die Navaho, das heute zahlreichste Volk Nordamerikas, das in der größten Indianerreservation der USA lebt. Sie beschäftigen sich mit Rinder- und Schafzucht. Sie wurden berühmt durch die Herstellung eines wunderschönen Türkisschmucks. Im Süden von Arizona, in dem Halbwüstengebiet an den Grenzen von Mexiko, siedeln etwa 20 000 Angehörige der Stämme Papago und Pima, die zur Sprachgruppe der Pima gehören, und schließlich leben im Westen dieses Gebiets – im Flußgebiet des Colorado – einige kleinere Indianerstämme der Sprachgruppe Yuma; außerdem leben im Südwesten die berühmten Pueblo-Indianer, seßhafte Ackerbauern, die Mais und Melonen auf oft terrassenförmig angelegten, künstlich bewässerten Kleinfeldern anbauen. Diese Indianer leben in den Pueblos.

Der Sprache nach gehören die meisten Pueblo-Indianer zu den Gruppen Tano und Keres. Den bekannten Pueblo Zuñi bewohnen etwa 30 000 Angehörige der gleichnamigen selbständigen Sprachgruppe, und schließlich bewohnen die Hopi, von allen Seiten umgeben von den zur Schoschonen-Gruppe gehörenden Navaho, drei Felsenburgen – Mesy oder Mesa genannt – in Arizona. Sie sind mit den bekannten Komanchen verwandt.

Pueblo	Sprachgruppe	Stammesangehörige
Cochiti	Keres	365
San	Keres	740
Santa Aña	Keres	278
Santo Domingo	Keres	1 083
Sia	Keres	252
Jamez	Tano	812
Nambe	Tano	146
Pojoaque	Tano	28
San Ildefonso	Tano	156
San Juan	Tano	728
Santa Clara	Tano	561
Tesuque	Tano	145
Isleta	Tano	1 374
Picuris	Tano	118
Sandia	Tano	137
Taos	Tano	867
Westliche Pueblos		
Acoma	Keres	1 386
Laguna	Keres	2 761
Zuñi	Zuni	2 443
Hopi	Schoschonen	3 685

4.
Das Land Ishis – Die Indianer Kaliforniens und des südwestlichen Küstengebiets

Kalifornien wurde früher von zahlreichen kleinen Indianerstämmen der verschiedensten Sprachgruppen bewohnt. Die Kultur der Bewohner Kaliforniens und des nordwestlichen Küstengebiets am Pazifik, der heutigen Staaten Oregon und Washington, stand auf einer wesentlich niedrigeren Stufe der formationsgeschichtlichen Entwicklung als alle übrigen Indianer Nordamerikas. Sie lebten als Jäger und Sammler: Sie ernährten sich überwiegend durch das Sammeln der Früchte und Samen von wildwachsenden Pflanzen; sie bewohnten Erdhöhlen. Die unmittelbar am Meer lebenden Stämme ergänzten ihre Kost durch den Fang von Fischen und Meeresweichtieren. Zahlreiche Stämme des pazifischen Küstengebiets wurden im 18. und 19. Jahrhundert völlig ausgerottet. Heute sind hier kaum dreißig India-

Stamm	Sprachgruppe	Stammesangehörige
Achomawi	Shasta	271
Chemehuevi	Schoschonen	325
Diegueno	Yuma	7 088
Hupa	Athabasken	636
Karok	Hoka	88
Maidu	Penutia	93
Bärenfluß	Athabasken	22
Miwok	Penutia	491
Paiute	Schoschonen	1 396
Pomo	Hoka	1 143
Shasta	Shasta	418
Tolowa	Athabasken	150
Wintun	Penutia	512
Yokute	Penutia	1 145
Yurok	Algonkin	957

nergruppen übriggeblieben, von denen einzig und allein die Diegueno, die zur Sprachfamilie Yuma gehören, über 7 000 Personen zählen. Demgegenüber gibt es von anderen ansässigen Indianerstämmen nur noch einige Familien, die mit den Apachen und den Navaho verwandt sind.

Nordwestliches Küstengebiet

Stamm	Siedlungsgebiet	Sprachgruppe	Stammesangehörige
Chastacosta	Oregon	Athabasken	30
Cehali	Washington	Salish	132
Clackama	Oregon	Chinuk	89
Clallam	Washington	Salish	1 000
Cowlitz	Oregon	Salish	470
Lummi	Washington	Salish	761
Makah	Washington	Wakash	453
Muckleshoot	Washington	Salish	253
Nisqually	Washington	Salish	60
Noossack	Washington	Salish	269
Puyallup	Washington	Salish	470
Quileute	Washington	Wakash	281
Quinault	Washington	Salish	1 293
Skagit	Washington	Salish	243
Snohomish	Washington	Salish	736
Suquamish	Washington	Salish	177
Swinimish	Washington	Salish	336
Tututni	Oregon	Athabasken	82
Umpqua	Oregon	Athabasken	79
Wasco	Oregon	Xhinuk	260

Häuptlinge und Stammesangehörige
nordamerikanischer Indianervölker
Iowa (1, 2, 3, 4), Oto (5,6), Seminolen (7), Pawnee (8),
Winnebag (9)

Ojibwa (10, 11), Sauk und Fox (12, 13, 14, 15), Sioux (16, 17), Irokesen (18)

Über die Geschichte des Freiheitskampfes der Indianer von Nordamerika

1492	Christoph Kolumbus entdeckt als erster Europäer den neuen Erdteil.
1506	Eine französische Expedition erkundete die Küsten des Nordostens von Nordamerika.
1534–1535	Die Expedition des Franzosen Jacques Cartier stößt zur Mündung des Sankt-Lorenz-Stroms vor und dringt ins Binnenland nach Kanada vor bis zu jener Stelle, wo heute Montreal liegt.
1565	Gründung der ersten Ansiedlung von Auswanderern in Nordamerika, der spanischen Stadt San Augustin auf Florida
1607	Britische Ansiedler gründen die Stadt Jamestown in Virginia, unter ihnen auch Kapitän Smith, der sich später mit dem Führer der vereinigten Indianerstämme Virginias trifft, mit dem Häuptling Powhatan.
1620	In New England landen die Pilger, die unweit ihrer Landungsstelle die Stadt Plymouth gründen und später die erste Kolonie Massachusetts.
1622	Die Indianerstämme Virginias eröffnen den Kampf gegen die britischen Ansiedlungen. Von den einundachtzig Ansiedlungen zerstören die Indianer dreiundsiebzig.
1636–1637	Krieg der Indianer vom Stamme der Pequot unter Führung des Häuptlings Sasacus gegen die Ansiedlungen in Massachusetts
1644	Zweiter Kampf der Indianer Virginias, geführt von dem Häuptling Opechancanough
1675–1676	Krieg der Wampanoag unter Führung des Häuptlings Metacom
1676	Ermordung Metacoms
1680	Aufstand der Pueblo-Stämme unter Führung des Medizinmanns Pope in New Mexico
1762–1763	Pontiac, der Häuptling der Ottawa, vereinigt die Indianer des Ostens von Nordamerika zum Kampf gegen die Kolonien.
1763	Eröffnung des Krieges unter Pontiac, Belagerung Detroits
1765	Ende des Krieges von Pontiac
1769	Ermordung Pontiacs
1776	Gründung der Vereinigten Staaten von Amerika
1799	Tecumseh, der Häuptling der Shawnee, vereint die Indianer Nordamerikas zu einer Allianz.
1811	Schlacht bei Tippecanoe, in der wegen des Großmachtstrebens von Tecumsehs Bruder – Tenskwatawa – die Mehrzahl der indianischen Krieger vernichtet wird.
1813	Tecumseh stirbt in der Schlacht am Thames River.

1813–1831	Kriege der Sauk und Fox	1854	Mangas Coloradas beginnt gemeinsam mit Cochise, dem Häuptling der Chiricahua-Apachen, und weiteren Stammesführern den Krieg gegen die USA und Mexiko.
1817–1838	Kämpfe der Seminolen auf Florida		
1844	Der Kongreß der Vereinigten Staaten beschließt das «Gesetz über die Regelung des Verkehrs und Handels mit den indianischen Stämmen und über die Einhaltung des Friedens an der indianischen Grenze». Nach diesem Gesetz verlief die Grenze des indianischen Gebiets längs des Mississippi.		
		1861–1865	Bürgerkrieg in den USA
		1862	Aufstand der Santee unter Führung des Häuptlings Little Crow in Minnesota
		1863	Ermordung Little Crows
		1863	Ermordung des Führers der vereinigten Apachen Mangas Coloradas
		1865–1868	Krieg unter der Führung des Häuptlings Red Cloud
1838	Tod Osceolas		
1838	«Zug der Tränen» – die Vertreibung der Cherokee, Choctaw, Chikasaw, Creek und eines Teils der Seminolen und der Reste anderer kleinerer Stämme des nordamerikanischen Südostens in das Gebiet hinter den Mississippi, nach Oklahoma. Parallel dazu werden aus den nordöstlichen Teilen des damaligen Gebiets der USA die Shawnee, Huronen, Miami, Delawaren und Ottawa ausgesiedelt.	1863–1886	Geronimo an der Spitze der Apachen. Diese Indianer kämpfen abwechselnd im Süden der USA und in Nordmexiko. Geronimo wird gefangengenommen, geht auch in die Reservation, nimmt aber mit seinen Kriegern wieder in den Bergen in der Freiheit den Kampf auf.
		1868	Red Cloud unterschreibt den Friedensvertrag von Larami.
		1868	Massaker an den Sioux am Fluß Washita unter Führung von Custer
		1872	Ishi geht mit den letzten Angehörigen des aussterbenden kalifornischen Stammes Yahi in die Berge.
1848	Mexiko wird durch den Vertrag von Guadalupe Hidalgo gezwungen, an die USA das Gebiet der heutigen amerikanischen Staaten Arizona, New Mexico, Utah und Colorado abzutreten, auf dem zahlreiche Indianerstämme leben, unter ihnen die Apachen, die Pueblo-Stämme und die Navaho.	1874	Armee-Einheiten unter Führung des Generals Custer dringen in die Black Hills ein.
		1876	Indianerschlacht am Little Big Horn, Tod des Generals Custer
		1880	Sitting Bull und die von ihm geführte Gruppe der Sioux gehen den Weg in die Reservation. Beginn des Aufenthalts in Standing Rock.
1851	Sieg unter Führung des Häuptlings Red Cloud. Die Sioux, Cheyenne, Arapaho, Crow und weitere Präriestämme schließen in Fort Laramie eine Übereinkunft mit Regierungsvertretern der USA, in der sie den Bau von Straßen und Eisenbahnlinien auf ihren Stammesgebieten erlauben.	1886	Geronimo legt die Waffen nieder. Zusammen mit den letzten Apachen-Kriegern wird er in Fort Sill in Oklahoma eingekerkert.

1890	Massaker am Wounded Knee	1941–1945	Nordamerikanische Indianer nehmen am 2. Weltkrieg teil. Sie zeichnen sich vor allem in den Kämpfen im Stillen Ozean aus, dabei besonders die Angehörigen des Stammes der Navaho aus Arizona.
1890	Ermordung des Häuptlings Sitting Bull		
1906	Ishi – der letzte freie Indianer wird gefangen.		
1908	Tod des Geronimo, des berühmtesten Häuptlings der Apachen		
1916–1918	Indianer kämpfen an den Fronten des I. Weltkrieges.	1950	Angehörige von sechs Indianerstämmen, die die sogenannte Irokesen-Liga bilden, wenden sich an die UNO und machen auf ihre katastrophale soziale Lage aufmerksam.
1924	Der Kongreß der USA erkennt endlich den Ureinwohnern des Landes, den Indianern, die amerikanische Staatsbürgerschaft zu.		
1934	Letzte militärische Aktion von kleinen Apachen-Gruppen südlich der Grenze der USA, in der Sierra Madre	1961	Die erste gesamtnationale Konferenz der Indianer der USA, abgehalten in Chicago auf Initiative von Prof. Sol Taxe, an der sich die Vertreter von 90 indianischen Stämmen der Vereinigten Staaten beteiligen, findet statt. Sie legt der Regierung eine Reihe von Forderungen vor.
1934	Der Präsident der USA Franklin D. Roosevelt und der «Beauftragte für Indianerangelegenheiten» John Collier arbeiten ein neues Indianergesetz aus, den sogenannten Indian Reorganisation Act, der vom Kongreß angenommen wird.		
		1973	Wounded Knee, wo 83 Jahre vorher wehrlose Sioux hingemetzelt wurden, wird von jungen Indianern besetzt und einige Wochen gehalten.

Über die Geschichte des Freiheitskampfes der Indianer Lateinamerikas

1474	Der Italiener Toscanelli sendet dem portugiesischen König eine Weltkarte, auf der die Erde als Kugel dargestellt wird. Danach muß es einen westlichen Seeweg nach Indien geben.
12.10.1492	Landung Kolumbus' auf den Bahama-Inseln
28.10.1492	Landung auf Kuba
1493	Zerstörung der spanischen Festung La Natividad durch den Taíno-Stamm. Häuptling Caonábo führt den Kampf an. In der Folgezeit ziehen die Taíno unter der Kazikin Anacaona in das Gefecht.
1493–1496	Entdeckung mehrerer westindischer Inseln durch Kolumbus und Besiedlung von Santo Domingo
1498	3. Fahrt Kolumbus', Entdeckung des Orinocodeltas
1503	Verhandlungen des Augsburger Bankhauses Welser mit dem spanischen König um eine Beteiligung an der Ausplünderung Amerikas
1505	Die Taíno errichten unter Häuptling Hatuey auf Kuba ihre neue Heimat Neu-Xaragua.
1510	Beginn des Sklavenhandels mit Westafrikanern nach Lateinamerika
1511	Diego Colon, Sohn des Kolumbus', richtet eine Flottille aus zur Kolonisierung der Insel Kuba. Eroberung Kubas unter Diego Velásquez. Beginn des Guerillakampfes unter Hatuey
1512	Verrat und Hinrichtung des Hatuey
1519–1521	Widerstandskampf der Azteken unter Cauthemoc gegen die Truppen von Cortes
1522	Sklavenaufstand auf Kuba
1523–1527	Unterwerfung der Maya in Guatemala unter Pedro de Alvarado
1533	Zerstörung des Maya-Staates durch Pizarro, Ermordung des Inka Atahualpa
1535	Belalcazar zieht durch das Caucatal auf der Suche nach «El Dorado».
1536	Das Heer des Inka Manco belagert 10 Monate Cuzco.
1540	Etablierung der «encomienda», dem feudalen Unterdrückungssystem der Spanier in Südamerika.
1542	Die Quimbaya beginnen, Waffen herzustellen; Aufstandsvorbereitungen
1542–1600	Guerillakrieg der Quimbaya
1550	4000 Araukaner unter Toqui Ayavilla greifen die Truppen unter Valdivia an. In der Folgezeit führt Häuptling Caupolicán den Widerstandskampf an, nachdem er als «Stärkster Häuptling» gekürt wurde. Er

	gewinnt Lautaro als Bundesgenossen. Sieg der Truppen Lautaros über Valdivia
1556	Entscheidungsschlacht des Lautaro um Santiago. Verrat und Tod des Lautaro
1558	Tod des Caupolicán durch die Hand eines Verräters.
1561	Erhebung der Araukaner unter Häuptling Colo-Colo.
1571	Ermordung des Tupac Amaru in Cuzco. Endgültige Unterwerfung des peruanischen Landes durch die Kolonisatoren.
1598	Sieg der Araukaner bei Carabala. Die Indianer sicherten sich durch diesen Sieg für fast dreihundert Jahre die Unabhängigkeit.
1604	Völlige Vernichtung des Staates der Quimbaya
1635	Jesuiten und Franziskaner gründen Missionsstationen im Amazonasgebiet.
1660	Freitod der letzten Kariben auf Grenada, um der Sklaverei durch die «Menschen in Kleidern» zu entgehen
1697	In Patagonien erheben sich die Tarahumara gegen die Spanier.
1742	Juan Santo, verehrt als «Atahualpa Apo Inka», befreit Ansiedlungen von den Spaniern.
1744	Sieg der Krieger unter Atahualpa Apo Inka am Chanchamayofluß
1746	Die Spanier unter Llamasa stellen das zahlenmäßig größte Heer gegen die Indianer auf.
1750	Verschwörung in Lima gegen die spanische Krone
1751	Aufstand der Maya unter Inka Kan Ek
1752	Nach zehnjähriger Vorbereitung bricht Atahualpa Apo Inka ins peruanische Bergland zur Gründung eines neuen Inkareiches auf.
1761	Aufstand der Indianer von Yucatán unter Häuptling Jacinto
1767	Verbot des Jesuitenordens in den spanischen Kolonien. Zur selben Zeit beginnt «guerra de castas», der größte und längste Aufstand der Indianer auf Yucatán.
1779	In Bolivien beschließt Tupac Catari gemeinsames Vorgehen mit Tupac Amaru in Aymara. Er versucht, mit seinem Heer La Paz zu befreien.
1780	Im August Aufstand in Bolivien unter Nicolás Catari. Im Herbst Beginn des Aufstands im Vizekönigreich Peru unter Führung von José Gabriel Tupac Amaru II. Hinrichtung des corregidors Arriaga. Tupac Amaru II. versäumt die Eroberung von Cuzco, erobert statt dessen Südperu. Aufstände im Bergland von Ekuador. Verschwörung des Mönchs Ortega, der Verbindung zu Tupac Amaru II. unterhält
1781	Im März Aufstand der comuneros in Kolumbien, Beherrschung der Muisca-Städte im Vizekönigreich Neugranada. Im April Entscheidungsschlacht zwischen den Indianern Tupac Amaru II. und den Spaniern. Im Mai Ermordung Tupac Amarus II. und seiner Familienangehörigen. Der Bruder Tupac Amarus II. führt die Erhebungen weiter. Ignacio Flores' Truppen marschieren gegen die Indianer unter Tupac Catari. 169 Tage Blockade von La Paz durch die Indianer Tupac Cataris; gleichzeitig brach in Oruro ein Aufstand aus, der alle Ausgebeuteten vereinte.
1818	Chile erringt seine Unabhängigkeit.

1847	Der Kampf um Yucatán erreicht seinen Höhepunkt.		Krieg. Abzug der Maya von Quintana Roo
1848	Der Maya-Häuptling Pat von Yucatán schließt Frieden mit den Kreolen. Dieser Frieden sät Zwietracht unter den Indianern. Eingreifen nordamerikanischer Söldner in den	1899	Diktator Diaz organisiert den Kampf gegen die Maya für die Interessen der Bank of London.
		1900–1915	Widerstandskampf der Maya im Zeichen der «sprechenden Kreuze».

Zu den Illustrationen

Dieses Buch sollte vom schweren Los der Indianer Amerikas in der nachkolumbischen Ära und von ihren vielfältigen Formen des Befreiungskampfes erzählen, wie sie uns mündlich und schriftlich überliefert wurden. Diese Kriege und Kämpfe der Ureinwohner Amerikas, ihre Helden und übrigen Teilnehmer wurden jedoch nicht nur in Worten, sondern von einigen Künstlern, die die Indianer persönlich kennenlernen konnten und die sich zumeist auch länger bei ihnen aufhielten, auch in Bildern und Zeichnungen festgehalten. Und das häufig schon zu einer Zeit, da die große Mehrheit der Weißen einerseits noch keinen einzigen «Roten Mann» mit eigenen Augen gesehen hatte und die Indianer andererseits noch weitgehend nach ihren eigenen Traditionen lebten. Es gibt nicht viele solcher Zeichnungen von den Kämpfen der Indianer und von ihrem Leben. Deshalb sind sie um so wertvoller. Und da mein Buch nicht nur mit Worten, sondern auch mit Bildern von den Indianern, ihrem Leben und ihren Kämpfen erzählt, habe ich mich als Autor dieses Buches bemüht, einschlägige Bildchroniken und Archive durchzuarbeiten und ihnen jene Zeichnungen und Gemälde zu entnehmen, die ein noch anschaulicheres Porträt dieser Kämpfe und ihrer Helden vermitteln können.

Diese Unikate sind leider einer breiten Öffentlichkeit kaum bekannt, noch weniger aber sind es ihre Autoren. Deshalb will ich auch etwas zu diesen Zeichnern und Malern sagen. Voranstellen muß man allerdings, daß nicht alle Gruppen der Ureinwohner Amerikas zu der Zeit, da sie ihre denkwürdigen Kämpfe führten, von Künstlern besucht und abgebildet wurden. Und nur sehr, sehr wenige Indianer schufen selbst eigene, mit indianischen Augen gesehene Bilder dieser Kämpfe und ihrer Helden.

Den Kampf der Indianer Mexikos gegen die Eroberer stellte ein Indianer, ein anonymer Tlaxcala, in einem ganzen Bildzyklus dar. Seine Bilder von den Kämpfen dieser Stämme sind darüber hinaus mit einem «Erläuternden Text» in der mittelamerikanischen Nahuatlsprache versehen.

Auch in Südamerika wurde in der nachkolumbischen Ära eine Bildchronik über das Leben und die Kämpfe der dort ansässigen Indianer geschaffen. Dieser Bildzyklus ist außerordentlich umfangreich. Er umfaßt etwa 1170 Blätter. Zur Illustrierung meines Buches wurden daraus mehrere Zeichnungen entnommen. Ihr Autor war ein Quetschua; er lebte also im Gebiet des zerstörten Inkareichs, das sich in vorkolumbischer Zeit auf dem Territorium der heutigen Republiken Peru, Bolivien und Ekuador und Teilen von Kolumbien, Argentinien und Chile erstreckte. Er hieß Huaman Poma (indianischer Name Huaman Poma Curi Occlo) und war ein Nachfahre des berühmten Inka Tupac Yucanqui, einem der letzten Herrscher des Inkareichs. Dieser in der nachkolumbischen Geschichte einzigartige indianische Künstler wollte mit seinen Zeichnungen dem spanischen König, dem er sein Werk «widmete», beweisen, welche unglaublichen Grausamkeiten die Weißen an den Indianern Südamerikas verübten. Dabei glaubte er tatsächlich, daß er mit seiner (spanisch «nueva Cronica y Buen Goierno» genannten) Bildererzählung den Herrscher in Madrid bewegen könnte, sich für die Indianer der südamerikanischen Besitzungen Spaniens einzusetzen.

Dieser einzigartigen Bildchronik war ein eigenartiges Schicksal beschieden. Sie war zeitweilig verlorengegangen und wurde erst 1908 von dem deutschen Forscher Dr. Richard Pietschmann wiederentdeckt – nicht in Südamerika, sondern in Nordeuropa, in einer Bibliothek in Kopenhagen, wohin sie auf unerfindlichen Wegen gelangt war. Erst dreißig Jahre später wurde diese Bilderchronik in Frankreich herausgegeben – Jahrhunderte nach dem Tod ihres Autors.

Im Unterschied zu Süd- und Mittelamerika und besonders zu den Karibischen Inseln, wo die Indianer selbst und deren Kämpfe nur wenig im Bild dargestellt worden sind, wurden die Indianer Nordamerikas häufig porträtiert. Zuerst wurden die Ureinwohner des nordamerikanischen Südostens, Florida und Louisiana von einem französischen Künstler im Bild festgehalten, von Jacques le Moyne de Morgues. Le Moyne hatte sich 1564 an dem erfolglosen Versuch beteiligt, in Florida eine Hugenottensiedlung zu gründen. Mit anderen, von den kolonisatorischen Bestrebungen Walter Raleighs angelockten Einwanderern gelangte der britische Zeichner John White nach Nordamerika. White besuchte Virginia sogar dreimal und war – dies sei am Rande bemerkt – nicht nur Schöpfer der ersten englischen Bilder von Indianern, sondern auch Vater des ersten in der Neuen Welt (in einer Siedlung auf der Insel Roanoke) geborenen englischen Kindes. Als White später nach Roanoke zurückkehrte, war die Siedlung jedoch schon wieder von Indianern zerstört worden und das Kind für immer verschwunden.

Die Zeichnungen von Le Moyne und White wurden von dem ausgezeichneten belgischen Graveur Theodor de Bry in seinem Werk «Grands et petits voyages» («Große und kleine Reisen») reproduziert, das 1590/91 in zwei Bänden erschien. Mit diesen Bildern wurden die nordamerikanischen Indianer zum ersten Mal in Europa vorgestellt. Aber auch jene Häuptlinge, von denen mein Buch erzählt, wurden porträtiert. Das erste Porträt dieser Art war das der bekannten indianischen «Prinzessin» Pocahontas, die 1616 während ihres Aufenthaltes in England gemalt wurde. Pocahontas und auch Kapitän Smith sind auf Zeichnungen eines unbekannten britischen Künstlers abgebildet, die 1624 unter dem Titel «General History of Virginia and New England and the Summer Isles» herausgegeben wurden.

Später, in der zweiten Hälfte des 17. und im 18. Jahrhundert, schien es jedoch, als hätten die Künstler für lange Zeit das Interesse am «Roten Mann» verloren. Dieser Zustand änderte sich schlagartig, als einige Maler zu den nordamerikanischen Indianern kamen, die ihnen auch ethnographisches Interesse entgegenbrachten. Zum Beispiel der gebildete, 1792 in Pennsylvania geborene Künstler George Catlin, der – auf mehr als sechshundert Ölgemälden – die Angehörigen verschiedener Prärie-Stämme, etwa der Crow, der Mandan, abbildete. George Catlin malte die Prärie-Indianer nicht nur, sondern hielt seine Begegnungen mit ihnen auch schriftlich fest. Berühmt wurde beispielsweise Catlins Schilderung seiner Begegnung mit dem bekannten Häuptling der Mandan Mah-To-Toh-Pa. Catlins grundlegendes Wort «North American Indians – Among the wildest Tribes» wurde in unserem Jahrhundert mehrmals veröffentlicht.

Zur selben Zeit, da George Catlin die Indianer besuchte, galt den Prärie-Stämmen auch die erste kleine Expedition, die von Prinz Maximilian zu Wied-Neuwied organisiert und geleitet wurde und deren Mitglieder auch der schweizer Künstler Karl Bodmer war. Bodmer kann man zusammen mit Catlin und Miller als die Klassiker unter den Porträtmalern der Indianer bezeichnen. Während der mehrere Monate dauernden Expedition Prinz Maximilians in das Gebiet des Oberen Missouri, in das die Forscher im Frühjahr 1833 vordrangen, fertigte Bodmer Dutzende von Zeichnungen an, mit denen dann das Werk des Prinzen zu Wied-Neuwied «Reise in das Innere Nordamerikas» illustriert wurde.

Karl Bodmer war ein ausgezeichneter Beobachter. Ihm verdanken wir ein unverzeichnetes, sachliches und detailgetreues Bild der Kämpfer aus der nordamerikanischen Prärie. Außer den im Stromgebiet des Missouri ansässigen Prärie-Stämmen zeichnete Karl Bodmer auch einige Indianer aus dem Stamme der Choctaw, denen er in Louisiana begegnete. Neben den von Catlin und Bodmer gemalten «klassischen» Indianerporträts habe ich auch Reproduktionen von Aquarellen in den Illustrationsteil aufgenommen, die nur wenige Jahre später entstanden sind und deren Autor Alfred Jacob Miller aus Baltimore war, der mit Pelzhändlern zu den Indianern in die Rocky Mountains kam. Im Unterschied zu Catlin und Bodmer, die vor allem Krieger der Mandan porträtiert hatten, hielt Miller auf seinen Bildern auch Blackfeet, Pawnee, Oglala, Sioux und Angehörige anderer kämpferischer Stämme der amerikanischen Prärie fest. Miller hat außerdem als einziger auch Fort Laramie gezeichnet, das in den Kriegen der Indianer in Nordamerika eine Schlüsselrolle spielte.

An die Tradition dieser Porträtmaler knüpften zwei amerikanische Künstler auf Veranlassung ihrer Nationalen Geografischen Gesellschaft an. E. M. Herget beispielsweise bildete die Indianer Süd- und Mittelamerikas ab, während W. Langdon Kihn die nordamerikanischen Indianer darstellte. Kihns Tätigkeit verdient unsere Bewunderung auch ihres Umfangs wegen: Der Maler schuf mehr als hundert große Ölgemälde, die in mehr als fünfzig Galerien und Museen ausgestellt wurden. In diesen Werken sind zahlreiche Begebenheiten aus der Geschichte der indianischen Kriege festgehalten. So rekonstruierte Kihn zum Beispiel im Bild die berühmteste Schlacht der Prärie-Indianer – die Schlacht am Little Big Horn River – und fertigte mit Hilfe von mündlichen Berichten der Indianer Porträts einer Reihe der damaligen Häuptlinge an. Bei dieser Tätigkeit war ihm ein Sioux-Häuptling behilflich. Kihn rekonstruierte auch die Gestalten der Häuptlinge Tecumseh, Geronimo und anderer.

Neben den Werken jener Maler, die Dutzende von Porträts indianischer Krieger anfertigten, wählte ich auch einige Werke von Künstlern aus, die nur gelegentlich die indianischen Krieger oder die Indianerkriege im Bild darstellten. Dazu gehört das Porträt eines Kriegers der kanadischen Prärie, das 1846 von dem Kanadier Paul Kane geschaffen wurde.

Die Reproduktionen dieser Unikate – der zeitgenössischen Ölbilder, Aquarelle und Stiche – ergänzte ich mit speziell für diesen Überblick über die Kriege und das Kriegswesen der Indianer in Süd-, Mittel- und Nordamerika angefertigten Zeichnungen des tschechischen Künstlers Petr Pačes. Er malte nach dem von mir zusammengetragenen Faktenmaterial. Dieser Bildteil und die Farbreproduktionen ergänzen auf ihre Art die Information über die Kriege der Indianer und das indianische Kriegswesen. Schwarz-Weiß-Abbildungen stellte auch der Historiker Dr. van der Heyden aus seiner Sammlung zur Verfügung, wofür ich danke.

Dr. Miloslav Stingl
Prag 1989

Inhaltsverzeichnis

AUF DEN SPUREN DES FREIHEITSKAMPFES NORDAMERIKANISCHER INDIANER
7

Nicht nur über Geronimo   8
Die Romanze zwischen der indianischen Häuptlingstocher
und dem britischen Kapitän   11
Der Skalp der Sasacus   20
Das Zeichen der Klapperschlange   23
Der Krieg der Götter   27
Pontiac der Einiger   32
Rote Wampums   52
Die Belagerung von Detroit   65
Der Indianer, der nicht kämpfen wollte   70
Die Schlacht in der Hundeprärie   77
Für wen ein Denkmal?   85
Die Sonne und der Tod Floridas   91
Die Seminolen ergeben sich nicht   100
«Ich bin ein Sioux!»   104
Der «Wilde Westen» wird erobert   118
«Red Cloud»   120
Gold im Lande der Sioux   127
In den heiligen Schwarzen Bergen   135
«Crazy Horse»   137
«Sitting Bull»   143
Der größte Sieg der Sioux   147
Das Ende «Sitting Bulls»   155
«Black Coyote»   158
Das Apachen-Fest   160
Die Schwiegersöhne des Mangas Coloradas   180
Die Eroberung von Arizona   183
Die Apachen leisten Widerstand   185
Rache für Alopé   190
Geronimo kehrt zurück   192
Der letzte freie Indianer   200
Die Sioux kämpfen weiter   206
Über das Kriegswesen der nordamerikanischen Indianer   209
Blick nach Süden   218

AUF DEN SPUREN DES FREIHEITSKAMPFES DER INDIANER LATEINAMERIKAS

217

Die Königin stirbt als letzte   220
Der Flüchtling aus Haiti   224
Der erste Kämpfer für die Freiheit Kubas   227
Kolumbien verliert sein Gold   231
Die Goldschmiede greifen zur Waffe   234
In den Urwäldern Amazoniens   239
Aus den Urwäldern in den Himmel   242
Tupac Amaru II.   248
Die Hinrichtung in den Bergen   256
Tupac Amarus Weg   258
Cuzco – Tupac Amarus Schicksal   263
Von Argentinien bis Panama   267
Feuer in den bolivianischen Anden   272
Die Araukaner stellen sich vor   277
Der Sohn des «Schwarzen Adlers»   279
Der blutrote Pfeil des Häuptlings Caupolicán   283
Lautaros Sieg   288
Romanze mit Guacolda   307
Chile – dreihundertjähriger Indianerkrieg   312
Die Schlacht um Patagonien   314
Von Prag nach Nordmexiko   317
Die Tarahumara betreten den Kriegspfad   318
Dreiundvierzig Indianerherzen   321
Der neue König von Chichén Itzá   323
Die Stimme der uralten Prophezeiung   325
Die Maya planen einen Aufstand   328
Der Kampf um Yucatán   329
Abzug nach Quintana Roo   332
Der Krieg der sprechenden Kreuze   336
Als der «Schakal» kam   340
Die Maya ergeben sich nicht   342
Gebeugt, doch nicht gebrochen   345

ERLÄUTERUNGEN

347

Übersicht über die Indianerstämme der USA   349
Über die Geschichte des Freiheitskampfes
der Indianer von Nordamerika   357
Über die Geschichte des Freiheitskampfes
der Indianer Lateinamerikas   360
Zu den Illustrationen   363

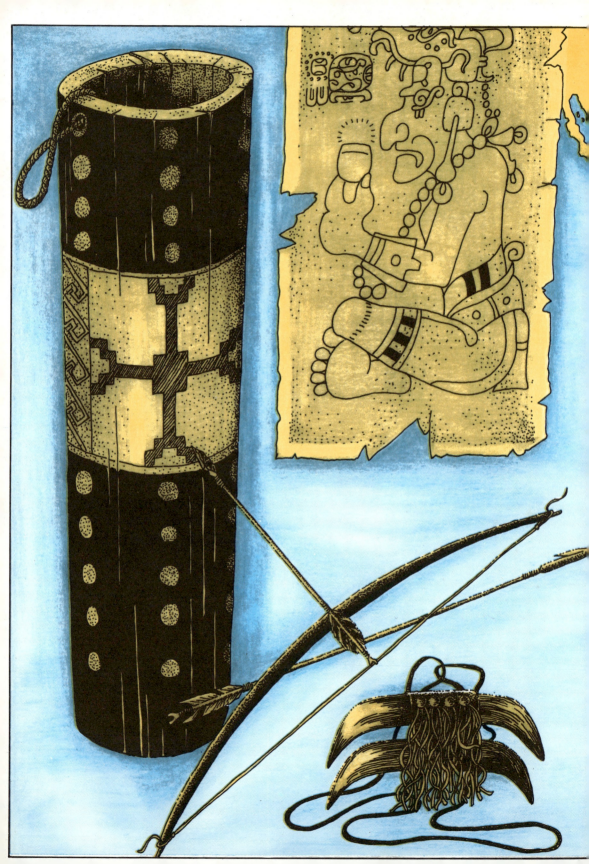